영국민의 교회사

나남
nanam

한국연구재단 학술명저번역총서
서양편 324

영국민의 교회사

2011년 2월 27일 발행
2011년 2월 27일 1쇄

지은이_ 비드
옮긴이_ 이동일 · 이동춘
발행자_ 趙相浩
발행처_ (주) 나남
주소_ 413-756 경기도 파주시 교하읍
출판도시 518-4
전화_ (031) 955-4600 (代), FAX : (031) 955-4555
등록_ 제 1-71호(1979.5.12)
홈페이지_ http://www.nanam.net
전자우편_ post@nanam.net

ISBN 978-89-300-8547-2
ISBN 978-89-300-8215-0 (세트)
책값은 뒤표지에 있습니다.

'한국연구재단 학술명저번역총서'는 우리 시대 기초학문의 부흥을 위해
한국연구재단과 (주)나남이 공동으로 펼치는 서양명저 번역간행사업입니다.

영국민의 교회사

비드 지음 | 이동일·이동춘 옮김

나남
nanam

Historia Ecclesiastica Gentis Anglorum

The Old English Version
of
Bede's Ecclesiastical History
of
The English People

731

옮긴이 머리말

영국의 중세 암흑기를 밝히는 비드사(師)(Venerable Bede, 673~735)의 대작인 《영국민의 교회사》(*Ecclesiastical History of English People*)는 초기 영국의 기독교 양상을 주로 다루지만 8세기 이전까지 영국의 종교, 정치, 종족, 언어, 왕조, 사회상을 기록한 백과사전식의 저술이다. 한 권의 책으로서 이와 같은 총체적 내용을 다루는 저서는 그리 흔하지 않을 것이다. 이처럼 초기 영국을 이해하는 데 중요한 저서인 만큼 역자들은 번역에 임하여 독자들의 폭넓은 이해를 위해 자구(字句)를 그대로 옮기는 단순번역의 차원을 넘어 당시의 언어인 고대영어의 원의미에 입각하면서 내용의 배경을 위한 해설이 가미된 번역을 시도하기로 의견을 모았다. 또한 원의미의 적확한 해석을 위해 비드사가 사용한 라틴어는 아닐지라도 후대의 고전학자들에 의해 고대영어로 옮겨진 고대영어판을 우리말로 옮기자는 데 동의하였다.

《영국민의 교회사》는 A.D. 43년에 시작된 로마제국 카이사르(Julius Caesar)의 침입으로부터 731년까지의 영국역사를 다루고 있다. 《영국민의 교회사》의 라틴어 제목은 '*Historia Ecclesiastica Gentis Anglorum*'이며, 9세기 때 웨스트 색슨 왕국의 알프레드 대왕(Alfred the Great, A.D. 849~899)에 의해 당시 모국어인 고대영어

(*Old English*)로 번역된다. 여러 종류의 라틴어 수서본(*manuscript*)과 네 종류의 고대영어 수서본이 전해지는데, 수서자의 집필의도에 따라 내용의 보완, 삭제 및 첨가 등이 이루어진다. 이러한 내용상의 불일치로 권위 있는 정본의 필요성이 대두하게 된다. 이러한 수서본의 한계를 극복하기 위하여 19세기 중반에 고전영어문헌학회(EETS: Early English Text Society)가 창설된다. 이 학회에서는 19세기 이전에 출간된 주요한 문헌—주로 고대영어나 중세영어로 집필된 영문학 및 역사서 등—을 정리하여 시리즈로 발간한다. 1643년에 케임브리지대학의 휘록(Wheelock) 교수는 이전의 라틴어 및 고대영어 판본에 근거하여 또 하나의 고대영어판을 완성한다. 고전영어문헌학회의 동의를 얻어 이 학회의 회원인 토마스 밀러(Thomas Miller) 교수는 휘록 교수의 고대영어판에 근거하여 1890년에 *The Old English Version of Bede's Ecclesiastical History of The English People*이라는 고대영어판의 편집을 완성하게 된다. 고전영어문헌학회는 옥스퍼드 영어사전(Oxford English Dictionary)의 편집자였던 퍼니벌(J. F. Furnivall, 1825~1910) 등이 주축이 되었는데, 정본의 확립에서 최고의 권위를 인정받았으며 지금까지도 그들이 이룩한 학문적 업적은 존중되고 있다. 우리말 번역의 원전은 1890년에 발행된 밀러 교수의 고대영어판(*Old English Version*)에 근거하고 있다.

1890년에 발행된 고대영어판 비드사의 《영국민의 교회사》는 전 5권으로 구성되었으며, 총 487페이지에 달하고 있다. 역자들은 5권의 전 내용을 우리말로 옮기는 데 주력하였다. 다만 각 페이지 하단의 각주에 기술된 서지학적 고찰은 우리말 번역에서 제외시켰다. 원본 각주에는 4권의 다른 수서본에 입각한 고대영어 철자상의 차이점을 상세히 기술하고 있는데, 이를 우리말로 옮겼을 때 서지학 전공자를 제외한 일반 독자들에게 별다른 학문적 의미를 부여할 수 없을 것 같다는 판단에 의한 것이다. 예를 들면, 우리말인 '그것(들)과 함께'에 해당하는 고대영어는 수서본에 따라 ① mi ða, ② mid ðam, ③ mid ða, ④ mid þæs와 같은 각각 다른 철자로 사용된다. 이러한 철자상의 차이점을 기술하기 위해서는 반드시 논의가 되는 수많은 고대영어를 명시해야 하고 동시에 같은 의미를 반복해서 우리말로 옮겨야 하는 절차를 거치게 되는데, 이는 서지학분야에 치중되는 또 다른 번역을 의미하게 된다.

역자들은 《영국민의 교회사》가 천 2백 년이 넘는 시간상의 차이가 있음을 감안하여 저서에서 언급되지 않은 원서 내용의 배경이 되는 종교, 역사, 절기, 정치, 사회, 언어, 종족, 풍습 등에 관한 상세한 해설을 가미하여 고증학적 번역이 되도록 최대한 노력하였다. 5세기 무렵에 영국섬에 정착한 앵글족, 색슨족, 주트족 등에 대한 상세한 해설 등이 그 예가 될 수 있을 것이다.

각 페이지의 하단에 있는 각주는 원문에 없는 내용으로서 역자들이 많은 고문서, 특히 역사서를 참조하고 고대영어에 대한 지식을 활용하여 별도로 만들었으며 《영국민의 교회사》를 이해하는 데 적잖은 도움이 될 것으로 기대한다.

아울러 문헌 언어학에 입각하여 핵심 고대영어의 기원(*etymology*)과 원의미 — 주로 인명과 지명에 관한 고유명사 — 의 파악에 노력을 기울였다. 특히 일부 지명의 기원에 대해서는 지명(*place name*)의 어원을 추적하여 번역을 시도하였다. 예를 들면, 현대영어 -caster로 끝나는 도시이름의 기원에 대한 고찰을 들 수 있겠다.

우리말 번역이 고대영어로 된 고전영어문헌학회판에 입각한 만큼 고대영어의 지명 및 인명(人名)이 중요하다는 인식하에 또한 영문학, 영어학, 신학, 역사학도들에게 문헌학적 자료를 제공하기 위해 번역 말미에 별도의 색인을 첨부하여 현대영어 발음, 현대영어 철자, 고대영어 발음, 고대영어 철자 순으로 정리하였다: 예, 로체스터(현대영어 발음)—Rochester(현대영어)—흐로페체아스트러(고대영어 발음)—Hrofe(s) ceastre(고대영어).

사라진 고유명사 및 인명에 대해서는 고대영어 발음에 입각하여 표기하였다. 집필자에 의해 잘못 표기된 철자가 발견되는데, 이 경우 표준 고대영어 철자법을 준수하였고 이에 상응하는 고대영어 발음을 적용하였다. 로마 가톨릭과 개신교 전통의 차이로 인한 어휘선택의 어려움이 있었으나 일반인들에 익숙한 어휘를 선택하였다. 또한 독자들의 이해를 돕기 위해 EETS판에는 없지만 옥스퍼드판과 펭귄판에 들어 있는 내용들을 삽입하였다.

번역을 마무리하고 보니 많은 아쉬움이 남는다. 특히 고전어인 고대영어에 상응하는 적확한 우리말 선택은 아직까지도 역자들에게 많은 과제를 남기고 있는 실정이다. 부족한 부분들은 역자들의 부족한 학문의 소치로 돌리며 부단한 학문적 정진을 다짐한다. 아무쪼록 이 책이 종교를 포함한 초기 영국의 총체적 면모를 이해하는 데 도움이 된다면 역자들은 더 없는 보람을 느끼게 될 것이다.

2011년 2월

이동일 · 이동춘

머리말

그리스도의 종이며 사제인 저 비드는 칭송받는 폐하 체올울프[1] 께 문안인사 올립니다. 그리고 최근에 앵글족과 색슨족에 대하여 쓴 역사를 폐하께 올리오니 한가롭게 읽어봐 주시고 살펴주시길 바랍니다. 그리고 사본(寫本)을 만들어서 다른 사람들에게도 널리 전파하여 주시길 간청드리옵니다. 저는 폐하의 열의를 믿어 의심치 않노니 폐하께서는 무척 부지런하시고 옛 사람들의 말과 행실, 그리고 무엇보다도 우리 백성들 중 고명하신 분들의 언행에 대해 알고 싶어하시기 때문입니다. 이 책은 옳은 것에 대하여 좋게 말하고 있으니 듣는 자는 그것을 본받을 것이며, 또한 사악한 것에 대하여는 나쁘다고 말하고 있으니 듣는 자는 그것을 멀리하고 피하게 될 것입니다. 옳은 것을 칭송하고 악한 것을 비난하는 것은 이로우니 듣는 이에게 득이 될 것입니다. 만일 듣는 자가 이를 거부한다면 어떻게 그가 교훈을 얻을 수 있겠습니까? 나는 폐하와 폐하의 백성들에게 이로움이 되고자 이 책을 썼습니다. 하느님이 폐하를 왕으로 선택하신 것은 백성을 잘 인도하라는 뜻이옵니다. 그러므로 이것이 사실임은 의심의 여지가 없

1) 많은 학식을 겸비한 왕으로서 A. D. 737년에 왕위를 그만두고 린디스판의 수도원에 들어가 수도사(修道士)가 된다.

을 것이며, 제 담화의 출처(出處)를 밝히고자 합니다.

저의 첫 조력자(助力者)이자 스승은 존경받을 만한 수도원장인 알비누스[2]인데, 그분은 여행을 많이 하고 공부도 많이 하신 분으로서 아마 잉글랜드 최고의 학자일 겁니다. 알비누스는 주로 고(故) 테오도르에 관한 말씀을 많이 해주셨는데, 그분은 캔터베리의 주교였으며, 아드리아누스의 수도원장이었습니다. 알비누스는 테오도르에게 많은 가르침을 받았습니다. 알비누스는 캔트와 그 주변에서 문서와 그 지역에서 오래 거주한 사람들의 전통으로부터 사실을 확인하거나 은혜로운 성 그레고리 교황의 교리를 통하여 가르침을 얻었는데, 그 모든 것은 기억할 만한 중요한 것들이어서 런던(London)의 신앙심 깊은 사제인 노셀름[3]을 저에게 직접 보내거나 혹은 서신을 띄워서 저에게 모든 지식을 물려주었습니다. 이 책을 시작할 때부터 잉글랜드인들이 그리스도의 믿음을 받아들일 때까지 우리는 선인들의 전통으로부터 배운 것을 기록하였습니다. 그리고 그때부터 현재까지는 은혜로운 성 그레고리 교황의 제자들로부터 얻어낸 것입니다. 왕들의 통치시기에 따른 날짜 등과 함께 모든 것은 알비누스 수도원장과 노셀름의 서신과 전언(傳言)에 의거하여 기록되었습니다. 그들은 이스트 색슨과 웨스트 색슨, 그리고 이스트 앵글과 노섬브리아[4]인들이

---

2) 알비누스는 하드리안의 뒤를 계승하여 성 베드로, 성 바울, 캔터베리의 대수도원장을 역임한다. A.D. 732년에 서거(逝去).

3) 노셀름은 로마 교황청의 많은 고증학적 사료를 살펴보기 위해 로마를 방문했을 것이다. 그레고리 교황(재위 A.D. 715~731)이 교황이 되기 전에 로마 교황청의 사료실에서 사서(司書)로 일한 경력이 있으므로 노셀름이 연구차 로마를 방문했을 때 그에게 많은 도움을 주었을 것으로 판단된다. 노셀름은 A.D. 735년에 캔터베리의 대주교가 되었고 A.D. 736년에 서거했다.

그리스도의 믿음의 은총을 누리던 시절의 주교들과 왕들의 치세에 대하여 저에게 많은 것을 알려주었습니다. 그리고 제가 이 책을 시작하도록 저에게 가장 큰 용기를 준 사람은 바로 알비누스입니다. 그리고 아직 생존해 계시는 웨스트 색슨의 존경스런 다니엘 주교님도 많은 격려를 해주셨습니다. 그분은 저에게 사우스 색슨, 웨스트 색슨, 그리고 와이트 섬[5]에 대하여 많은 말씀을 해주었는데, 그 중에서 특히 와이트 섬에 대하여는 서신을 통하여 많이 알려주었습니다. 그리고 머시아의 존경스러운 체드[6] 주교와 차드 사제를 통해서는 머시아와 이스트 색슨의 백성들에 관한 것을 알게 되었으며, 그곳 주교들의 삶

4) '험버 강 북쪽의 땅'을 뜻하는 말이다. 앵글로색슨 시대 7왕국의 하나로, 7세기 에드윈과 오스위오 치세 때는 번영기를 맞이하여 여러 왕국에 종주권(宗主權)을 내세웠다. 또한 스코틀랜드의 일부까지 진출하고, 가톨릭으로의 개종을 확대하여 수도인 요크에 대주교관구를 설치하였다. 그러나 8세기에 남쪽의 머시아 왕국에 굴복하고, 9세기 전반에는 에섹스 왕국의 에즈버트 왕에 복속되었다. 이후 대륙으로부터 데인인(人)의 침입을 받았고, 10세기에 통일 잉글랜드 왕국으로 편입되었다. 11세기 후반의 노르만 정복에 즈음하여 윌리엄 1세에 대해 반란을 일으켰으나 진압되었다.

5) 영국 남부, 잉글리시 해협(English 海峽)에 속하는 섬. '화원(花園)의 섬'으로 불리는 관광지이다.

6) 영국 노섬브리아(Northumbria) 태생이며, 그와 함께 자란 성 차드(Chad)의 동생인 성 체드는 린디스판 섬에서 베네딕트회 수도자가 되었으며, 653년에 3명의 다른 사제들과 함께 중앙 앵글족(*Angle*)들에게 복음을 선포하도록 파견되었다. 체드는 동부 앵글족의 왕 시리버트가 개종했을 때 에섹스의 선교를 그만두었고, 654년에 에섹스(Essex)의 주교로 축성되었다. 그는 브라드웰, 틸버리(Tilbury), 그리고 라스팅햄(Lastingham)에 수도원을 세우고 수많은 성당을 지었으며, 664년에는 위트비 종교회의(*Synod of Whitby*)에 참석하여 로마(Rome)의 전례를 인정하였다. 그는 664년 10월 26일에 잉글랜드(England) 요크셔(Yorkshire)의 라스팅햄에서 서거하였다.

과 죽음에 관해서는 그들이 세운 라스팅햄이라는 수도원의 형제들을 통하여 알게 되었습니다. 이스트 앵글리아[7]에 관한 사실들은 선인(先人)들이 남긴 문헌이나 전통을 통하여 일부 파악할 수 있었으며 또 일부는 존경하는 이세 수도원장으로부터 들어 알게 되었습니다. 린지(Lindsey)에서 그리스도의 믿음의 보급에 관하여는 존경하는 사인버트 주교의 말씀과 더불어 그분의 서신, 그리고 아직 생존해 있는 매우 믿을 만한 사람들의 기록을 통해 알 수 있었습니다. (또 말씀드리자면) 노섬브리아에서의 오늘날까지 그리스도의 믿음의 전파에 관한 출전(出典)은 어느 한 사람으로 국한된 것이 아니라 당시 사건을 잘 알고 있고 기억하는 신심(信心) 깊은 수많은 증인들의 증언임을 알려드립니다. 제가 그것을 알게 된 후에는 하나도 빠뜨리지 않고 모두 기록해두었습니다. 이 책에서 다루는 것이나 혹은 다른 책에서 쓴 것 중에서 성자 커스버트[8]의 행적과 삶에 관한 내용은 우선 린디스판[9]에 있는 교회 형제들의 기록에서 발췌한 것이며, 세부사항에 관한 것은 매우 믿을 만한 사람들로부터 직접 입수하여 추가한 것입니다. 끝으로 겸허히 간청하건대, 책을 읽으시다가 책에 쓰인 내용과 다른 것을 발견하거나 듣게 될지라도 독자께서는 저를 책망하지 말아주십시오.

---

7) 동(東)앵글리아. 영국 동남부에 있던 고대 왕국. 지금의 노포크(Norfolk)주와 서포크(Suffolk) 주에 해당.

8) 성 커스버트(St. Cuthbert, 637?~687) : 스코틀랜드의 수도사. 주교. 항해자의 수호성인.

9) 영국 노섬브리아 앞바다에 있는 섬.

영국민의 교회사

차 례

IX. 그레시아누스의 치세에 브리튼에서 막시무스 황제가 태어났다. 그는 후에 많은 수행원을 이끌고 골(갈리아)로 진격해 들어갔다

X. 아케이디오스 치세에 브리튼 사람인 펠라기우스가 신의 은총에 대한 믿음에 반대되는 그릇된 교리를 받아들였다

XI. 오노리우스 치세에 브리튼에서 그레시아누스와 콘스탄티우스가 태어났고 그레시아누스는 브리튼에서 콘스탄티우스는 골에서 생을 마쳤다

XII. 브리튼족이 스코트와 픽트족의 침입을 당하고 로마에 원조를 요청하다

XIII. 테오도시우스 1세의 치세에 그리스도를 믿는 스코트인들을 위해서 팔라디우스 주교가 파견되었다. 브리튼인도 로마의 아이티우스 왕에게 주교를 파견해달라고 요청했으나 아무도 오지 않았다

XIV. 극심한 기근을 겪은 브리튼인들은 야만인들을 국경너머까지 몰아냈다. 이 일이 있은 후 오래지 않아 풍작을 맞고 사람들은 향락과 죽음과 질병으로 몰락했다

XV. 브리튼인들이 앵글족을 브리튼으로 불러들였다. 앵글족은 처음에는 브리튼인의 적군들을 물리쳐주었으나 머지않아서 그들과 협정을 맺더니 브리튼인들을 향해 무기를 겨누었다

XVI. 처음에는 로마인 암브로시우스가 이끄는 브리튼 군이 앵글족에 대항하여 승전했다

XVII. 게르마누스 주교가 루퍼스와 함께 배를 타고 브리튼에 왔다. 성스러운 힘이 거센 바다를 잠재우고 펠라기우스주의자들의 거센 저항까지도 잠잠하게 가라앉혔다

XVIII. 게르마누스 주교가 행정관 딸의 시력을 되찾아주었다. 그후 게르마누스 주교는 성 올번의 무덤에 와서 첫 유물을 받은 다음 그것을 성스러운 사도들과 그 외의 여러 순교자들의 유물 옆에 안치하였다

V. 비리누스 주교가 서부 색슨에 하느님의 말씀을 전하였다. 그리고 그 뒤를 이어 주교가 된 에겔베르흐트와 레우테리우스에 관한 기록

VI. 캔트의 에르콘베르흐트 왕이 우상 파괴명령을 내렸다. 왕의 딸 에르켄고타 공주와 조카딸 에델부흐, 이 두 처녀는 신에게 자신의 몸을 봉헌하였다

VII. 오스왈드 왕이 죽은 바로 그 장소에서 기적이 여러 차례 발생하였다. 한 여행자가 타던 말이 치유된 적도 있고, 절름발이였던 한 소녀가 치유되기도 하였다

VIII. 바로 그 장소에서 떠 온 흙은 불을 끄는 데에 효험(效驗)이 뛰어났다

IX. 오스왈드 왕의 분묘 위로 하늘에서 빛이 내려와 비추었다. 악령에 사로잡힌 사람들은 그곳에서 치유되었다

X. 왕의 분묘에서 한 어린 아이의 열병(熱病)이 치유되었다

XI. 죽음 직전에 갔던 아일랜드의 한 남자는 왕의 유물에 의해 치유되었다

XII. 폴리누스 주교가 서거하자 이사마가 그 뒤를 이어서 로체스터의 주교구를 맡게 되었다. 매우 겸허한 오스윈 왕이 오스위오에 의해 처참한 죽음을 맞았다

XIII. 아이든 주교는 곧 출항할 배에 폭풍이 몰아닥칠 것을 예언하고 선원들에게 축성유(祝聖油)를 주었고, 선원들은 축성유를 이용하여 폭풍을 잠재울 수 있었다

XIV. 아이든 주교는 왕궁이 있는 도시를 향해 번져오던 불길을 기도의 힘으로 방향을 바꿔버렸다

XV. 펜다 왕의 아들 피다 치세에 중부 앵글은 그리스도인이 되었다

XVI. 시그버트 왕 치세에 한때 신앙심이 약해졌던 동부 색슨도 오스위오 왕의 열성과 체드의 설법에 의해서 다시 신에 대한 진실한 믿음을 되찾았다

IV. 콜만 주교가 브리튼을 떠나서 스코트에 2개의 수도원을 세웠는데, 하나는 스코트인들을 위한 것이고 또 하나는 자신이 데려간 잉글랜드인을 위한 것이었다

V. 오스위오 왕과 에즈버트 왕의 죽음. 테오도르 대주교가 지내던 하트포드에서 종교회의가 열렸다

VI. 윈프리드 주교가 퇴위(退位)된 후 세악설프 주교가 그 자리를 이어받았다. 에르콘왈드는 동부 색슨의 주교로 서위되었다

VII. 바킹(Barking)에 있는 수도원에 하늘에서 빛이 내려 비추어 그곳에 성처녀(聖處女)들을 안장(安葬)하라는 계시를 보여주었다

VIII. 바킹에 있는 그 수도원에서 한 어린 아이가 죽으면서 한 수녀를 지목(指目)하며 자신을 따르라고 했다. 그곳의 또 다른 수녀는 이승을 떠날 때가 되어서 하늘에서 빛이 내려 비추는 것을 보았다

IX. 대모(代母)가 세상을 떠날 때에도 하늘에서 빛이 내려왔다

X. 대모의 서거 3년 후 하느님의 종인 토트기스는 여전히 이승에 남아 있었다

XI. 앞을 못 보는 한 여인이 바킹에 있는 그 수도원의 묘지에서 기도를 올리고 시력을 되찾았다

XII. 바킹의 왕 세버는 수도승이 되어 여생을 보냈다

XIII. 헤더는 엘레시리우스 주교의 뒤를 이어서 서부 색슨의 주교가 되었으며 크위크햄이 푸터 주교의 뒤를 이어 로체스터의 주교가 되었고 그 뒤를 이어 예프문드가 주교가 되었다. 예프문드는 후에 노섬브리아의 주교직도 맡았다

XIV. 혜성(彗星)이라 불리는 별이 나타나서 3개월 동안 동틀 무렵이면 늘 나타났다. 바로 그 해에 노섬브리아의 왕 에즈프리드가 윌프리드 주교를 추방했다

▪ 일러두기 ▪

▪ 지명 및 인명을 비롯한 모든 고유명사 표기는 번역의 원본이 고대영어 판본이므로 고대영어(*Old English*) 발음으로 표기할 경우 현대 독자에게 혼란을 가중시킬 수 있으므로 현대영어 발음으로 정착된 고유명사의 경우는 그대로 표기하기로 한다. 예: 런던(London)의 경우 고대영어 철자는 'Lundenbyrig'이며 발음은 룬덴비리그이다. 룬덴비리그라는 원래 지명이름은 영어사나 영문학에서 다루는 지명이름(*place name*) 및 어원연구에 중요한 자료를 제공하기 때문에 별도의 색인을 만들어 현대영어 발음 및 철자, 고대영어 발음 및 철자를 상세히 표기하였다. 라틴어와 고대영어 발음에도 큰 차이가 존재하는데, 이 경우는 일반 독자에게 친숙한 발음을 적용하기로 하며 별도의 색인에서 고대영어 철자 및 발음을 명기하도록 한다. 필사자(筆寫者)에 따라서 고유명사의 철자가 다르게 기록되는 경우는 당시의 고대영어 발음을 고려하여 표기하도록 한다.

▪ 각주는 모두 옮긴이가 작성한 것이므로 별도로 〔역주〕 표시를 하지 않는다.

제 1 권

유럽 북서부에 위치한 브리튼은 바다 위의 섬나라로 과거에는 알비온이라 불렸고, 비록 먼 거리이긴 하지만 반대편으로 유럽의 주부(主部)인 독일과 골(Gaul), [1] 스페인을 두고 있다. 남북으로 8백 마일의 길이와 너비 2백 마일의 폭을 지닌 이 나라의 남쪽 반대편에는 골 벨리카라 불리는 지방이 있다. 이 섬나라는 다양한 종류의 나무들과 곡물로 풍성하고, 양이나 소떼를 방목하기에도 적합하며, 포도가 재배되는 지역도 있다. 이 나라에는 온갖 종류의 새들과 수중동물들이 서식하고 있고 어류가 풍부한 수역(水域)이나 광천(鑛泉) 또한 그 수가 많으니, 종종 바다표범이나 고래, 또는 돌고래들이 이곳에서 포획되기도 하고 다양한 종류의 갑각류와 마합류[2] 또한 흔히 이곳에서 채취되곤 하는데, 이것들 속에서 때때로 온갖 색상의 최상급 진주들이 발견되기도 한다. 한편 선홍빛 색조를 띤 피뿔고둥도 이곳에 풍부한데, 태양도 그 빛깔을 희게 탈색치 못하고 빗물 역시 그것을 손상시

---

1) 갈리아(Gallia)라고도 불린다. 고대 켈트 사람의 땅으로 지금의 북이탈리아·프랑스·벨기에의 전역과 네덜란드·독일·스위스의 일부를 포함하는 지역.

2) 홍합이나 말조개 따위.

킬 수 없으며 오직 세월의 흐름에 따라 더욱 고운 빛을 지니게 된다. 그리고 이 나라는 많은 염전 및 남녀노소에게 모두 적합한 뜨거운 광천수나 온천을 여러 지역에 보유하고 있다. 이곳은 구리나 철, 납 또는 은과 같은 광물이 대량생산되고 있고, 검은 보석이라 칭하는 흑석(黑石) 또한 이곳에서 발견되는데, 불 속에 이 흑석을 놓아두면 근처의 독사가 다 도망가게 된다. 과거에 이 나라는 스물아홉에 달하는 최상의 고귀한 마을들로 아름답게 단장되어 있었는데, 이 마을들은 성벽이나 탑, 문, 그리고 최고로 단단한 잠금장치 등을 갖추고 있었고, 주변으로는 셀 수 없이 많은 더 작은 규모의 여러 다른 마을들을 두고 있었다. 이 섬나라가 지구 북단의 바로 아래에 매우 가까이 위치하고 있고, 여름날에는 밤이 매우 짧은 관계로 자정(子正) 무렵이 되면 관찰자들 사이에서 종종 제기되는 의문이 하나 있으니, 즉 이 시(時)가 저녁 땅거미가 깔린 때인지, 아니면 미명(微明)이 드리워진 동틀 녘인지 하는 것에 관한 바이다. 이로 보아 이 나라가 지구의 남반구에 있는 다른 나라들에 비해 여름의 낮과 겨울의 밤이 훨씬 길다는 것이 자명한 사실로 여겨진다.

I

현재 이 나라는 하느님의 신성한 법이 기록된 모세오경(五經)의 다섯이라는 수에 따라 '다섯 국가'의 언어에서 보이는 하나로 일치된 숭고한 진리와 진정한 숭고함을 배우고 받아들이는데, 이 언어들이란 잉글리시(*English*)와 브리튼어(*Britons*), 스코트어(*Scots*), 픽트어(*Picts*), 그리고 라틴어(*Latin*)이다.[3)]

---

3) 영국 본토의 언어사용에 관한 확실한 증거는 켈트족(*Celts*)이 사용한 켈트어에서 찾아볼 수 있다. 이는 영국에서 사용된 최초의 언어이며, 지금도 웨일스나 스코틀랜드 같은 지역에서 일부 쓰이고 있다. 영국에서 언어를 사용했

이 중 라틴어는 성서연구에 있어 다른 모든 나라에서도 널리 쓰이고 있다. 맨 처음에는 브리튼족(*Britons*)만이 이 나라의 유일한 거주자였으니 이 섬나라의 이름은 바로 이 종족의 이름을 본떠 지어진 바이다. 전해지는 바에 의하면 이들은 아르모리카[4] 지방으로부터 브리

으리라고 추정되는 첫 거주인은 인도유럽계 인종이 아니라 지중해 연안에 기거했던 이베리아인(*Iberians*)들이다. 한때 영국을 '이베리안 사람들의 섬'(*the island of Iveriu*)이라고 불렀다는 데서도 알 수 있다. 아일랜드(Ireland)의 또 다른 명칭인 'Eire'는 'Iveriu'의 줄임말로(영어식 철자는 Ire-land) 브리튼 섬(영국 본토와 아일랜드 포함)에 이베리아인들이 정착했었다는 사실을 확실히 입증해준다. 하지만 이베리아인들이 사용한 언어의 흔적이 거의 없기 때문에 영어의 기원에 관한 고찰에서 이베리아인들의 언어는 배제되고 있다. 켈트족은 기원전 6세기부터 4세기까지 영국과 아일랜드에 쳐들어와 이베리아인들의 거처를 빼앗아버린 종족이다. 목축을 생업으로 하는 호전적인 켈트족은 다뉴브 강 유역, 현재 이탈리아 북부, 프랑스, 벨기에, 독일, 스위스, 네덜란드 일부 지역을 포함한 광대한 골 지방을 점유했다. 켈트인들은 피부에 채색하는 습관이 있어서 로마인들은 스코틀랜드의 켈트인을 가리켜 '색칠한 사람'(*painted people*)이라는 뜻의 픽트족(*Picts*)이라고 불렀다. 'Picts'는 '색칠하다'의 뜻을 지닌 라틴어 'pingere'의 과거분사형 'picti'의 변형이다. 켈트인들은 영국 본토를 장악했지만 영어어휘에 미친 켈트어의 영향은 매우 미미하다. 대략 6세기부터 영어에 유입된 켈트어는 몇 백 개 정도의 어휘만 남아있다. 영어가 형성되기 전, 켈트어 외에 또 하나의 언어가 영국 본토 특히 잉글랜드(웨일스와 스코틀랜드를 제외한 영국·남부)에서 광범위하게 쓰이고 있었다. 바로 로마가 영국을 정벌하면서 함께 들어온 라틴어이다. 라틴어는 영국에 로마제국의 한 속령이 되었을 때 들어와 약 4세기 동안 사용되었다.

방언 정도의 차이만을 지닌 앵글족, 색슨족, 주트족의 언어는 'Englisc'(발음은 *eng-glish*)라 불렸는데, 이것이 오늘날에 쓰이는 'English'의 기원이다. 'English'(영어)라는 지칭이 국가지명보다 더 오래되었음을 알 수 있다.

4) '바다 옆의 땅'이라는 의미의 아르모리카는 프랑스 서부에는 고대 켈트 문화가 아직도 숨쉬고 있는 땅 브르타뉴(Bretagne) 지역이다. 이 지역의 에메랄드 코스트(Emerald Coast)는 자연이 잘 보존되어 있는 곳으로도 유명한데, 그 중에서도 생 말로(Saint Malo)는 '에메랄드 코스트의 보석'이라고 불린다. 19세기 말 고갱, 르누아르, 피카소, 모네, 그리고 마티즈 등 유명한 화

튼으로 건너와 섬의 남쪽 부분을 가로채 점령하였다고 한다. 그후 픽트족(*Picts*)이 스키타이[5]로부터 배를 타고 건너와 브리튼의 모든 해안 주위를 돌아 아일랜드에 도달하였는데, 그곳에서 그들은 스코트족(*Scots*)[6]을 만나 그 땅에서 자신들이 정착하고 거주할 수 있는 공간을 얻을 수 있도록 그들에게 요청했다. 이에 대해 스코트인들은 자신들의 땅이 두 국가를 거두기에는 그 크기가 충분치 못하다는 답변을 주며 대신 이런 말을 건넸다. "우리는 그대들이 행할 바에 관한 좋은 충고를 하나 줄 수 있소. 우리가 알기로 이곳에서 그리 멀지 않은 저 동쪽에 섬이 하나 있는데, 날이 청명할 때에는 가끔 그곳을 육안으로 볼 수도 있다오. 만일 당신들이 그곳으로 건너간다면 정착할 만한 곳을 찾을 수 있을 것이오. 혹시 누군가 그대들에게 맞선다면 우리가 그대들을 도울 것이오."

그리하여 픽트족은 브리튼 땅에 다다라 섬의 북쪽과, 앞서 언급했던 브리튼족의 수중에 있던 섬의 남쪽까지도 점령하기 시작했다. 아내가 없는 픽트인들은 스코트족에게 아내가 될 여인을 청했고, 이에 대해 스코트인들은 다음과 같은 조건하에 그들의 요청을 받아들였는데, 이는 남녀 간의 조건에서 그 우선순위가 모호할 때는 남성 쪽이 아닌 여성 쪽에서 그 주도권을 가진다는 것이었으니, 이러한 관례는 오늘날에도 여전히 픽트족 사이에 준수되고 있다. 시간이 흐르며 브리튼족과 픽트족에 이어 세 번째 종족으로서 스코트족이 잉글랜드를 침입하여 픽트족의 경계선 안까지 장악하였다. 그들은 지도자 레아

가들이 브르타뉴에서 영감을 얻어 많은 작품들을 창조해냈다.

5) 흑해 북부의 옛 지방.

6) 비드가 스코트(the Scots)를 언급할 때 이는 영국 북부의 스코틀랜드(Scotland)를 의미하는 것이 아니고 영국 서부의 아일랜드(Ireland=Hibernia)를 지칭한다. 아일랜드의 일부 스코트인들은 2~5세기 사이에 브리튼(영국 본토)으로 이주하게 된다.

다와 함께 자신들의 본거지인 아일랜드로부터 왔는데, 부분적으로는 우호적 조약에 의한, 부분적으로는 분쟁을 통한 점령이었으니 이는 아직 그들이 유지하던 정착력(定着力)과 거주지의 안정성을 더욱 확고히 하기 위함이었다. 오늘날까지도 이 종족은 달레아딩스라 불리고 있다.

스코트족의 섬인 아일랜드[7]는 지형 구조상의 폭이나 기후가 주는 상쾌함 또는 그 온화함에서 브리튼보다 훨씬 우월한 조건에 있는데, 그 땅에서는 눈이 내리더라도 사흘 이상을 가지 못한다. 또한 아무도 겨울 추위를 대비한 식량을 위해 건초용 풀을 벤다거나 가축 떼를 위한 외양간을 짓지 않는다. 또한 유독성의 파충류들 역시 그곳에는 보이지 않고 독사 또한 살지 못하는데, 일례로 한때 영국으로부터 독사들이 배로 아일랜드까지 실려왔으나 그 땅의 공기를 호흡하자마자 곧장 죽어버렸다.

이외에도 그 나라의 거의 대부분의 것들이 모든 종류의 독에 대해 효험이 있으니 이것에 대한 증거로서 다음을 들 수 있다. 즉, 사람들이 독사에 물린 어떤 이들에게 아일랜드(Ireland)에서 가져온 책장의 부스러기들을 물에 넣은 후 그대로 마시도록 주었더니 즉시 이들 몸안의 독기가 가시고 모두 완치되었다는 것이다.

이 섬에는 우유나 꿀이 매우 풍부하고 또한 곳곳에 포도원이 있다. 또한 이곳에는 생선이나 닭이 흔하고 수사슴이나 암사슴 사냥 역시 매우 유명하다. 이곳이 스코트족에게 적합한 터전이며, 이곳으로부터 앞서 말한 세 번째 종족 스코트족이 브리튼으로 이주하여 브리튼

---

7) 비드는 교황 셀레스틴(Pope Celestine)에 의해 아일랜드로 파송된 성(聖) 페트릭〔St. Patrick : 아일랜드에 기독교를 전도(傳道)했다고 알려진 잉글랜드 태생의 주교, 아일랜드 수호성인〕의 선교활동에 대해 언급하지 않고 있다. 아일랜드의 기독교 기원(起源)은 불확실하다.

족, 픽트족과 더불어 거주하기 시작했다.

II

브리튼은 율리우스[8] 라고도 불리는 가이우스 황제 때까지 로마인에게 알려지지 않았는데, 이 황제는 군대를 이끌고 이 땅을 장악하여 주전(主前) 60년까지 이곳을 통치하였다.

III

이후 아우구스투스 황제로부터 4대 왕인 클라우디스 황제는 다시 브리튼으로 군대를 이끌고 와 그곳에서 심한 저항을 받거나 피를 흘림이 없이 이 나라의 대부분을 장악하였고, 또한 브리튼 아래로 대양을 건너 위치한 오크니 섬[9] 까지도 로마제국에 합병시켰다. 이 원정은 주후(主後) 46년, 즉 그의 통치 후 4년째 되는 해에 이루어진 것으로 그는 첫 진격 후 여섯 달 만에 다시 로마로 돌아왔다. 이 클라우디스 황제는 베스파시아누스를 브리튼으로 특파하였는데, 그는 훗날 네로에 뒤이어 황제에 등극했다. 베스파시아누스는 와이트 섬 또한 정복하여 이곳을 로마제국의 통치권 아래에 바쳤으니, 이 섬은 동서로 30마일의 폭과 남북으로 12마일의 길이에 달한다.

네로(Nero)는 클라우디스의 왕위를 계승하였으나 자신의 제국에 이바지한 바가 전혀 없으니, 로마에서 일어난 셀 수 없이 많은 다른 재앙들 속에서 브리튼에 대한 통치권을 잃기까지 하였다.

---

8) 가이우스 율리우스 카이사르(Caesar, Gaius Julius, B.C. 100.7.12~B.C. 44.3.15) : 로마의 정치가이자 군인.

9) 스코틀랜드 북동쪽의 여러 섬, 오크니 제도.

IV

그후 주후 156년째 되는 해에 안토니우스라고도 불린 마르쿠스가 그의 형제인 아우렐리우스와 공동으로 로마제국을 계승하였으니, 그는 아우구스투스 황제로부터 14대 왕이었다. 이들 왕의 통치시대에는 신성한 엘레우테리오[10]가 로마 교회의 주교이자 교황이었다. 그에게 브리튼의 왕인 루키우스는 기도와 탄원(歎願)이 섞인 서한을 보내 자신이 그의 지도하에 기독교로 개종하고 싶다는 의사를 전했다. 이러한 그의 종교적인 경건한 요청은 즉시 수용되었고 이로 인해 브리튼인들은 세례와 더불어 그리스도의 믿음을 받아들이게 되었으니, 폭군 다이오클리시인 황제의 시대가 될 때까지 그들은 고요한 평화 속에서 그들의 믿음을 손상시킴 없이 순수하게 지켰다.

V

주후 189년이 되는 해에 혈통상 아프리카인이며 렙티스[11]라 불리는 곳 출신인 황제 세베루스[12]가 로마제국을 계승하여 17년 동안 그 땅을 통치했다. 아우구스투스 황제로부터 17대 왕인 그는 자신의 제국을 매우 강력하게 다스렸으나 많은 고난 또한 따르지 않을 수 없었다. 그는 전투를 위해 브리튼으로 군대를 이끌고 와 오래 지속된 혹

---

10) 성 엘레우테리오(엘레우테리우스, ?~189. 5. 24) : 순교자이자 성인(聖人)이며, 축일은 5월 26일이다. 그리스의 니코폴리스(Nikopolis) 출신으로, 제11대 교황 아니체토(Anicetus) 밑에서 부제로 서품되었고, 175년 교황 소테로(Soter)에 이어 제13대 교황에 선출되었다. 교황이 된 뒤, 인간이 먹는 모든 음식은 그리스도교도들에게도 좋은 것이라는 내용의 칙서를 발표하였다. 이는 그노시스파와 몬타누스파의 엄격한 교리를 비판하는 것이었다. 189년 5월 24일 사망한 뒤 바티칸 언덕에 묻혔다. 성 엘레우테리오 교황 재임 당시에는 그리스도교에 대한 박해가 없었다.

11) 북아프리카 중앙부 지중해 연안의 현(現) 리비아에 있는 도시.

12) 세베루스(Lucius Septimius Severus, 146~211) : 로마 황제(193~211).

독한 접전 끝에 그 섬나라의 대부분을 되찾았고, 그곳을 다른 야만적 종족으로부터 분리시키며 한 바다에서 다른 바다에 이르기까지 해자(垓字)와 성벽을 건립함으로써 그곳을 점령하고 요새화하였다. 그는 요크의 한 섬에서 병으로 생을 마감했고, 그의 아들인 바시아누스가 브리튼 왕권을 계승하였다.

VI

주후 286년경 아우구스투스로부터 33대 황제인 다이오클리시인 왕은 20년 동안 왕좌에서 집권하였다. 그는 막시미안을 그의 조력자로 선택하고 그에게 서로마 영토를 할당해 주었는데, 후에 막시미안은 제위를 떠맡아 브리튼으로 왔다. 그후 많은 사악한 일들이 그들에 의해 자행되었으니 다이오클리시인은 동로마에서, 막시미안은 서로마에서 교회를 핍박하며 괴롭혔고, 기독교인에 대해서는 문맹화(文盲化) 정책을 펴며 살상을 일삼았다. 이들 황제들은 네로 황제 이후 하느님의 교회를 핍박한 자들의 대열 가운데 그 열 번째 위치를 차지했다. 이 불경한 왕들의 기독교에 대한 박해는 이전까지 있었던 세상의 다른 어떤 박해보다도 더욱 강력하고 지속적이었으니, 하느님의 교회를 불태우고 무고한 자들을 처벌함과 동시에 거룩한 순교자들에 대한 살상을 일삼음으로써 10년 동안 이러한 만행을 그치지 않았다. 브리튼 또한 믿음의 위대한 영광을 누림에서나 하느님을 받아들이는 신앙의 고백에서 혹독한 고통을 받게 되었다.

VII

이 시기에 브리튼에서는 성자 올번[13]이 수난을 받았는데, 성직자 포르투나투스는 그의 《성모 예찬》에서 지상으로부터 하느님의 품으로 향한 축복된 순교자들을 언급할 때에 다음과 같이 말했다. "비옥한 브리튼은 고귀한 올번을 낳도다."

올번은 그 불신의 왕들이 기독교인에 대해 격분에 가득 찬 명령들을 터트렸을 때 아직 믿음이 없는 이교도의 상태였으나, 어느 날 그는 그 사악한 박해자들의 눈을 피해 달아난 어느 경건한 사제(司祭)를 받아주게 되었다. 이 성직자가 밤낮으로 끊임없는 철야기도를 올리기에 분주한 모습을 본 올번은 갑자기 신의 은총의 자비를 입는 경험을 하였다. 그리고 그는 곧 그 성직자의 신앙심과 경건함의 예를 본받기 시작했고, 우상숭배의 암흑을 벗어나 기독교인으로서 진정한 마음을 지닌 자로 거듭 태어나기 위해 그로부터 도움이 되는 권면과 함께 점차 가르침을 받게 되었다. 그러나 앞서 말한 하느님의 사람이 여러 날 동안 올번에게 환대받았을 때 올번이 하느님의 종이자 참회자인 그를 자신의 집에 숨겨두었다는 소문이 하느님께 죄로 얼룩진 그 지배자의 귀에 들어가게 되었다. 그러자 그는 곧장 그의 신하들에게 명령하여 올번의 집으로 찾아가 그를 잡아오도록 했다. 이어 그들이 그 순교자의 집에 당도했을 때 그는 자신의 손님인 그 낯선 사제를 대신하여 그의 사제복으로 갈아입고 자기 자신을 그들에게 내주었다. 그리하여 그들은 올번을 집정관에게 데리고 갔고, 올번이 그에게 인도된 바로 그때에 심판관은 그의 우상신(偶像神) 옆에 서서 악마에게 제물을 바치고 있었다. 올번의 모습을 보고 그는 격노하였다. 올번이 손님 대접을 했던 낯선 사람을 대신해서 목숨을 걸고 자신이 수도사

13) 성(聖) 알비누스(올번: Alban): 3세기 잉글랜드 최초의 순교자.

인 척 행세하는 것을 알아챘기 때문이었다. 그는 올번을 자신 옆에 있는 우상 앞으로 끌고 오라고 하고 다음과 같이 말했다. "네가 감히 불경한 적이며 우리 신을 모욕하는 그자를 내 부하들에게 넘기지 않고 나로부터 숨기려 하다니. 네가 우리 종교에 대한 숭배를 거부한다면 그자가 받아 마땅한 벌을 너 또한 받아야 할 것이다."

그러자 올번은 주님의 믿음에 대한 박해자들에게 당당하게 자신은 그리스도인이라고 천명(闡明)하고 고백하였다. 그는 통치자의 위협도 두려워하지 않았으며 영적 전투를 위한 갑옷으로 무장하고 그의 명령에 굴복하지 않겠다고 거침없이 말했다. 그러고 나서 통치자이자 심판관이 올번에게 말했다.

"너는 어느 가문 출신이며, 어느 족속에 속하는지 말하라."

그러자 성 올번이 대답했다.

"내 출신성분이 무슨 상관입니까? 만약 내 신앙에 대한 진실을 듣고 싶다면 나는 그리스도인이오. 나는 그리스도를 위한 봉사에 나 자신을 기꺼이 바칠 것이오."

그러자 심판관이 말했다.

"네 녀석의 이름을 말하렷다."

그러자 그가 말했다.

"내 부모님은 나를 올번이라 이름지어 주셨소. 그리고 나는 천국과 지상과 모든 생물을 창조하신 살아있는 하느님과 그 진실만을 경배하고 기도합니다."

그러자 심판관은 더욱 화가 나서 이렇게 말했다.

"네가 이승에서 우리와 같이 행복한 삶을 누리고 싶다면, 위대한 신들에 대한 경배를 미루지 말아야 할 것이야."

그러자 성 올번이 대답했다.

"당신이 악마를 위해 바친 제물들은 악마의 종복(從僕)들을 위해서도 이득이 되지 못할 것이고, 악마의 욕정과 욕망을 채워주지도 못할 것이요. 뿐만 아니라 보상을 바라고 우상에게 제물을 바치는 사람에게는 지옥의 영원한 고통이 기다리고 있을 뿐이오."

그 말을 들은 심판관은 분노가 치밀어 올라 극에 달했다. 그리하여 통치자는 말로써 아무런 효력을 얻지 못하자 올번이 심한 매질을 당하면 용기를 잃고 마음이 흔들리게 될 것이라 생각하고 부하들에게 즉시 올번을 모질게 매질하고 고문하게 하였다. 성인 올번은 모진 매질과 고문을 당하였으나 주님을 위하여 그에게 가해지는 모든 고통을 참을성과 기쁨으로 인내하였다. 이 모습을 지켜본 심판관은 고문이나 매질로는 그를 정복할 수 없으며 그리스도인의 신앙숭배를 포기하게 할 수도 없다는 사실을 알고 그의 목을 베라고 명하였다. 처형을 당하기 위하여 올번은 성벽 근처 가까이 흐르는 물살이 빠른 냇가로 나왔다. 그곳에는 남녀노소 다양한 계층의 사람들이 많이 모여 있었다. 군중들은 이 축복받은 순교자를 호위하라는 하늘의 영감을 받고 나온 것이 분명했다. 모인 사람들의 수가 너무 많아서 저녁 무렵이 되기 전까지는 강 위에 놓인 다리를 건너기 힘들었으므로 그들은 다리 주위에 모여 있었다. 다른 모든 사람들이 전부 앞으로 나와 있었기 때문에 심판관은 성곽 안에 호위병도 없이 혼자 남겨져 있었다. 지체하지 않고 신속히 순교자가 되고 싶은 열정뿐인 성 올번이 앞서 말한 냇가로 다가가서 하늘을 올려다보자 갑자기 냇물이 말라버리고 그가 마른 땅을 밟고 지나갈 수 있도록 그의 발 앞에 길이 났다. 다른 사람들 사이에서 그를 처형할 사형집행인은 이 놀라운 광경을 보고 신의 은총의 영감에 의해 즉시 내심의 경고를 받게 되었다. 그리고 그는 손에 들고 있었던 칼을 던져버리고 그의 발 앞에 엎드렸다. 그리고 열심히 기도하며 자신이 처형하려 했던 순교자와 함께 혹은 그를 대신하여 자신이 벌을 받겠노라고 말했다. 주님의 은총 덕분에

이 남자는 박해자에서 그리스도의 믿음과 진실의 친구로 변한 것이다. 존경하는 성인 올번은 군중과 함께 계절에 따라 푸른빛으로 덮이고 온갖 꽃과 다양한 식물로 곱게 장식된 아름다운 언덕으로 올라갔다. 이렇게 곱고 아름다운 장소는 축복받은 순교자의 피로 영광을 입고 성화(聖化)되기에 마땅한 곳이다. 이 언덕 꼭대기에서 성 올번은 주님을 위해 쓰고자 하니 물을 내려주십사 기도했다. 그러자 즉시 그의 발 앞에서 샘물이 솟아났다. 모든 사람들은 이 물이 성 올번이 주님을 위해 쓰고자 하여 보내주신 물이라는 것을 알았다. 샘물은 성스러운 순교자를 위한 세례의 봉헌(奉獻)의식을 위해 사용된 후에 봉헌의 증거로서 임무를 마치고 나서 원래의 상태로 돌아갔다. 이곳은 물이 말라버려 성 올번이 마른 흙을 건넌 냇물과 성벽에서 약 반 마일 떨어진 곳이다.

그곳에서 용감한 순교자 성 올번의 목이 베어졌고, 그는 주님께서 그를 사랑하는 모든 사람에게 약속하신 영생이라는 승리의 왕관을 쓰게 되었다. 그러나 불경한 손을 뻗쳐서 경건한 순교자의 목을 친 사형집행인은 그의 죽음을 기뻐할 수가 없었다. 순교자의 머리가 떨어짐과 동시에 그의 눈이 빠져버렸기 때문이다. 하늘의 힘에 의해 책망을 듣고 자신은 성 올번을 처형할 수 없다고 거부했던 사형집행인 역시 머리가 잘려 순교자가 되었다. 그의 경우에는 물로 세례를 받지 못하였지만 그의 피로써 세례를 받아 깨끗해져 하늘의 왕국에 들어갈 수 있게 되었다. 심판자는 하늘의 엄청난 놀라운 광경을 목격하고 심기가 불편하고 괴로워서 즉시 그리스도인을 박해하는 것을 중지하라는 명령을 내렸다. 이전에 기독교 신앙으로부터 그들의 마음을 돌릴 수 있다고 생각했던 그는 이제 성스러운 순교자들이 당한 고통에 경의를 표하기 시작하였다.

축복받은 성인 올번이 고통을 당한 날은 6월 22일이며, 장소는 로마인들이 베로라미움이라 불렀던, 오늘날 잉글랜드인들이 웨르라메체아스터 혹은 웨클링가체아스터라고 부르는 도시 근처였다. 오래지 않아 그리스도인에게 평온한 시절이 돌아왔고 감탄할 만한 구조로 성 올번의 고난과 순교에 보답이 될 만한 교회가 지어졌다. 그리고 그곳에서는 지금까지도 종종 병자들이 치유되고 신의 기적이 행해지며 놀라운 일들이 많이 일어난다. 같은 때에 체스터[14]의 자유민이었던 아론과 줄리어스도 고통을 당했는데, 그 외에도 많은 남자와 여자들이 곳곳에서 여러 가지 방법으로 고문당하고 사지가 찢겨나가는 고통을 겪었다. 그들의 고통이 끝나고 그들의 영혼은 이승을 떠나서 천국의 영광중에 저 높이 있는 기쁨의 도시로 들어갔다.

VIII

그리스도인에 대한 박해의 재판이 잠잠해지자 박해의 위험에 처해서 숲이나 황무지나 동굴에 숨어 지냈던 믿음 있는 그리스도인들이 모두 나왔다. 그들은 파괴된 주님의 교회를 수리하거나 새로운 교회를 세워서 성스러운 순교자들[15]을 위해 봉헌했다. 순교 장소를 확장하고 승리의 징표로 삼고 그들의 순교일을 경축했으며, 정결한 입과 순결한 마음으로 신성한 의식을 거행했다. 이교도인 아리안파[16]가 생겨날

14) 영국 잉글랜드 체셔카운티(Cheshire county)의 카운티 타운(*county town*)이다. 리버풀 남쪽 약 25㎞ 지점의 아이리시 해(海)로 흘러드는 디 강(江) 하류에 자리하고 있다.

15) '최고로 영예로운 4명의 순교자'는 세베루스(Severus), 세베리아누스(Severinus), 빅토리아누스(Victorinus), 카르포포로스(Carpophorus)를 지칭한다. 그들을 기념하는 교회는 로마에 있으며, 그레고리 교황 1세 재위 기간에 언급된다.

16) 4세기에 예수 그리스도의 신성(神性)을 부인(否認)한 아리우스의 주장을 교의로 삼는 일파. 알렉산드리아교회의 사제(司祭) 아리우스는, '성부·성자·성신(성령)의 세 위격(位格)은 대등하며, 오직 성부만이 영원하다. 성

때까지 브리튼에서 그리스도 교회는 이런 평화를 계속 누렸다. 이때에 브리튼에서 콘스탄티누스가 서거(逝去) 했다. 그는 디오클레시아누스 생전에 골과 스페인제국을 손에 넣고 지배하였는데, 매우 관대하고 선한 사람이었다. 콘스탄티누스는 자신의 권력을 아내 헬렌 사이에 낳은 아들 콘스탄틴에게 물려주었다. 그 역시 후덕한 왕이었다. 에우트로피우스는 콘스탄틴 황제가 브리튼에서 태어났고 부친의 왕좌를 계승했다고 적고 있다. 콘스탄틴 황제 시대에 이교도 아리안파가 생겼다. 아리우스는 그리스도에 대한 불신(不信) 을 온 세상에 퍼뜨렸을 뿐만 아니라 브리튼 섬에까지 퍼뜨렸다. 이 이교도는 콘스탄틴 시대에 니케아 공의회[17] 에서 완전히 이단으로 몰렸고 분쇄되었다.

자는 모든 피조물과 같이 창조되었을 뿐, 신이되 피조물과 신의 중개역할을 하고, 신이 그에게 세상을 구원하도록 선택한 것이다. 예수 그리스도는 신의 은총을 입어 하느님의 양자로 선택받은 것이다'라고 주장하였다. 당시 또한 부류의 이단이 있었는데, 주창자 펠라기우스〔(Pelagius, 354~418?) : 브리타니아 출생. 영국의 수도사 · 철학자 · 신학자. 로마에서 수도사로서 엄격한 수도생활에 솔선하면서 신앙생활의 지도와 저술에 종사했다. 인간의 자유의지를 강조하고 원죄, 그리스도의 구원, 세례 등을 부정하는 펠라기우스설을 제창하였다. 이 때문에 아우구스티누스 등의 맹렬한 반박을 받았으며 종교회의에서 이단(異端) 으로 규정되었다〕의 이름을 본 딴 펠라기우스說(*Pelagianism*) 이다. 이는 원죄부정(原罪否定) 의 교리로써 인간은 하느님의 은총의 도움 없이도 자신의 노력에 의해 완전한 상태에 도달할 수 있다고 믿는다.

17) 소아시아의 니케아(Nicaea) 에서 열린 가톨릭 최초의 종교회의. 제1회는 325년에 로마의 콘스탄티누스 대제가 소집하여 아리우스파를 이단으로 몰고, 아타나시우스파의 삼위일체설을 정통으로 삼은 니체노 신경을 가결하였으며 여러 가지 교회법을 반포하였다. 제2회는 787년에 동로마제국의 왕후 이레네 이세가 소집하여 성화상(聖畫像) 숭배 따위를 가결하였다.

IX

이 시기는 주님이 인간의 모습을 갖추고 이 세상에 오신 후 407년경 되던 해였으며, 로마가 피폐화(疲弊化) 되기 2년 전으로 아우구스투스 황제 후 마흔네 번째 황제로 오노리우스가 통치하던 때였다. 고트족[18]의 왕 알라리크[19] 때문에 로마가 황폐하게 되었다. 고트족은 로마 건립 후 1164년째 되던 해에 로마를 침략했다. 율리우스 카이사르라 불렸던 가이우스 황제가 브리튼에 발을 디딘 지 470년 만인 그 해부터 로마는 브리튼에 대한 통치를 그만두었다. 로마제국의 통치하에서 도시와 탑(塔)과 도로와 다리가 건설되어서 지금까지도 남아 있다. 브리튼족은 앞서 말했던 세베루스 황제가 브리튼 섬의 동서를 가로질러 쌓은 제방(堤防)의 남쪽에서 거주했다.

그후 두 나라가 생겼는데, 북쪽에는 픽트, 서쪽에는 스코트가 있었다. 그들은 브리튼을 공격하고 땅을 차지하고 재산상 피해를 끼쳤다. 수년 동안 그들은 브리튼에 고통과 근심을 안겨주었다. 이런 고

18) 타키투스 시대(55~120경)에 바이크셀 강(江) 하류에 정주하던 동(東)게르만계(系)의 부족. 3세기경에는 흑해 서북쪽 해안에 정착한 동고트족과 도나우 강 하류 북쪽 기슭에 정주한 서(西)고트족으로 나뉘었다. 4세기에는 사제(司祭) 울필라의 선교로 아리우스파(派) 그리스도교로 개종하고, 동고트는 국왕을 중심으로 통일왕국을 형성하여 헤르만리크 왕 때 전성기를 이루나, 서고트는 몇 개 키비타스로 갈라져 통일되지 않았다. 370년경 훈족의 침입으로 동고트 왕국은 멸망하고 그 지배하에 들어갔다가 훈족의 왕인 아틸라가 죽은 뒤 그 지배로부터 독립하여 로마령인 파노니아로 이주하였으며, 5세기 말에 테오도리쿠스 왕(王)의 지도로 이탈리아에 침입, 동고트왕국을 세웠다. 서고트는 376년 후리티게른의 지도 아래 로마 영내로 이주, 그리스로부터 이탈리아·남(南)골을 거쳐, 5세기에는 에스파냐에 서고트왕국을 세웠다.

19) 서(西)고트의 초대 왕(재위 395~410). 마케도니아로부터 그리스를 공략하였다. 북이탈리아에 침입하여 여러 도시를 빼앗고 로마 시내로 쳐들어가 약탈하였다.

통을 겪자 브리튼은 로마에 서한(書翰)을 써서 사절단을 파견하였는데, 그 편지의 내용은 자신들의 처지를 하소연하고 도움을 청하며 그들의 적을 무찌를 수 있도록 도와준다면 로마에 굴복하고 영원히 복종하겠다는 내용이었다. 로마는 대군을 보냈고 원군이 브리튼 섬에 도착하자마자 전투를 시작하여 엄청난 수의 적군을 사살하면서 승리하였고 국경 너머로 쫓아버렸다. 그러고 나서 로마인들은 브리튼족에게 적의 침입을 막기 위한 방편으로 요새 쌓는 법을 가르쳐 주었고 로마군은 위풍당당하게 고향으로 돌아갔다. 그러나 적군은 로마군이 떠난 것을 보고 즉시 군사를 일으켜 브리튼 국경을 넘어와서 닥치는 대로 죽였으며, 잘 여문 옥수수 밭도 밟아 뭉개버려서 황폐하게 만들고 모든 것을 초토화(焦土化)시켰다. 그래서 브리튼은 또 다시 로마에 사절단을 파견하여 자신들의 불쌍한 나라가 완전히 파괴될 지경에 처했으며 오랜 세월 그들 사이에서 밝게 빛나는 로마제국의 시민이라는 이름까지도 적군의 무자비한 폭력 앞에서 무력하게 퇴색(退色)되었다며 지원을 간절히 요청하였다. 다시 한 번 원군이 파견되었는데, 그들이 브리튼에 도착한 것은 전혀 예기치 않았던 추수철이었다. 로마 원군은 즉시 적군으로부터 농토를 되찾고 승리를 거두었으며, 살상을 겨우 면한 적군을 북쪽 바다 너머로 쫓아버렸는데, 그후 해마다 적들은 바다를 건너와서 브리튼을 침략하고 황폐하게 만들었다. 이윽고 로마인들은 브리튼족에게 더 이상 그들을 방어하기 위해 고생스러운 전투를 계속할 수 없다고 단호하게 말했다. 대신 브리튼족에게 무기 만드는 법을 가르쳐주고 적과 맞서 싸울 수 있도록 강인한 정신을 키우도록 훈계하였다. 또한 브리튼족이 스스로 방어할 수 있도록 요새를 쌓도록 하는 것이 좋겠다고 생각했다. 요새란 브리튼 섬의 동쪽 바다에서 서쪽 바다까지 한 줄로 돌벽을 쌓는 것인데, 이전에 세베루스 황제가 도랑을 파고 성벽을 쌓도록 지시했던 바로 그곳이다.

이것은 지금도 남아 있는데, 그 폭이 8피트이고 높이가 12피트다.[20] 또한 바닷가에서는 방어를 위해서 적군이 공격해오는 지점의 남쪽 해안을 따라 탑을 세웠다. 요새건설을 완성하자마자 로마군은 여러 가지 무기 제조법을 알려주고 적군에 맞서는 법을 알려준 후에 다시는 돌아오지 않겠다고 말하고 떠났으며 위풍당당하게 배를 타고 바다를 건너갔다. 이번에도 픽트와 스코트는 로마군이 떠났으며 다시는 돌아오지 않을 것이라는 사실을 알고 대담해져서 즉시 성벽 바로 위쪽까지 브리튼 섬의 북부를 모두 장악해버렸다. 이에 맞서기 위해서 겁쟁이 브리튼족은 요새 위에 자리를 잡고 부들부들 떨면서 그곳에서 밤낮을 보냈다. 적군은 연장을 만들고 갈고리를 만들어서 요새 위에 있는 브리튼 군사를 무참하게 끌어내렸다. 그들은 땅에 떨어지자마자 즉사했다. 그러자 브리튼군은 요새와 도시를 버리고 달아나버렸으며 적군이 그들을 추격하여 엄청난 수의 브리튼 군을 살상했다. 역사상 가장 유혈이 낭자(狼藉)하고 잔인한 전투였다. 늑대 무리와 맹수에게 양떼가 처참히 살해당하듯이 가엾은 도시민들은 적군의 손에 파괴되었으며 재산을 모두 빼앗기고 굶주리게 되었다.

---

20) 127년 이후 17개의 요새와 150개의 성채(城砦)를 지닌 하드리안(Hadrian) 성벽은 30피트의 수로(水路)가 전면에 구축되고 73마일(약 117.5㎞)에 이르는 전역에 약 2만 명의 병사가 배치되어 북부의 야만인들로부터 잉글랜드 남부지역을 보호하는 방어선의 역할을 훌륭히 수행하였다. 그러나 300년경이 성벽을 넘보는 야만인들의 침입이 점차로 증가하기 시작하였다. 스코틀랜드의 거친 픽트족들은 주기적으로 이 성벽을 공격했고, 아일랜드인(켈트인)들은 안개 낀 바다로 기습하여 잉글랜드의 서부 해안을 습격하였다. 로마인들은 이들 아일랜드인을 일반적으로 스코트인(*Scotti*) 또는 침략자로 불렀다. 브리튼-켈트인들은 이들을 귀델족(*Gwyddel*)이라고 불렀다. 이 귀델족의 명칭은 아일랜드로 전파되어 고이델(*Goidel*)이라는 형태로 바뀌었고 이것이 오늘날 게일인(*Gael*) 및 게일어(*Gaelic*)가 되었다.

X

그리스도가 이 세상에 오신 후 423년경이었다. 오노리우스 황제의 뒤를 이어 테오도시우스[21]가 황제의 자리에 올랐고 26년간 재위(在位)하였다. 아우구스투스 황제로부터 마흔다섯 번째 황제였다. 테오도시우스 황제 재위 8년째 되던 해 팔라디우스 주교[22]가 처음으로 그리스도를 믿는 스코트인들에게 파견되었는데, 스코트족이 그리스도를 믿게 된 것은 로마 교회의 주교 셀레스티누스 덕분이었다.[23] 테오도시우스 황제 재위 23년째 되던 해에는 아이티우스[24]라는 유명한 사람이 있었는데, 그는 귀족 출신으로 세 번이나 집정관(執政官)을 지냈고 한때 로마의 총독이기도 한 사람이었다. 불쌍한 브리튼 생존자들은 아이티우스에게 편지를 보냈는데, 다음과 같이 시작된다.

"고명하신 아이티우스 총독 각하, 이 서한은 브리튼의 신음이며 비

---

21) 테오도시우스 1세(346. 1. 11~395. 1. 7): 로마 황제(재위 379~395). 디오클레티아누스 황제 이후 분할통치되던 제국을 재통일하였다. 대제(大帝)라 존칭된다. 서로마제국의 정제(正帝) 그레시아누스에 의하여 동로마의 정제로 선임되어 사르마티아인과 서고트족을 토벌하였다. 독실한 그리스도교도로 380년에는 아타나시우스파의 가르침을 정통파 신앙으로 정했다. 392년 그리스도교를 국교로 삼아 이교도를 압박하고 신전령(神殿領)을 몰수, 394년에는 올림피아 경기를 금지시켰다.

22) 아일랜드의 첫 주교.

23) 비드는 교황 셀레스틴(Pope Celestine)에 의해 아일랜드로 파송된 성(聖) 패트릭(St. Patrick: 아일랜드에 기독교를 전도했다고 알려진 잉글랜드 태생의 주교, 아일랜드 수호성인)의 선교활동에 대해 언급하지 않고 있다. 아일랜드의 기독교 기원은 불확실하다.

24) 플라비우스 아이티우스(Flavius Aetius, 390?~454. 9. 21): 서로마제국의 장군·정치가. 하모이시아 두로스토룸 출생. 발렌티니아누스 3세 때 정적(政敵) 보니파키우스의 압력으로 망명하였으나, 그가 죽자(432) 세력을 회복하고 게르만족의 침입을 막고 골을 지켰으며, 농민 노예의 반란을 진압하였다. 451년 서고트와 프랑크족들과 결합하여 아틸라의 훈족(族)을 격파하였다.

탄의 소리입니다." 그리고 편지의 중간부분에 자신들의 비참한 처지에 대하여 다음과 같이 적고 있다. "야만인들이 우리를 바다로 내몰고 바다는 우리를 야만인들에게 몰아붙이고 있습니다. 그 둘 사이에서 우리는 칼에 찔리거나 바다에 빠져죽으면서 죽음의 고통을 이중으로 겪고 있습니다."

브리튼인들이 이렇게 간청했지만 아이티우스는 전혀 도움을 주지 않았다. 당시에 아이티우스는 훈족[25]의 왕인 브레들라 및 아틸라[26]와 매우 치열한 전쟁중이었기 때문이었다.

XI

또한 그 당시에 그리스의 수도인 콘스탄티노플[27]은 심각한 기근을 겪었으며 곧이어 흑사병이 창궐(猖獗)했다. 57개 탑 사이의 성벽이 무너져 내렸으며 여러 도시가 파괴되었다. 기근과 전염병으로 인한 악취는 널리 퍼져서 무수한 인간과 가축을 죽였다. 방금 언급한 기근은 브리튼에까지 퍼져서 그렇지 않아도 비참한 처지에 있던 사람들을

25) 중앙아시아의 스텝 지대에서 활약하던 유목민족. 4세기 중엽에 서쪽으로 이동하여 유럽에 침입하여 게르만 민족 대이동을 유발하였으며, 5세기 전반의 아틸라 왕의 전성기에는 아시아에서 유럽에 걸친 대제국을 건설하였다.

26) 훈족의 왕(406?~453). 재위 434?~453년. 세기 전반의 민족 대이동기에 지금의 헝가리인 트란실바니아를 본거(本據)로 하여 주변의 게르만족과 동고트족을 굴복시켜 동쪽은 카스피 해에서 서쪽은 라인 강에 이르는 지역을 지배하는 대제국을 건설하였다. 동로마를 위협하여 조공을 바치도록 하였으며, 골에 침입하여 오를레앙을 공격하였다(451). 이에 대하여 서로마는 서고트 및 프랑크와 동맹군을 편성하여 맞아 싸우려고 하였으므로 아틸라는 철군을 개시, 돌아오는 도중 마우리아쿠스(샬롱쉬르마른의 남쪽)의 벌판에서 연합동맹군에게 패하여(카탈라우눔 전투), 서유럽의 정복을 단념하고 본국으로 돌아왔다.

27) 이스탄불의 옛 이름. 비잔틴제국, 오스만제국의 수도였다. 콘스탄티노폴리스라고도 한다.

더욱 괴롭혔고 견디지 못한 많은 사람들이 적군에 스스로 항복했다. 그러나 아직 항복하지 않은 사람들이 더 많았다. 인간으로부터 원조를 받지 못하자 그들은 더욱더 하늘이 도움을 내리실 거라고 믿었다. 그리하여 오랜 세월 동안 자신들을 약탈하고 괴롭힌 적에게 처음으로 브리튼족은 대항하여 싸우기 시작하였다. 브리튼족은 수많은 적군의 목숨을 빼앗고 브리튼의 영토에서 내몰고 승리를 거두었다. 승전을 거둔 후 브리튼은 사상 유례 없는 풍년을 맞이하는 좋은 해를 맞이했다. 먹고 사는 것이 풍족해지자 사람들은 방탕한 생활에 빠졌고 온갖 부패가 꼬리에 꼬리를 물고 일어났다. 사람들은 잔혹한 짓을 일삼고 진실을 혐오하며 거짓말과 허위를 좋아했다. 세속적인 사람들만 그런 행동을 한 것이 아니라 주님의 교회와 그 목자들까지도 타락했다. 그들은 빛과 그리스도의 즐거운 멍에를 던져버리고 음주(飮酒), 오만(傲慢), 반목(反目), 경쟁(競爭), 시기(猜忌) 같은 온갖 죄악에 굴복하고 말았다. 이러는 와중에 이 타락한 인간들에게 갑자기 엄청나고 무서운 전염병(흑사병)이 덮쳤다. 전염병은 빠르게 번졌고 수많은 사람들이 목숨을 잃었으며 죽은 사람의 수가 너무 많아서 살아 있는 사람들이 그들을 다 매장하지도 못할 정도가 되었다. 그런 상황에서도 살아 있는 사람들은 죽음의 공포를 이겨낼 수도 없었을 뿐만 아니라 자신들의 영혼의 죽음으로부터 구원받을 수도 없었다. 이 부패한 백성들에게는 그들이 지은 끔찍한 죄악에 대한 더욱 끔찍한 응징이 곧 내려졌다. 마침내 그들은 다함께 모여서 회의를 열고 무엇을 해야만 하는지, 그리고 북쪽의 국가들이 겪고 있는 잔인하고 반복적인 파괴의 형벌을 피하기 위해 어디에 도움을 청해야 좋을지 논의했다. 그리하여 그들 모두에게 그리고 당시 왕이었던 보티건(Vortigen)[28]에게

28) 5세기 브리튼족의 지배자로 '캔트의 왕'이라고 불렸다. 446년 옥세르의 게르마누스[성 게르마누스(Saint Germanus of Auxerre). 골(갈리아) 출신, 로

가장 좋은 방법이라고 여겨진 것은 바다 건너에 있는 색슨족에게 도움을 청하는 것이었다. 타락한 사람들에게 그들의 행동의 결과로 무

마에서 법률을 공부한 뒤 서로마 황제 오노리우스에 의해 아르모리카 지방 장관으로 임명되었고 418년에 오세르의 주교가 된 후 수도원을 세웠다. 429년 트루아의 주교 성 루퍼스와 함께 브리튼으로 건너갔다. 전하는 이야기에 따르면 그들은 베룰라미움(하트퍼드셔에 있는 세인트올번스의 옛 이름)에서 벌어진 논쟁을 통해 펠라기우스주의를 물리치는 데 성공했다고 한다. 이외에 당시 색슨족과 픽트족이 연합해서 공격해오자 브리튼인들을 지휘하고 도와서 싸웠다고도 한다. 그가 브리튼인들에게 '할렐루야'라고 외치게 했는데, 그 소리가 어찌나 무서웠는지 침략자들은 공포에 질리게 되었으며 결국 승리하게 되었고 이 때문에 이 전투를 '할렐루야 승리'라고 부르게 되었다. 로마에 돌아간 게르마누스는 447년 다시 브리튼 주교들로부터 이단을 근절해 달라는 요청을 받고 트레브의 주교 세베루스의 도움을 받아 펠라기우스주의를 완전히 근절하고 주창자들을 추방하는 데 성공했다. 김현수, 《이야기 영국사》(청아출판사) 중에서]가 그의 동료인 트리어(Trier)의 세베루스와 함께 브리튼에 도착했을 때, 그들은 브리튼 섬의 남부가 한 사람에 의해 다스려지고 있는 것을 알게 되었다. 560년경에 《브리튼의 멸망과 정복》이라는 책을 쓴 길다스는 그의 책에서 게르마누스가 목격한 인물의 이름을 구체적으로 언급하지는 않고 다만 '수페르부스 티라누스(*superbus tyrannus*), 즉 위대한 폭군(*great tyrant*)'이라고 부르고 있는데, 원래 그리스어의 의미로는 '절대 지배자'(*absolute ruler*)를 뜻하는 것이었다. 나중에 《브리튼의 역사》를 편집한 사람 중의 하나인 네니우스(Nennius)에 의해 보티건(Vortigern)이라는 이름이 붙여졌다. 웨일즈 전통에 따르면 보티건은 'Gwrtheyrn Gwrthenau'로 기록되어 있으며 Gwrtheyrn이라는 이름은 '최고 지도자'를 뜻한다. 보티건은 약 425년경 남부브리튼의 최고 지도자가 되었고, 그후 거의 30년간 권력을 행사하였다. 그의 가문은 부유한 지주(地主) 계급의 하나였는데, 일부 학자들은 보티건의 가문은 43년 로마가 브리튼을 정복하기 훨씬 이전에 남부브리튼을 지배한 유명한 브리튼의 왕 쿠노벨리노스(Cunobelinos)의 후예라고 주장한다. 보티건은 북방 야만족에 맞서기 위해서 색슨인들을 중용했다. 특히 보티건은 주트족의 헹기스트(Hengist)의 딸과 결혼하면서 그에게 막대한 실권을 넘겼다. 465년 어느 날 밤, 보티건이 브리튼족과 색슨족의 평화를 위해 주최한 회의에서 헹기스트의 부하들은 옷 속에 장검을 숨겨 회의에 참석한 3백 명의 브리튼족 원로들을 학살하는 배신을 자행했다. 보티건은 간신히 목숨만 건진 채 웨일스로 도망갔다.

서운 벌이 가해진 것은 하늘의 뜻에 의한 것이 분명하다.

XII

주님이 이 세상에 오신 후 449년, 마르티아누스가 황제가 되어서 7년 동안 재위했다. 그는 아우구스투스 황제로부터 마흔여섯 번째 황제다. 당시에 앵글족(*Angles*)[29]과 색슨족(Saxons)[30]은 앞서 말한 보티건 왕의 요청을 받고 '세 척의 거대한 배'[31]를 거닐고 브리튼에 당

---

29) 브리튼에 온 게르만족 중에서 가장 늦게 도착한 앵글족(*Angles*)은 5세기 후반 대륙의 슐레스비히(Schleswig)에 있는 그들의 원거주지로부터 브리튼에 도착하여, 후에 이스트 앵글리아(East Anglia), 머시아(Mercia)가 된 지역과 가장 강력한 고대 왕국의 하나가 된 험버 강 북쪽의 땅 노섬브리아에 정착하였다. 앵글족은 이미 켈트인들이 거주하던 지역에 정착하면서 원주민 특히 케임브리지 주변의 켈트인들을 몰아낸다.

30) 브리튼 남부지역에 광범위하게 정착하기 시작한 민족은 색슨족(*Saxons*)이었는데, 이들 민족은 언어상으로나 문화적으로 캔트에 정착한 다른 게르만족(주트족), 또는 북동쪽으로 진출한 앵글족과 별 차이가 없었다. 켈트인들은 브리튼 섬에 들어온 모든 게르만 정복자들을 '색슨족'이라고 불렀다. 색슨족 전사들은 브리튼 해안에서 원주민인 브리튼 켈트인들의 저항을 받았으나 이들 켈트인들과 싸워 서섹스에서 캔트에 이르는 브리튼 남동쪽의 넓은 지역에 걸쳐 뻗어 있는 광활한 숲으로 이들을 몰아낸다.

31) 410년 8월, 고트족의 알라리크 왕이 그의 부대를 이끌고 서로마제국을 약탈하고자 제국의 성문 앞을 에워쌌다. 서로마제국은 동쪽의 호전적인 야만족들로부터 연이은 침략에 시달렸다. 초긴장 상태에 빠진 제국의 지도자들은 이탈리아 본국을 지키기 위해 최변방에 배치된 군대까지 소환했다. 그러자 브리튼에 힘의 공백이 생겼다. 픽트족, 스코트족, 아이리시족의 공격에 직면한 로만브리튼인들은 본국으로 파병나간 로마군단의 공백을 메우고자 게르만족인 색슨족 출신 용병들을 고용했다. 브리튼 해안에 상륙한 주트족 전사 중에는 헹기스트와 호사(Hosa)도 끼어 있었다. 두 사람이 전사들을 태운 '세 척의 배'와 함께 나타난 것은 450년이었다. 헹기스트의 딸 로웬나와 사랑에 빠진 브리튼의 지도자 보티건은 그녀와의 결혼에 대한 보답으로 장인에게 캔트를 넘겨주었다. 그런데 그 땅에 정착한 색슨족들은 그곳이 몹시 마음에 들어 대륙에 자랑을 했고 1년 후 색슨족은 브리튼의 도읍과 도시를

도했다. 그들은 자신들을 초청한 보티건 왕의 분부에 의해서 브리튼 섬 동부에 자리를 잡고 조국을 위해 싸우듯 열심히 싸웠다. 북쪽으로부터 여러 차례 내려와서 공격한 적군으로부터 다시 영토를 수복(收復)하고 색슨족[32]이 승리를 거두었다. 그런 후에 그들은 고향으로 전령을 보내어 브리튼이 얼마나 비옥한 땅인지, 브리튼족이 얼마나 겁쟁이인지를 보고했다. 즉각적으로 브리튼에 수많은 전사를 실은 거대한 함대가 파견되었기 때문에 브리튼은 저항도 할 수 없었다. 브리튼족은 그들이 자신들의 평화와 안전을 위해 적군에 대항해서 싸워준다면 그 대가로 생계수단과 토지를 나눠주겠다는 조건으로 그들과 함께 살기로 했다. 새로 와서 정착한 사람들은 모두 세 부류의 강한 종족들이었는데 색슨족, 앵글족, 주트족[33]이라고 불리는 게르만족속이였다. 주트족은 원래 캔트와 위트세이튼에 살던 사람들로서 와이트 섬에 거주하는 종족이다. 색슨족은 사람들이 고(古) 색슨이라고

급습했다. 로만브리튼인들이 완강히 저항했지만 순식간에 이 나라는 북부유럽에서 몰려온 야만족들의 차지가 되었다. 주트족은 남동부의 캔트를 차지했고 앵글족은 북동부 해안으로 대거 이주하여 동부앵글리아와 잉글랜드의 어원이 된 '앵글족의 나라'를 세웠다.

32) Saxon(색슨)이란 말은 고대 프리지아어나 고대 아이슬란드어인 sax와 밀접한 관련이 있다. Sax는 '단도, 길이가 짧은 칼'이란 뜻으로, 이는 색슨족이 칼을 잘 만들었거나 잘 다루었다는 것을 암시한다. Sax는 고대영어 seax로 변하고 색슨족이 거주했던 영국에는 훗날 이 이름을 이어받은 Wessex(웨섹스), Sussex(서섹스), Middlesex(미들섹스) 같은 지명이 남게 된다.

33) 게르만족의 한 부족. 5세기 중엽 이후 영국으로 건너가 캔트를 중심으로 캔트 왕국을 건설하였으며 앵글로·색슨의 일부를 구성하였다. 주트족(*Jutes*)이 브리튼에 도착한 해가 실제로 언제인가에 대해서는 연대기 작가들은 각각 다르게 기록하고 있다. 비드는 이들의 브리튼 도착 연대를 게르마누스가 브리튼을 방문한 지 3년 뒤인 449년으로 쓰고 있으나, 《갈리아 전기(戰記)》를 쓴 카이사르는 '기원 후 442년에 브리튼이 색슨인들의 수중에 넘어갔다'고 기록하고 있다.

부르던 곳, 즉 이스트 색슨, 사우스 색슨, 그리고 웨스트 색슨계의 사람들을 말한다. 그리고 앵글족은 이스트 앵글, 미들 앵글, 머시아인[34]과 노섬브리아인 전체를 말한다. 주트족과 색슨족 사이에 앙구루스라는 땅이 있었는데, 그들이 그곳을 떠나온 이후로 지금까지 황무지로 남아있다고 한다. 당시 그들의 지도자이며 지휘관은 헹기스트와 호사 형제였다. 그들은 위트길스의 아들이었는데, 위트길스의 아버지는 위타였으며 그 아버지는 위흐타였고 또 그 아버지는 워든이었다. 그들의 자손이 여러 종족의 왕족이 되었다. 얼마 시간이 지나지 않아서 앞서 말한 대군(大軍)보다 더 많은 수의 사람들이 몰려왔다. 새로 온 사람들의 수가 무섭게 늘어나자 그들을 초청한 원래 거주자들에게 몹시 두려운 존재가 되었다. 색슨은 차후에 기회가 닿자 전에 무기를 들고 싸워서 내몰았던 픽트족과도 동맹을 맺었다. 그리고 브리튼과 결별할 구실과 기회만을 노렸다. 마침내 색슨은 브리튼족이 자신들에게 더 풍부한 생계수단을 주지 않는다면 무력을 사용하여 닥치는 대로 약탈하겠다고 천명하였다. 그리고 곧 위협을 실행에 옮겼다. 색슨은 서쪽 바다에서 동쪽 바다까지 불지르고 약탈하며 살인을 저질렀으나 아무도 그들을 막지 못했다. 그들의 보복은 하느님의 백성이 지은 죄를 벌하기 위해 예루살렘의 벽을 불지르고 왕궁을 불태웠던 칼데아인의 그것에 못지않았다. 이곳의 거의 모든 도시와 지역이 하느님의 정의로운 판단에 의하여 믿음 없는 자들의 손에 파

34) 웨일즈와 국경을 접하고 있다고 해서 변경민족의 왕국으로 불리는 머시아의 기원은 확실하지 않다. 전통적으로 중부지역의 정착은 585년에 최초의 왕이 된 크리다(Crida)의 영도하에 동부 앵글리아로부터 서쪽으로 앵글로색슨족이 탈출해오면서 시작되었다. 머시아의 중심부는 오늘날의 더비셔와 스타포드셔 및 중서부에 해당하는 지역에 걸쳐 있었다. 머시아의 수도는 통치기간 대부분 탐워스(Tamworth)였으나, 교회의 주요한 중심지는 리치필드(Lichfield)와 렙톤(Repton)에 두었다.

괴되었다. 공공건물이나 개인소유의 건물이 모두 붕괴되었고 모든 사제와 성직자들이 목숨을 잃었다. 주교들이건 일반 백성들이건 가차 없이 불과 칼에 의하여 목숨을 잃었으며 그 끔찍한 살육의 현장에서 그 누구도 장례식조차 치를 수 없었다. 살아남은 비참한 생존자들은 황야에서 붙잡혀서 칼에 찔려 그 시체가 산(山)을 이루었다. 배고픔을 참지 못하여 적의 손에 항복한 사람은 먹을 것을 받는 대신 영원한 노예 신세로 전락하였다. 일부는 비탄에 잠긴 채 바다를 건넜고 일부는 거친 숲과 바위투성이인 그들의 본토에서 평생을 궁핍한 채로 숨어살다시피 했다. 브리튼 섬의 거주자들을 모두 축출한 후 적군은 섬을 떠나 고향으로 돌아갔고 브리튼 섬의 거주자들은 조금씩 힘과 용기를 모으기 시작했다. 후퇴하여 숨어버리는 것을 그만두고 만장일치로 하늘의 도움을 구하자고 뜻을 모으기 시작했다. 그들이 모든 곳에서 완전히 몰살된 것은 아니었다. 당시에 총사령관이자 지휘자는 아우렐리아누스라고도 불렸던 암브로시우스[35]였다. 그는 로마 출신으로 용감하고 절도(節度) 있는 사람이었다. 그의 시대에 브리튼은 용기와 힘을 회복하였으며 그는 사람들에게 싸우면 반드시 승리할 것이라고 설득했다. 그리고 주님의 도움으로 그들은 승전을 거두었다. 그러나 그 후로 지금까지 마운트 바돈이 포위될 때까지 브리튼과 색슨족이 번갈아 승자가 되었다. 앵글족이 브리튼 섬에 온 지 44년째이던 해에 바돈 언덕에서 앵글족은 대학살을 당하였다.

35) 암브로시우스(339~397) : 가톨릭교회의 교부. 밀라노의 주교로 뛰어난 설교가였으며, 《암브로시오 성가》로 불리는 성가집을 편찬하였다. 저서로 《성직에 관하여》 등이 있다.

XIII

그후 시간이 흘러서 그리스도의 강림(降臨) 후 92년이 되던 해에 모리키우스가 황제의 자리에 올라서 21년간 재위하였다. 그는 아우구스투스 황제로부터 쉰네 번째 황제였다. 모리키우스 황제 재위 10년째 되던 해, 학식이나 실천에서 최고인 성스러운 그레고리가 로마교회의 주교가 되었고 주교구를 맡게 되어 13년 6개월 10일 동안 그 자리를 지키고 인도하였다. 모리키우스 황제 14년, 앵글족이 브리튼에 온 지 150년 되던 해에 그레고리 주교는 하늘의 영감을 받고 어거스틴[36]과 주님을 경외하는 여러 수도사들을 앵글족에게 보내어 주님의 말씀을 전하게 하였다. 그들은 그레고리 주교의 명을 따라서 길을 떠났다. 그러나 이내 여정(旅程)이 위험하고 두렵다고 느끼기 시작했으며 이상한 언어를 사용하는 믿음 없는 야만인들을 찾아가는 것보다는 로마로 돌아가는 편이 안전하고 현명하지 않을까 생각하였다. 이 문제에 대하여 같은 결정을 내린 그들은 그들의 설교가 받아들여질 경우 주교로 서위(敍位)되기로 한 어거스틴을 교황에게 보냈다. 전혀 알지 못하는 야만인들을 찾아가는 것은 너무도 위험하고 힘든 일이라서 해낼 수가 없겠다고 그들을 대신해 교황에게 간청해달라고 보낸 것이었다. 그러자 성 그레고리는 그들에게 서신을 보내어 하느님의 말씀을 전하는 일을 수행해달라고 권면하고 지시하였다. 하느님의 후원을 믿으면 여정의 고통도 사악한 말을 내뱉는 야만인도 두려울 것이 없으며, 주님의 선한 과제를 수행하기 위한 준비와 사랑으로 무장(武裝)하면 주님이 도와주실 것이며, 그들의 노고에 대하여 영원한 영광의 보상이 있을 것이며, 그가 전능하신 하느님께 그들에게 은총

---

36) 597년 교황 그레고리 1세(Gregory I)가 파견한 어거스틴(Augustine)과 그 일행은 캔트(Kent)의 사네트 섬(the Isle of Thanet)에 상륙했다. 4년 뒤인 601년에는 성 어거스틴이 캔터베리의 초대 대주교(*archbishop*)로 서위되었다.

을 내려 보호해 주십사고 기도드렸더니 그들의 노고의 대가가 천국에서 영광의 결실을 맺는 것을 보았으며, 자신에게도 기회가 허락된다면 그들과 같은 노고를 할 준비가 되었다는 내용이었다.

축복의 주교인 그레고리의 권면에 고무(鼓舞)된 어거스틴[37]은 그리스도의 충복들과 함께 다시 하느님의 말씀을 전하는 일에 착수하여 브리튼에 왔다.[38]

---

37) 어거스틴(Augustine)의 선교활동은 매우 성공적이었고 598년 중순에 이르러서는 그레고리 교황이 알렉산드리아의 주교에게 1만 명의 잉글랜드인들이 597년 크리스마스 날 세례를 받았노라고 말할 정도가 되었다. 601~604년 사이에 어거스틴은 웨일즈에 있는 브리튼 교회에 대한 권위를 주장하려고 하였으나 실패로 끝나게 된다. 어거스틴과 웨일즈 지도자 간의 회의가 열렸으나 부활절(復活節)을 계산하는 방식과 로마 관습에 어긋나는 다른 관습의 차이로 회담이 결렬되었다. 웨일즈의 종교 지도자들은 로마 교회와는 다른 전통을 발전시킴으로써 그 전통을 보존하는 것이 그들의 신성한 의무라고 생각하였다. 많은 난관에도 불구하고 어거스틴의 선교활동은 성공을 거두어 604년에 로체스터에 로마 교구가 설립되며 유스투스가 첫 번째 주교로 임명된다. 그가 죽기 전 성 베드로와 성 바울에 바치는 수도원을 세웠는데, 후에 이것은 성(聖) 어거스틴 교회로 더 알려지게 되었다.

38) 성 어거스틴(Augustine)이 브리튼에 기독교를 전래하기 몇 세기 이전에 이미 브리튼에 기독교가 정착되어 있다는 사실이 가끔 간과(看過)되고 있다. 기존의 주교들은 이 새로운 선교단이 주장하는 성직의 권위에 대해 의심쩍은 눈길을 보냈을 것이다. 성 어거스틴의 선교활동 훨씬 이전에 브리튼에 전해진 켈틱(Celtic) 교회의 기원은 여전히 신비에 쌓여 있으며 체계적인 고증학적 연구의 필요성이 제기(提起)되는 실정이다. 전설과 일부 학설에 의하면 아리마테오의 요셉(Joseph)이 영국의 남서부에 위치한 글라스톤베리(Glastonbury)에 일단의 선교사를 데리고 와 교회를 세우고 선교활동을 시작했다고 한다. 또한 전설에 의하면 요셉은 예수 그리스도가 최후의 만찬에 사용했던 성배(聖杯)를 가지고 왔다고 전해지는데, 이는 중세유럽의 로망스문학에 등장하는 아서 왕(King Arthur) 이야기의 핵심소재로 작용한다.

XIV

그때에 캔트[39]에는 에셀버트라는 강력한 왕이 있었다. 그의 왕국은 앵글족을 남북으로 나누는 험버(Humber) 강 유역까지 뻗어 있었다. 그리고 캔트 동쪽에는 거대한 사네트 섬이 있는데, 넓이가 영국식 단위로 6백 하이드[40]나 된다. 완트섬(Wantsome) 강이 섬과 인접해 있는 육지를 분리하고 있다. 강폭은 3펄롱[41]이며 걸어서 건널 수 있는 곳이 두 군데 있고, 강의 양끝은 모두 바다로 흘러들어간다. 하느님의 종 어거스틴과 그의 일행이 이 섬에 도착했는데, 모두 40명이

---

39) 템스 강 이남에 색슨족이 정착한 것은 역사상 캔트, 서섹스 및 웨섹스 왕국이 등장하면서 시작되었다. 브리튼인의 지배자인 보티건이 자국의 방어를 위해 바다 건너 대륙에 있던 색슨족의 지도자인 헹기스트와 호사를 불러들인 이야기는 색슨족 용병들이 이미 초기에 브리튼에 들어와서 정착하고 있었음을 시사(示唆)해 주고 있다. 캔터베리는 '캔트 거주민의 요새'라는 뜻인데, 캔트 왕국의 중요한 중심지 역할을 하였다. 당시 캔트는 템스 강 지류와 해협을 통해 대륙과 활발하게 무역을 하고 있었으며 이로 인해 부(富)와 번영을 누릴 수 있었다. 6세기 말기에 험버 강 이남의 전 지역을 지배한 것으로 알려진 에셀버트 왕의 통치로 캔트 왕국은 최고의 번영을 구가하였으나, 웨섹스가 영토를 확장하기 시작하면서 세력이 약해지기 시작하였다. 남부 색슨인들의 영토인 서섹스는 5세기 말에 엘레라는 강력한 지도자에 의해 세워진 왕국이다. 《앵글로색슨 연대기》에는 495년에 브리튼 남부 해안에 들어온 체르디크와 킨리크가 웨섹스 왕국을 세운 것으로 기록되어 있다. 이들은 그후 여러 해를 걸쳐 와이트 섬을 점령하고 해안지역을 평정하였으며, 500년에 마운트 바돈(Mount Badon)에서 벌어진 전투에서 승리를 거둠으로써 영토를 더욱 확장하게 된다. 웨섹스는 남부 왕국 중 가장 늦게 발달한 왕국이었는데, 에그베르흐트 왕에 이르러 비로소 잉글랜드 전역을 다스리는 강국이 된다.

40) 옛날의 토지 면적의 단위. 1하이드는 보통 120에이커(6백 하이드는 약 7만 2천 에이커)라고 한다. 그러나 앵글로색슨족이 사용한 하이드(*hide*)는 원래 한 가족의 생계(生計)를 유지할 수 있는 땅의 크기를 말한다. 하지만 장소에 따라 토양의 질(質)이 다르므로 그 크기는 정확히 정해질 수 없었다.

41) 거리의 단위. 220야드, 1/8마일에 해당. 약 201m(3펄롱은 약 6백 미터).

었다. 그들은 교황 성 그레고리의 명에 따라 프랑스에서 통역사까지 데리고 왔다. 어거스틴은 에셀버트에게 사신을 보내어 자신이 로마에서 좋은 소식을 가지고 왔다면서 누구든 자신에게 순종하면 천국과 곧 도래할 왕국에서 진정한 살아계신 하느님과 함께 결코 끝나지 않을 영원한 기쁨을 보장받을 것이라고 전했다. 에셀버트 왕은 이 말을 듣고 그들이 상륙한 그 섬에 남으라고 하고, 그들을 어떻게 할 것인지 결정할 때까지 그들에게 필요한 것을 모두 제공했다. 왕은 기독교의 명성을 이미 들어서 알고 있을 뿐 아니라, 베르다라는 이름의 기독교 신자인 프랑크 왕가의 여인을 아내로 맞이하였다. 왕비는 종교와 기독교 신앙의 자유를 침해하지 않고 자신의 믿음을 지원해 줄 레오드헤아르드라는 이름의 주교를 선임(選任)하는 조건으로 부모의 뜻에 따라 에셀버트 왕과 결혼했다. 며칠 후 왕이 섬에 와서 야외에 자리를 마련하게 하고 어거스틴과 그 일행을 불러서 협의를 하자고 했다. 왕은 그들이 자신을 제압하거나 현혹하기 위해 마술을 부릴 경우에 대비해서 오래된 대응(對應) 마술을 준비하여 그들이 그와 한 지붕 아래로 들어올 때 자신을 보호했다. 그러나 어거스틴 일행은 사악한 마법이 아닌 하늘의 미덕을 부여받고 입장했다. 그들은 그리스도의 상징인 은으로 된 십자가와 구세주의 모습이 채색화로 그려진 양피지를 들고, 성인(聖人)들의 이름을 부르며 기도문을 읊으며 들어왔다. 그와 동시에 그들과 그들이 만나러 온 이들을 영원히 구원해 달라고 하느님께 간청드렸다. 왕이 앉으라고 하자 그들은 자리에 앉았다. 그리고 그들은 왕에게 자신들은 생명의 말씀을 전하는 이들이라고 즉시 공언하면서 자신들을 소개했다. 그러자 왕이 다음과 같이 답했다.

"여러분이 가지고 와서 소개한 말씀과 약속은 아름답습니다. 그러나 새롭고 알려지지 않은 것이므로, 우리 모든 잉글랜드[42] 종족이 오랫동안 지켜왔던 믿음을 버려야 한다는 데에 동의할 수 없습니다. 그러나 여러분은 먼 곳으로부터 찾아온 외국인이며, 내가 보고 느끼기에 여러분이 진실하고 최고라고 여기는 것을 우리에게 전해주고자 하시는 것 같으니 여러분을 괴롭히지는 않겠습니다. 대신 여러분을 정중히 손님으로 맞이하고, 생필품과 일용품을 공급해드리겠습니다. 또한 여러분이 가르침을 통해 사람들을 당신들의 신앙으로 끌어들이거나 개종시킨다 해도 결코 그것을 금(禁)하지 않겠습니다."

그런 연후에 왕은 왕국의 수도였던 캔터베리[43]에 거처를 배정해주고 약속대로 생필품과 일용품을 공급해주었다. 그리고 기독교 신앙을 선포하고 가르치는 것도 허락했다. 그들이 캔터베리로 가까이 가는 동안, 그들의 관습대로 성스러운 십자가와 위대한 왕이시며 구세주인 그리스도의 초상화를 들고 갔으며, 조화로운 목소리로 기도송과 찬송가를 불렀다.

"당신의 자비 안에서, 우리는 주님이신 당신께 기도를 올립니다. 우리는 죄인이므로 이 도시로부터 그리고 당신의 성스러운 처소로부터 당신의 분노를 돌이켜 주소서. 할렐루야."

XV

왕궁 도시인 캔터베리에 마련된 처소에 들어가자마자, 그들은 초기 기독교회 사도들의 생활을 모방하기 시작했다. 즉, 주님께 계속 기도를 올리고, 철야근행(徹夜勤行)을 하며, 단식을 했다. 그리고 그들은 누구에게나 생명의 말씀을 전도하고 가르쳤으며 이 지상세계의 모든 것들을 낯선 것으로 경시하였다. 그들은 말씀을 가르쳤던 사람들로부

---

42) 영국 북부 스코틀랜드와 웨스트 웨일즈를 제외한 지역을 지칭.

43) 영국 런던의 동남쪽에 있는 도시. 캔터베리 대성당으로 유명하며 12세기에 토마스 베케트가 헨리 2세 왕에 의해 순교당한 곳으로도 유명하다.

터 오직 생계에 필요한 것들만 받았다. 그들은 모든 면에서 자신들이 가르치는 방식대로 살았으며, 그들의 정신은 어떤 고난에도 각오가 되어 있었고, 그들이 전도하고 가르치는 진실을 위해서라면 죽음까지도 맞이할 준비가 되어 있었다. 오래지 않아 많은 이들이 기독교를 믿게 되었고 세례를 받았다. 그들은 순결한 삶의 소박함과 하늘의 가르침의 감미로움을 찬양했다. 캔터베리에서 동쪽으로 머지않은 곳에 아주 오래전, 로마가 브리튼을 지배하던 시절에 성 마틴을 기리며 세운 교회가 있었다. 앞서 말한 대로 기독교 신자인 왕비가 그 교회에서 주로 기도를 드렸다. 왕이 기독교로 개종하여 그들에게 어디에서나 설교할 자유를 주고 교회를 새로 건축하거나 복원하도록 허락할 때까지 이 교회에서 신성한 전도자들이 처음으로 모여서 찬송과 기도를 올리고, 미사를 집전(執典)했으며 설교하고 세례를 해주었다.

하느님의 은총으로 왕도 다른 이들과 마찬가지로 성스러운 사람들의 순결한 삶과 그들의 감미로운 약속에서 즐거움을 맛보기 시작했다. 그들은 또한 수많은 하늘의 기적을 보여줌으로써 이런 진실을 확인시켜주었고, 그후 왕은 기꺼이 침례를 받았다. 이에 많은 이들이 매일 하느님의 말씀을 듣고자 북적였고, 그들은 이교도 신앙을 버리고 믿음으로 그리스도의 성스러운 교회의 교인이 되었다. 백성의 신앙과 개종을 왕도 기뻐하였다고 한다. 그러나 아직까지 왕은 백성에게 기독교 신앙을 강요하지 않았으며 단지 기독교로 개종하고 세례받은 사람들을, 하느님의 나라에서 자신도 그들과 똑같은 백성인 것처럼, 더 깊이 사랑하였다고 한다. 믿음을 전해준 선교사들과 그를 구원으로 인도한 말씀의 저자들로부터 왕은 그리스도에 대한 봉사는 자발적이어야 하며 강요되어서는 안 된다고 배웠기 때문이었다. 그러고 나서 왕은 전도자들에게 수도(首都) 안에 그들의 기도처로 적합한 장소를 제공하고, 다양한 종류의 필수품을 제공했다.

XVI

그러는 동안 성자 어거스틴은 바다를 건너 알러[44]로 가서 축복받은 교황 그레고리의 지시와 명령에 의해 알러의 대주교인 에데리우스에 의해 잉글랜드의 대주교로 서품(敍品) 받았다. 그러고 나서 어거스틴은 브리튼으로 돌아와서 즉시 로렌시어스 사제와 피터 수도승을 로마에 사절로 파견해서 축복받은 그레고리 교황에게 잉글랜드 사람들이 기독교 신앙을 받아들였으며 자신이 주교직에 서위되었다는 소식을 전했다. 그리고 필요하다고 생각되는 많은 의문점과 문제점에 대해 조언도 청했다. 그리고 이내 그의 질문에 합당한 답변을 받았다.

질의사항

질문 I

첫째, 주교에 관하여. 주교는 어떻게 처신하며 사제들과 어떻게 지내야 합니까? 신자들이 제단과 하느님의 교회로 가져오는 선물은 어떻게 분배해야 합니까? 주교는 교회에서 어떻게 행동해야 합니까?

답 변

다음과 같이 대답하였습니다. 이에 관해 성경에 이르기를, 주교도 잘 아시겠지만, 특히 축복의 사도 바울이 디모데에게 보낸 서한[45]에

---

44) 프랑스 남동부 부슈뒤론 주에 있는 도시. 유럽에서 가장 아름다운 도시의 하나로 론 강 하류 좌안에 면해 있다. 도데의 희곡과 동명의 비제의 가곡 〈알러의 여인〉에 의해 널리 알려져 있다. 4세기 말에는 갈리아 주의 주도(主都)로서 대주교구가 설치되고 공의회의 개최지가 되었다. 8~13세기에는 프랑스 남부에 있는 모든 왕국의 수도가 되었으며 중세에는 무역항으로서 번영하였다.

45) 사도 바울이 디모데에게 보낸 첫 번째 편지가 신약성경의 '디모데전서'이다.

서 하느님의 집에서는 어떻게 처신하고 행동해야 하는가에 대해 열심히 지도하며 가르쳐주고 있습니다. 주교가 서위되면 그들에게 지시가 내려지는 것이 주교 관할구의 관례입니다. 즉, 그들에게 제공된 생필품은 네 몫으로 나누어, 첫 번째 몫은 주교와 손님이나 이방인이 찾아 올 때 대접하기 위해 주교의 살림살이에 쓰고, 두 번째 몫은 하느님의 종들에게 주며, 세 번째 몫은 가난한 이들에게 주고, 네 번째 몫은 하느님의 교회를 보수하고 개선하는 데에 쓰라고 하셨습니다. 그러나 형제여, 그대는 수도원 교리대로 훈련받고 교육받은 사람으로서 최근에서야 하느님을 믿게 된 잉글랜드 교회에서 사제들을 멀리하면 안 됩니다. 그대는 사유재산이라는 것은 가지지 않고 모든 것을 공동으로 소유했던 사람들 사이에서, 초창기 교회 설립 당시 우리 선조들이 따랐던 생활과 행동양식을 정착시켜야 합니다. 만약 우리 동포가 아닌 사제나 하느님의 종들 중에서 아내 없이 살 수 없다는 사람이 있거든, 아내를 취하게 하고,[46] 생계비는 외부에서 받게 하십시오. 앞서 말한 우리 선조들의 경우 그들은 세속의 소유물을 필요에 따라 개인에게 분배했다고 적혀 있기 때문입니다. 또한 그들의 생계에 관하여는 그들이 찬송가를 부르고 철야근행을 하는 교회원칙을 따라 도덕적으로 살게 하기 위하여, 그리고 하느님이 보시기에 모든 부도덕한 것으로부터 그들이 마음과 혀와 육신을 삼가도록 하기 위하여

교회 이단과의 투쟁, 신자들의 기도, 남녀 간의 태도, 집사의 사명 따위를 기록하였다. 디모데에게 보낸 두 번째 편지인 '디모데후서'에는 하느님의 은혜와 복음을 위한 인내, 전도자의 직분, 신자들에게 주는 교훈 따위를 기록하였다.

46) 그레고리 교황이 언급한 성직자의 결혼은 하위 성직자에 국한된 것으로 주요 성직 임무를 지닌 자들에게는 금해졌었다. 하지만 성직의 독신생활은 초기 기독교에서 강압적으로 실행되지 않았는데, 성(聖) 페트릭의 예에서 찾아 볼 수 있다. 성 페트릭은 고위 사제(司祭)의 아들이었다.

보살핌과 주의가 필요합니다. 공동체 생활을 하는 이들에게 헌물을 바치고 남을 후히 대접하며 동정심을 보이라는 말이 무슨 의미가 있겠습니까? 그들의 세속적 소유물 중 남은 것들은 모두 경건하고 선한 자들에게 헌납(獻納)되고 있기 때문이며, 우리 주 그리스도와 우리의 전도사들이 모두 다음과 같은 가르침의 말을 남겼기 때문입니다. '무엇이든 남거나 넘치는 것을 헌물로 바치면 모든 것들이 너희에게 깨끗하고 죄가 되지 않으리라.'

질문 II

믿음은 하나이나 교회들 사이에 여러 가지 관습이 있으며, 성스러운 로마 교회의 미사의식에 관한 관습은 하나이지만, 골 영토에서는 다른 관습을 따르고 있습니다.

답 변

그대는 그 안에서 자랐으므로 경배의 방식과 로마 교회의 관습에 대해 잘 알고 있을 것입니다. 그러나 오늘날 내가 보기에 로마 교회나 골의 교회나 혹은 다른 교회에서 그대가 보는 것은 무엇이든, 전지전능한 하느님께는 더 큰 기쁨일 것입니다. 그러니 그대도 이러한 것을 신중히 택하여, 아직은 믿음이 오래지 않은 잉글랜드 교회에서 굳건히 유지되도록 기반을 세우기를 바랍니다. 장소 때문에 사랑받는 일들이 행해지는 것이 아니라, 선한 일을 위하여 장소가 필요한 것이기 때문입니다. 그러므로 그대가 모든 다양한 교회 중에서 경건하고 선하며 옳다고 선택한 것은 잘 추려서 잉글랜드인들의 마음속에 관습으로 자리잡게 하십시오.

질문 III

청컨대 교회에서 물건을 훔쳐간 자에게는 어떤 벌을 내려야 합니까?

답 변

형제여, 그대는 절도(竊盜)의 상황을 고려해서 교정방법을 택해야 합니다. 그 중에는 세속적인 부를 가졌으나 도둑질하는 자도 있고, 가난 때문에 이 같은 죄를 범하는 자도 있기 때문입니다. 그러므로 어떤 자는 물품으로 배상하게 할 필요가 있고, 어떤 자는 더 가혹한 벌을 내려야 하며, 어떤 자는 더 가벼운 벌을 주어야 합니다. 그리고 혹독하고 가혹하게 처벌을 가하더라도 격노함이나 분노에 의해서가 아니라 사랑으로 다스려야 합니다. 우리가 가하는 징계의 목적은 그 자를 지옥의 꺼지지 않는 불 속에서 고통을 겪도록 내던지려는 것이 아니기 때문입니다. 그러므로 우리는 사람들을 징계할 때에 선한 아버지들이 세속적 방식으로 자식을 훈계하고 죄를 벌하듯이 그러한 방식으로 해야 합니다. 선한 아버지들은 훈계하고 체벌의 고통을 주면서도 자식을 사랑하고, 자식을 후계자로 삼고자 하여, 괴로움 당하고 벌받은 그 자식들을 위해서 자신들이 가진 세속적 재산을 남겨줍니다. 그렇게 하는 것은 마음속에 항상 사랑이 자리잡고 있기 때문입니다. 그리고 사랑은 교정의 방법도 결정하여 알려주므로 그 마음속에는 합당한 규율이 있을 것입니다. 그대는 또한 교회에서 물건을 훔친 도둑을 어떻게 하면 좋겠는지 물어보았습니다. 하느님의 교회가 이익을 보려는 생각이 없다면, 세속적인 것을 잃고, 세속적인 것을 얻으려 하는 것이 무슨 소용이 있겠습니까?

질문 IV

장성한 두 형제가 두 자매와 결혼하여 두 가족 사이에 혈연관계가

엉클어지는 것은 어떻게 합니까?

답 변

이 경우도 역시 모든 면에서 허용할 수 있는 일입니다. 성경의 어느 곳에서도 이 문제에 대한 부정적인 글을 찾아 볼 수 없습니다.

질문 V

기독교 신자가 친척과 결혼하는 것은 어느 정도까지 허락할 수 있습니까? 계모나 형제의 아내와 결혼하는 것도 허락해도 되겠습니까?

답 변

말씀하시길, 로마공화국에는 세속의 법이 있어서 형제, 자매, 혹은 두 형제의 자식들이나 두 자매의 아들이나 딸이 결혼할 수 있도록 허락하고 있습니다. 그러나 우리가 확실히 배우고 아는 바에 따르면 그런 결혼에서는 자손이 생산되거나 성장하지 못하는 것으로 알고 있습니다. 그로 인해 성스러운 법은 친척의 치욕이 드러나는 것을 금지하고 있습니다. 그러므로 필요한 경우 기독교인들 사이에서는 3촌이나 4촌 지간에는 결혼하더라도, 앞서 말한 2촌 지간에는 절대로 결혼을 피해야 하고 금해야 합니다. 남자가 자신의 계모와 결혼하는 것은 하느님에 대한 중대한 죄이며 범죄인데, 하느님의 법에 다음과 같이 쓰여 있기 때문입니다. '너의 아버지를 욕되게 해서는 안 될지어다.' 또 다음과 같이 쓰여 있습니다. '남편과 아내, 두 사람은 한 몸이다.' 그러니 그는 감히 한때 아버지와 한 몸이었던 계모를 욕되이 해서는 안 됩니다. 그것은 바로 자신의 아버지를 욕되게 하는 것이기 때문입니다. 또한 남자가 자기 형제의 아내와 결혼하는 것도 금하는데, 이전 결혼으로 형수나 제수(弟嫂)는 그의 형제와 한 몸이었기 때문입니다. 이러한 연유로 왕이 형제의 아내를 취하여 결혼하는 것은 부도덕하다고 왕에게 말한 세례 요한은 목이 잘리고 성스러운 순교로 목숨을 잃었습니다. 그러나 잉글랜드에서는 아직도 많은 믿음이 없는 이들이 이 같은 부도덕한 결혼을 한다고 들었습니다. 그러니 그들에게 주의를 주고, 믿음을 갖게 하며, 그 같은 죄 많은 짓을 삼가도록 하고, 그것이 막중한 죄임을 깨닫게 하며, 하느님의 무시무시한 심판을 두려워하게 하여, 육욕(肉慾)으로 인해 영원한 죽음의 고통을 받지 않도록 하십시오. 그렇지만 이런 이유로 그들이 성찬식에서 배제되어서는 안 되며, 세례받기 전 무지함에서 지은 죄로 인해 우리가 그들에게 보복하는 것처럼 보여서는 안 됩니다. 현재 성스러운 교회는 그동안 관대함으로 너그러이 봐주었던 것들, 교회가 깊이 숙고하여 타협했던 것들, 그리고 교회에 대립하는 악을 견제하기 위해서 교회가 종종 눈감아 주고 타협했던 것들을 열성을 다해 수정하고 있기 때문입니다. 그리스도를 믿으러 오는 사람들 모두에게는 그런 것들을 시도하려 하지 말라고 권고해야 합니다. 그런 후에도 누군가 시도한다면, 그런 자들은 그리스도 성찬식에서 배제되어야 합니다. 무지함에서 죄를 지은 자들은 너그러이 봐줘야 하지만, 알면서도 감히 죄를 지은 자들은 가혹하게 다스려야 합니다.

질문 VI

어떤 장소가 거리가 너무 멀어서 주교들이 쉽게 갈 수 없다면, 다른 주교들이 참석하지 않은 자리에서 주교 한 명이 서품받아도 되겠습니까?

답 변

물론 잉글랜드 교회에서 지금까지는 그대가 유일한 대주교이므로 다른 주교들이 참석하지 않은 상태로 주교를 서품하는 것 외에는 방법이 없을 것입니다. 하지만 골에서 주교들이 그대에게 가서 주교 서품식에 증인으로 참석할 수 있을 것입니다. 왜냐하면 주교 서품식은 회중이 보는 앞에서 3~4명의 주교가 참석하여 기도를 해주고 새로 서위되는 주교를 위해 전지전능한 하느님께 다함께 청원을 올리는 가운데 거행되는 것 외에는 다른 방법이 없기 때문입니다.

질문 VII

골의 주교들과 브리튼의 주교들에게 어떻게 해야 하겠습니까?

답 변

골의 주교들의 경우 우리는 그대에게 어떤 권한도 수여하지 않았습니다. 그 이유는 나의 전임자들의 시대로부터 알러 시의 주교는 영대(領帶)[47]를 하사받았으며, 우리는 그가 획득한 권한을 빼앗거나 강탈할 수 없기 때문입니다. 그러나 만약 그대가 골 지방으로 갈 기회가 생긴다면, 골 대주교와 일련의 조치에 대해 상의하고 협의해 보십시오. 그리고 만약 골 주교에게서 오점(汚點)이 발견되거든, 어떻게 교정하고 고쳐야 하는지도 상의하십시오. 만약 주교가 통치에 너무 태만하고 소홀하거든, 형제애를 가지고 그를 고무(鼓舞)하고 교정하여, 우리 창조주의 법과 섭리에 위배되는 주교들의 나쁜 행실을 근절하도록 하십시오. 그러나 그들 고유의 권한을 무시하고 골 주교들을 심판하려 하지 말고, 그들을 부드럽게 타이르고 그대의 선행을 모범

---

47) 가톨릭 교황이나 대주교가 제복 위의 어깨에 걸쳤던 흰 양털로 짠 직장(職章)을 말한다. 당시에는 로마 교황에 의해 대주교에게 하사되었으며 권위와 위엄의 상징물이 되었다. 로마의 성(聖) 에그네스 수도원에서 새끼 양털로 짜며 오늘날 캔터베리 교구의 문장(紋章)에서 볼 수 있다. 이는 대주교의 권위를 알리는 필수품으로서 대주교의 주요 권한 행사시 반드시 착용되었다.

으로 보여주십시오. 형제여, 우리는 그대에게 모든 브리튼의 주교들을 맡기겠으니 그 무지한 이들을 가르치고 격려하여 나약한 그들을 강건하게 만들고 그대의 권한으로 그들의 잘못된 점들을 교정해 주십시오.

질문 VIII

임신중인 여인에게 세례를 줘도 되는 것인지, 아니면 출산 후에 세례식을 해야 하는 것인지요? 출산 후 어느 정도 기간이 지난 후 교회에 나오게 해야 하는 것인지요? 그리고 만약 아기가 일찍 죽지 않는다면, 태어난 지 며칠 후에 영세를 받게 해야 하는 것인지요? 출산 후 어느 정도 기간이 지나야 남편과 아내가 합방할 수 있는 것인지요? 여자가 생리중에 교회에 나와도 되고, 성체(聖體)를 받아도 되는 것인지요? 아내와 합궁(合宮) 후 남편은 교회에 나와도 되는 것인지, 또 목욕 전에 그 남편이 성체를 받아도 되는 것인지요? 아직 믿음이 오래지 않은 잉글랜드 백성들에게 이런 점들을 확실히 해두어야 할지요?

답 변

어찌하여 임신한 여인이 세례를 받지 못한다는 것입니까? 전지전능하신 하느님이 보시기에 임신한 육신은 전혀 죄가 아닙니다. 우리의 부모이자 처음 만들어진 인간인 아담과 하와는 낙원에서 죄를 지었기 때문에 불사의 하느님의 정의로운 심판으로 그들이 받았고 창조되었던 불멸성을 잃었던 것입니다. 그때 전지전능하신 하느님은 인간의 죄로 인해 인간을 완전히 멸하지 않으셨으며, 죄의 대가로 인간에게서 영원한 생명은 빼앗아가셨지만, 자비를 베푸시어 자손을 번식시킬 수 있도록 해주셨습니다. 이렇듯 번식은 전지전능하신 하느님께서 인간의 본성으로 지켜주신 것인데, 무슨 이유로 세례의 은총을 받지 못하게 한다는 것입니까? 세례를 통해 모든 죄가 완전히 씻김을 당하는 것인데, 하느님의 은총에 어긋나게 세례를 막는 것은 매우 어리석은 것입니다. 또한 아이를 낳은 여성이 며칠이 지나야 교회에 갈 수 있는지 물으셨습니다. 남자 아이는 33일이 지나야 하느님의 집에 들어갈 수 있으며, 여자 아이는 66일이 지나야 들어갈 수 있다고 적혀 있는 구약의 규약을 그대는 잘 알고 계실 것입니다. 그러나 아마도 이것을 영적 신비로 이해해야 된다고 생각하고 있을 것입니다. 하느님의 은혜 덕분에, 산모가 아기를 낳자마자 교회에 들어가는 것은 전혀 죄가 되지 않기 때문입니다. 왜냐하면 육적 쾌락은 죄스러운 일이고, 해산의 고통은 그렇지 않기 때문입니다. 육욕에 의한 결합에는 즐거움이 따르지만, 자손의 출산에는 신음과 고통이 따릅니다. 이것은 인류 최초의 어머니에게 하신 말씀과 같습니다. '고통 속에서 아이를 낳으리라.' 만약 우리가 아이 낳은 산모를 교회에 가지 못하게 한다면, 그 고통과 괴로움이 산모의 죄로 말미암은 것이라고 인정하는 것이 됩니다. 그러므로 죽음의 위험을 겪는 때나, 산모가 출산을 하자마자, 혹은 아기가 태어나자마자인 경우만 제외하고, 출산 후 산모나 신생아에게 세례를 주는 것은 전혀 금할 일이 아닙니다. 신성한 세례의 은총은 살아있는 자와 분별 있는 자에게 매우 신중하게 제공되어야 하기 때문에 지체하여 목숨을 잃는 일이 없이 거행되어야 하기 때문이며, 이 구제의 기적을 행하는 것을 기다리다가 너무 늦어서 아무도 구제받을 수 없는 일도 없어야 하기 때문입니다. 남편은 아기가 젖을 떼기 전까지는 아내의 잠자리에 들어가서는 안 됩니다. 도처에서 결혼한 부부 사이에 그릇된 행실이 벌어지고 있습니다. 아내가 자신이 낳은 아이의 젖 먹이는 것을 소홀하고 다른 이에게 젖을 먹이게 하는 것입니다. 이런 일은 음란함 때문에 발생한 것으로 보입니다. 왜냐하면 남편과 떨어져 지내기를 거부하는 여인들이 자신의 모유를 먹이는 것을 거부하기 때문입니다. 나쁜 버릇이 들어서 자기 아이를 남에게 주어 젖을 먹게 하는 이런 여자들은 정화의 기간이 지나기 전에는 남편의 침대에 들어가서는 안 됩니다. 생리중인 여자도 자손 번식을 위해서가 아니라면 남편의 침대에 들어가서는 안 됩니다. 옛 법은 생리중인 여자와 동침하는 남자를 사형에 처했습니다. 그러나 생리중인 여자는 교회에 들어가는 것이 금지되지 않습니다. 자연적 생리현상은 그 여인의 죄가 아니며, 어쩔 수 없는 고통을 겪는다고 하느님의 교회에 들어가지 못하게 하는 것은 옳지 않습니다. 그리스도의 책에서 배워 알고 있듯이, 출혈로 고통받던 여인이 주님의 등 뒤로 조심스럽게 다가가서 주님의 옷자락을 만지자, 즉시 그 여인의 병은 사라지고 온전한 몸이 된 일도 있었습니다. 출혈로 고통받던 그 여인이 갸륵하게도 주님의 옷에 손을 댈 수 있었다면, 어찌하여 생리중인 여인은 주님의 교회에 들어가지 못하게 해야 합니까? 그대는 이렇게 말씀하겠지요. 그 여자는 병 때문에 어쩔 수 없이 그리스도의 옷자락을 만졌지만, 생리중인 여자는 지속적 습성에 의해 제약받는 것이라고요. 사랑하는 형제여, 이렇게 생각해보십시오. 우리 육신이 받는 모든 고통은 인간 본성의 결함 때문에 하느님의 정의로운 심판으로 받게 된 것입니다. 인류 최초의 인간이 지은 죄로 인해서, 본성의 결함 때문에 배고픔, 목마름, 열, 추위, 피로 등 모든 것이 생긴 것입니다. 배고픔을 이겨내기 위해서는 먹을 것을 찾고, 목마름에는 마실 것을 찾으며, 열에는 찬 것을, 추위에는 입을 옷을, 피로에는 휴식을, 질병에는 약을 찾는 것은 당연한 일입니다. 여성의 생리는 병이나 다름없습니다. 그 여인이 병에 걸려서 감히 주님의 옷자락에 손을 댄 것이라면, 그 병든 한 사람에게 허락했듯이, 신체적 속성의 결함으로 인해 생리중인 모든 여성에게도 허락해야 하지 않겠습니까? 게다가 요즘은 생리중인 여성도 성체(聖體)를 받는 것을 금지하지 않습니다. 그러나 누군가 깊은 존경심에서 감히 성체를 받지 못하겠다고 하면, 그 사람은 칭찬받아야 합니다. 그러나 받는다고 해서 그를 심판해서는 안 됩니다. 선한 마음을 가진 사람들은 습관적으로 죄가 발생하지 않은 곳에서도 죄를 지었다고 상상합니다. 왜냐하면 죄에서 시작된 일이 죄 없이 끝나는 경우가 종종 있기 때문입니다. 예를 들면, 우리가 배고플 때 음식을 먹는 것이 죄가 아니더라도, 인류 최초의 인간의 죄로부터 배고픔이 시작됐다는 가능성 때문입니다. 구약에서는 겉으로 드러난 행동을 중요시 하는 반면, 신약에서는 외면적 행위보다는 내면에 품은 생각이 더 중요시 됩니다. 율법은 불결한 많은 것들을 먹지 못하게 금지하는 데 비해, 복음서에서 주님은 다음과 같이 말씀하십니다. '인간의 입으로 들어가는 것이 인간을 더럽히는 게 아니라 인간의 입에서 나오는 것이 인간을 더럽히는 것이다.' 그리고 잠시 후 다음과 같이 설명합니다. '입에서 나오는 것이 사악한 생각을 만든다.' 여기에서 충분히 천명(闡明)되었듯이, 더럽고 불결한 생각의 뿌리에서 나오는 것은 무엇이든, 전지전능한 하느님이 보시기에 불결하고 더러운 행동으로 나타나는 것입니다. 이에 관해서 사도 바울도 다음과 같이 말했습니다. '깨끗한 사람에게는 모든 것이 깨끗하고, 더럽고 믿음 없는 사람에게는 아무것도 깨끗하지 않다.' 그리고 곧 사도 바울은 이 더러움의 원인을 밝히며 다음과 같이 덧붙이고 있습니다. '그것은 그들의 마음과 양심이 더럽기 때문이다.' 마음이 깨끗하지 않은 자에게 음식이 깨끗할 수 없다면, 자연의 병으로 고생하는 마음이 정결한 여인은 어찌하여 정결하지 않다고 여겨져야 하는 것입니까?

아내의 잠자리에 들어갔던 남자는 물로 깨끗이 몸을 씻기 전에는 교회에 들어가면 안 되고, 일단 교회에 들어갔다면 나온 후에 씻는 것은 소용없습니다. 하느님의 옛 백성들에게 법은, 아내를 접한 남자는 물로 깨끗이 목욕재계(沐浴齋戒)하고 해가 지기 전에는 회당에 들어가면 안 된다고 규정했습니다. 그러나 이 법은 영적으로 이해해야 할 것 같습니다. 부도덕한 욕망에 사로잡혀 마음으로 희열을 갈망할 때 남자는 여자에게 접근하기 때문입니다. 이렇기 때문에 부정한 욕망이 마음속에서 가라앉을 때까지 그는 자신이 사악한 욕망의 죄를 지고 있는 자라고 보아야 하며, 자신이 형제들과 하느님의 종들이 모인 곳에 어울린다고 생각해서는 안 됩니다. 이 문제에 대해서는 인간의 여러 종족이 다양한 견해와 관례를 보이고 있지만, 로마에서는 그들의 선조 때부터 아내를 접한 남자는 목욕으로 정화하고, 경건함으로 한동안 교회에 들어가지 않는 관습을 지켰습니다. 우리도 이렇게 말하지만 결혼을 죄라고 생각하지는 않습니다. 그러나 여인과의 합법적 결합에는 육욕을 갖지 말아야 하지만 여인과의 합법적 결합이 육욕적 쾌락을 수반할 수 있으므로 남편은 성스러운 장소에 들어가는 것을 삼가야 합니다. 왜냐하면 쾌락 그 자체는 죄가 없는 것이라고 볼 수 없기 때문입니다. 간통이나 간음으로 태어나지 않고 합법적 결혼으로 태어난 자[48]가 다음과 같이 말했습니다. '나는 부정으로 생긴 자식이었다는 것을 안다. 어머니가 죄 중에서 나를 품으셨다.' 부정으로 생긴 자식이었다는 것을 스스로 알았기 때문에 그는 자신이 죄 중에서 태어났다는 것을 개탄(慨嘆)했습니다. 왜냐하면 그는 이미 뿌리에서 뽑아 놓은, 죄악의 수액(樹液)이 흐르는 가지에서 태어났기 때문입니다. 이 말을 하면서 그는 결혼의 결합을 부정이라고 한 것이 아니라, 결합으로 생기는 실제적 쾌락을 부정이라고 한 것입니다. 그러므로 합법적 결합은 자식을 낳기 위한 것이어야지 쾌락을 위한 것이어서는 안 되며, 육체의 결합은 자식을 갖기 위한 것이어야지 부정

48) 다윗 왕을 지칭.

한 쾌락을 위한 것이어서는 안 됩니다. 남편이 아내와 잠자리를 같이 할 때 그릇된 쾌락의 욕망 때문인지 오직 자식을 낳기 위해서인지는 남편이 스스로 판단할 문제이며, 교회에 들어가거나 그리스도의 살과 피의 성체를 받는 문제도 마찬가지입니다. 왜냐하면 우리는 불에 들어가도 타지 않는 그 사람이 성체를 받는 것을 금할 수 없기 때문입니다. 그러나 부부간의 결합에서 자식을 갖는 것보다 쾌락의 욕망이 더 크다면 그 부부는 그들의 결합에 대해 유감과 후회를 느껴야 합니다. 신성한 가르침은 그들로 하여금 이것을 실질적 허락으로 여기는 것을 허용했으나 그들의 마음에 두려움을 느끼게 하고 있기 때문입니다. 그러므로 사도 바울은 다음과 같이 말합니다. '자제할 수 없는 사람은 아내를 갖게 하라.' 그리고 다음과 같이 덧붙입니다. '그러나 이것은 허락이지 명령이 아니다.' 이 허락은 아내를 취하는 것이 합법적이지만 옳은 것은 아니라는 의미입니다. 허락하면서도 그것이 죄가 된다는 것을 보여주는 것입니다. 조심스럽게 숙고해보면, 주님이 시나이 산에서 제자들에게 설교하려 했을 때, 먼저 그들에게 목욕재계하고 의복을 정결히 하며 아내를 멀리하라고 명했습니다. 하느님이 그의 종을 통해 인간에게 말씀을 전하고자 할 때에, 육체적 정결함이 그 정도의 신중함으로 추구되어야 하고 아내를 멀리해야 한다면, 성체를 받는 여성은 육체적으로 남자보다 더 정결함을 유지해야 형언할 수 없는 신비의 중압감에 고통당하지 않을 것입니다. 이 점에서 사제는 다윗에게 그의 일행에 대해 말하길, 만약 그들이 여자를 멀리했다면 진설병(陳設餠)을 나눠받을 것이고, 그들이 여자를 멀리했다고 다윗이 보증하기 전에는 아무리 정결한 자라고 하더라도 진설병을 받지 못할 것이라고 했습니다. 이와 같이 아내를 가까이 한 남자는 목욕재계해야 성체를 받을 수 있으며, 앞서 말한 바와 같이 교회에 들어가는 것이 허용됩니다.

질문 IX

잠을 자는 동안 망상(妄想, 성적 환상)을 본 사람은 성체를 받아도 되며, 성직자라면 성스러운 미사의 신비를 거행(擧行)해도 되겠습니까?

답 변

구약은 그런 사람도 앞서 말한 내용과 마찬가지로 더럽혀졌다고 말하고 있으며, 몸을 깨끗이 씻기 전에는 하느님의 집에 들어가는 것을 허락하지 않으며 씻었더라도 저녁이 되기 전에는 들어가지 못하게 하고 있습니다. 그러나 영적인 사람들은 이 부분도 우리가 앞서 말했던 것과 같은 방식으로 의미를 해석할 것입니다. 꿈에서 망상을 보고 부정을 저지르도록 유혹받은 남자는 머릿속의 상상으로 더럽혀진 것이기 때문입니다. 그런 사람은 목욕재계하고 눈물로써 부정한 생각을 씻어내어 유혹의 불길을 꺼야 하며, 저녁이 될 때가지는 스스로를 죄인으로 여겨야 합니다. 그러나 이런 망상은 잠을 잔 사람의 정신에 어떤 방식으로 나타났는지를 신중히 생각해서 분명히 구별해야 합니다. 이는 과식이 원인이 되기도 하고, 원기(元氣)가 과도하거나 부족해서 생기기도 하며, 생각 때문에 일어나기도 하기 때문입니다. 만약 원기가 과도하거나 부족해서 망상이 생긴 것이라면, 마음이 의식적으로 고통을 받는 것이 아니기 때문에 이런 망상은 염려하지 않아도 됩니다. 그렇기 때문에 이런 경우는 애처로워할 일이지 조치가 필요한 일이 아닙니다. 과식으로 망상이 생기는 경우 마음에 약간 죄책감을 가져야 하지만 그 사람이 성체나 미사참석이나 필요한 경우 축제에 참여하는 것을 금지할 일도 아니고, 대신 맡아 줄 사제가 없다면 그런 사제가 미사를 집전하는 것을 금지할 만한 일도 아닙니다. 그러나 만약 미사를 집전해 줄 사제가 있다면 제 판단으로는, 그 사제는 겸허하게 미사 집전을 삼가야 할 것입니다. 그러나 깨어 있는 동안 그릇된 생각을 품어서 망상을 보게 된 것이라면 죄를 지었다는 것을 인정하고 불결함의 근원을 파악해야 하는데, 그것은 그가 깨어 있을 때 품은 생각에서 비롯된 것으로, 알면서도 죄를 지은 것이기 때문입니다. 그러나 그가 품은 생각이 어떤 제의에 의해서인지 혹은 기쁨 때문인지 아니면 더 나아가 그가 죄에 동참해서인지 깊이 고려해 봐야 합니다. 모든 죄는 다음의 세 가지 방식으로 성립되는데, 제의(提議)에 의해서, 그리고 기쁨에 의해서, 그리고 동의에 의해서 성립되는 것입니다. 제의는 사탄에 의해서, 기쁨은 육체에 의해서, 동의는 정신에 의해 이루어집니다. 사탄이 뱀을 통해 원죄를 제의했고, 육체인 이브가 기쁨을 취했으며, 그리고 정신인 아담이 그것에 동의함으로써 죄가 성립된 것입니다. 거기에 더불어 반드시 제의와 기쁨을 구분하고, 다시 기쁨과 동의를 구분하는 심판자로서의 마음이 자리하고 있습니다. 사탄이 정신에 죄를 제의해도, 그에 따른 죄에 기쁨이 없다면 그것은 죄가 성립되지 않는 것입니다. 그러니 육체가 기쁨을 갖기 시작할 때 죄가 처음으로 태어납니다. 만약 그가 생각에 동의하면 죄를 지은 것으로 볼 수 있습니다. 제의한 죄에게 마음의 기쁨은 자양분이 됩니다. 거기에 동의하면 사탄의 목적이 충족됩니다. 그러나 저주받을 사탄이 생각에 씨앗을 뿌리고, 육체가 기쁨을 누리더라도, 정신이 그 기쁨에 동의하지 않는 경우가 종종 있습니다. 우리는 정신의 기쁨 없이 육체만의 기쁨이 있을 수 없다고 알고 있는데, 육체의 부정한 욕망에 맞서 정신이 싸우기도 합니다. 그럴 경우 육체의 기쁨 속에서 정신은 꼼짝없이 묶여 있으면서도 기쁨에 동의하기를 거부하기도 하며, 기쁨에 묶여 있으면서도 그런 처지를 깊이 괴로워하고 뉘우치기도 합니다. 이러한 이유로 주님의 가장 강력하고 고귀한 투사인 사도 바울은 탄식하며 다음과 같이 말했습니다. '내 지체(肢體) 속에서 한 다른 법이 내 마음의 법과 싸워 내 지체 속에 있는 죄의 법 아래로 나를 사로잡아 오는 것을 보는도다.'[49] 그가 포로가 되었다면 싸우지 않았을 것이 분명하지만, 그는 저항했기 때문에 포로가 되었습니다. 그는 정신의 법을 가지고 저항했는데, 그의 지체는 그 법을 거부했습니다. 만약 그가 싸웠다면 그는 포로가 되지 않았을 것입니다. 그러니 그는 포로이며 동시에 자유로운 사람입니다. 그는 그가 사랑하는 진실 때문에 자유롭지만 어쩔 수 없는 기쁨에 무릎을 꿇었기 때문에 포로인 것입니다.

이상이 어거스틴 대주교가 상의하고자 물은 질문에 대한 축복받은 그레고리 교황의 답변이다.

어거스틴은 이곳의 추수가 풍족하지 않고 인력이 부족하다는 것을 교황에게 고(告)하도록 하였고, 이 사실을 전해들은 교황은 성경말씀을 가르치는 데에 큰 도움이 되도록 앞서 말한 사신들을 보내주었다. 가장 중요하고 가장 먼저 온 사신은 멜리투스, 유스투스, 폴리누스, 루피아누스였는데, 교황은 그들 편에 교회의 예식과 예배에 필요한 성찬용 성기(聖器), 제단 덮개, 교회 장식물, 주교와 부제(副祭)의 예복, 사도와 순교자들의 유품[50]과 많은 책 등을 보냈다. 또한 교황은 어거스틴 대주교에게 영대와 편지도 보냈는데, 그 편지에는 다른 주교들을 서품하는 방법과 브리튼의 어느 지역에 서품할 것인지가 적혀 있다. 교황 그레고리[51]는 동시에 에셀버트 왕에게도 편지와 함께 여러 가지 종류의 속세의 선물을 보냈는데, 교황은 열성적 가르

---

49) 《로마서》 7:23.

50) 성자들의 유물(遺物)은 서품식 동안에 교회의 제단 안에 봉(封)해진다. 이러한 목적 때문에 많은 대주교들이 유물을 수집했다고 전해진다.

51) 그레고리 교황은 A.D. 1000년으로 예견(豫見)되는 당시의 종말론적 해석을 언급하고 있다.

침에 의해 하느님 왕국의 영광을 알게 된 왕에게 속세의 영광을 돌리고자 한 것이다.

XVII

성(聖) 어거스틴 대주교는 왕도(王都)에서 주교직을 받자마자 왕의 도움을 받아 오래전 고대 로마가 세웠다고 알고 있는 교회를 수리하고 복원했다. 그리고 우리 주 하느님과 구세주 그리스도의 이름으로 교회[52]를 봉헌하고 그곳을 자신과 그의 모든 계승자들의 거처로 정했다. 그리고 캔터베리 동쪽에 수도원을 설립하고 그의 권고와 지시에 따라 그곳에 에셀버트 왕이 화려한 교회를 짓게 하였으며 그 교회를 축복받은 사도 베드로와 사도 바울에게 바치고 많은 선물을 기부했다. 그 교회에는 어거스틴의 시신과 함께 캔터베리의 주교들과 왕들이 묻히게 되었다. 하지만 그 성당을 봉헌한 자는 어거스틴이 아니었고 그의 대(代)를 이은 로렌시어스 대주교였다. 그리고 수도원의 첫 수도원장은 피터라는 이름의 사제였다. 그는 골에 사신으로 갔다가 엠블레테우스라는 작은 해협에서 익사한 후 그 지역 주민들에 의해 보잘것없는 무덤에 묻혔다. 그러나 전지전능하신 하느님은 이 성자의 공적을 알리고자, 매일 밤 그의 무덤에 하늘의 빛을 내려주셨고, 가까이 사는 이들이 그 빛을 보고 거기에 훌륭한 성자가 묻혔다는 것을 알게 되었다. 그들은 무덤과 성자에 대한 사연을 묻고 나서 훌륭한 성자에게 합당한 예를 갖추어 볼로냐의 한 교회로 시신을 이장(移葬)했다.

---

52) 크라이스트 교회(Christ Church, Canterbury). 현재 캔터베리 대성당 자리에 있던 교회로서 《앵글로색슨 연대기》(*The Anglo-Saxon Chronicle*)는 6월 9일인 성(聖) 푸리모스와 성 펠리키안의 경축일에 봉헌되었다고 기록하고 있다. 건축연도는 아마도 주후(主後) 603년으로 추정된다.

XVIII

이 무렵 노섬브리아 왕국을 다스리는 매우 용맹하고 야심찬 에델프리드라는 왕이 있었다. 그는 다른 어떤 잉글랜드 지도자들보다 잔혹하게 브리튼을 파괴하고 약탈했기 때문에 신성한 종교를 믿지 않는다는 것만 제외하고 이스라엘의 왕 사울[53]과 견줄 정도였다. 그는 어떤 왕이나 족장보다 많은 사람을 살상하거나 노예로 만들었고, 그들을 잉글랜드의 속국으로 만들거나 추방하기도 했다. 원로(元老) 야곱이 아들을 축복하며 사울 왕에 대해 한 말이 그에게도 적합한 표현일 것이다. '벤야민은 늑대처럼 약탈한다. 아침에는 먹이를 먹어치우고 저녁에는 전리품을 분배한다.' 브리튼에 살던 스코트의 왕 에단이 들고 일어나 막대하고 막강한 군대를 이끌고 그를 상대로 전쟁을 일으켰다. 그러나 전투에서 패하고 살아남은 소수의 군사를 이끌고 달아났다. 이 전투는 도스톤이라는 유명한 곳에서 벌어졌다. 에단은 군대를 거의 잃었다. 이 전투에서 에델프리드의 형제인 데오드볼드도 목숨을 잃었고, 그의 군대도 전멸했다. 이 전투로 에델프리드가 11년간 통치한 왕국은 세워진 지 24년 만에 사라지게 됐다. 이때는 포카스가 로마의 황제로 즉위한 지 1년이 되는 해였다. 이때부터 지금까지 스코트의 어떤 왕도 감히 잉글랜드와 전쟁을 벌이려 하지 않는다.

제1권 끝

---

53) 이스라엘 민족의 초대 왕(재위 B.C. 1020~B.C. 1010). 베냐민족(族) 키시의 아들로서 키가 크고 미남이었다. 불레셋(펠라시테)인들에게 시달리던 이스라엘 민족이 독립을 위하여 왕을 필요로 할 때 예언자 사무엘에 의해서 추대되어 왕위에 올랐다. 암몬인(人)을 격퇴, 민중의 요망에 부응하였으나 불레셋인의 공격을 받아 아들 요나단과 함께 길보아산(山)에서 전사하였다. 재임기간중 불레셋인과의 전쟁에서 수많은 무훈을 세운 부하장수 다윗을 시기하였으나 결국 다윗에게 왕위가 계승되었다.

제 2 권

I

이 무렵, 주님이 강생하신 지 605년 되던 해, 로마 관할구와 사도 교회를 원대한 영광 속에 다스린 지 13년 6개월 10일 만에 성스러운 교황 그레고리가 생을 마치고 천국에 있는 그의 영원한 처소로 인도됐다. 그는 마우리시우스와 포카스 황제의 시대에 교회를 다스렸고, 포카스 치세(治世) 2년째 되던 해에 생을 마감하고 하늘의 참된 생으로 돌아갔다. 그의 시신은 3월 12일, 성 베드로 교회 성구실(聖具室) 앞에 묻혔고 그는 성스러운 교회의 다른 사제들과 더불어 영광 속에서 육신과 함께 언젠가 부활할 것이다. 부활에 관하여 그의 무덤에 다음과 같은 비문(碑文)이 적혀 있다. "땅이시여, 그대로부터 취해진 육신을 받아주시고, 하느님이 살리실 때 다시 돌려주소서. 영혼은 하늘로 올라갔으니 죽음의 힘이 해하지 못할 것입니다. 죽음이란 영혼의 두 번째 삶에 이르는 길입니다. 셀 수 없이 많은 선행으로 영원히 그리고 어디에서나 살게 된 이 훌륭한 주교의 지체는 이 무덤에 봉해져 있습니다. 그는 가난한 이들의 배고픔을 먹을 것으로 채워주었고, 추위에 떠는 이들을 옷으로 감싸주었으며, 성스러운 충고로 그들의 영혼을 적으로부터 지켜주었습니다. 그리고 말로써 가르친 모든 것을 행동으로 완성시켰습니다. 그는 영묘(靈妙)한 말을 했으므로 성자들의 살아있는 본보기가 되어도 좋을 것입니다. 그의 경건한 가르침은 잉글랜드인들을 기독교로 개종시켰고, 그들을 하느님에 대한 믿음을 지키는 새로운 군대로 만들었습니다. 이러한 수고, 더 나아가 그대가 행한 보살핌 그리고 사제로서 그대가 행한 일들로 인해 그대는 고귀하고 성스러운 영혼들을 하느님께 인도했습니다. 하느님의 주교이신 그대는 끝없는 수고에 대한 영원한 보상을 받았으니 이제 승리의 기쁨을 누리십시오."

우리 조상들의 전통에 따라 교황 그레고리가 왜 우리 백성을 구원하기 위해 열성적이었는가를 이야기하고 넘어가야겠다. 전하는 말에 따르면 어느 날 많은 상품을 사고팔기 위해 로마의 시장에 브리튼에서 온 상인들이 도착했다. 시장에 모인 많은 사람들 중에는 그레고리도 있었는데, 그는 상인들이 팔려고 내놓은 물건들 사이에서 노예로 팔리는 젊은이들을 보았다. 그들은 피부가 희고 잘 생기고 아름다운 머리카락을 가진 청년들이었다. 그는 그들을 보고 관심이 생겨서 어디에서 온 어느 종족인지를 물었고 그들이 브리튼 섬에서 온 청년이며 그 섬에 사는 사람들은 그런 외모를 가졌다는 대답을 들었다. 그는 브리튼의 백성들이 기독교를 믿는지 아니면 여전히 이교도의 과오 속에서 살고 있는지를 다시 물었다. 그들은 그레고리에게 그들은 여전히 이교도라고 대답했다. 그러자 그는 마음에서 우러나온 깊은 한숨을 쉬면서 다음과 같이 말했다.

"안 된 일이다. 저런 아름다운 체격과 고운 얼굴을 가진 사람들이 어둠의 왕자에게 붙잡혀 있다니."

그런 후에 그는 다시 그들 나라의 백성들을 어느 종족(宗族)이라 부르는지 물었고, 그들은 앵글족(*Ongle=Angles*)이라고 대답했다. 그레고리는 다음과 같이 말했다.

“저들의 모습이 비길 데 없이 아름다우니, 그럴 만도 하구나. 또한 하늘의 천사들(*Angels*)과 같은 공동의 후계자라고 해도 손색이 없을 것이다.”

그러자 그는 재차 물었다.

“저 젊은이들은 무엇이라 불리며 어느 지역에서 이곳까지 왔단 말인가?”

그러자 그들은 그에게 대답하기를 그들은 데이라(Dere)[1] 출신이라고 했다. 그는 다음과 같이 말했다.

“옳거니, 데이리〔Dere(Deiri=de ira는 ‘분노에서’라는 뜻)〕라, 저들은 하느님의 분노에서 구원되어 하느님의 자비를 따라야 하느니라.”

이어서 그는 그들의 왕의 이름을 물었고, 그들은 왕이 엘(Ælll)이라고 대답했다. 그러자 그레고리는 왕의 이름을 가지고 말장난하며 다음과 같이 말했다.

“엘레루이아(*Alleluia=Hallelujah*, 할렐루야), 그 땅에서 알렐루야라는 말로써 우리의 창조주이신 하님을 칭송하는 것이 합당하다.”

그러고 난 후 그는 즉시 주교와 주교구의 교황을 알현(謁見)했는데, 그때는 아직 그가 주교가 되지 않았기 때문이었다. 그레고리는 교황에게 브리튼으로 선교사절을 보내서 그들을 통해 잉글랜드 백성들을 기독교로 개종하도록 해야 한다고 탄원하고, 자신이 하느님의 도움으로 그 임무를 수행할 준비가 되었다고 말하며, 교황이 허락해 준다면 자신이 기꺼이 떠나겠다고 말했다. 그러나 교황이나 로마시민들은 고귀하고 뛰어나며 학식 많은 사람이 그런 변방으로 가는 것을 허락하지 않았다. 그러나 그는 교황으로 서품되자마자 그가 오랫동안 갈구(渴求)해왔던 사명을 수행하기 위해서 그곳으로 앞서 말한

---

1) 오늘날 요크 지역.

선교사절을 보냈다. 성 그레고리 교황은 충고와 기도를 통하여 하느님의 뜻 안에서 그리고 잉글랜드 백성들을 이롭게 하기 위해 그들의 가르침이 결실을 맺도록 도왔다.

II

에셀버트 왕의 지원을 받으며 어거스틴 대주교는 브리튼의 주교들과 사제들을 흐위카스와 웨스트 색슨의 경계에 있는 '어거스틴의 참나무'라는 곳으로 불러 회의를 소집했다.[2] 그곳에서 어거스틴은 형제애를 가지고 그들에게 서로 사이좋게 지내고 성스러운 가르침 안에서 잉글랜드 백성들을 인도하기 위해 하느님을 위해 함께 협력하도록 훈계하고 가르치기 시작했다. 그러나 그들은 어거스틴의 말을 듣지 않았고 때가 되어도 부활절(復活節) 조차 지키려 하지 않았으며, 교회의 통합에 거스르는 제각기 다른 규례를 따랐다. 이 점에 대하여 오랜 논의와 논쟁을 벌였지만 어거스틴의 가르침과 간청에 전혀 따르려 하지 않을 뿐만 아니라 어거스틴과 그의 사제들의 관례를 따르려 하지 않고, 전 세계의 기독교 교회들이 지키는 관례 대신 자신들의 관례와 규칙만을 고수하려 하였다. 이에 성자 어거스틴은 이 지겨운 논쟁을 끝내며 다음과 같이 말했다.

"주님께 기도드립시다. 그분은 아버지의 집에서 인간이 한 마음이

---

2) 로마 교회와 켈트 교회는 유월절과 부활절 같은 절기의 정확한 날짜를 놓고 오랜 논쟁을 벌이지만 주후(主後) 664년 노섬브리아에서 개최된 위트비(Whitby) 종교회의에서 로마 교회 측의 신학적 견해를 수용하게 된다. 비드는 켈트 교회 측의 완고한 입장에 비판적 견해를 보이고 있다. 절기에 관한 이러한 신학적 차이는 때론 적잖은 혼란을 야기(惹起)시키게 된다. 비드는 다른 부분에서(Book III) 노섬브리아의 왕 오스위오가 켈트 전통에 따라 부활절을 지키는 동안 왕비는 여전히 금식하며 종려주일(*Palm Sunday*)을 지키고 있다고 기록하고 있다.

되도록 만드시려고 우리에게 하늘의 기적을 베푸시었고 우리가 따라야 하는 규율을 보여주시었으며, 주님의 왕국에 들어가기 위해서 우리는 그 길을 서둘러 따라가야 합니다. 병든 자를 데려와서 믿음과 그들의 관례와 기도를 통해 그를 치료하게 하고, 하느님이 보시기에 합당하고 앞으로 모든 이들에게 합당한 믿음을 갖게 합시다."

반대하던 이들은 하는 수 없이 그 말에 동의하고, 잉글랜드 혈통의 장님 한 명을 데리고 왔다. 먼저 그를 브리튼의 주교들 앞으로 데려갔으나 치료도 되지 않았고 그들의 기도로 위안을 얻지도 못하였다. 결국 어쩔 수 없이 어거스틴이 자리에서 일어나 무릎을 꿇고 전능하신 하느님 아버지께 그 장님에게 인간의 육체의 빛인 시력을 주십사 기도했고, 수많은 독실한 사람들의 마음에 성령의 은총의 빛을 밝혀 주십사 기도했다. 그 즉시 장님에게 빛이 내려와 그에게 시력을 주었고 모든 이들은 어거스틴이 참된 그리스도의 빛의 전령(傳令)이라는 것을 칭송하며 선포하였다. 브리튼 주교들은 그들의 잘못을 부끄럽게 여기며, 어거스틴이 가르치는 참된 길을 받아들였다. 그러나 그들은 백성들의 동의와 허락 없이는 자신들의 옛 관례를 버리거나 포기할 수 없다고 하며 두 번째 회의를 열 때에 어거스틴의 뜻에 동참하겠다고 말했다. 두 번째 종교회의가 마련되었고, 7명의 브리튼 주교와 학식 깊은 이들이 모였는데, 그들 대부분은 방고르 지역에서 왔다. 당시 그 수도원의 수도원장은 디노드라는 사람이었다. 회의에 참석하기 위해 오는 길에 그들은 먼저 성스럽고 현명한 한 은자(隱者)를 찾아갔다. 그들은 그 은자에게 그들이 어거스틴의 가르침에 따라 고유의 규율과 관례를 버리는 것이 옳은지 상의했다. 은자는 다음과 같이 대답했다.

"그가 하느님의 사람이거든 그를 따르시오."

그들이 다시 은자에게 물었다.

"그가 하느님의 사람인지 아닌지를 어떻게 압니까?"

은자가 말했다.

"하느님은 복음서에서 다음과 같이 말씀하십니다. '내 멍에를 매고 나에 대해 배우라. 나는 온순하고 마음이 겸허하니라.' 만약 어거스틴이 온순하고 마음이 겸허하거든 그가 그리스도의 멍에를 매고 있으며 당신들도 견디라고 가르치고 있다고 믿을 만합니다. 그러나 그가 온순하지 않고 오만하다면 그는 하느님의 사람이 아닌 것이 분명합니다. 그러면 그의 말을 괘념치 마십시오."

그들이 다시 물었다.

"우리가 그런 것을 어떻게 알 수 있습니까?"

은자가 말했다.

"그가 회의 장소에 일행과 함께 먼저 와서 자리를 잡고 앉는지 보십시오. 그리고 그대들이 그곳에 도착할 때 일어서서 맞이하면 그는 하느님의 종이 분명하니 그의 말과 가르침을 순순히 귀담아 들으십시오. 그러나 만약 그가 그대들을 경멸하고 일어나서 맞이하지 않거든 그대들이 과반수를 차지하니 그를 비웃어주시오."

그들은 은자가 말한 대로 했다. 그들이 회의 장소에 도착했을 때, 어거스틴 대주교는 의자에 앉아있었다. 대주교가 그들을 맞이하기 위해 일어나지 않는 것을 보고 그들은 모두 화가 났고 대주교가 오만하며 그의 말과는 모순되는 사람이라고 여겼다. 대주교가 그들에게 다음과 같이 말했다.

"여러 가지 면에서 여러분도 우리 예법과 하느님의 보편적 교회의 관례에 반대했습니다. 그렇지만 여러분이 제가 말하는 세 가지를 경청하시어 우선 합당한 때에 올바른 부활절을 지키고 우리가 하느님의 자녀로 태어나는 세례의 의식을 성스러운 로마와 사도의 교회의 규율에 따라 거행하고 마지막으로 우리와 함께 하느님의 말씀을 잉글랜드 백성에게 전파하면, 우리는 그 외의 모든 것은 우리의 관례에 반하더라도 여러분이 하는 대로 참고 견디겠습니다."

그들은 그 세 가지를 절대 따르지 않을 것이고 어거스틴을 대주교로 인정하지 않겠다고 대답했다. 그들 중에는 이렇게 말하는 사람도 있었다.

"우리를 맞이하기 위해 자리에서 일어나지 않았으니 우리가 그의 말에 복종하면 우리를 더욱 하찮게 볼 것입니다."

그에 대해 하느님의 종인 성 어거스틴은 만일 그들이 하느님의 종들과 평화를 지키지 않으면 적들로부터 전쟁을 맞게 될 것이며, 그들이 잉글랜드 백성들에게 (기독교) 삶의 방식을 설교하지 않는다면, 적의 손에 죽음의 형벌을 받게 될 것이라고 위협적이고 예언적인 말을 했다고 한다. 그리고 하느님의 심판에 의해 이 하느님의 종의 예언대로 모든 일이 일어났다. 이 일이 있고 얼마 지나지 않아서, 앞서 말했던 앵글족의 왕 에델프리드는 대군을 모아서 이끌고 체스터로 가서 브리튼족과 전투를 치렀고 믿음이 없는 사람들 가운데서 대량살육이 자행되었다. 에델프리드 왕이 전투를 시작할 때 그는 사제들, 주교들, 수도사들이 무장도 안 하고 좀더 안전한 위치에 따로 서서 그들의 군사를 위해 하느님께 기도하고 간청하는 것을 보았다. 왕은 그들이 누구인데 거기 모여서 무엇을 하고 있었냐고 물었다. 그들이 거기 온 까닭을 들은 왕은 이렇게 말했다.

"만약 그들이 하느님에게 우리가 패하기를 바라는 기도를 하고 있었다면 적의를 품은 기도와 저주로 우리를 공격한 것이므로 그들이 무기를 가지고 있지 않다 하더라도 우리에 대항하여 싸우는 것이다."

그리고 즉시 왕은 먼저 그들을 공격하라고 명하고 그들을 죽였다. 그곳에는 1천 2백 명이 모여 있었는데, 그 중 50명만 달아났다고 전해진다. 그러고 나서 왕은 나머지 죄 많은 군사들을 모두 죽이고 토막내었으나 자신의 군대도 큰 손실을 입었다. 그리하여 성스러운 어거스틴 대주교의 예언이 실현되어 그들은 믿음이 없기 때문에 속세에서 멸망하는 벌을 받게 되었다. 그들의 영원한 구원을 위해 미리 제의한 충고를 무시했기 때문이다.

III

이 일이 있은 후에 브리튼의 대주교 어거스틴은 2명의 주교를 서품했는데, 한 사람은 멜리투스[3]였고 또 한 사람은 유스투스[4]였다. 어거스틴은 멜리투스를 하느님의 말씀을 설교하도록 동부 색슨으로 보냈는데, 그곳은 템스 강에 의해 캔트와 분리되어 있고 동쪽 바다와 접해진 지역이었다. 그곳의 수도인 런던은 앞서 말한 템스 강 유역에 자리잡고 있었으며 바다와 육지를 통해 여러 나라에서 모여드는 상업의 중심지였다. 그 지역은 에셀버트의 조카인 세이버트가 다스리고 있었다. 이윽고 이스트 색슨 지역은 멜리투스 주교의 가르침으로 진실의 말을 받아들이고 그리스도를 믿게 되었다. 그후 에셀버트 왕은

---

3) 성 멜리투스(또는 멜리토)는 교황 그레고리우스 1세(Gregorius I)가 영국으로 수도자들을 파견할 때 제2진에 속한 수도자로서, 604년에 에섹스(Essex)의 초대 주교로 서품되었으며, 그곳의 국왕인 사버트를 개종시켜 선교의 기반을 다졌던 인물이다. 그러나 국왕의 아들은 부친이 사망하자 그를 축출했는데, 그 이유는 아직 영세하지 않은 상태에서 '성체'를 요구했다가 거절당한 적이 있기 때문이었다. 멜리투스는 로체스터(Rochester)의 성 유스투스(Justus)와 함께 프랑스 지방으로 갔으나 즉시 귀환하라는 명을 받고 돌아와서는 캔터베리의 대주교가 되었다. 619년 성 비다(Beda)는 그를 이렇게 평했다. "귀족 출신인 그는 귀족적인 마음을 지닌 인물이다." 캔터베리의 성 마리아 성당의 건축자도 바로 성 멜리투스이다.

4) 성 대그레고리우스 1세(Gregorius I) 교황에 의하여 성 어거스틴을 돕도록 파견된 선교사들 가운데 성 유스투스(또는 유스토)라는 베네딕트 회원이 있었다. 그는 604년에 성 어거스틴에 의하여 로체스터(Rochester)의 주교로 축성되었다가 624년에는 캔터베리의 대주교로 승품되었다.

런던에 교회를 짓도록 명하고 사도 바울에게 봉헌하였고, 멜리투스와 그의 계승자들은 그곳의 감독주교직을 맡게 되었다. 그는 유스투스를 캔트에 있는 로체스터(Rochester)[5]의 주교로 서위했다. 이 도시는 캔터베리에서 서쪽으로 42마일 떨어져 있었다. 로체스터에도 에셀버트 왕이 교회를 세우라 명하고 사도 앤드류에게 봉헌하였다. 이 두 주교에게 그들과 사제들을 위해 쓰도록 왕은 선물과 특히 자유보유지(自由保有地)와 소유권을 하사했다. 이 일이 있은 후 많은 사랑을 받았던 어거스틴 대주교가 세상을 떠났고, 시신은 앞서 말한 성스러운 사도 베드로와 바울의 교회가 아직 완공되지도 않고 봉헌도 안 되었기 때문에 교회 밖 가까운 곳에 매장되었다. 교회 봉헌이 끝나자마자, 시신은 교회 안에 모셔졌고 합당한 예를 갖추어 북쪽 수랑(袖廊)에 안치되었다. 이곳에는 그의 뒤를 잇는 대주교 중 테오도르와 베오르흐트왈드를 제외한 모든 대주교의 시신이 모셔졌는데, 북쪽 수랑에는 더 이상 공간이 없었기 때문에 교회당 내부에 안치되었다. 교회 본당의 중앙에는 제단이 설치되었고 성 그레고리의 이름으로 봉헌되었다. 매주 토요일에 미사가 집전될 때 그 직책을 맡은 사제는 그들의 업적과 죽음에 대해 설명하였다. 어거스틴의 비문(碑文)에는 그의 업적과 죽음에 대하여 다음과 같이 적혀 있다. "이곳에는 캔터베리의 첫 대주교인 어거스틴이 잠들어 있다. 그는 오래전에 로마의 성스러운 그레고리 교황에 의해 이곳으로 파견되어 하느님의 도움을 받아 기적을 행하였다. 그는 우상을 숭배하던 에셀버트 왕과 그의 백성을 그리스도를 믿도록 인도하였고 순조롭게 그의 봉직(奉職)을 마치고, 에셀버트 왕의 치세중 5월 26일 세상을 떠났다."

5) 영국 잉글랜드 동남부, 캔트 주 북부의 도시.

Ⅳ

어거스틴은 역사가 짧은 잉글랜드 교회에 잠시라도 사제가 없으면 혼란이 생길 것을 우려하여 생전에 자신의 뒤를 이을 대주교로 로렌시어스를 서위했다. 이것은 그가 하느님의 교회의 첫 사제로 로마에 처음으로 그리스도의 교회를 세운 사도 바울을 본받은 것이다. 또한 하느님의 말씀을 설교하는 것을 돕고 자신의 후임자를 돕도록 클레멘트를 서품했다고 한다. 로렌시어스는 대주교의 자리를 이어받자 훌륭히 마련된 교회의 기반을 열성적으로 확장(擴張)하기 시작했다. 그는 성스러운 권고와 가르침을 자주 반복하고 끊임없이 경건한 행동의 본보기를 보임으로써 교회를 일으키고 키워서 목적한 높이에 도달했다. 그는 잉글랜드 종족이 모인 새 교회에만 신경을 쓴 것이 아니라 브리튼과 스코트의 원주민들에게도 마음을 썼다. 그들이 하느님의 교회와는 여러 가지 면에서 달랐기 때문이고, 무엇보다도 그들이 부활절 축일(祝日)과 주님의 부활의 날을 제때에 지키지 않는 것을 보았기 때문이다. 그들에게 기도와 간청의 내용의 편지를 써 보내서 그들이 평화로이 하나가 되고 부활절을 제대로 지켜서, 전 세계로 퍼져 나가는 그리스도의 교회에 동참할 것을 촉구하였다. 이런 노력에도 불구하고 오늘날에도 그때와 같은 규율이 행해지는 것을 보면 그가 별로 성공을 거두지 못했다는 것을 알 수 있다. 이 무렵 런던의 주교인 멜리투스는 잉글랜드 교회의 몇 가지 문제점을 해결하고자 로마를 방문했다. 그는 성 그레고리 이후 네 번째 로마 교황인 보니페이스를 알현하고 상의했다. 교황은 이탈리아 주교들을 불러서 회의를 열고 수도사들의 생활과 퇴직에 대해 체계적으로 정리하고자 했다. 이 회의는 로마 황제 포카스의 재임 8년째 되던 해에 열렸다. 멜리투스도 그들과 함께 회의에 참석하였고 수도원의 규율에 합의한다는 의미로 그리스도의 십자가에 서명하였다. 그리고 그는 새 규율을 적어서 교황이 하느님이 사랑하시는 대주교 로렌시어스와 그의 사제들과 에셀버트 왕과 잉글랜드의 모든 백성에게 그들의 평안과 바른 삶을 격려하는 내용으로 보낸 서신과 함께 브리튼으로 가지고 와서 잉글랜드 교회에 전하였다.

V

하느님이 강신으로 나타나신 지 616년이 되던 해이며 어거스틴과 그의 일행이 잉글랜드 백성들을 교화하러 온 지 약 21년이 지난 해에 캔트의 왕 에셀버트가 56년간 영광스럽게 세속의 왕국을 다스리고 마침내 기쁨 속에서 하느님의 왕국으로 올라갔다. 그는 잉글랜드의 왕중에서 남쪽 지역과 험버 강 유역까지 지배한 세 번째 왕이었다. 이런 권력을 누린 첫 번째 왕은 사우스 색슨의 엘레 왕이었다. 두 번째 왕은 웨스트 색슨의 체아윌린 왕이었다. 그리고 세 번째 왕은 이미 말할 대로 캔트의 에셀버트 왕이었다. 네 번째 왕은 이스트 앵글의 래드왈드 왕이었다. 다섯 번째 왕은 노섬브리아의 에드윈 왕이었는데, 그는 캔트를 제외한 브리튼 전 영토를 다스렸다. 그는 또한 아일랜드, 스코틀랜드, 브리튼 사이에 위치한 브리튼의 섬들까지도 지배했다. 이런 범위 안에서 통치권을 갖고 있던 여섯 번째 왕은 오스왈드였는데, 그는 노섬브리아의 가장 훌륭하고 가장 독실한 기독교 왕이었다. 일곱 번째 왕은 그의 형제인 오스위오였는데, 그 역시 픽트족과 스코트의 대부분까지 다스렸으며 그들을 속국으로 만들었다. 에셀버트 왕은 세례를 받고 기독교 신앙을 갖게 된 지 21년 후에 죽어서 성 마틴 예배당에 있는 성스러운 사도 베드로와 바울의 교회에 묻혔으며 베르다 왕비도 그곳에 묻혔다. 에셀버트 왕은 지혜로 그의 백성들에게 많은 축복을 베풀었는데, 원로들의 조언을 받으며 로마를 본으로 삼아 법령을 정하고 자국어인 영어로 법전을 적도록 하였다. 이 법전은 지금까지도 보존되어 전해지고 있다. 법전에서 그는 처음으로 교회의 재산이나 주교를 비롯한 사제들의 재산을 훔친 사람에 대한 배상에 대해 정해놓았다. 그는 자신에게 가르침을 주는 사제들을 보호하고자 했다.

에셀버트 왕은 에오르만릭의 아들이었고, 그 부친은 옥타였으며, 또 그 부친은 에릭이었고 다른 이름은 에쉬였는데, 이후로 캔트의 왕들은 에쉉즈라고 불렸다. 에쉬의 부친인 헹기스트는 앞서 말한 대로 브리튼에 있는 잉글랜드의 최초 지도자였다. 에셀버트가 죽은 후 그의 아들 에드볼드가 왕위를 계승했는데, 그는 아직 탄탄하지 않았던 잉글랜드 교회에 큰 손실과 해를 끼쳤다. 그는 기독교 신앙을 받아들이는 것을 거부했을 뿐만 아니라 자신의 아버지의 아내를 범하는 부정하고 지독한 간음죄로 더럽혀졌다. 그의 이 두 가지 죄는 그의 아버지 치세(治世)에 왕실의 원조를 받거나 에셀버트 왕을 두려워하여 순결한 법과 그리스도에의 믿음을 받아들였던 부도덕한 사람들에게 동기(動機)를 제공했다. 그러나 이 믿음 없는 왕은 하늘이 내린 징벌을 피해갈 수 없었다. 그는 종종 정신이 나가서 미치거나 부정한 정령(精靈)의 공격을 받았다. 동부 색슨의 세이버트 왕이 죽은 후 이런 대혼란의 폭풍은 더욱 거세졌다. 세이버트 왕이 영원한 왕국으로 떠난 후 그의 속세의 왕국을 물려받을 상속인으로 세 왕자가 있었다. 그들은 선왕(先王) 생전에도 이미 우상을 섬기려 했으나 어느 정도 포기하고 있었던 것 같았다. 선왕이 세상을 떠나자 즉시 공공연하게 우상을 숭배하기 시작했으며 백성들에게도 우상을 숭배해도 좋다는 허락을 내렸다. 그들은 주교가 주님의 교회에서 미사를 집전하고 성찬식을 하는 것을 보고나더니 야만적 우매함이 더욱 부풀려졌다. 그들은 주교에게 다음과 같이 말했다.

"우리 아버지 사바에게 흰 빵을 주었고 (그들은 선왕을 그렇게 불렀

다) 교회에서 아직도 백성들에게 흰 빵을 나눠주면서 왜 우리에게는 흰 빵을 주지 않는 것이오?"

주교는 이렇게 대답했다.

"선왕께서 그러하셨듯이 성수반(聖水盤)의 성수로 세례를 받는다면 선왕께 하였듯이 성찬을 나눠줄 수 있소이다. 그러나 그대들이 생명의 세반(洗盤)을 얕본다면 성찬을 나눠줄 수 없소."

그들이 이렇게 말했다.

"우리는 하잘것없는 세반에 들어가야 할 필요성을 모르겠소. 하지만 그 빵은 먹어야겠소."

주교는 성찬식에 참여하기 위해서는 세례의 성스러운 정화의식을 받아야 한다고 진심어린 충고를 여러 차례 했지만 소용없는 일이었다. 그들은 주교에게 다음과 같이 말했다.

"별 것도 아닌 것을 가지고 우리의 청(請)을 들어주지 않는다면 이 지방에 아니 이 사회에 남아있을 생각은 마시오."

그리고 주교와 그의 동료들을 그들의 왕국에서 추방해버렸다. 추방당한 주교는 캔트로 와서 동료 주교인 로렌시어스와 유스투스에게 자신이 처한 상황에서 어떻게 하면 좋을지 상의했다. 오랜 숙고 끝에 그들이 내린 결정은 그리스도에 대한 믿음에 반대하는 야만인들 사이에서 신앙의 열매 없이 계속 머무는 것보다 고향에 돌아가서 자유롭게 하느님께 봉헌하는 것이 바람직하고 안전하겠다는 것이었다. 그래서 먼저 멜리투스와 유스투스 두 주교가 바다를 건너서 갈리아 왕국으로 와서 추이(推移)를 지켜보며 기다리기로 했다. 그러나 불신앙의 왕들은 진실의 선교사들을 추방한 후 거리낌 없이 악마숭배에 자신들을 맡겨버렸다. 그리고 서부 색슨을 상대로 전투를 벌이고 모두 살육과 학살로 죽어갔다. 왕자들을 모두 잃은 후에도 이미 죄악의 유혹에 빠진 백성들은 개심(改心)하거나 주님에 대한 믿음과 사랑의 정결함으로 회복되지 못하였다.

VI

로렌시어스 대주교가 다른 동료 주교들과 함께 브리튼을 떠날 때가 되어서 이튿날 아침에 출발하기로 하고 전날 밤 앞서 언급했던 축복받은 사도 베드로와 바울의 교회 안에 그의 잠자리를 준비하도록 명했다. 그리고 밤이 되어서 그는 오래도록 성스러운 기도를 올리면서 눈물을 흘리며 주님께 이 교회를 지켜 주십사 간청했다. 그러다가 피로에 지쳐서 기도를 올리던 채로 그만 잠깐 잠이 들었다. 그때 가장 축복받은 사도 성 베드로가 그의 앞에 나타나서 밤을 틈타서 아무도 모르게 꽤 오랫동안 대주교를 심하게 꾸짖었다. 그리고 사도 베드로는 대주교에게 사도의 엄격한 규율에 대해 묻고 왜 그에게 맡겨진 하느님의 양떼를 버리려고 하는지, 대체 어떤 목자가 그리스도의 양떼를 늑대 무리 사이에 버려두고 도망치는지 물었다. 그리고 또한 이런 질문도 하였다.

"그대는 나의 일을 잊어버렸는가? 그리스도의 사랑의 증표로 나에게 맡겨진 어린 양들을 위해서 내가 어떤 일을 겪었는지 잊었는가? 결박당하고 매질당하고 투옥당하고 여러 가지 고통을 겪고 믿음 없는 자들의, 그리스도의 적들의 손에 의해 십자가에 매달려서 결국에는 목숨을 잃고서 그리스도와 함께 승리의 왕관을 썼다는 것을 잊었는가?"

그리스도의 종 로렌시어스는 사도의 꾸지람과 설득에 큰 용기를 얻고서 아침이 밝자 왕에게 가서 그의 사제복(司祭服)을 열어젖히고 그가 어떤 꾸지람과 매질을 당하였는지 보여주었다. 왕은 무척 놀라면서 누가 감히 위대한 대주교에게 그런 고통을 가했는지 물었다. 자초지종을 듣고 주교가 자신을 구원해주기 위하여 그리스도의 사도의 손에 얼마나 심한 고문과 벌을 당했는지를 보고 듣고 이해하게 된 왕은 몹시 놀라고 엄청난 두려움에 사로잡혔다. 그래서 왕은 그가 믿어왔던 우상숭배를 바로 버리고 주교에게 세례를 받았다. 그리고 자신의 힘이 닿는 한 교회에 속한 재산과 소유물을 수호하고 지켜주었다. 그런 후 왕은 갈리아 왕국으로 사신을 보내 멜리투스와 유스투스 주교를 어서 고향으로 불러들이고 그들의 주교구로 자유롭게 돌아가게 하라고 명했다. 그리하여 멜리투스와 유스투스 주교는 브리튼을 떠난 지 1년 만에 돌아오게 되었다. 유스투스 주교는 자신이 주교로 있던 로체스터로 돌아갔다. 그러나 런던 지역의 사람들은 멜리투스 주교가 돌아오는 것을 받아들이지 않고 계속 우상숭배 쪽을 택했다. 런던 지역의 사람들은 선왕에 비하여 통치권을 제대로 행사하지 못하는 에드볼드 왕의 말을 무시하였다. 그러나 왕이 그리스도를 믿게 된 후 왕과 캔트의 백성들은 신의 섭리에 복종하고 따랐다. 이에 대한 증거로 에드볼드 왕은 축복받은 성모 마리아를 기리기 위하여 성 베드로 수도원 경내에 교회당을 하나 짓도록 명하였다. 후에 멜리투스가 대주교가 된 후에 그 교회당을 성스러운 성모 마리아의 이름으로 봉헌하였다.

VII

에드볼드 왕 치세에 2월 2일 축복받은 성 로렌시어스 대주교가 이승을 떠나서 하늘의 왕국으로 올라갔고 성인이신 사도 베드로의 수도원에 있는 교회당에 그의 전임자인 성 어거스틴 곁에 안치되었다. 전에 런던의 주교였던 멜리투스가 그의 뒤를 이어 성 어거스틴으로부터 세 번째로 캔터베리 교구를 맡게 되었다. 유스투스 주교는 지금도 생존해서 로체스터 교구를 관장하고 있다. 멜리투스와 유스투스 두 주교는 헌신적으로 잉글랜드의 교회를 감독하고 관리하였다. 멜리투스 주교는 통풍으로 육신에 극심한 고통을 겪었지만 지금도 성스러운 정신력으로 지상의 모든 장애물을 거뜬히 극복해냈고 언제나 하늘의 모든 것을 사랑하고 구하며 갈구하였다. 그의 육체는 고귀한 태생이었으니 그의 정신은 훨씬 더 고귀하였다. 그가 기적을 행하는 능력에 대하여 한 가지만 예를 들어도 그의 다른 여러 가지 기적에 대하여는 안 보고도 알 수 있을 것이다. 한 번은 죄받을 경솔함으로 캔터베리에 큰 화재가 일어났다. 화염이 걷잡을 수 없이 번졌고 물을 퍼붓는 것으로는 불길이 번지는 것을 막을 방법이 없었고 불은 도시 대부분을 파괴하였다. 불길이 주교[6]를 향해 번져오자 그는 인간의 도움을 구할 수 없을 때 하늘의 원조를 믿으며 그의 종자(從者)들을 시켜서 가장 불길이 강한 곳에 자신의 몸을 들여보내게 했다. 그리고 건장한 남자들이 힘을 써도 잡지 못했던 불길을 기도를 통하여 잡기 시작했다. 이윽고 남쪽에서 불어와 불길을 도시 쪽으로 밀어주던 바람의 방향이 반대로 바뀌어 불길을 도시 바깥으로 밀어냈다. 계속 기도를 올리자 불길이 완전히 잦아들더니 꺼졌다. 주님의 사랑의 불꽃으로 훨훨 타올랐던 하느님의 종 멜리투스 주교는 계속적인 기도와 설득의 힘으로 자신이나 동료들에게 휘몰아치는 사악한 영혼의 폭풍을 물리치는 일도 잦았는데, 이제는 자신이나 친구들에게 해를 끼치는 지상의 물리적 바람과 화염(火焰)까지도 물리치게 된 것이다. 5년 동안 교회를 감독하고 관리한 이 성스러운 멜리투스 주교는 에드볼드 왕 치세에 이승을 떠나 천국으로 갔고 4월 24일, 앞서 여러 차례 언급된 성 베드로 수도원 내 교회당에 자신의 선임자들 곁에 안치되었다. 그의 주교구는 로체스터의 주교였던 유스투스 주교가 바로 맡게 되었다. 유스투스 주교와 함께 로체스터 교구에 있던 로마무스 주교가 보

6) 당시 주교가 있던 장소는 '최고로 영예로운 4명의 순교자(殉敎者)'인 세베루스(Severus), 세베리아누스(Severinus), 빅토리아누스(Victorinus), 카르포포로스(Carpophorus)를 기념하는 교회이다. 그들을 기념하는 최초의 교회는 로마에 있으며, 그레고리 교황 1세 재위기간에 언급된다.

니페이스 교황으로부터 정식으로 서위받고 유스투스 주교의 자리를 이어받았다.

VIII

당시 노섬브리아 사람들은 그들의 왕인 에드윈과 더불어 성스러운 주교 폴리누스가 그들에게 설교하고 가르쳐준 그리스도의 믿음을 받아들였다. 그리스도의 믿음과 하늘의 왕국을 받아들인 것에 대한 징표로 그의 왕국의 힘은 그전 어느 누구와도 비교할 수 없이 커져서 잉글랜드의 모든 종족 혹은 브리튼 사람들이 지배한 모든 종족을 포함한 브리튼 전역을 통치하게 되었다. 앞서 언급한 대로 맨(Man) 섬과 브리튼의 모든 섬들을 자신의 권력 아래에 두었다. 에드윈이 자신의 백성들과 함께 그리스도의 믿음을 받아들인 첫 번째 동기는 그와 캔트의 왕들과의 긴밀한 관계 때문이었다. 에드윈은 캔트 가문으로부터 에셀버트라는 왕의 딸 에델베르그를 자신의 아내로 맞아들였다. 그녀는 '타테'라는 이름으로 불리기도 하였다. 에드윈이 당시 캔트의 왕이었던 그녀의 오빠 에드볼드에게 그녀와의 혼인을 요청하기 위해 사신을 보냈을 때, 하늘의 왕의 성사(聖事)에 대한 자신의 믿음이, 믿음을 알지 못하는 왕과의 연관으로 더럽히지 않을까 하여 이교도에게 그리스도의 믿음을 지닌 여인을 아내로 내주는 것이 위법이라고 에드볼드는 답변하였다. 사신들이 이 말을 전하자 에드윈은 즉각 자신이 아내로 맞아들인 여인이 믿는 그리스도의 믿음을 수용하는 데 걸림돌이 되는 어떠한 것도 하지 않을 것이라고 약속하고 그녀는 동행한 모든 사람들과 더불어 그녀의 믿음 안에서 그리스도인의 관례에 따라 살아가게 될 것이라고 말하였다. 현명한 그의 자문관들이 그 종교가 보다 성스러운 것이라고 입증만 해준다면 자신도 그 종교를 스스로 받아들이는 것을 거부하지 않을 것이라고 약속하였다. 그러자 여인은 그와 혼인을 약속하였고 얼마 뒤 에드윈에게 보내졌다. 그들의 혼사가 성사되자, 하느님이 사랑하는 성 폴리누스가 주교로 서위되어 그녀와 동행하였으며, 그의 일상적 가르침과 성사의 축복은 이교도 집단에서 그녀의 믿음이 퇴색되지 않도록 그녀와 동행한 모든 사람들의 믿음을 강건케 하였다. 폴리누스는 대주교인 유스투스에 의해 7월 21에 주교로 서위되었다. 폴리누스는 세속 결혼의 수행원으로서 앞서 언급한 여인과 함께 에드윈에게 오게 되었다. 그가 방문하는 모든 사람들에게 진실한 하느님과 그리스도의 믿음을 가르치는 것에 그는 마음을 다 바쳐 노력하였다. 여인과 함께 그곳에 온 주교는 하느님의 은총으로 그와 동행한 모든 사람들의 믿음이 잘못된 길로 들어서는 것을 막도록 해야 할 뿐만 아니라 가능하다면 가르침을 통하여 일부 이교도들을 그리스도의 믿음으로 개종시킬 수 있다는 것에 진심으로 만족하고 있었다. 그의 오랜 노력에도 불구하고, 사도가 말했다시피, 그리스도의 복음과 영광이라는 계몽의 빛이 이교도들에게 빛을 발하지 않도록 하기 위해서 하느님은 이들 이교도의 마음을 어둡게 하셨노라. 이듬해 노섬브리아에 에오메르라는 사람이 왔다. 그는 에드윈의 목숨과 왕좌를 빼앗기 위해 서부 색슨의 왕인 크위첼름이 보낸 사람이었다. 그는 양날에 독을 묻힌 단도(短刀)를 지니고 있었는데, 상처가 왕을 죽음으로 이르게 하는 데에 충분치 않을 경우 독이 도움이 될 수 있도록 하기 위한 것이었다. 부활절 첫날 그는 더웬트 강 가까이에 있는 왕에게 갔는데, 그곳에는 왕의 저택과 땅이 있었다. 그가 모시는 군주의 심부름을 하기 위한 것인 척 그는 그곳에 들어갔다. 교활한 입놀림으로 용건을 왕에게 보고하고 거짓되게 속삭이다가 그는 갑자기 일어나 옷 속에 감춘 무기를 꺼내들고 왕에게 달려들었다. 왕의 신하들 가운데 가장 충직한 릴라가 이를 목격했으나 그는 왕을 보호할 방패를 지니고 있지 않았다. 그는 몸으로 크위첼름의 공격을 막았다. 에오메르는 왕의 신하를 찔렀고 왕에게는 상처만 입혔다. 이어 그는 전방에서 무기의 공격을 받았다. 그러나 혼란의 와중에서조차 그는 끔찍한 칼로 포더라는 또 다른 신하를 살해하였다. 성스러운 부활절 저녁, 왕비는 딸을 낳았는데, 그 딸의 이름은 엔플레드였다. 왕은 주교와 함께 있는 자리에서 딸이 태어난 것에 대하여 자신이 섬기는 신들에게 감사하였던 반면 주교는 그리스도 주님께 감사를 올리기 시작하였다. 자신의 기도 덕분에 은총을 받은 왕비가 건강하게 심한 고통 없이 아이를 낳게 되었다는 사실을 왕이 알도록 하기 위한 것이었다. 왕은 주교의 말을 듣고 기뻐하기 시작했고 자신도 믿었던 우상들을 물리치겠노라 약속하였다. 아울러 자객(刺客)을 보내 자신을 죽이려했던 왕에 대항하여 승리를 허락해준다면 기꺼이 그리스도의 믿음을 따르겠노라 말하였다. 그리고 맹세를 지킨다는 징표로 그는 자신의 딸을 그리스도께 바칠 수 있도록 주교에게 주었다. 그 딸은 성스런 오순절 날 노섬브리아 백성 가운데 최초로 세례를 받게 되었으며, 딸과 함께 왕비 가계의 하녀 11명도 세례를 받았다. 같은 시기에 왕의 상처도 완치되어 서부 색슨족을 공격할 군대를 소집하여 진군하였다. 공격하자마자 그의 목숨을 앗아가려했던 모든 적들을 제압하였다. 일부는 죽이고 일부의 항복을 받아들인 그는 승리하여 고향으로 돌아왔다. 그러나 그는 즉시 그리스도의 성사(聖事)를 받아들이려고는 하지 않았다. 그리스도의 종이 되겠다고 맹세한 날부터 우상을 숭배하지 않은 것은 사실이었다. 그러나 그는 우선 때때로 성 폴리누스로부터 성스런 믿음의 진리를 진중한 자세로 배웠다. 아울러 가장 현명하며 신중하기로 잘 알려진 주위의 귀족들에게 조언을 구하거나 이러한 문제에 대하여 어떻게 처신해야 하는지 물었다. 뿐만 아니라 천성적으로 매우 지혜로운 사람인지라 어떻게 하는 것이 최선이며 어떤 종교를 믿어야 할 것인가에 대하여 조용히 앉아 마음속 깊이 스스로 생각하곤 하였다.

IX

당시 사도좌(使徒座)의 주교인 보니페이스 역시 에드윈에게 안부와 함께 그리스도의 믿음을 받아들일 것을 종용(慫慂)하는 서신을 보냈다.[7)]

이스트 앵글족의 왕인 레드왈드와 같이 추방되었을 때 그의 마음이 구원의 가르침을 받아들이고 이해하도록 돕기 위해 신의 자비는 그에게 하늘의 복음의 메시지를 보여주기도 하였다. 영원한 구원과 그리스도 십자가의 신비를 받아들이기 위해 그가 왕으로서의 권위를 겸손으로 쉽게 바꿀 수 없을 거라는 사실을 폴리누스 주교는 알았다. 동시에 그는 왕과 백성들의 구원을 위해 권면의 말과 중재기도 속에 신령한 선으로써 그들을 인도하는 데 힘썼다. 그러자 마침내 그는 영적 힘으로 전에 추방되었을 때 왕에게 나타났던 하늘의 계시가 발현(發現)됨을 알게 되었다. 더 이상 지체하지 않고 왕에게 간 주교는 왕에게 계시가 있을 때, 고통에서 벗어나 왕위에 오를 수만 있다면 (그리스도의 믿음을 받아들이겠다던) 맹세를 지키라고 왕에게 권고하였다. 그 당시 신의 메시지와 계시는 다음과 같다. 전임 왕인 에델프리드가 그에게 박해를 가하자 그는 수년 동안 여러 지역을 배회하다가 결국 동부 앵글족의 왕인 레드왈드를 찾아가 강력한 전임 왕의 덫에서 자신의 목숨을 지켜주고 안전을 보장해줄 것을 요청하였다. 왕은 그를 환대했으며 그의 요청대로 해주겠노라 약속했다. 에델프리드 왕은 레

---

7) 최근 현대 영어로 번역된 비드의 《영국민의 교회사》, 예를 들어 펭귄(Penguin), 옥스포드(Oxford), 그리고 반스앤노블(Barnes and Noble) 판에는 보니페이스가 에드윈과 왕비 애델베오르그에게 보낸 편지내용이 수록되어 있다. 그러나 Old English version(EETS)에는 이 부분이 모두 제외되어 있다.

드왈드 왕의 궁전에 에드윈이 있다는 사실을 알자 즉시 그를 제거해 주는 대가로 사신들을 통해 많은 금액을 보냈다. 그러나 이러한 그의 의도는 아무 소용이 없었다. 그는 재차 사신들을 보냈고, 이어 세 번째에는 이전보다 많은 선물과 뇌물을 그의 몸값으로 보냈다. 아울러 그의 요구와 선물을 받아들이지 않을 시에는 레드왈드를 상대로 군대를 보내겠다는 위협도 서슴지 않았다. 그러자 왕의 마음은 위협과 선물에 의해 움직이기 시작하였고 왕의 요구를 수락하여 에드윈을 죽이거나 아니면 그를 적에게 넘겨주어 죽음에 처하도록 하겠다는 약속을 하였다. 왕의 신하 가운데 에드윈이 매우 신뢰하는 친구가 하나 있었는데, 그가 이 말을 듣게 되었다. 그는 에드윈이 잠자리에 들기 전에 그의 방으로 가서 그를 불러내어 그들이 꾸미는 짓을 알려주었다.

"만일 이 순간 자네가 원한다면 레드왈드나 에델프리드가 찾을 수 없도록 이 나라를 벗어나 다른 곳으로 데려다 주겠네"라고 그가 말하였다.

"자네의 제안과 호의에 감사하네. 그러나 자네의 충고를 따를 수 없네. 왕이 나에게 해를 끼치거나 적의를 품지 않을 거라는 사실을 감안할 때 내가 그 위대한 왕과 맺은 약속을 의도적으로 저버릴 수는 없네"라고 그는 대답하였다.

"내가 죽게 된다고 하더라도 미천한 인간에게 죽는 것보다 차라리 왕의 손에 죽고 싶네. 그리고 지금 이 상황에 내가 어디로 도망칠 수 있겠나? 왕의 증오를 참고 버텨가며 영국 전역을 배회하면서 도망자로서 수년을 살아왔네."

그러자 그의 친구는 가버렸고 에드윈 혼자 남게 되었다. 큰 시름에 찬 채 왕궁 앞 바위에 앉아 어디로 가야 할지 혹은 어떻게 하는 것이 최선인지 알 수 없어서 수많은 복잡한 생각들로 그의 마음이 혼란스러웠다. 말할 수 없는 고뇌(苦惱)와 심란(心亂)함을 가슴에 품고 조용히 오랜 시간 생각하고 있을 때 갑자기 한밤중에 낯선 외모에 낯선 옷을 입은 한 남자가 그에게 다가오는 것이 보였다. 낯선 사람이 다가오자 에드윈은 놀랐고 그 낯선 남자는 다가와서 인사를 하며 다른 사람들이 잠들어 휴식을 취하는데, 혼자 깨어서 시름에 잠겨 있는 까닭이 무엇이냐고 물었다. 이에 깨어 있든 잠들어 있든, 밖에 있든 안에 있든 무슨 상관이냐고 에드윈이 응수하였다. 그러자 낯선 사람은 다음과 같이 말하였다.

"당신이 시름에 차있고 잠을 이루지 못한 채 홀로 앉아 있는 이유를 내가 알지 못한다고 생각하지 마시오. 당신이 누구이며, 왜 그리 슬퍼하는지, 또 당신이 두려워하는 다가올 어려움에 대하여 나는 잘 알고 있소. 만일 누군가 이 어려움들로부터 당신을 구해주고, 레드왈드가 당신에게 해를 입히지 않도록 할 뿐 아니라 당신을 적에게 넘겨 살해당하게 하는 것을 막아준다면 어떠한 보답을 할 것인지 나에게 말해보시오."

그러자 그 일에 대한 보답으로서 힘이 닿는 한 모든 것을 다 할 것이라고 에드윈이 대답하였다. 그러자 상대방이 다음과 같이 말하였다.

"당신의 적들이 모두 멸망한 뒤, 미래의 권좌를 진실로 약속해주고 힘과 권력을 주어서 당신이 선조들은 물론 브리튼의 살았던 모든 왕들을 능가할 수 있도록 해준다면 어떻게 하겠소?"

이 같은 질문에 고무(鼓舞)된 에드윈은 그러한 일을 하는 사람에게 그에 합당한 보상을 해줄 것이라는 약속을 하였다. 그러자 곁에 있던 그 남자는 세 번째 질문을 하였다.

"미래에 당신에게 주어질 그런 대단한 선물을 예언해 줄 뿐만 아니라 당신의 친척이나 선조들이 지금까지 들었던 것보다 유용한 구원과 삶의 길을 당신에게 보여주는 사람이 있다면 당신은 그의 충고를 받아들이고 그의 말을 경청하겠소?"

고통과 재난에 처한 사람을 구해주고 권좌에 오르게까지 해준다면 모든 것을 경청할 것이며, 그의 가르침 또한 기꺼이 받아들일 것이라고 에드윈은 지체하지 않고 그 자리에서 약속하였다. 그와 이야기를 나누던 사람은 이와 같은 대답을 듣자 그 자리에서 오른손을 에드윈의 머리에 올려놓고 다음과 같이 말하였다.

"이와 같은 방식의 징표가 당신에게 오거든, 우리가 대화를 나눈 지금을 기억하여 당신이 한 약속을 지체 없이 이행하기 바라오."

이렇게 말한 후 갑자기 그가 어디로 가버렸는지 에드윈은 알 수 없었다. 때문에 에드윈은 자신 앞에 나타난 낯선 이는 사람이 아니라 정령이라고 믿게 되었다. 자신에게 약속된 위안에 매우 기뻐하며, 또 한편으로는 근심어린 마음으로 그 낯선 이가 누구이며 어디에서 왔을까를 생각하면서 젊은 왕자가 그곳에 홀로 앉아 있을 때, 앞서 언급한 친구가 다시 나타나 환희에 찬 모습으로 그를 환대하고 인사하며 다음과 같이 말하였다.

"일어나 안으로 들어가 근심을 버리고 몸과 마음을 편하게 하게. 왕의 마음이 바뀌었다네. 왕은 자네에게 해를 입히지 않을 것이며, 자신의 믿음을 지킬 것이고 자네와의 약속 또한 지켜서 안전을 보장해줄 것이네."

그러고 나서 그는 에드윈에게 다음과 같이 말했다.

"내가 자네에게 아까 말했던 대로 왕은 자신의 의도를 왕비에게 발설했다네. 그리고 사악한 의도를 지닌 왕의 마음을 왕비가 돌려놓았고, 어려운 때에 가장 친한 친구를 돈 때문에 팔아넘긴다든지 탐욕이나 돈에 대한 욕심 때문에 어떤 보화보다 소중한 명예를 저버리는 행동은 고귀하고 훌륭한 왕에 어울리지 않는다는 사실을 왕에게 가르치고 훈계하였다네."

왕은 그대로 실천에 옮겼다. 왕은 에드윈을 추방시켜 죽음에 이르게 하는 것을 포기했을 뿐만 아니라 그가 왕위에 오를 수 있도록 도왔다. 그를 죽이려 했던 사신들이 자신들의 나라로 돌아가자 레드왈드는 많은 군대를 규합하여 에델프리드를 공격하였다. 레드왈드는 에델프리드가 군대를 모을 충분한 시간을 주지 않았기 때문에 에델프리드는 열등(劣等)한 군대를 이끌고 레드왈드에 맞서 싸웠다. 그들은 이들레라는 강의 동쪽에 위치한 머시아 국경에서 전투를 벌였는데, 그 전투에서 에델프리드는 죽음을 맞이했다. 레겐헤레라는 레드왈드의 아들 또한 전사하였다. 신의 메시지대로 에드윈은 그렇게 사악한 왕의 굴레에서 벗어났을 뿐만 아니라, 왕이 죽은 후 왕좌를 계승하게 되었다. 폴리누스 주교가 하느님의 말을 설교하고 가르쳤으나, 왕은 여전히 믿음을 주저했고, 이미 말한 대로 한동안 혼자 앉아 어떻게 하는 것이 최선의 길이며 어떤 종교를 따라야 할 것인지 혼자 고민하였다. 그러던 어느 날 혼자 앉아 있는 그에게 '하느님의 사람'[8]이 다가와 오른손을 그의 머리에 얹으며 이 징표를 이해할 수 있는지 그에게 물었다. 그는 즉시 그것을 분명히 이해했고, 놀란 나머지 그의 발아래 쓰러지고 말았다. '하느님의 사람'은 그를 일으켜 세우며 친절하게 다음과 같이 말했다.

"자, 이제 당신은 하느님의 은총 덕분에 당신이 두려워했던 적들의 손에서 벗어났을 뿐 아니라 은혜로 말미암아 당신이 소망하던 권좌를 계승하게 되었습니다. 이제 세 번째 것, 즉 하느님의 믿음을 받아들이고, 당신을 세속의 적들로부터 구해주었으며 세속 왕궁의 영광으로 이끌어주신 하느님의 율법들을 지키겠다는 약속을 잊지 마시기 바랍니다. 만일 당신이 나를 통하여 설교하고 가르치는 그분의 의지를 더욱 경청하신다면, 그분은 영원한 고통으로부터 당신을 구해줄 것이며, 당신이 영원한 하늘나라 궁전 안에 거할 수 있도록 해주실 것

---

8) 폴리누스.

입니다."

X

이 말을 듣자 왕은 주교가 가르쳐준 믿음을 받아들이는 것이 자신의 소망이며 의무이기도 하다고 대답하였다. 하지만 왕은 우선 자신의 친구들이나 자문관들에게 말하고 그들의 조언을 구하고 싶으며, 만일 그들이 자신의 뜻에 동의한다면, 그들은 모두 다 함께 생명의 물로 그리스도께 바쳐지기를 바란다고 했다. 이어서 왕은 자문관들을 소집하여 조언을 구했으며 주교로부터 배운 신의 새로운 가르침과 신을 숭배하는 것에 대한 그들의 의견을 각자에게 물었다. 성직자들 가운데 수장(首長)격인 체피가 대답했다.

"전하, 저희에게 설파하는 이 가르침이 어떤 것인지 전하의 입장에서 고려해보시기 바랍니다. 제가 지금까지 배워왔던 것, 즉 우리가 믿어왔고 지켜왔던 종교가 아무런 소용이 없거나 우수하지도 않다는 사실을 진실로 전하께 고백하는 바이옵니다. 전하를 따르는 어느 누구도 저만큼, 보다 가까이 혹은 즐겁게 우리가 믿는 신들을 경배하는데 헌신한 사람도 없을 것이옵니다. 그럼에도 불구하고 많은 사람들이 제가 아닌 전하로부터 더 많은 행운과 영예를 받아왔사옵니다. 확신컨대 저희들이 모시는 신들이 힘을 지니고 있다면 제가 누구보다 더 그들을 섬기고 그들에게 복종했기 때문에 그들이 나에게 더 많은 도움을 줄 것이옵니다. 그러하오니 새롭게 우리에게 전도된 그 종교가 더욱 훌륭하고 강한 것이라고 전하께서 생각하신다면, 생각건대 저희들이 그것을 받아들이는 것이 현명한 일인 줄로 아옵니다."

왕의 중요 신하들 가운데 한 사람으로 왕의 또 다른 자문관이 그가 한 말에 동의하며 논의를 이어가면서 말했다.

"전하, 현세에서 인간의 삶이란 우리가 알 수 없는 시간과 비교해

볼 때 마치 전하께서 전하의 중요한 신하와 추종자들과 함께 겨울철에 식탁에 앉아 있는 것과 같사온데, 밖에는 비가 내리고 눈보라가 치며 태풍이 부는 반면, 전하가 머무는 궁전은 불이 밝혀져 있고 따뜻할 것이며, 이곳으로 참새 한 마리가 재빠르게 궁전 안으로 날아들어왔는데, 그 새가 한쪽 문으로 들어와 다른 쪽 문으로 나가고 말았다고 생각해 보십시오. 그 새가 안에 머무는 동안은 겨울 태풍의 공격을 받지 않을 것이옵니다. 그러나 눈 깜짝할 순간 그것도 즉시 그 새는 겨울에서 다시 겨울로 돌아가고 말 것이옵니다. 그렇게 인간의 삶은 잠깐의 시간처럼 여겨지옵니다. 이전에 무엇이 지나갔으며 이후에 무엇이 올 것인지 우리 인간들은 알 수 없사옵니다. 그러니 새로운 가르침이 보다 확실하고 적합한 것이라면 그것을 따를 만한 가치가 있다고 보옵니다."

다른 원로들과 자문관들 모두 같은 견해를 피력(披瀝)하였다. 체피는 주의 깊게 주교가 설교했던 하느님에 대하여 더 들어보고 싶다고 말하였다. 왕은 그렇게 하도록 명하였다. 주교의 말을 듣자마자 체피는 다음과 같이 말했다.

"우리가 숭배해온 모든 신들이 아무것도 아니었다는 것을 분명히 알 수 있을 것 같사옵니다!"라고 말하며 체피는 탄성을 질렀다.

"우리의 믿음 속에서 주의 깊게 진리를 찾으려 할수록 진리보다 적게 얻어졌사옵니다. 자, 그러니 우리에게 영원한 축복과 영원한 삶의 구원을 줄 수 있는 이 가르침에 진리가 분명히 있다는 사실을 솔직히 인정하는 바이옵니다. 그러니 전하, 말씀드리옵건대, 우리는 우리에게 아무 도움도 주지 못하는 사원과 제단을 숭배해왔던 것이오니, 이들을 지체 없이 불태워 없애버리소서."

그러자 왕은 주교와 모든 신하들이 있는 자리에서 우상숭배를 단호히 거부하고 그리스도의 믿음을 받아들이겠노라 공개적으로 선언하였다. 그리고 그들 중에서 누가 제일 먼저 제단과 우상들을 모신 신전과 그리고 신전을 둘러싸고 있는 장벽을 불경한 것으로 모독하고 부수는 것이 마땅한지를, 과거 그들이 믿었던 종교의 주교인 체피에게 왕이 묻자 그가 대답했다.

"저 말고 누가 하겠습니까? 오랜 기간 어리석게도 우상을 숭배해온 저이오니, 진실한 하느님으로부터 받은 지혜를 가진 저 자신 말고 누가 더 기꺼이 그리고 합당하게 다른 사람들의 본보기로서 이들을 허물어버릴 수 있겠나이까?"

그는 즉시 이전에 자신이 즐겼던 헛된 어리석음을 내던지고 우상을 허물어뜨릴 수 있도록 무기와 수컷 말 한 필을 허락해줄 것을 왕에게 간청했다. 그들의 종교관례상 주교는 무기를 지닐 수 없었을 뿐만 아니라 암말을 제외한 어떤 말도 탈 수 없었다. 그러자 왕은 그에게 칼을 주었고, 그는 손에 칼을 쥐고 왕이 하사한 수말에 오른 후 우상들이 있는 곳으로 향했다. 무장한 주교를 보자 많은 사람들은 그가 제정신이 아니라고 생각했다. 사원에 이르자 체피 주교는 칼을 던져 사원에 꽂히게 한 후 진정한 하느님을 알게 된 것에 대하여 매우 기뻐했다. 그러고 나서 그는 사원의 모든 것과 건물들을 허물어뜨리고 불태워버리라고 함께한 사람들에게 명령하였다. 우상이 있었던 장소는 더웬트 강가를 끼고 있는 요크 지방 동쪽에서 멀리 떨어져 있지 않은 곳에 위치하고 있으며 오늘날 이곳은 고드문딩가함이라고 불리는데, 이곳에서 진실한 하느님의 영감을 받은 주교가 과거 자신이 봉헌해왔던 제단을 헐어버리고 파괴했던 것이다.

XI

에드윈 왕은 모든 왕자를 비롯하여 많은 백성들과 함께 그리스도의 믿음을 받아들였고 그가 즉위한 열한 번째가 되던 해에 세례를 받았다. 가장 성스러운 부활절 날 그는 요크에 있는 성 베드로 교회에서 자신의 스승인 폴리누스 주교로부터 세례를 받았다. 성 베드로 교회는 목조(木造)로 급히 세워진 것이었다. 교리를 익힌 에드윈은 스승인 주교 바울리누스를 주교좌(座)에 서품하였다. 세례를 받은 후 왕은 주교의 지시에 따라 이전에 세워진 교회 주변에 더 크고 웅장한 석조(石造)[9] 교회를 건립하였다. 교회가 높이 올라가 완성되기 전에 왕은 사악하게 살해되어 그 작업은 후계자인 오스왈드에게 넘겨졌다. 그로부터 에드윈 왕이 통치했던 마지막 6년에 걸쳐 폴리누스 주교는 왕의 도움을 얻어 하느님의 말씀을 그 지역에서 설파하고 가르쳤다. 그리고 영원한 삶을 얻을 수 있도록 예정된 많은 사람들이 믿음을 갖고 세례를 받았다. 이들 가운데 에드윈 왕의 아들인 오스프리드와 에아트프리드가 있었는데, 이들은 에드윈이 추방당했을 때 머시아의 체올 왕의 딸인 크웬브르그와 에드윈 사이에서 태어났다. 그후 에드윈과 에델베르그 사이에서 태어난 2명의 딸, 에델훈과 에델프리드 그리고 그의 아들, 우쉬프레아가 세례를 받았다. 유아세례(幼兒洗禮)를 받은 이들과는 달리 에드윈의 첫 두 자녀는 죽은 후 요크에 있는 교회에 묻혔다. 오스프리드의 아들 이페를 비롯한 왕가의 많은 여러 왕자들도 세례를 받았다. 노섬브리아의 백성들 사이에 그리스도의 믿음과 세례에 대한 욕망과 열의가 대단하여, 폴리누스 주교가 왕과 왕비와 함께 이버린이라 불리는 왕궁에 올 때면 36일 동안이나 그곳에 머무르면서 백성들에게 교리를 가르치고 세례를 주었다고 전해진다. 매일 아침부터 저녁까지 주교는 모든 마을과 여러 곳에서 모여든

---

9) 브리튼에 있던 당시의 건물은 대부분이 목재(木材)나 욋가지로 건축되었으며 석조건물은 주로 로마 건축술의 영향을 받은 것이었다. 석공과 건축가들은 주로 골에서 왔으며 이들이 완성한 대표적 건물로 위어머스(Wearmouth)에 있는 베네딕트 비숍(Benedict Bishop) 교회를 들 수 있다.

그리스도의 백성들에게 오로지 하느님의 말씀을 가르치는 일만을 하였으며, 글렌이라는 강가에서 세례를 베풀어 이들의 죄를 사하여 주었다. 그 왕궁은 에드윈의 후계자들이 통치하던 시기에 폐쇄되었고, 대신 멜멘이라는 곳에 또 다른 왕궁이 세워졌다. 왕궁이 세워진 장소는 버니치아 지역에 위치하고 있다. 뿐만 아니라 함께 머물곤 했던 데이라 지역에서 주교는 카터릭 지역을 통과하는 스왈안 강가에서 사람들에게 세례를 베풀었다. 아직은 교회가 새롭게 건립되던 시기였으므로 교회와 세례당(洗禮堂)이 세워지지 않았기 때문이었다. 에드윈은 왕궁이 위치하던 도나펠드에 교회를 세우라는 명을 내렸고, 얼마 후 그 교회는 모든 왕궁 내 건물들과 함께 이교도들에 의해 소실(燒失)되었다. 아울러 에드윈 역시 이교도들에 의해 살해당하였다. 대신 시간이 지난 후 에드윈의 후계자들은 리즈[10]라는 지역에 왕궁을 건립하였다.

XII

그리스도의 믿음에 열정적이었던 에드윈 왕은 레드왈드의 아들인 어프왈드는 물론 동부 앵글족의 왕까지도 우상숭배의 무익함을 버리고 백성과 함께 그리스도의 믿음과 성사를 받아들일 것을 권유했다. 오래전 레드왈드는 그리스도의 믿음과 성사에 대한 가르침을 캔트에서 받은 적이 있었으나 아무 효과가 없었다. 고향에 돌아오자 왕비와 그릇된 선생들의 꼬임에 빠져 그리스도의 믿음의 순수성을 져버렸기 때문이었다. 그 결과 종국에는 그의 상태가 처음보다 악화되어, 고대 사마리아 사람들의 행실처럼 그 역시 그리스도와 우상을 동시에 숭배

10) 영국 잉글랜드 웨스트요크셔카운티(West Yorkshire county)에 있는 도시. 동서 양(兩) 잉글랜드를 연결하는 에어 강(江) 연안에 위치하여 예로부터 교통의 요지이며 중부잉글랜드의 문화적 중심지를 이룬다.

하였다. 같은 신전에 그리스도를 위한 제단과 함께 악마에게 봉헌하기 위한 제단을 갖추었다. 그 신전은 알드울프가 통치하던 시기까지 그곳에 남아 있었다. 알드울프는 자신이 소년이었을 때 그 신전을 보았다고 말했다. 앞서 말한 레드왈드의 행실은 비열하기 그지없었으나 그 태생은 고귀했다. 그는 타이틀의 아들이며, 타이틀의 아버지는 우파라는 사람이고 그로 인하여 동부 앵글족의 왕들이 우핑가스라고 불리게 되었다. 어프왈드는 이내 리크버트라는 이교도의 손에 살해되었다. 어프왈드의 동생인 시그버트는 모든 면에서 신심(信心)이 강하고 학식이 뛰어난 인물로서 그가 왕권을 이어받기 전 3년이라는 기간 동안 백성들은 이전 왕들의 사악한 폭정 속에서 살았다. 그의 형이 통치하던 기간 동안 시그버트는 갈리아에서 추방생활을 하였고, 그곳에서 그리스도의 믿음과 성서를 배우게 되었다. 왕위를 계승하자 그는 자신의 백성들이 그리스도의 믿음에 동참하기를 원했다. 아울러 그의 선의는 주교 펠릭스의 도움을 받았는데, 펠릭스는 그가 태어나고 그리스도를 믿기로 마음먹었던 부르고뉴[11] 출신이었다. 바다를 건너 이곳에 온 그는 먼저 대주교 오노리우스를 방문하여 자신의 의지와 소원을 말했다. 이에 대주교는 하느님의 말씀을 가르칠 수 있도록 그를 동부 앵글로 보냈다. 정신적 토양의 신심 깊은 개척자인 그는 곧 그 나라의 백성들로부터 많은 신앙적 수확을 거두어들였다. 그의 이름이 지닌 신비스런 속성이 말해주듯이 그는 오랫동안 지속되어온 부정과 불행에서 모든 백성들을 벗어나게 해주었고, 백성들의 삶을 그리스도의 믿음, 진리, 그리고 영원한 행복의 은총으로 바꾸어놓았다. 도모크체아스터[12]에서 그는 주교좌를 얻게 되었고, 17년 동

11) 프랑스의 동남부 지방.

12) 던위치(Dunwich)라고도 불린다. 로마인들은 주택들이 정연하게 들어서도록 도시를 설계했다. 이런 주택구획을 로마화된 라틴어로 'uicus'라 한다.

안 주교로 봉직(奉職)한 후 평화롭게 그곳에서 삶을 마쳤다.

XIII

폴리누스 주교 역시 린지(Lindsey)에서 하느님의 말씀을 설파하였다. 린지는 바다로 흘러드는 험버 강 남쪽 측면에 위치하는 첫 지역이다. 이곳에서 처음으로 폴리누스 주교는 링컨에 사는 블라이카라는 청지기 한 명과 그의 식솔들을 그리스도의 믿음으로 이끌었다. 또한 그는 그 도시에 훌륭한 솜씨의 석조 교회를 건립하기도 하였는데, 그 교회의 벽들은 지금도 그곳에 서 있다. 아울러 믿음 안에서 그곳을 방문하는 병자들을 치유하며 그곳에서 매년 많은 기적들을 보여주었다. 유스투스 주교가 그리스도의 곁으로 떠난 후 이 교회에서 폴리누스 주교는, 뒤에서 다시 말하겠지만, 오노리우스를 주교에 서위하기도 하였다. 존경할 만한 성직자이며 파트니의 대사제인 비다가 백성들의 믿음에 관하여 나에게 말해주었다. 나이 든 한 자문관이 한낮에 에드윈 왕과 다른 많은 사람들이 목격하는 자리에서 토크세이 마을 옆에 있는 트렌트 강가에서 세례를 받은 사실을 자신에게 말해주었다고 디다는 말하였다. 그는 폴리누스 주교의 외모를 설명했는데, 그는 키가 크고 허리가 굽었다고 하였다. 그의 머리는 검었고, 창백한 얼굴에 코는 작고 가늘었으며 그의 외모에서 경외감과 존경심을 느낄 수 있었다고 하였다. 그가 하는 성스러운 일을 도와주기 위해 그의 곁에는 제임스 부제(副祭)가 함께하였는데, 그 역시 그리스도와 교회 안에서 올바르게 교육받은 훌륭한 인물이었다. 그는 지금까지도 살아 있다.

이 'uicus'가 게르만어에 유입되어 'wik'(마을, 소도시)로 변하고 고대영어 'wic'(거처, 집)으로 정착한다. 현재 영국지명에도 '-wic'가 그대로 남아있는데, 'Warwick', 'Ipswich', 'Prestwick'가 그 예다.

XIV

에드윈이 통치하던 당시 브리튼은 어디나 평화로워 갓 태어난 아이를 데리고 여자가 이 바다에서 저 바다로 온 섬 전역을 다녀도 아무런 해를 당하지 않을 정도였다고 전해진다. 아울러 왕은 백성들을 위하여 하나의 제도를 만들었는데, 깨끗한 물이 흐르는 여러 장소와 많은 사람들이 오가는 길에 여행객들의 피로를 풀어주기 위해 말뚝을 세우고 그곳에 놋쇠로 만든 컵들을 매달아 둘 것을 명하였다. 그러나 왕에 대한 두려움 때문에 몹시 필요로 하는 사람들 외에 어느 누구도 그것들을 감히 건드리려고 하지 않았다. 자신의 영토에서 왕이 그처럼 고귀한 자세를 지킨 결과, 전투상황에서는 왕 앞에 깃발들이 앞서기도 하였고, 평화로운 시기에는 왕이 통치하는 조그만 마을이나 도시를 신하들과 함께 말을 타거나 걸어 지날 때면 왕의 깃발이 항상 그 앞에 있었다. 같은 시기에 오노리우스가 보니페이스의 뒤를 이어 사도좌(使徒座)의 주교가 되었다. 에드윈 왕과 더불어 노섬브리아의 사람들이 폴리누스 주교의 가르침을 받아 그리스도의 믿음과 고해를 믿게 되었다는 사실을 알게 된 오노리우스 교황은 폴리누스 주교에게 영대를 하사했으며, 에드윈에게는 권고의 서신을 보내어 백성들이 믿음 안에서 굳건히 서고 항상 함께할 수 있기를 아버지 같은 애정을 가지고 격려하였다.[13)]

XV

그런 와중에 유스투스 대주교가 11월 10일 하늘나라로 떠나게 되었다. 그 자리에는 오노리우스가 대주교로 선출되었다. 오노리우스는 폴리누스 성인에게 가서 성직을 받았다. 그는 링컨으로 가서 폴리

13) 교황 오노리우스가 대주교 오노리우스에게 보낸 편지 내용이 EETS 판에는 수록되어 있지 않다.

누스를 만났으며 앞서 언급한 그 교회에서 폴리누스에 의해 주교로 서품되었다. 그는 어거스틴 성인으로부터 시작하여 제 5대 캔터베리 대주교가 되었다. 그에게 교황 오노리우스는 영대를 하사했을 뿐만 아니라, 캔터베리나 요크의 주교가 저 세상으로 떠나게 되었을 때, 같은 서열의 생존한 사제가 이미 떠난 사람을 대신해서 다른 주교를 서품할 권한을 가지고 있기 때문에 대주교로 서품받기 위해 해로나 육로를 통하여 로마까지 먼 거리를 고생스럽게 여행할 필요가 없다고 지시하는 내용의 편지를 함께 보냈다.

XVI

에드윈은 17년간 잉글랜드와 브리튼 사람들을 훌륭하게 통치하였는데, 그 중 6년간 그는 그리스도 왕궁의 수호자였다. 그 이후 브리튼족의 왕 케아드왈라[14]가 머시아 왕족 중 가장 용감한 펜다의 도움을 받아 에드윈과 전쟁을 벌였다. 당시 펜다는 머시아 왕국을 운명의 굴곡(屈曲) 속에 22년째 통치하고 있었다. 전투는 해트필드에서 치러졌고 그 전투는 잔혹했고 격렬했으며 10월 12일 에드윈 왕은 그 전투에서 죽는데, 그때 그의 나이 47세였다. 그리고 많은 병사들 또한 죽거나 도주하였다. 뿐만 아니라 이 전투에서 훌륭한 전사인 그의 아들 오스프리드가 그 앞에서 죽었으며 또 다른 아들 에아드프리드는 목숨을 부지하기 위해 펜다에게 항복하고 말았다. 그러나 오스왈드가 왕이 되고 얼마 후, 그가 보인 신의나 맹세에도 불구하고 오스왈드의 손에 의해 처참하게 살해당했다. 그 즈음에 노섬브리아 영토와 교회에서는 엄청난 살육이 자행(恣行)되었다. 이는 당연한 것이었다. 전쟁을 자행한 지도자들 가운데 하나는 이교도였고, 다른 하나는

14) 웨일즈(Welsh) 지역 그위네드(Gwynedd)의 왕으로서 앵글족에 맞서 싸웠으며 에드위너 왕의 가장 위험한 적수였다.

이교도보다 사납고 잔혹하기 그지없는 야만인이었기 때문이다. 펜다와 모든 머시아 사람들은 우상숭배에 빠져 있어 그리스도인이라는 이름을 알지 못하였다. 케아드왈라는 자신이 그리스도인이라고 공언(公言)했으나 여성이나 죄 없는 어린아이를 보살피기는커녕 야생동물처럼 야만적 고문을 통해 이들을 죽음에 이르게 했을 정도로 그의 마음과 습관 속에는 야만인의 기질이 있었다. 오랜 기간 동안 그는 미친 사람처럼 온 지역을 두루 다니며 마음속으로 모든 잉글랜드인들을 브리튼 국경 밖으로 내몰 궁리를 하였다. 그도 그리스도인이 틀림없음에도 불구하고 그는 그들 사이에 뿌리를 내린 믿음에 대하여 어떠한 존경심도 보이지 않았다. 당시 그러한 것이 브리튼 사람들의 습관이라 그들은 잉글랜드 사람들의 신앙과 믿음을 전적으로 무시하였다. 그리고 그들은 이교도와 대화를 원치 않았듯이 그들과도 전혀 대화하려 하지 않았다. 에드윈 왕의 머리는 요크로 가져왔으며, 후에 그가 건립하기 시작한 사도 베드로 교회에 안치되었다. 그러나 앞서 말했다시피, 그 교회는 그의 후계자인 오스왈드에 의해 마무리되어 지어졌다. 그의 머리는 성 그레고리 예배당에 안치되었는데, 그의 제자들로부터 에드윈은 그리스도의 믿음과 생명의 말씀을 배웠다. 에드윈이 살해당한 후, 닥쳐올 위험 때문에 폴리누스 주교는 전에 자신과 함께 이곳으로 온 에델베르그를 데리고 배를 타고 캔트로 돌아갔다. 에드윈을 추종했던 아주 용감한 인물인 바사라는 사람이 이들을 안내하였다. 이들은 대주교 오노리우스와 에드볼드 왕의 영접을 받았다. 그들과 함께 에드윈의 딸 엔플레드, 그의 아들 우쉬프레아를 비롯하여 에드윈의 아들인 오스프리드의 아들, 이페가 있었다. 이후 이들의 어머니 에델베르그는 에드볼드 왕과 오스왈드 왕을 두려워한 나머지 자녀들을 골로 보내고, 친구이기도 한 데그브레흐트 왕 아래서 성장할 수 있도록 하였다. 두 아이는 그곳에서 유아기에 죽게 되며, 그들의 태생과 그리스도인으로서의 순결함에 어울리게 이들은 교회에 영예롭게 안장되었다. 왕비는 에드윈 소유의 값진 물건들을 그곳으로 가져왔는데, 그 가운데는 제단에서 의식을 치를 때 사용했던 커다란 황금 십자가와 성배(聖杯)가 있으며 이들 모두 캔트 교회에 지금도 보존되어 있다. 당시 로체스터 교회에는 사제가 없었는데, 그 이유는 그곳에 있는 로마누스 주교가 유스투스 대주교의 특사로 교황 오노리우스에게 가는 도중 바다에 빠져 익사하고 말았기 때문이다. 이러한 이유 때문에 앞서 언급한 폴리누스 주교가 대주교와 에드볼드 왕의 초청을 받아들여 그곳 교회를 맡게 되었다. 그는 영광스런 노력의 대가를 지닌 채 하늘나라로 올라갈 때까지 그 직책을 수행하였다. 또한 그 교회에 로마 교황으로부터 받은 영대를 남겨놓았고 그의 육신도 그곳에서 영면(永眠)을 취하고 있다. 폴리누스는 또한 요크에 있는 그의 교회에 제임스라는 부제(副祭)를 남겨두었는데, 그는 남다른 성스러움을 지닌 성직자였다. 그는 그곳에 오랫동안 남아서 가르침과 세례를 통하여 과거의 적들로부터 많은 희생자들을 구해냈다. 그리고 그가 생의 대부분을 보냈던 교구는 케터릭에서 가까운 곳인데, 여전히 그의 이름으로 불린다. 뿐만 아니라 그는 교회음악에 매우 능숙한 사람이었기에 노섬브리아 백성들에게 평화로운 시기가 다시 오고 신자들의 수가 증가하자 로마와 캔트의 방식에 따라 많은 교회음악을 이들에게 가르치기 시작했다. 그는 오랜 기간 동안 훌륭한 일들을 많이 했으며 나이가 들어 그의 선배들이 갔던 길을 따라 하늘로 가게 되었다고 성스러운 기록은 전하고 있다.

제 2권 끝

제 3 권

I

에드윈이 전사하자, 그의 삼촌 앨프릭의 아들인 오스릭이 데이라의 왕권을 계승하였는데, 데이라는 에드윈이 원래 태어난 곳이며 처음으로 통치했던 곳이기도 하다. 오스릭은 폴리누스 주교로부터 그리스도의 믿음의 신비를 배웠다. 한편 에델프리드의 아들, 에안프리드 또한 버니치아 왕권을 계승하였는데, 그 또한 왕족의 자손이기 때문이었다. 노섬브리아는 처음대로 이들 두 종족으로 나뉘게 되었다. 에드윈이 왕으로 있을 때, 에안프리드, 즉 에델프리드의 아들은 여러 젊은 귀족들과 더불어 추방되어 스코트 종족이나 픽트 종족들 속에서 생활했으며, 그곳에서 스코트 사람들의 가르침 덕분에 그리스도의 믿음을 받아들이고 세례를 받았다. 그들의 적(敵)인 에드윈이 살해되자 이들은 고향으로 돌아왔고, 에안프리드는 버니치아의 왕권을 계승하였다. 왕위에 즉위하자, 이들 두 왕들은 자신들을 하느님의 세계로 이끈 성사(聖事)를 포기하고 과거 우상숭배의 어리석음에 빠졌다. 이로 인하여 왕들은 스스로를 파멸의 길로 이끌었다. 브리튼족의 왕인 카드왈라는 불경한 손으로 즉각 이 두 왕을 살해했는데, 이는 합당한 복수였던 것이다. 그리고 다음 해 여름, 카드왈라는 군대를 이끌고 뮤니세프라는 도시에서 오스릭을 급습하여 그를 비롯한 그의 모든 군대를 궤멸(潰滅)시켰다. 그후 1년 내내 그는 승리한 왕의 노릇을 한 것이 아니라 비극적 살육에 버금갈 정도로 나라를 사납게 파괴하고 난도질하는 독재자로서 노섬브리아를 지배하였다. 결국 에안프리드가 평화와 동맹을 얻어 낼 명분으로 12명의 귀족을 이끌고 저돌적으로 달려들어 독재자를 살해했다. 그 한 해는 불길하고 비참할 수밖에 없었는데, 그 이유는 그리스도의 믿음을 왕들이 저버리고 과거 그들의 우상을 다시 믿었기 때문이며, 또 다른 이유는 브리튼족의 독재자들이 지닌 광기 때문이었다. 이러한 왕들이 지배했던 시기를 평가하는 대부분의 사람들은 믿음이 없었던 이러한 군주들의 기록을 지우고 이 시기를 이들의 후임자이며 하느님의 사랑을 받은 오스왈드의 재위기간에 포함시킨다. 그의 형, 에안프리드가 죽은 후, 신앙의 힘으로 오스왈드는 소규모의 군대를 이끌고 딜스톤이라는 곳으로 진군하여 브리튼족의 사악한 왕과 그가 무적(無敵)이라 자랑했던 괴물 같은 그의 군대를 격퇴하였다.

오스왈드가 군대를 이끌고 진군했던 곳은 지금도 그대로이며 많은 사람들에 의해 숭앙받고 있다. 그곳에 오스왈드는 그리스도의 십자가를 세우고 무릎을 꿇어 그처럼 긴박한 상황에서 그를 믿고 따르는 사람들을 도와준 하느님께 기도를 올렸다. 당시 십자가는 급히 만들어졌으며, 그는 십자가가 세워질 장소에 구덩이를 팠다고 전해진다. 왕의 믿음은 불처럼 강하여 구덩이에 십자가를 세우고, 두 손으로 이를 지탱하자 그의 추종자들이 그 주위에 흙을 쌓아 십자가를 견고하게 세웠다. 십자가가 세워지자 그는 목소리를 높여 주위 모든 사람들에게 다음과 같이 말했다.

"자, 우리 모두 무릎을 꿇고, 교만하고 미개한 적들로부터 자비로 우리를 구해달라고 살아계시며 진실하고 전능하신 주님께 기도를 올립시다. 그분은 우리가 우리 백성의 평안을 위해 정당하게 싸운다는 사실을 알고 계십니다."

그의 명령대로 모든 사람들은 행동하였다. 새벽 동이 트자, 그는 적의 진영을 향하여 진군하였으며, 신앙심 덕분에 적들을 물리치고 승리를 거두었다. 그후 그들이 기도했던 그 장소에서 많은 놀라운 일과 치유의 기적이 왕의 신앙심의 징표로서 일어났다. 오늘날에도 많은 사람들이 여전히 그 성스러운 십자가에서 나무 조각을 떼어가 물에 넣어서 병을 앓는 사람들이나 가축에게 그 물을 뿌리거나 마시도록 하면 이내 이들의 병이 치유되고 있다. 그 장소는 잉글랜드어로 헤븐필드라 불렸다. 미래에 일어날 경이로운 일들을 예측해주는 장소로서 그렇게 이름지어졌는데, 그 이유는 그곳에 하늘이 내려준 징표가 세워졌고, 그곳에서 하늘이 내려준 승리가 왕에게 주어졌으며, 오늘에 이르러 그곳에서 하늘이 내려준 기적들이 찬양되고 있기 때문이다. 그렇기 때문에 이 성스러운 십자가에서 일어났던 많은 기적들 중 하나를 언급하는 것이 부적합하지는 않을 듯하다. 헥섬에 위치한 교회의 형제들 가운데 하느님의 종이 있었는데, 그의 이름은 보델름이었다. 어느 날 저녁 그가 얼음 위를 부주의하게 걷다가 갑자기 넘어지는 바람에 그의 팔이 심하게 부러지고 말았다. 그로 인하여 그는 심한 고통을 겪었는데, 고통 때문에 그는 자신의 손을 입까지 올릴 수조차 없을 정도였다. 그의 형제들 가운데 한 사람이 그 성스러운 십자가가 있는 곳에 갈 것이라는 이야기를 듣자, 그는 돌아오는 길에 그 소중한 나무의 조각을 자신에게 가져다 줄 것을 요청했다. 아울러 하느님의 은총으로 그 나무가 효험이 있어 자신의 고통을 치유해줄 것이라는 사실을 믿고 있다고 그는 말했다. 그의 부탁대로 그 형제는 그곳에 갔다가 저녁에 집으로 돌아왔다. 두 사람이 식탁에 앉았고 형제는 성스러운 나무에 자란 오래된 조그마한 이끼를 그에게 주었다.

그에게 주어진 선물을 넣을 마땅한 것을 찾지 못한 그는 그것을 자신의 가슴에 밀어 넣었다. 잠자리에 들 때조차도 그것을 다른 곳에 두어야 한다는 것을 잊은 채 가슴에 그대로 두고 말았다. 무엇인지는 모르나 옆구리에 차가운 것이 놓여 있는 느낌이 들어 그는 한밤중에 깨어나 손으로 그것의 정체를 알아보려고 하였다. 그의 팔과 손이 그것을 만지자 언제 골절되어 고통을 겪었냐는 듯이 팔과 손이 온전히 치유되었다.

II

오스왈드 왕은 왕위를 계승하자, 야만족에 대항하여 거둔 승리에서 경험한 그리스도의 믿음과 은총을 그가 통치하는 모든 백성들에게 알리기 위한 열망을 지녔다. 그는 스코틀랜드의 원로들에게 특사를 보냈는데, 이들 원로들 가운데는 그가 추방되었을 때 함께했던 사람도 있었고 이들로부터 그는 세례성사를 받았다. 왕은 이들에게 주교한 사람을 보내줄 것을 간청하였는데, 주교의 가르침과 봉사로 자신이 통치하는 영국 국민들이 하느님의 믿음과 세례의 성사를 받을 수 있기를 원했던 것이다. 그의 간청을 기꺼이 받아들여 이들은 그에게 매우 점잖고 신심이 돈독할 뿐만 아니라 성격이 온화한 아이든[1] 주

1) 아이오나(Iona) 섬 출신의 수도사로서 영국 북부 노섬브리아 왕국 오스왈드 왕의 청을 받아 그곳으로 가서 선교사로 활동하였다. 그는 635년에 감독 안수를 받고 린디스판 섬에 주재하며 육지와 외국에 선교사를 파송하였다. 그가 그곳 말을 배우기까지, 그리스도교를 전파할 때면 왕이 그의 말을 통역까지 할 정도였다. 642년에 오스왈드 왕이 전사하자, 왕의 친척인 오스윈과 오스위오가 노섬브리아를 양분하여 다스렸는데, 오스윈은 오스왈드와 마찬가지로 아이든을 후원하였으므로 그는 선교를 계속할 수 있었다. 아이든은 검소하고 근면한 생활을 하였으며 돈이 생기면 이를 노예석방에 사용하였다. 그가 늙자 왕은 그가 순행하도록 좋은 말과 안장을 하사하였는데, 그때도 그는 이를 팔아 가난한 자들을 구제하고 도보로 전도여행을 계속하였다.

교를 보냈다.[2] 주교가 오자 왕은 그의 소망대로 린디스판에 주교관을 허락해주었다. 그리고 왕은 겸손하고 기쁜 마음으로 모든 점에서 그의 가르침을 따랐고, 열정적으로 자신의 영토에 그리스도의 교회를 건립하였다. 주교가 하느님의 말씀을 가르칠 때, 영어에 익숙하지 않았기 때문에 그를 대신하여 스코틀랜드 언어에 익숙한 왕이 직접 신하들과 원로들을 위해 하느님의 가르침을 통역하는 역할을 수행하는 아름다운 광경이 펼쳐졌다. 당시 많은 사람들이 스코틀랜드에서 브리튼으로 매일 오곤 하였는데, 이들은 열정적으로 그리스도의 믿음을 오스왈드 통치하에 있던 영국 종족들에게 설교하고 가르쳤다. 성직자 계급에 속한 사람들은 그들에게 세례를 베풀었다. 아울러 많은 곳에 교회가 세워졌으며 잉글랜드인들은 그들이 설교하고 가르치는 하느님의 말씀을 열심히 경청하기 위해 모여들었다. 왕은 이들에게 수도원을 세울 수 있는 토지와 재산을 하사하였고, 스코틀랜드 사람들은 젊은이나 나이든 사람 모두에게 수도원의 계율(戒律)을 가르치기도 하였다. 가르침을 주었던 사람들은 수도사들로서, 아이든 주교 자신도 수도사였다. 그 역시 아이오나라는 수도원에서 이곳으로 파견된 사람이었다. 오랜 기간 동안 이 수도원은 스코틀랜드 북부 모든 지역과 픽트족이 살던 지역에 있던 수도원들 가운데 가장 중심에 있으며 권위 있는 곳이었다. 그러나 픽트족은 그 장소를 스코틀랜드의 수도승들에게 넘겨주는데, 그 이유는 이전에 그들의 가르침 덕택에 자신들이 그리스도의 믿음을 받았기 때문이었다.

그의 이런 삶은 많은 사람들에게 감동을 주었다.

2) 뒤이어 주교와 부활절 봉헌에 대한 설명이 EETS 판에는 삭제되어 있다.

III

잉글랜드 국민에게 그리스도의 믿음을 설파한 아이든 주교도 아이오나 섬[3]에 사는 수도사들 소속이었다. 주교 스스로 극도로 절제하고 금욕하는 삶을 지켜나감으로써 인간이 살아가면서 지켜야 할 가르침 가운데 그의 제자들에게 가장 고귀한 선례를 남겼다. 그는 세속적인 것을 추구하거나 바라지도 않았다. 왕이나 부유한 사람들이 그에게 준 세속적인 모든 물건들을 그가 만나는 가난한 사람들에게 기꺼이 나누어 주었다. 도시와 시골 모든 곳을 여행하면서도 특별히 필요한 경우를 제외하고는 말을 타지 않고 걸어서 다녔다. 그가 어디를 가든, 부자나 가난한 사람 그 누구를 만나든, 그는 그들에게 다가갔으며, 그들이 신자가 아닐지라도 초대하여 그리스도의 믿음의 신비를 받아들이도록 하였다. 그들이 신자일 경우에는 믿음을 보다 견고하게 해주었으며 지속적으로 믿음을 가질 수 있도록 격려해주었다. 믿는 이들이 또한 선한 일을 행하고 자선을 베풀 수 있도록 말과 행동을 통하여 그들을 움직였다. 그의 삶은 우리시대의 나태함과는 거리가 멀었는데, 범인(凡人)이건 수도승이건 간에 그를 수행(隨行)했던 모든 사람들은 그들이 어디로 가든 성서 혹은 그 외의 성인의 글을 배우거나 기도를 올려야만 했다. 이것이 그가 매일 하는 일이며 그와 함께하는 모든 사람들 또한 그렇게 하였다. 극히 드문 일이지만

---

3) 성(聖) 콜롬바(Columba)에 의해 아이오나(Iona) 섬에 세워진 스코트의 수도원으로서 깊이 있는 영적 가르침의 본산지가 되었다. 이곳으로부터 켈트계의 선교사들이 브리튼에 복음(福音)의 빛을 전하게 된다. '콜롬바 암자의 섬'이라고도 불린다. 성(聖) 콜롬바의 생애와 업적은 그가 서거(逝去)한 후 60년이 지나 이오나의 대수도원장인 아다만(Adamnan)에 의해 기록된다. 성(聖) 콜롬바는 주후(主後) 597년 6월 7일에 죽었다고 알려지는데, 이는 성(聖) 어거스틴이 잉글랜드에 복음을 전하기 위해 캔트(Kent)에 도착한 해와 일치한다.

왕의 식탁에 초대받을 때면 그는 사제들 가운데 한두 사람과 함께 그곳에 갔고, 조금 먹고 마셨다하면 이내 일어나 그곳을 나와 기도를 올리거나 사제들과 더불어 공부를 하였다. 당시 성스러운 아이든 주교의 본보기로 인하여 남자건 여자건 모든 신자들은 연중 부활절 후 50일간[4]을 제외한 나머지 기간 동안 매주 수요일과 금요일에는 9시까지 금식하는 것을 관례로 삼게 되었다. 아무리 부자라 할지라도 두려움이나 존경심 때문에 잘못을 저지른 경우에도 절대 침묵하는 일이 없었다. 심하게 그들을 질책하고 문제를 바로 잡았다. 그리고 병자에게는 어떠한 돈도 주지 않았으나 대신 그를 방문하는 사람들에게 음식과 환대(歡待)를 베풀었다. 부자가 그에게 준 돈과 선물은 가난한 사람들을 위해 사용되거나, 부당하게 팔려간 사람들을 구해내는 데 건네졌다. 비용을 치러 그가 구해낸 많은 사람들을 제자로 받아들였고, 열정적으로 그들을 가르치고 훈련시켜 성직자로 키우기도 하였다. 사람들의 말에 따르면 오스왈드 왕이 자신의 백성들에게 그리스도의 믿음과 세례를 베풀 수 있는 주교를 스코틀랜드에 요청했을 당시, 성격이 거친 주교 한 사람이 먼저 파견되었다. 한동안 그가 잉글랜드 사람들에게 설교하고 가르쳤으나 그의 가르침이 그들에게 아무런 효력이 없었고 잉글랜드 사람들은 그가 하는 이야기를 듣는 것조차 꺼려하였다. 그 결과 그는 스코틀랜드로 다시 돌아가게 되었고 원로들의 자문회의에서 자신이 파견된 곳의 백성들에게 자신의 가르침이 아무런 도움이 되지 않았노라고 밝히면서 그 이유로서 백성들을 다루기 힘들 뿐만 아니라 그들의 미개한 성격을 탓하였다. 이런 말을 듣고, 원로들은 어떻게 해야 할 것인지에 관하여 오랜 시간 토론과 숙의(熟議)를 거쳤다. 바라는 대로, 그곳 백성이 하느님의 구원을 받

---

4) 부활절에서 오순절(殉節節)에 이르는 시기.

을 수 있기를 그들도 몹시 희망했기 때문에 그들에게 보낸 주교를 거부한 것에 대하여 슬퍼했다. 그때 아이든이 다른 원로 자문관들과 함께 앉아 있었다. 이 이야기를 듣고 난 후 그가 주교에게 다음과 같이 말했다.

"당신이 문맹인 사람들에게 어울리지 않게 매우 어렵게 가르친 것이 아닌가 하는 생각이 듭니다. 그들이 점차적으로 하느님의 말씀을 수용한 다음 완전하며 영광스러운 하느님의 의식을 수용할 때까지 사도의 규율에 따라 그들에게 먼저 우유처럼 부드러운 가르침을 주지 않았던 것 같습니다."

모임의 구성원들이 이 말을 듣자 그들의 눈과 얼굴은 모두 그를 향했고, 그가 한 말을 진중하게 고려하였다. 숙고하는 동안 하느님의 은총에 힘입어 그가 보여준 신중한 태도가 말해주듯이, 그가 그 자리에 적합한 사람으로서 설교자로서 잉글랜드에 파견되어야 한다고 모든 사람들이 판단하였다. 그들은 그렇게 결정했고, 그에게 주교직을 주어 그들의 친구인 오스왈드 왕에게 설교자로서 그를 파견했다. 그가 주교의 지위에 서품되자, 전에 그가 보여준 신중한 성격대로 시간이 지난 후에도 그는 정신적 덕목들로 빛을 발하는 모습을 보여주었다.

IV

아이든 주교 덕택에 오스왈드는 그의 통치하에 있는 잉글랜드인들과 더불어 가르침을 받았으며 그로부터 천국의 희망을 알게 되었다. 뿐만 아니라 이들은 자신의 선조들이 경험해보지 못한 지상의 왕국을 하늘과 땅을 창조하신 하느님으로부터 부여받았다. 4개의 언어로 분할된 브리튼의 종족들, 예를 들어 브리튼족, 픽트족, 스코트족 그리고 앵글족 모두가 그의 지배 아래 놓였다. 그가 지배하는 지상의 왕국이 광대해짐에 따라 의기양양해졌으나, 그럼에도 불구하고 말로 표현하기가 놀라울 정도로 그는 가난한 사람들과 낯선 사람들에게 겸손하고, 도움을 줄 뿐만 아니라 개방적이었다. 한번은 성스러운 부활절 날 아침식사에 앞서 언급한 아이든 주교와 왕이 함께 앉게 되었다. 식탁 위 커다란 은 접시에는 왕이 먹는 진귀한 음식들로 가득 차 있었다. 주교가 빵을 들고 축복을 하고 그것을 왕에게 주었다. 그러자 갑자기 가난한 사람들을 감독할 책임을 맡고 있는 왕의 신하들 가운데 하나가 안으로 들어와, 거리가 온통 적선(積善)을 바라는 이들로 가득 차 있을 정도라고, 사방에서 가난한 사람들이 큰 무리를 지어 모여들었다고 왕에게 고(告)하였다. 그러자 왕은 즉시 자신 앞에 놓여 있던 고기와 음식을 가난한 사람들에게 가져다줄 것을 명했을 뿐만 아니라 음식을 조각내어 그들에게 나누어주도록 하였다. 옆에 앉아 이 광경을 지켜본 주교는 신앙심 깊은 왕의 행동에 흡족해 하며 왕의 오른손을 잡고 입맞추며 다음과 같이 말하였다.

"이 손이 결코 늙지 않기를 바라옵니다."

이 일은 또한 주교의 축복 속에서 바라는 대로 이루어졌다. 왜냐하면 후에 전쟁에서 왕이 전사하자, 가난한 자들이 그의 시신에서 두 팔을 잘라내는 일이 벌어졌고, 그 두 팔은 썩지 않고 지금까지 보존되고 있기 때문이다. 두 팔을 주교가 밤보로[5]라는 황도(皇都)로 가져와서 은으로 만든 상자에 넣었고 지금까지도 정중히 보관되고 있다. 노섬브리아의 두 지역인 데이라와 버니치아는 한때 서로가 나뉘어져 반목(反目)하였으나, 왕의 노력으로 두 지역은 하나의 땅과 하나의 백성으로 화합되었다. 오스왈드는 고귀한 에드윈 왕의 조카, 즉 왕의 누이의 아들이었다. 그처럼 훌륭한 전임자가 그의 경건함과 영

---

5) 현재는 밤보로(Bamburgh)라고 쓴다. 잉글랜드 노섬버랜드 해안의 트위드 위쪽 옛 베릭 주에 위치한 큰 마을이다. 밤보로 캐슬이 유명하며, 노섬브리아의 왕들 또한 유명하다.

토를 이어받을 그러한 후계자를 자신의 혈족에서 얻을 수 있었던 것은 너무나 마땅한 것이었다.

V

당시 시네겔스 왕과 더불어 서부 색슨족 사람들은 그리스도의 믿음을 받아들였다. 교황 오노리우스의 권유에 따라 브리튼에 온 비리누스 주교[6]가 그들에게 하느님의 말씀을 설파하였다. 주교는 교황에게 하느님의 가르침이 지금까지 뿌리내린 적이 없는 잉글랜드의 가장 외지에 성스러운 믿음의 씨앗을 뿌리겠다고 약속하였다. 교황은 그를 주교로 서위하여 브리튼으로 파견하였다. 먼저 웨섹스에 처음 발을 내린 그는 그곳 사람들이 이교도라는 사실을 알게 되었을 때, 브리튼으로 더 여행하는 것보다 그곳에서 하느님의 말씀을 가르치고 설교하는 것이 보다 유익하고 좋을 것이라 생각하였다. 그는 그렇게 실행하였다. 그는 하느님의 말씀을 그곳에서 가르쳤고 왕을 그리스도의 믿음으로 이끌었으며, 왕에게 교리를 가르쳤을 뿐만 아니라 후에 왕과 왕의 백성들인 서부 색슨족 사람들에게 세례를 베풀었다. 왕이 세례를 받는 자리에 덕망 높은 승리의 왕 노섬브리아의 오스왈드도 참석하였다. 그는 자신의 딸을 시네겔스와 혼약을 맺게 했고, 주교의 손에 의해 신성한 의식이 치러진 후 그는 또한 세례반(洗禮盤)을 앞에 두고 시네겔스를 자신의 대자(代子)로 맞아들였다. 그 뒤로 두 왕은

---

6) '웨섹스의 사도' 성 비리누스(비리노)는 교황 오노리우스 1세(Honorius I)의 명에 따라 잉글랜드(England) 내륙지방에 하느님의 말씀을 전하려고 로마(Rome)에서 온 주교였는데, 뜻밖에도 웨섹스(Wessex) 사람들을 발견하고부터는 이들을 위하여 일하려고 결심하였다. 그는 634년에 브리튼으로 가서 선교하던 중 웨섹스 왕에게 세례를 주었고, 왕이 하사한 템스(Thames)의 도체스터에 주교좌를 세웠다. 성 비다〔Beda, 비드(Bede)의 다른 이름〕에 의하면 그는 독일계 주교이다.

뜻을 같이하여 주교를 위해 도체스터[7]에 주교좌와 함께 주교의 거처를 마련해주었다. 주교는 그곳에서 하느님의 뜻에 따라 살며 교회를 세워 하느님께 봉헌하였다. 그의 신성한 노력 덕분에 많은 사람들이 그리스도를 믿게 되었다. 또한 그는 그곳에서 생애를 마감했고, 죽은 뒤 그 도시에 묻혔다. 수년이 흐른 뒤, 헤이디 주교[8]의 지시로 그의 시신은 윈체스터[9]로 옮겨져 신의 축복 가득한 사도 베드로와 바울의 교회에 명예로이 안장되었다. 시네겔스 왕이 죽은 후, 그의 아들 캔왈흐가 왕권을 계승하였다. 그는 하느님의 믿음과 성사를 받아들이려 하지 않았고 얼마 되지 않아 왕권을 잃게 되었다. 전에 결혼한 아내, 즉 펜다의 여동생을 내치고 새로운 아내를 얻기도 하였다. 그러자 펜다는 군대를 이끌고 와서 그의 왕권을 박탈하였다. 그런 뒤, 아나라는 동부 앵글족의 왕에게 피신하여 그곳에서 3년간 추방생활을 하다가 그리스도의 믿음을 받아들이고 세례를 받았다. 그가 추방되어 살던 곳의 왕은 후에 언급되겠지만 선하고 성스러운 자손의 축복을 받은 훌륭한 인물이었다. 캔왈흐가 왕권을 회복하자, 에겔베르흐트라

---

7) 잉글랜드 도셋(Dorset) 주의 주도(州都).

8) 헤이디는 주후(主後) 676년부터 703년(혹은 705년)에 걸쳐 주교를 역임했다. 윈체스터(Winchester)에 있는 원래 교회는 캔왈흐(Coenwalh)에 의해 건축되었으며 648년에 봉헌되었다.

9) 잉글랜드 햄프셔(Hampshire)의 주도. 포츠머스 북동쪽 34㎞ 지점에 위치한다. 에식스의 옛 수도였으며, 앨프레드 대왕, 크누트 왕, 윌리엄 정복왕 등의 도읍이 있던 역사적으로 유명한 고도(古都)이다. 로마군들이 주둔한 군사요새는 라틴어로 'castra'라 했는데, 이것이 고대영어 'ceaster'로 정착한다. 이 단어는 뜻과 함께 영어에서 사라지고 지명 끝에만 남게 된다. 즉, 현대 영국지명에서 끝에 '-chester'가 들어 있는 곳은 과거 로마군 점령시 성곽도시였음을 알 수 있다. 고대지명 Mamucium이 현대지명 Manchester(맨체스터)로, Wentaceaster가 Winchester(윈체스터)로, Durnoceaster가 Dorchester(도체스터)로 변하게 된다.

는 주교가 아일랜드에서 웨섹스로 오게 되었다. 주교는 갈리아 출신이지만 성서를 공부하기 위해 아일랜드에 오랜 기간 동안 살았다. 그의 가르침과 열정을 알게 된 왕은 자신의 백성들과 함께하면서 그들의 주교가 되어 줄 것을 간청하였으며, 그에게 지위에 걸맞은 주교좌(主教座)를 주겠다는 약속 또한 해주었다. 왕의 요청을 그가 받아들였고 그후 수년 동안 주교로서 백성들을 감독하였다. 오직 색슨 언어만을 알던 왕은 결국 주교가 하는 낯선 언어에 지쳐, 웨섹스로 자신들의 언어를 할 줄 아는 위네라는 주교를 초청하게 된다. 그 주교는 갈리아에서 주교로 서위된 사람이었다. 왕은 웨섹스를 2개의 주교관구로 나누어, 위네에게는 윈체스터 주교좌를 부여하였다. 그러자 에겔베르흐트는 분노했는데, 그 이유는 왕이 그의 생각을 물어보지도 않고 행동했기 때문이었다. 그는 브리튼을 떠나 자신의 고향인 갈리아로 돌아가고 말았다. 그곳에서 그는 파리라는 도시의 주교가 되었다. 에겔베르흐트가 브리튼을 떠나고 몇 년 후, 위네는 같은 왕에 의해 주교좌에서 쫓겨나고 말았다. 그후 그는 머시아의 왕 울프헤레에게로 가서 왕으로부터 런던의 주교좌를 돈으로 샀으며 죽는 날까지 주교로서 일하였다. 이로 인하여 웨섹스는 오랜 기간 동안 주교가 없는 상태였다. 또한 웨섹스의 왕은 적들로 인하여 자신의 통치권에 심각한 타격을 입곤 하였다. 왕은 믿음이 없다는 이유로 추방되었으며 그리스도의 믿음을 받아들임으로써 왕권을 회복했다는 사실을 왕은 떠올렸다. 아울러 자신의 왜곡(歪曲)된 행동으로 자신의 영토에 주교가 없어서 신의 보호를 받지 못한다고 생각했다. 이윽고 왕은 골(갈리아)에 있는 에겔베르흐트 주교에게 특사를 보내어 자신의 백성을 위해 그가 다시 주교좌로 돌아와 줄 것을 겸허하게 탄원하고 간청하였다. 그러나 주교는 자신이 사는 도시에 이미 주교로 서품되어 있기 때문에 갈 수 없다고 구실을 내세웠다. 그의 도움을 요청하는 왕의 간곡한 기도 때문에, 주교는 그에게 자신의 조카인 사제 레우테리우스를 보냈다. 레우테리우스의 덕망 있는 삶에 비추어 보아 주교의 자리에 걸맞은 인물이라는 것을 알고 있기 때문에 왕이 원하기만 한다면 그를 주교로 서위할 것이라고 에겔베르흐트는 말하였다. 그는 즉시 왕과 그의 백성들의 영접을 받았다. 아울러 이들은 당시 캔터베리 교회의 대주교였던 테오도르에게 그를 주교로 서품해줄 것을 요청하였다. 대주교는 그를 그 도시의 주교로 서품해주었다. 그후 그는 유일한 주교로서 전(前) 교구의 재가(裁可)를 얻어 수년 동안 상당한 권위를 가지고서 웨섹스의 주교직을 유지하고 수행하였다.[10)]

VI

주후(主後) 640년에 캔터베리의 왕인 에드볼드가 세상을 떠났고, 뒤를 이어 그의 아들 에르콘베르트가 왕권을 계승하여 24년하고 몇 달 동안 훌륭하게 나라를 통치하였다. 영국의 왕들 가운데 그가 처음으로 우상들을 모든 지역에서 무너뜨리고 완전히 폐기할 것을 명하였다. 아울러 하늘의 형벌을 두려워한 나머지 부활절 전 40일 동안 금식이 지켜지도록 명령하기도 하였다. 왕의 딸, 에르콘고트 역시 훌륭한 혈통에 어울릴 정도로 많은 덕망을 지니고 있었다. 그녀는 프랑스 브리라는 곳에 파라라는 여대수녀원장이 세운 수녀원에서 주님의 종으로 일했다. 당시 영국에는 거의 수도원이 없었기 때문에 많은 사람

---

10) 켈트 교회는 주교의 교구(敎區) 중심으로 구성되지 않고 종족(種族)과 수도원 중심으로 이루어진다. 수도원의 대수도원장은 관할지역의 전반적인 교회 권한을 행사하며, 수도원 구성의 일원인 주교는 대수도원장의 요청에 의해 교회 감독임무를 지니게 된다. 대수도원장 자신은 성(聖) 콜롬바의 경우에서 알 수 있듯이 반드시 주교의 직분을 맡을 필요가 없으며 성직안수(聖職按手)와 같은 감독기능을 행사하지 않았다. 로마 교구의 전통을 지지(支持)하는 비드는 이러한 켈트 교회의 전통에 비판적 견해를 지닌다.

들이 영국을 떠나 프랑스나 갈리아에 있는 수도원으로 가서 그곳에서 수도생활을 하였다. 왕들과 부유한 사람들은 자신들의 딸을 그곳으로 보냈으며 그들은 그곳에서 교육받고 수녀가 되었다. 특히 이러한 수도원들 가운데 브리, 칼레, 그리고 엔델리를 들 수 있다. 이들 가운데는 새드리드가 있었는데, 그녀는 동부 앵글족의 왕 아나의 부인의 딸이며 에델베르그 왕의 친딸이기도 하였다. 에르콘고트와 새드리드 두 사람은 그곳에서는 이방인이었으나 그들이 보여준 덕망 있는 삶 때문에 두 사람 모두 브리에 있는 수도원의 대수녀원장의 자리에까지 오르게 되었다. 왕의 장녀인 새부르그는 캔터베리 왕인 에르콘베르트의 부인으로 그녀에게는 에르콘고트라는 딸이 하나 있었는데, 그 딸에 관하여 지금부터 말할까 한다. 이곳에 거주했던 사람들은 오늘날까지도 덕망 있는 많은 일들과 기적의 징표들이 하느님께 바쳐진 이 동정녀(童貞女)에 의해 이루어지고 있다고 말하곤 한다. 그러나 지금 우리는 그녀의 죽음과 더불어 그녀가 하늘나라로 승천(昇天)한 방법과 관련하여 몇 가지를 신속하게 살펴보려 한다. 이승에서 하느님의 부름을 받는 날이 다가오자, 에르콘고트는 수도원에 있는 병약한 그리스도의 종들이 사는 숙소를 돌아보기 시작하였는데, 특히 그들은 나이가 많을 뿐더러 행실이 훌륭하고 남다른 사람들이었다. 그녀는 그들 모두에게 겸손하게 기도를 요청했으며 신의 계시를 통해서 자신이 마지막으로 이승을 떠날 날이 가까이 왔다는 사실을 알게 되었다고 그들에게 말하였다. 그들에게 그녀가 말한 계시는 이러했다. 그녀는 하얀 아름다운 옷을 입은 큰 무리의 남자들이 수도원에 들어오는 것을 보았으며, 이에 그녀가 무엇을 찾으며, 원하는 것이 무엇이냐고 물었다. 그러자 그들은 캔트에서 이곳으로 온 황금 동전을 가져가기 위해 이곳에 왔다고 대답했다. 같은 날 마지막 시간, 즉 동이 트기 시작할 때, 그녀는 이승의 어두움을 지나 하늘 왕국의 빛으로 들어갔다. 수도원의 다른 곳에서 자고 있던 많은 동료들도 천사들의 노래를 분명히 들었을 뿐만 아니라 많은 무리의 사람들이 수도원으로 들어오는 소리도 들었다고 말하였다. 그들은 곧장 밖으로 나가 무슨 일인지 알아보려고 했다. 그때 그들은 하늘에서 큰 광채(光彩)가 다가오는 것을 보았다. 이 빛이 육신의 속박에서 성스러운 영혼을 벗어나게 하여 그 영혼을 기쁨이 영원한 천국의 세계로 이끌어 갔다. 이 외에도 그들은 다른 경이로운 일들에 대해 말했는데, 이것들은 바로 그 수도원에서 일어난 신성한 것들로서 그 이야기들이 너무 길어 지금 말할 수 없을 것 같다. 그리스도의 신부이며 존경받아 마땅한 그 동정녀는 최초의 순교자로서 축복받은 스테판 성인의 교회에 묻혔다. 그녀가 묻힌 뒤 사흘 후 동료들은 보다 높고 적당한 위치에 무덤을 덮고 있는 돌을 놓아 둘 생각을 했다. 돌을 제거하자, 무덤에서 나오는 향(香)이 얼마나 달콤했는지, 그 곁에 서 있던 모든 사람들에게 마치 세상에서 가장 값비싸고 달콤한 향신료와 향유(香油)로 가득한 창고가 열리는 듯하였다. 그녀의 숙모(叔母)인 에델베르그 또한 하느님의 사랑을 받은 인물로서 금욕적인 삶과 함께 순수함과 동정(童貞)의 영광을 유지했다. 그녀의 덕망은 그녀가 죽은 뒤 완전히 알려졌다. 대수녀원장 시절 그녀는 성 사도들을 기념하기 위해 수녀원에 교회를 세우기 시작했으며, 그녀 역시 그곳에 묻히기를 소망했다. 교회가 절반 정도 세워졌을 때, 그녀는 죽음을 맞이했고, 소망대로 교회 한 부분에 묻혔다. 그녀가 죽은 후, 그녀의 동료들은 다른 일들에 더 신경을 쓰는 바람에 7년 동안이나 교회건립을 소홀하였다. 그들은 7년이 되는 마지막 해에 막대한 노동력을 필요로 한다는 이유를 들어 마침내 교회건립을 포기하기로 결정하였다. 대수녀원장의 유골을 그 장소에서 파내어서 이미 완성되어 봉헌된 다른 교회에 이장하였다. 그때 그들이 그녀가 묻힌 무덤을 열자, 생전에 육체적 욕망으로 타락하거나 더럽혀지지 않고 순수했던 것처럼 그녀의 육신은 썩지 않고 온전하였다. 그들은 그녀의 육신을 새롭게 씻어 새 수의(囚衣)로 싼 뒤, 축복받은 순교자이신 스테판 성인 교회에 안장하였다. 지금도 7월 15일이면 바로 그 장소에서 대수녀원장을 기리는 축제가 성대하게 열리고 있다.

VII

앞서 말했듯이 브리튼족의 왕이 보여준 야만적 불충과 잉글랜드 왕들에 의한 그리스도의 믿음에 대한 배교로 점철(點綴)되었던 오욕의 세월을 포함하면, 그리스도의 가르침을 가장 잘 따른 노섬브리아의 국왕 오스왈드는 9년을 통치하였다. 이 기간이 지난 후, 오스왈드는 살해당했다. 오스왈드의 전임자인 에드윈을 죽인 머시아의 이교도 왕과 그 백성들에 의해 자행된 잔혹한 대전쟁중 마세르필드라는 곳에서 오스왈드는 전사하였다. 8월 5일 그가 살해당할 당시 오스왈드의 나이는 36세였다. 하느님에 대하여 왕이 보여준 믿음과 헌신은 그가 죽은 뒤 기적적인 일들을 통하여 증명되었다. 그의 백성들과 함께 영토를 지켜내기 위해 그가 싸웠고 살해당한 장소에서는 지금도, 병을 앓는 사람들과 동물들이 놀랍게 치유되고 있다. 그의 육체가 떨어진 장소의 흙을 많은 사람들이 가져다가 물에 넣은 후 그 물을 병을 앓는 사람이나 동물들에게 마시게 하면 이내 이들의 병이 치유되는 일이 일어나곤 하였다. 이러한 현상은 빈번하게 꾸준히 일어났고, 사람들이 흙을 떠가곤 하여 그곳에는 사람 목에 이를 정도의 깊이로 구덩이가 패였다. 살아있을 때 가난하고 병든 사람들을 보살피고 고통을 겪는 그들을 도왔을 뿐만 아니라 그들에게 시혜(施惠)를 베풀었던 사실을 감안할 때, 그가 죽은 장소에서 병을 앓는 사람들이 치유되는 것이 그리 놀라운 일이 아니다. 기적적이며 경이로운 많은 일들이 그 장소에서 그리고 그 장소에서 퍼간 흙을 통해서 이루어졌다고 사람들은 말한다. 그와 관련한 두세 가지 이야기를 더 듣는 것으로 충분할 듯하다. 왕이 전사한 지 얼마 되지 않아 한 사람이 말을 타고 그 장소를 지나게 되었다. 갑자기 그의 말이 피로를 느끼더니 가만히 멈춰 서서 머리가 땅바닥을 향해 처졌고, 이내 입에서 거품이 나오기 시작했으며 심한 고통과 함께 땅바닥에 쓰러지고 말았다. 그는 말에서 내려 고삐를 푼 뒤 말의 상태가 좋아지든지 혹은 죽은 말을 버리고 가야 할지 고민하며 그곳에서 한참을 기다렸다. 오랫동안 심한 고통을 겪던 말이 사방으로 뒹굴다가 앞서 언급한 왕이 전사한 그곳으로 오게 되었다. 말의 고통은 금방 치유되었고 고통에 겨워 뒤틀리던 사지(四肢)는 멈추었으며, 피로를 회복한 말이 일상적으로 그러하듯이 이리저리로 몸을 구르다가 건강하고 온전한 상태로 다시 일어나 게걸스럽게 풀을 뜯기 시작하였다. 이 광경을 보자, 그는 자신의 말이 신속하게 치유된 그 장소에 어떤 놀랍고도 신성한 무언가가 있다는 사실을 깨닫게 되었다. 그는 그곳에 표지를 세워 그 장소를 눈에 띄게 해 둔 뒤 말을 타고 가던 길을 갔다. 그는 자신이 방문하고자 했던 사람에게 가게 되었고, 그 집 주인의 조카딸이 그곳에 있다는 사실을 알게 되었다. 그녀는 중풍으로 오랜 세월동안 고생하고 있었다. 그 집 안사람들이 그 앞에서 여자가 앓는 치명적인 병에 대하여 슬퍼하자, 그는 이들에게 자신의 말이 치유되었던 그 장소에 대하여 말하였다. 그러자 그들은 즉시 마차를 준비하여 그녀를 태우고 그곳으로 데려가 그 장소에 내려놓았다. 그곳에 내려놓자 그녀는 피로를 느끼다가 잠시 동안 잠이 들고 말았다. 깨어나자 그녀는 자신이 육체적으로 앓던 병이 치유되었다는 것을 느꼈고 물을 원했으며, 물로 자신의 머리를 씻은 뒤 천을 몸에 두르고 온전하고 건강하게 그곳으로 자신을 데려간 사람들과 함께 걸어서 집으로 돌아왔다.

VIII

당시 브리튼 태생의 한 사람 역시 그곳을 지나게 되었다고 한다. 앞서 말한 전투가 벌어졌던 그곳을 지나가게 되었다. 그는 그곳에서 다른 곳에 비하여 더 푸르고 밝게 빛을 발하는 한 장소를 보게 되었다. 현명한 사람이었는지라 다른 병사들보다 성스러운 어떤 사람이 죽었기 때문에 그 장소가 푸르고 밝은 빛을 발한다고 그는 추측하였다. 그곳에서 그는 흙덩이를 조금 떼어냈고, 그 흙이 약이 되어서 병자를 치유해줄 수 있을 것이라는 생각으로 자신의 옷에 넣어두었다. 그런 뒤 그는 다시 가던 길을 계속 갔다. 저녁 무렵 어떤 집에 도착하여 안으로 들어섰고, 그는 그곳에서 마을사람들이 모여 만찬을 벌이는 것을 보았다. 그는 집 주인의 접대를 받았고, 그 안에 있던 사람들은 그에게 자리를 안내해주었고 그는 그들과 만찬을 함께하였다. 흙이 들어 있는 외투를 그는 집 벽 지주(支柱)들 가운데 하나에 걸어두었다. 그리고 집 안 가운데에서 큰 불이 일어났다. 한참 동안 만찬을 즐겼던 사람들은 모두 술에 취해 있었으며 불똥이 짚과 막대기로 엮어 만들어 놓은 지붕 위로 날아가서 순식간에 집 전체가 불길에 휩싸여 타기 시작했다. 손님들이 이 광경을 보고 겁에 질려 도망치는 바람에 타는 집을 두고 어떻게 할 방도가 없었다. 집은 완전히 불타버렸으나, 외투가 걸려 있던 지주 하나만은 불에 타지 않고 온전하게 그 자리에 그대로 있었다. 이를 보고 모든 사람들이 놀라워하며 그 이유에 대하여 신중하게 물었다. 그는 오스왈드 왕의 피가 떨어진 그 장소에서 가져온 흙을 그들에게 보여주었다. 이러한 놀라운 일들은 멀리 그리고 널리 퍼져나갔으며 사람들 사이에 칭송되었다. 매일 많은 사람들이 그곳을 찾았고, 그곳에서 그들뿐만 아니라 그들의 친구들이 치유의 은총을 받기 시작하였다.

IX

이러한 것을 말함에서, 오스왈드 왕의 유골을 찾아 교회로 가져와 그곳에 안장(安葬)하는 과정에서 나타난 하늘의 기적과 경이로운 일을 간과할 수는 없다. 이 일은 머시아의 왕비, 오스스리드의 열망에 의하여 행해졌다. 그녀는 오스왈드의 동생, 즉 그의 뒤를 이어 노섬브리아의 왕권을 계승한 오스위오의 딸이었다. 그녀와 그녀의 남편 에델레드가 사랑하고 매우 소중하게 여겼던 바드니라는 훌륭한 수도원이 린지에 있었다. 그녀는 이곳에 존경하는 삼촌의 유골을 보관하고 싶었다. 그의 유해(遺骸)를 실은 마차가 앞서 언급한 그 수도원에 도착하자, 수도원의 구성원들은 유골을 받아들이는 것을 탐탁하게 여기지 않았다. 그가 성인이라는 사실을 알고는 있으나, 그가 이 나라 출신이 아닐 뿐더러 한때 자신들을 지배하기까지 했기 때문에 과거의 적대감으로 그들은 심지어 고인이 된 그를 박해하였던 것이다. 그 때문에 그의 유골 위에 천막만 씌운 채로 밤을 밖에서 보내게 되었다. 그러나 그의 유골이 믿는 모든 사람들에 의해 공손히 모셔져야 한다는 것을 하늘의 기적은 보여주었다. 밤새도록 밝은 빛을 발하는 태양빛이 마차에서 하늘로 높게 솟았는데, 이는 린지의 거의 모든 지역에서 환하게 볼 수 있을 정도였다. 동이 트자, 전에 유골을 거부했던 수도원의 형제들은 하느님의 눈에도 성스러운 그 유해가 그곳에 안치될 수 있기를 진정으로 바랐다. 유골을 씻은 뒤 관에 넣어 그에 합당한 예를 갖추어 교회에 안치하였다. 이렇게 하여 왕이요 성인인 오스왈드는 영원히 기억될 수 있게 되었고, 금색과 자주색으로 장식된 그의 휘장(徽章)이 그의 관 위에 놓이게 되었다. 아울러 그의 유골을 씻은 물은 교회 한구석에 뿌려졌다. 그때부터 성스러운 물이 떨어진 땅은 병자와 악귀가 들린 사람들을 치유하는 효력을 지니게 되었다. 앞서 언급한 왕비가 훗날 그 수도원에 머물게 되었는데, 그곳에서 그녀는 덕망 있는 대수녀원장 에델힐드의 방문을 받게 되었다. 에델힐드는 성인 에델위너와 올드윈의 여동생이었다. 그 중 한 사람은 린지의 주교였으며, 또 한 사람은 대수녀원장의 수도원에서 멀지 않는 곳에 위치한 파테니라는 수도원의 대수도원장이었다. 한번은 수녀원장이 왕비를 방문하여 여러 가지 이야기를 하던 도중 오스왈드에 대하여 이야기를 나누게 되었다. 대수녀원장은 밤에 그의 유골에서 하늘에 이르는 빛을 보았다고 말하였다. 왕비 또한 왕의 유골을 씻은 물이 떨어진 땅의 흙이 많은 병든 사람들을 치유해주었다고 말했다. 그러자 수녀원장은 병을 치유해주는 흙의 일부를 달라고 왕비에게 요청했다. 왕비에게 흙을 받은 수녀원장은 천으로 흙을 싸서 상자에 넣은 뒤 그것을 가지고 수도원으로 돌아왔다. 얼마 지나지 않아 낯선 사람 하나가 그곳에 왔는데, 그는 밤마다 몸속으로 갑작스럽게 들어온 악귀로 심하게 고통을 겪곤 하였다. 그는 친절한 대접을 받았으며, 저녁식사 후 휴식을 취했다. 그러자 갑자기 악마가 그를 공격하였고 그는 소리를 지르며 이를 갈기 시작했으며 입에서는 거품이 나오고 사지(四肢)를 비틀어가며 온갖 동작으로 움직이기 시작했다. 누구도 그를 제어할 수 없자, 그를 보살피던 한 사람이 대수녀원장에게 이 사실을 알렸다. 즉시 수도원 문을 열고, 대수녀원장은 자신을 보좌하는 다른 한 여인과 함께 남자들의 숙소가 있는 곳으로 가서 병자가 있는 곳으로 함께 갈 신부(神父)를 불러냈다. 그곳에 도착하자 그의 광기를 진정시키기 위해 많은 사람들이 함께 있는 것이 보였다. 병자에게 깃든 악귀를 물리치기 위하여 노래를 부르고 무엇인가를 암송하였다. 신부는 그가 아는 모든 방법을 다 동원해보았으나 아무 소용이 없었다. 어느 누구도 그를 도울 수 있는 방법을 찾지 못하고 있을 때, 대수녀원장은 갑자기 앞서 말했던 그 흙이 생각났고, 즉시 자신을 수행한 사람에게 흙이 들어 있는 상자를 가져오라고 명하였다.

상자를 들고 악귀에 사로잡힌 사람이 고통을 받고 있는 집 거실로 들어가자, 그는 갑자기 입을 다물고, 마치 잠을 자려는 듯 사지를 편하게 한 채 머리를 아래로 떨어뜨렸다. 그러자 모든 사람들은 침묵하며 두려움 속에서 결과를 기다렸다. 잠시 후, 그가 일어나서 무겁게 한숨을 내쉬며 다음과 같이 말하였다.

"이제 저는 제 정신이 들었고 의식을 회복했습니다."

어떻게 된 것인지 그들은 그에게 물었고, 이에 그는 다음과 같이 답변하였다.

"한 여인이 상자를 들고 거실에 가까이 오자, 내 몸에 들어와 나를 괴롭혔던 모든 악귀들이 내 몸에서 빠져나가 더 이상 나타나지 않았습니다."

그러자 대수녀원장은 그에게 흙의 일부를 건네주었고, 신부는 그를 위해 악귀를 쫓기 위하여 무엇인가를 암송하고 기도를 올렸다. 그리고 그날 밤새도록 그는 정상적이었고 온전하였다. 그때 이후로 악귀는 더 이상 그를 찾아와서 공포와 고통을 주지 못하였다.

X

이런 일이 있고 얼마 후에 베아르단 수도원에 한 소년이 만성(慢性) 열병으로 심하게 앓고 있었다. 어느 날 두려움 속에서 병의 엄습을 기다리고 있을 때, 수도원 형제 가운데 한 사람이 그에게 와서 말했다.

"얘야, 고통스러운 병에서 어떻게 하면 벗어날 수 있는지를 알고 있지 않느냐? 일어나 교회에 가서 성스러운 오스왈드의 시신 옆에 가만히 앉아 있어라. 그리고 병이 떠날 때까지 그곳을 떠나서는 안 된단다. 그러면 내가 너에게 가서 너를 집으로 데려오마."

소년은 시키는 대로 했고, 성인(聖人)의 시신 옆에 앉았다. 병은 그날 더 이상 그에게 나타나지 않았고, 무엇인가 두려운 듯이 병이 달아나듯 사라졌는데, 다음 날, 셋째 날 그리고 그 이후에도 병이 그를 감히 공격하지 못하였다. 그곳에서 온 비다라는 한 형제가 그런 일이 있었다며 나에게 말해주었다. 게다가 소년 시절 치유의 기적을 경험한 그 형제가 아직도 수도원에 살고 있다고 그는 나에게 말해주었다. 오스왈드 왕이 지상의 왕국을 통치할 당시 영원한 왕국을 위해 하느님께 부지런히 기도하고 하느님을 위해 일해 온 사실을 감안해볼 때, 지금 주님과 함께 있는 왕의 기도가 효력을 발휘한다는 것은 놀랄 만한 일이 아니었다. 그의 기도는 새벽부터 날이 훤히 샐 때까지 지속되곤 하였다고, 그를 아는 사람들은 말하였다. 끊임없는 그의 기도 습관 때문에, 앉기만 하면 그는 습관적으로 손바닥을 위로 한 채 두 손을 무릎에 두고 하느님의 자비에 감사를 드리곤 하였다. 그의 그런 행동은 길거리든 어디서든 관계없이 반복되었다. 기도를 하다가 그가 죽었다는 세간(世間)의 말도 있다. 무장한 적군에게 둘러싸여 죽음을 직감한 그가 자신의 병사들을 위해 기도를 올렸다고 전한다. 사람들의 말로는 그가 다음과 같이 기도를 올렸다고 한다. '주님이시여, 우리 백성들의 영혼에 자비를 내려주소서.' 죽음을 맞이하면서도 성스러운 오스왈드 왕은 이렇게 기도를 올렸다고 전한다. 그의 유골은 앞서 언급한 베아르단 수도원으로 이장(移葬)되었다. 오스왈드를 죽인 왕은 그의 목과 그의 몸에서 잘라낸 두 팔을 말뚝에 걸도록 명하였다. 그리고 나서 1년 후, 왕권을 계승한 동생 오스위오가 군대를 이끌고 그곳에 와서 왕의 팔과 목을 가져가게 되었다. 그리고 그의 머리를 린디스판[11]로 가져와 그곳의 교회에 안치하였고,[12] 그

---

11) Lindisfarne 혹은 Lindesfarne로 쓰기도 한다. 잉글랜드 동북 해안에서 약간 떨어져 있으며 길로 연결된 섬이다. Holy Island(홀리 아일랜드)라는 별칭도 있다.

의 손과 팔은 황도인 밤보로에 보존시켰다.

XI

그 훌륭한 왕의 명성은 브리튼 전역으로 퍼졌을 뿐만 아니라 그와 관련된 기적들은 남부 바다를 건너 독일, 그리고 아일랜드 지역과 스코트의 섬들에까지 퍼지게 되었다. 덕망 있는 아카[13] 주교가 로마로 가는 길에 프리즈랜드 사람들의 주교인 윌브로드와 함께 머물 기회가 있었는데, 그때 윌브로드가 오스왈드 왕의 유해(遺骸)와 관련하여 그 나라에서 일어났던 놀라운 일들에 관하여 여러 차례 말하는 것을 듣곤 했다고 아카 주교는 말하곤 하였다. 아카 주교의 말에 의하면 하늘의 왕국을 사랑하여 낯선 나라인 아일랜드에서 사제(司祭)로 있을 당시 그 성인(聖人)의 명성이 멀리 그 나라에서도 회자(膾炙)되는 것을 종종 듣곤 하였다고 한다. 여러 가지 것들 중에서 그가 언급했던 한 가지 경이로운 일에 대하여 지금부터 말할까 한다. 그 사람의 이야기에 따르면 브리튼과 아일랜드를 황폐화시키고 많은 사람들의 목숨을 빼앗아 갔던 큰 재앙이 있었을 때 죽음에 직면한 여러 사람들 가운데 스코트 태생의 한 학자가 있었다. 학식이 풍부하나 그는 영원한 구원에 대해서는 너무나 태만하여 전혀 관심을 보이지 않았다. 자신의 죽음이 임박해 있다는 사실을 깨닫자, 자신이 죽으면 죄로 인하여 지옥으로 가게 될 것이라는 사실에 두려움을 느끼기 시작하였다. 그가 나를 찾아 그에게 갔을 때, 그는 떨면서 한숨을 내쉬며 애원하는 목소리

---

12) 주후(主後) 875년에 린디스판(Lindisfarne)의 수도사들은 데인족(Danea)의 침입을 두려워한 나머지 성(聖) 커스버트의 시신과 오스왈드 왕의 머리를 들고 피신하였다. 이 시신과 머리는 몇 곳의 일시적 안식처를 거쳐 최종적으로 더함(Durham)에 안치된다.

13) 아카(Acca)는 비드의 절친한 친구였으며, 709년에 헥섬(Hexham)의 주교가 된다. 비드의 일부 책들이 그에게 봉헌된다.

로 슬퍼하며 다음과 같이 말하였다.

"내 육체가 무거워지고 병이 깊어지는 것을 당신이 알 수 있듯이 나는 곧 죽을 운명에 처하여 있소. 분명 내 육체가 죽음을 맞이한 후 내 영혼은 즉시 영원한 죽음의 세계로 옮겨져 그곳에서 지옥의 고통을 겪게 될 것이오. 신의 말씀을 연구하는 동안 나는 하느님의 명령보다는 죄와 악을 오랫동안 따르고 범해왔소. 하늘이 나에게 살 수 있는 시간을 조금 더 허락해준다면, 나의 사악한 습관을 버리고 신의 의지에 맞추어 내 마음과 삶을 바꾸겠다는 다짐을 지금 이 자리에서 단호히 할 수 있소. 나는 진정 잘 알고 있소. 하느님의 진실한 종들의 도움과 기도를 통하여 그분께서 나에게 자비를 베풀지 않는 한 내 자신의 공과만으로 나처럼 보잘것없고 미천한 인간이 더 살 수 있는 기간을 얻을 수 없다는 사실을 말이오. 당신 백성들에게 놀라운 신성(神性)을 지닌 오스왈드라는 왕이 있다는 것을 우리는 들어왔고 이는 모든 곳에 알려져 있는 사실이오. 왕의 고귀한 믿음과 덕이 빛을 발해왔고 죽은 후 반복되는 경이로운 일들로 그것이 입증되었소이다. 자, 그러니 당신께 청원컨대 그분의 유품을 가지고 계시다면 그것을 나에게 좀 주시오. 그분의 공과 덕분에 주님께서 나에게 은총을 내려주실지도 모릅니다."

나는 그에게 다음과 같이 대답하였다.

"그분이 살해된 후 그분의 목이 걸렸던 나무의 일부분을 내가 가지고 있소."

그런 후 그분의 훌륭한 공과를 통해서 하느님께서 그에게 이승에서 보다 더 살 수 있도록 해주실 것이며, 영원한 삶으로 들어갈 만한 가치 있는 사람으로 만들어 주실 것이라는 확신을 가지고 있는지 물었다. 그러자 그는 지체하지 않고 이에 대하여 확신하고 전적인 믿음을 가지고 있다고 대답하였다. 이에 나는 물에 축성(祝聖)한 뒤 앞서 언급한 나무에서 떼어온 조각을 물에 넣어 그 물을 그 병든 사람에게 마시도록 하였다. 즉각 그의 상태는 좋아졌고, 병에서 회복되어 강건하게 되었다. 그리고 오랫동안 이승에서 살면서 그는 온 마음과 행동으로 하느님을 향하였다. 어딜 가든, 선하신 하느님의 자비와 믿음의 종으로서 그가 경험한 영광을 알리고 설교하였다.

XII

오스왈드가 하늘나라로 가자 그의 동생 오스위오가 그의 뒤를 이어 지상의 왕권을 계승하였다. 그가 왕위에 올랐을 때 그의 나이는 30세였다. 그후 28년 동안 많은 어려움의 와중에서 왕국을 유지하고 지켜나갔다. 머시아의 이교도들과 펜다 왕뿐만 아니라 그의 아들 알프리드와 전임 왕의 아들, 즉 그의 조카인 에델왈드의 공격을 받기도 하였다. 그가 즉위(卽位)하고 2년 후, 요크의 주교였고 후에 로체스터의 주교가 된 덕망 있는 사제 폴리누스가 주님 곁으로 떠났는데, 그날이 10월 10일로, 그가 주교가 된 지 19년에 2개월하고도 21일이 되는 때였다. 그는 사도 성 앤드류 교회에 묻혔는데, 그 교회는 에셀버트의 명으로 로체스터에 세워졌다. 그곳에서 호로리우스 주교가 캔트 태생의 이사마에게 성직을 부여(附與)했는데, 삶과 학식 면에서 그는 전임자들에 버금가는 인물이었다. 그가 왕이 된 후 초창기에 오스위오는 앞에서 언급한 오스릭의 아들인 에드윈 왕가(王家) 출신인 오스위니라는 인물과 동반자 관계를 유지하였다. 완전한 풍요 속에서 오스위니는 데이라를 7년간 통치하였다. 그는 정의롭고 신앙심이 깊은 사람이었기에 백성들의 사랑을 받았다. 그러나 그는 노섬브리아의 다른 지역, 즉 버니치아를 통치하던 왕과 우호적 관계를 유지하지 못하였다. 둘 사이의 불화와 갈등으로 결국 이들은 자신들의 군대와 추종자들을 모으기에 이르렀다. 상대방의 병력이 더 많고 전력 또한 자신의 전력보다 강하여 도저히 그를 대적할 수 없다는 사실을 안 오스위니는 전쟁을 그만두고 때를 기다리는 것이 현명할 것이라 여겼다. 결국 그는 군대를 해산하고 모두에게 카터릭 마을에서 서쪽으로 10마일 떨어진 윌파레스라는 장소에서 벗어나 고향으로 돌아갈 것을 명하였다. 그리고 그 자신도 몸을 숨기기 위해 가장 신뢰하는 신하 톤드헤레와 함께 과거에 그에게 가장 충성을 보였다고 여긴 훈왈드라는 영주의 집으로 향하였다. 그러나 그의 기대와는 완전히 딴판이었다. 훈왈드는 자신의 청지기인 에델윈을 시켜 왕과 앞서 언급한 신하를 배반하였고, 왕은 수치스러운 죽음을 맞이하였다. 이 사건은 길링이라는 곳에서 오스위오가 즉위하고 9년째가 되던 해, 8월 20일에 일어났다. 이 같은 죄를 정화하기 위해 얼마 지난 후 그곳에 수도원이 세워졌고, 그곳에서는 두 왕, 즉 살해당한 왕과 그를 죽이도록 명령한 왕의 영혼의 구원을 위해 매일 기도와 기원을 주님께 바쳐야만 했다. 오스위니 왕은 외모가 출중(出衆)했고, 키가 컸으며, 말투가 상냥했고, 태도는 온화했으며 신분 고하를 막론하고 누구에게나 베풀 줄 아는 사람이었다. 왕에 어울리는 이러한 외모와 정신, 그리고 그의 지대한 공적 때문에 많은 사람들의 사랑을 받았다. 그리고 인접한 모든 지역에서 신분이 높은 귀족들이 그의 신하가 되어 그에게 봉사하기 위해 모여들었다. 하늘의 축복을 받은 왕의 여러 덕목들 가운데 단 하나의 예에서 확실히 알 수 있듯이 겸손함이 최고였다. 아이든 주교에게 왕이 최상품 말(馬)을 하사하였는데, 말을 타지 않고 걸어서 여행하는 주교였지만 강을 건널 때라든지 혹은 급히 움직일 필요가 있을 때 사용할 수 있도록 하기 위한 것이었다. 이런 일이 있고 얼마 후, 주교가 말을 타고 가고 있을 때 가난한 사람 한 명을 만나게 되었는데, 그 가난한 사람은 주교에게 보시(布施)를 간청하였다. 그러자 그는 즉시 말에서 내려 말 위에 씌워져 있던 왕의 말장식과 함께 그 말을 가난한 사람에게 주도록 명하였다. 그는 매우 인정 많을 뿐더러 궁핍한 사람들을 보살필 줄 아는, 가난한 이들의 아버지였기 때문에 이런 일이 가능하였다. 이 일이 왕에게 전해지자, 저녁식사를 함께하기 위해 가는 길에 왕이 주교에게 말하였다.

"주교님, 당신을 위해 하사한 그 훌륭한 말을 왜 가난한 사람에게 주었습니까? 내가 특별히 당신을 위해 선택한 그 말을 가난한 이에게 주기보다는 그보다 조금 못한 다른 말을 선물로 가난한 사람들에게 줄 수도 있지 않을까요?"

이에 주교가 답변했다.

"전하, 무슨 말씀을 하고 계십니까? 전하께서는 하느님의 자손보다 말이 더 소중하다고 생각하십니까?"

이렇게 말한 뒤 그들은 저녁식사를 하기 위해 안으로 들어갔고, 주교가 자리에 앉았다. 사냥에서 막 돌아온 왕은 불 옆에 서서 신하들과 함께 몸을 녹이고 있었다. 몸을 녹이던 왕은 문득 주교가 자신에게 한 말을 회상했고, 그는 이내 자신의 칼을 풀어 신하에게 주었다. 그리고 주교에게 급히 걸어가 무릎을 꿇고 자신에게 우호적으로 대해 줄 것을 주교에게 간청하며 말했다.

"앞으로 주교님이 무엇을 혹은 얼마를 하느님의 자손들에게 내어주든 그것에 대하여 한마디도 말하지 않을 것이며 어떠한 판단도 내리지 않을 것입니다."

왕의 겸손함이 대단하다는 사실을 알게 된 주교는 몹시 두려워하며 즉시 그에게 다가가 일으켜 세우면서, 왕에게 우호적으로 대할 것이라는 약속과 함께 마음의 슬픔을 없애고 다 같이 식사하기 위해 안으로 들어가 앉을 것을 간곡히 권하였다. 그러자 주교의 간청에 따라 왕이 기운을 회복하였으며 마주보고 앉아 있던 주교는 매우 슬퍼하며 펑펑 울기 시작했다. 그러자 사제 한 분이 왕과 왕의 신하들이 알 수 없는 자신만의 고유한 언어로 주교에게 연유(緣由)를 물었다. 이에 주교가 답했다.

"왕이 오래 살지 못한다는 것을 나는 알고 있소이다. 전에 어느 왕에게서도 이 같은 겸손함을 본 적이 없답니다. 그리고 이곳 백성들은 그러한 왕과 통치자를 얻지 못할 것이오."

주교의 예언은 얼마 되지 않아 실현되었는데, 앞서 말했듯이 그 왕이 비참한 죽음을 당했다. 아이든 주교 역시 그가 사랑했던 왕이 죽은 후 12일도 안 되어서 이 세상을 떠나게 되었는데, 그날이 8월의 마지막 날이었으며, 그가 노력한 것에 대한 영원한 보상을 저 세상에 가서 주님에게서 받았다.

XIII

마음의 심판자이신 하느님으로부터 기적의 징표를 통하여 주교의 공적이 무엇인지 사람들에게 알려지게 되었다. 그러나 기억을 돕기 위해 많은 징표들 가운데 세 가지를 말하는 것만으로도 충분할 듯싶다. 우타라는 훌륭한 사제(司祭)가 있었는데, 그 사람은 매우 근엄했고 신의(信義)로 가득하여 모든 사람들뿐만 아니라 세상에서 가장 훌륭한 사람들의 사랑을 받았다. 오스위오 왕의 아내가 될 에드윈 왕의 딸 엔플레드를 데려오기 위해서 그가 캔트로 보내졌다. 엔플레드는 부친이 살해당한 후 캔트로 갔던 것이다. 그는 육로로 그곳으로 가서 해로(海路)를 통해 고향으로 돌아올 계획을 세웠다. 긴 여행을 계획하던 터라 사제 우타는 아이든[14] 주교에게 가서 자신과 함께 할 동료

---

14) 켈트계 선교사의 노섬브리아 파견은 처음에 콜만(Colman)이라는 수도승에 의해 진행되었으나 결실을 거두지 못하게 된다. 콜만 이후에 선택된 인물이 아이오나의 아이든(Aidan)이었다. 아이든은 탁월한 성직자로서 섬에 위치한 밤보로의 왕정 부근에 린디스판(Lindisfarne)이라는 수도원을 설립한다.

들의 안전을 위해 하느님께 기도와 기원을 해줄 것을 청하였다. 요구대로 주교는 그들을 위해 기도했고, 축복을 내려줬으며 하느님에게 의탁하였다. 주교는 사제에게 축성유(祝聖油)를 주면서 말하였다.

“출항 후, 큰 태풍이 당신을 덮칠 것이며, 역풍(逆風) 또한 불 것이라는 사실을 나는 알고 있소. 그런 일이 생기면 내가 당신에게 준 이 기름을 바다에 던지시오. 그러면 즉시 바람이 가라앉아 바다는 고요해질 것이고 당신의 뜻대로 돌아오는 길을 편안케 해줄 것이요.”

모든 일이 주교의 예언대로 순차적으로 일어났다. 먼저, 그들이 배에 올라 출항하자 역풍이 일었고 바다에서는 격랑이 일었다. 배를 정박시키기 위해 선원들은 닻을 들어 올려 바다에 떨어뜨렸다. 그러나 아무런 도움이 되지 않았다. 파도가 소용돌이치며 배 전체를 덮쳤다. 그러자 그들 모두는 안전을 포기하고 눈앞에 아른 거리는 죽음을 보았다. 결국 사제는 주교의 말을 떠올렸고, 조그만 병을 꺼내어 그 안에 들어있는 기름을 바다에 부었다. 그러자 예언대로 바다는 격랑에서 벗어나 고요해졌다. 하느님의 사람(주교)은 예언의 힘으로 태풍이 올 것이라는 것을 내다보았을 뿐만 아니라 태풍이 일어난 후 자신의 육신이 그곳에 있지 않았음에도 불구하고 예언의 섭리를 통하여

린디스판은 밀물 때가 되면 육지와 단절되어 이교도 사이에서 선교활동을 하는 선교사들에게는 안전한 피난처로 삼을 수 있는 매우 이상적인 곳이었다. 아이든이 아이오나로부터 노섬브리아에 가져온 수도원제도는 전형적인 아일랜드계였으며 수도원 공동체는 엄격한 금욕주의를 택하였다. 아이든은 켈트 사회의 양식을 좇아서 남녀 동수로 12명을 그의 제자로 삼았다. 그의 제자로 유명한 힐드(Hilde, 614~680)가 있으며 그녀가 여수도원장으로 재직시 목동 캐드먼(Caedmon)이 수도사가 되어 많은 찬송가를 남기게 된다. 아이든이 노섬브리아에서 성공적 포교활동을 할 수 있었던 것은 무엇보다도 오스왈드(Oswald) 왕의 적극적 지원이 있었기 때문이었다. 오스왈드 왕은 영어가 미숙한 아이든을 위해 통역해주기도 했으며, 교회와 수도원을 세울 토지를 내어주기도 했다.

그 태풍을 잠재웠다. 이 기적과 관련한 정황에 대하여 나는 매우 믿을 만한 사람으로부터 전해 들었다. 그는 매우 신뢰할 만한 우리 교회의 사제인 키네문드라는 사람인데, 그의 말로는 이 같은 기적을 직접 경험한 사제 우타에게서 직접 이 이야기를 들었다고 하였다.

XIV

소식을 잘 들을 만한 위치에 있던 많은 사람들이 바로 아이든 주교와 관련한 또 다른 기억할 만한 기적을 전하였다. 그가 주교로 있을 때, 머시아의 왕 펜다가 군대를 이끌고 노섬브리아에 쳐들어가 잔혹한 학살과 함께 전역을 황폐화시키고 약탈하였다. 마침내 밤보로라는 황도에 이른 그는 공격이나 포위로는 파괴할 수 없을 만큼 그 도시가 강하다는 사실을 알게 되었고, 이에 그는 도시를 불태우기로 마음먹었다. 인근(隣近)의 눈에 띄는 모든 마을들을 허물어뜨린 뒤, 들보, 서까래, 벽, 울타리 및 짚으로 만들어진 지붕 등을 쌓아 올렸다. 사방에 그런 것을 높게 쌓아 올려서 도시를 에워싸게 했다. 그런 후 바람이 도시 방향으로 불자 그는 도시를 완전히 불사를 의도로 쌓아 올린 더미에 불을 붙였다. 그때 덕망 높은 아이든 주교는 도시에서 2마일도 채 떨어져 있지 않은 린디스판 섬에 있었다. 칩거(蟄居)하며 혼자서 기도를 올리기 위해 그는 종종 그곳을 찾곤 하였으며, 지금도 그곳에는 그가 머물던 장소가 남아 있다. 바람에 의해 도시의 성곽위로 치솟는 불꽃과 연기를 목격하자 아이든 주교는 손과 눈을 하늘을 향하고 눈물을 흘리며 말하였다.

"주여, 펜다가 취한 행동이 얼마나 사악한지 보소서."

그러자 그 즉시 도시를 향하던 바람의 방향이 바뀌어 불꽃과 그 열기가 불을 지핀 사람들 쪽을 향하였고, 이로 인하여 많은 사람들이 피해를 입었으며 모두가 혼비백산하여 도망쳤다. 도시가 신(神)의 보호를 받고 있다고 생각한 이들은 공격을 멈추었다. 주교로서 임무를 수행한 후 그는 이승의 삶을 떠나야만 했다. 병이 들자 그는 앞서 언급한 도시에서 멀지 않은 왕궁에 머물렀는데, 그곳에는 교회와 작은 수도원이 하나 있었다. 종종 그곳에 가서 머물며 여러 곳을 다니면서 하느님의 말씀을 가르치고 설교하였다. 왕의 다른 궁에서도 주교는 습관적으로 이렇게 하였는데, 교회와 그것에 인접해 있는 일부 토지를 제외한 어떠한 재산도 그에게는 없었기 때문이었다. 병이 들자 그의 동료들은 교회 서쪽 방향에 천막 하나를 세웠다. 죽음이 임박하자 교회를 지탱하던 버팀목을 부여잡고 거기에 기댄 채로 죽었는데, 그날이 8월 마지막 날로 그가 주교로 서위된 지 14년째 되던 해였다. 그의 시신은 린디스판으로 옮겨져 형제들과 함께 교회 묘지에 묻히게 되었다. 후에 보다 큰 교회가 그곳에 세워졌고 그곳이 사도 베드로의 이름으로 축성되자, 그의 유골은 그 교회의 제단 남쪽으로 이장되었으니, 이는 그 훌륭한 주교에게 합당한 것이었다. 그의 뒤를 이은 사제는 피넌이었는데, 그 역시 스코트의 아이오나 섬 수도원 출신으로 오래전에 주교로 서품되었다. 얼마 후 머시아의 왕 펜다가 바로 그 장소(주교가 죽은 장소)로 군대를 이끌고 와서 불과 칼로 가능한 모든 것을 파괴시켰으며, 주교가 죽은 바로 그 마을과 앞서 언급한 교회까지도 불태웠다. 그러나 놀랍게도 불이 주교가 죽을 때 기대었던 교회 버팀목에는 닿지 않았다. 이와 같은 놀라운 이야기가 알려지자 교회는 빠른 시간에 재건되었고, 똑같은 버팀목이 예전처럼 벽을 떠받치기 위해 밖에 세워졌다. 얼마 후 죄 많은 부주의로 바로 그 마을과 교회가 다시 불로 파괴되는 일이 벌어졌다. 그러나 불은 그 버팀목을 건드리지도 못했으며 버팀목에 전혀 피해를 입히지 않았다. 놀랍게도 불이 못 구멍으로 파고 들어가 오히려 그 버팀목을 교회 건물에 더 단단하게 붙어있도록 만들었다. 그 장소에 세 번째로 교회가 다시 세워졌고, 전처럼 교회 건물을 떠받치기 위해 버팀목을 밖에 놓아두지 않고, 교회 안에 두었다. 그곳에 들어가는 사람들은 (버팀목 앞에) 무릎을 꿇고 하늘의 자비를 구하였다. 그때부터 많은 사람들이 그 장소에서 치유의 은총을 받았다는 사실은 잘 알려져 있다. 사람들은 그 버팀목에서 나무 조각들을 잘라 내거나 부스러기를 떼어내어 물에 담근 뒤 이것들을 병자에게 마시도록 하였고 이렇게 하여 사람들은 질병에 대항하는 치유방법을 얻었다. 나는 앞서 언급한 주교의 업적에 대하여 글을 써왔다. 주교가 부활절을 제대로 지켰는가는 알지도 못한다는 사실을 나는 인정하지 않았다. 내가 쓴 《절기(節氣)에 관하여》에서 매우 확실하게 보여주었듯이, 나는 그 사실에 대하여 강력히 반박하였다. 신뢰할 만한 역사가로서 나는 그에 관하여 혹은 그를 통해서 이루어진 것에 대하여 글을 썼고 칭송받을 만한 일에 대하여는 칭찬하였다. 평화와 진실한 사랑, 그리고 절제와 겸손에서는 그는 매우 진지했던 인물이었다. 그에게서 분노(忿怒), 자만(自慢), 탐욕(貪慾), 혹은 헛된 공명심이란 것은 찾아 볼 수 없었다. 하느님의 가르침에 따라 행동하고 그것을 가르치는 데에 매우 현명했던 인물이기도 하였다. 밤새워 성서를 읽는 일에도 열정적이었다. 그는 거만하고 권력 있는 사람을 견제하는 데 있어서도 사제의 지위에 걸맞은 권위를 지니고 있던 인물이었다. 병자와 약자를 위로하는 데 있어서 또한 그는 동정심을 지니고 있었다. 그를 아는 사람들이 했던 모든 말을 몇 마디로 정리해보자면, 그는 성서에서 지키도록 명한 모든 것을 소홀하지 않았고 권한을 쥐는 동안 오히려 이 모든 것을 실행에 옮겼던 것이다. 앞서 언급한 주교의 이런 점을 나는 진심으로 사랑하며, 이것이 하느님의 눈에 만족스럽게 보일 것이라는 사실을 나는 의심치 않는다. 제때 부활절을 지키지 않았으며, 교회법이 지정한 주기(週期)를 알지 못했다거나 백성의 강권에 못 이겨 그것을 무시했다는 사실을 나는 인정할 수 없다. 그러나 부활절을 기리는 데 있어서 그는 우리가 하는 것, 즉 하느님과 인간의 중개자(仲介者)이신 그리스도 우리 구주(救主)의 고난과 부활, 그리고 승천을 통한 인간의 구원 이외에 다른 것을 믿고 섬기거나 설교하지 않았다. 일부 사람들이 상상하듯이, 그는 유대인들과 같이 그 주(週) 어느 날에 관계없이 열네 번째 되는 날 밤에 부활절을 기리지 않았다. 그는 14일에서 20일 사이에 있는 일요일에 항상 부활절을 기렸다. 그 이유는 우리 구주의 부활이 그 기간 중 휴식을 취할 수 있는 여러 날(일요일들) 가운데 하나일 것이라고 믿었을 뿐만 아니라 장차 우리의 부활도 성스러운 공인된 교회의 견해에 따라 실제로 그 가운데 하루, 즉 일요일에 이루어질 수 있을 것이라고 그가 기대했기 때문이었다. 당시 레드왈드의 뒤를 이은 에아르프왈드 후에 그의 동생인 시그버트가 동부 앵글족을 통치하게 되었다. 그는 선하고 신심(信心)이 있는 사람으로 레드윌드의 적의(敵意)를 피해 골에서 추방생활을 할 당시 그곳에서 세례를 받았다. 그의 나라에 돌아와 왕위에 오르자 그는 갈리아에서 보고 잘 되어 있다고 느꼈던 생활을 모방하고 싶어 했다. 캔트에서 온 펠릭스 주교의 도움을 받아서 그는 학교[15]를 지어 소년들과 젊은이들이 배우고 읽힐 수 있도록 했다. 캔트에서처럼 주교는 선생님을 제공했다. 뿐만 아니라 왕은 하늘의 왕국을 열정적으로 사랑하는 사람으로, 결국에는 그가 통치하던 지상의 왕국을 포기하고 자신의 친척인 에즈버트에게 물려주고 예전에 그가 지었던 수도원에 들어가 수도사가 된

---

15) 이곳에서 케임브리지대학(University of Cambridge)이 시작되었다고 알려졌다. 하지만 이 학교는 아마도 케임브리지가 아닌 던위치(Dunwich)에 있었을 것으로 추정된다. 캔터베리에 있는 학교들은 아마도 성(聖) 어거스틴에 의해 설립되었으며, 후에 캔터베리 주교인 테오도르에 의해 세워진 학교들의 전신(前身)으로 간주된다.

후 영원한 왕국을 위해 헌신하였다. 오랜 기간 동안 그가 수도생활을 하고 있을 때, 머시아의 왕 펜다가 동부 앵글족을 향해 군대를 이끌고 쳐들어와 전쟁을 벌였다. 앵글족 사람들은 힘이나 수에서 자신들이 적보다 약하다는 사실을 알고 군대를 독려(督勵)하기 위해 시그버트에게 전쟁에 함께 나가 줄 것을 청하였다. 시그버트가 거부하자, 완력으로 그를 수도원에서 끌어내 군대가 있는 곳으로 데려갔다. 그의 존재로 말미암아 군대의 사기가 더 높아지고 병사들이 도망치지 않을 것이라고 그들은 생각했다. 그 이유는 그가 한때 매우 용맹한 장군이었기 때문이다. 그러나 그는 하느님께 올린 맹세와 직분을 잊지 않고 있었다. 수많은 병사들에 의해 둘러싸여 있을 때, 막대기 하나를 제외하고는 어떠한 무기도 그는 손에 쥐려 하지 않았다. 그리고 그가 에즈릭 왕과 함께 살해당하자, 병사들도 거의 살해당하거나 도망치고 말았다. 이들의 뒤를 이어 왕실의 자손인 에인의 아들 아나가 왕위를 계승하였는데, 그는 매우 뛰어난 인물이었고 이후 적당한 때에 이야기하려고 하는 아주 훌륭한 한 자손의 선조였다. 이후 그 또한 자신의 선조들처럼 같은 이교도 왕에게 살해당하였다.

시그버트가 권좌(權座)에 있을 당시 스코트의 섬 아일랜드로부터 퍼시우스라는 성스러운 사람이 왔다. 말과 행동에서 그는 매우 명석하고 돋보이는 인물로서 그의 고상한 덕성 덕분에 유명하였다. 적당한 장소를 찾을 수만 있다면 그는 어느 곳을 가든 하느님의 이름을 위해 외국 땅에서 살기를 원했다. 그러던 그가 동부 앵글족의 영토에 오게 되었고, 앞서 언급한 왕이 그를 영접하였다. 그리고 즉시 그는 습관적으로 그가 해왔던 일, 즉 복음을 가르치는 일에 착수하였다. 그리고 몸소 자신이 보여주는 덕과 말씀의 가르침을 통하여 믿음이 없는 사람들을 비롯한 많은 사람들로 하여금 그리스도를 믿도록 격려하였다. 그러던 중 그는 병에 걸렸고, 와병(臥病) 중에 그에게 천사의 환상을 볼 수 있는 기회가 부여되었다. 이를 통하여 그가 과거에 시작했던 성직에 열정을 다 바쳐 전념할 것이며 늘 해왔던 기도를 계속하여 열심히 할 것을 지시받았다. 그에게 죽음이 온다는 것은 확실한 것이나 그 때는 알 수 없는 것이기 때문이었다. 이에 주님께서는 다음과 같이 말씀하셨다. '방심하지 말라, 그 날과 시간을 너는 알지 못하기 때문이니라.' 환상을 본 하느님의 사람은 기뻐하여 앞서 언급한 시그버트가 하사(下賜) 한 부지(敷地)에 서둘러 수도원을 짓기 시작했다. 그리고 그는 수도원의 규율을 정립하였다. 수도원은 영어로 버러카슬[16] 이라는 도시에 위치하고 있었고 바다와 인접한 숲 속에 지어져 매우 아름다웠다. 그 이후 아나 왕과 많은 그의 신하들은 더욱 웅장한 건물 짓고 더욱 융숭한 기부(寄附)를 통해 그 도시를 화려하게 만들었다. 퍼시우스는 스코트의 고귀한 가문 출신으로 출생보다는 그의 마음이 훨씬 고귀했던 인물이었다. 어렸을 때부터 그는 성스러운 내용과 수도원의 규율을 익히는 것에 대단한 열정을 지니고 있었다. 이 가운데서도 성인에게 가장 어울릴 만한 것은, 행동하도록 배운 모든 것을 그가 조심스럽게 지키려고 애썼다는 사실이다. 시간이 지나면서 그는 자신을 위해 수도원과는 분리되어 있는 거처를 하나 마련하였는데, 자유롭게 살기 위한 것이었다. 그곳에서 그의 육신은 병에 걸리게 되었는데, 이 사실은 그의 삶에 대하여 쓰인 책에 언급되어 있다. 그는 육체로부터 벗어나 저녁부터 새벽녘까지 육신을 벗어난 상태로 천사의 무리를 보았다. 이때 천사들이 하느님께 바치는 찬양의 노래를 들을 수 있는 기회가 그에게 부여되었다. 그가 들은 많은 노래들

---

16) Burghcastle: 버러카슬은 노포크 카운티에 속한 마을이다. Great Yarmouth에서 멀지 않은 Waveney 강(江) 동쪽에 위치하고 있다. 로마의 요새 중 하나인 Gariannonum이 있는 곳으로도 알려져 있다. 버러카슬의 '성 베드로와 성 바울 교회'가 유명하다.

가운데 '성인들은 하나의 덕에서 또 다른 덕을 향해 앞으로 가다'와 '여러 신들의 신이신 하느님을 시온에서 볼 수 있도다'를 천사들이 큰 소리로 부르는 것을 확실히 들었노라고 그는 말하였다. 그러다가 그는 자신의 육신 안으로 다시 들어왔으며, 3일 후 다시 한 번 그는 자신의 육신에서 벗어났다. 축복받은 영혼들의 기쁨뿐만 아니라 저주받은 영혼들의 고투(苦鬪) 또한 그는 경험할 수 있었다. 악마들은 그와 싸움을 벌이며 그가 하늘로 가는 길을 막고 길을 끊어버리려고 노력하였다. 그러나 천사들이 그를 보호하고 있었기 때문에 악마의 노력은 아무 소용이 없었다. 그가 높이 올려졌을 때, 그를 이끌었던 천사들은 그에게 지상을 보도록 명하였다. 이에 그는 눈을 아래로 하여 낮은 곳에 있는 것들을 내려다보았다. 그는 어두운 계곡 하나가 자신 아래 놓여 있는 것을 보았다. 또한 4개의 불꽃이 약간의 간격을 두고 공중으로 솟아오른 것을 볼 수 있었다. 그는 천사들에게 그것들이 무엇을 의미하는지 물었고, 이에 천사들이 답하였다.

"4개의 불꽃은 지상을 불태워 파괴시키려는 것들이오. 그 중 하나는 먼저 거짓의 불로서 세례를 받을 때 악마와 악마가 하는 일들을 부정하기로 약속했으나 우리가 지키고 있지 않다는 것을 의미하오. 두 번째는 부정한 욕망의 불로서 우리가 하늘의 축복을 좋아하기보다는 세속의 부(富)를 더 좋아하고 있다는 것을 의미하오. 세 번째는 반목(反目)의 불로서 헛된 일들을 두고 우리 이웃의 마음을 불편하게 하는 것을 두려워하지 않는다는 것을 의미하오. 네 번째는 불경(不敬)의 불로서 우리가 가난한 사람들의 재산과 물건을 약탈하고 훔치는 것 외에 다른 것을 생각하지 않는다는 것을 의미하오."

얼마 후 불꽃들은 더욱 커져갔고 한데 뭉쳐 괴물같이 커다란 하나의 불꽃으로 변하였다. 불꽃이 그에게 가까이 다가오자 깜짝 놀라며 그가 천사에게 말하였다.

“이 불꽃이 뭐란 말입니까? 저에게 아주 가까이 와 있습니다.”

천사가 대답하였다.

“과거에 당신이 그러한 불꽃을 태우지 않았기 때문에 그 불꽃이 당신을 태우지 않는 것이오. 비록 이 불꽃이 거대하고 무시무시하게 보일지언정 이 불꽃은 과거의 공과에 따라 모든 사람을 판단하여 불에 태우는 것이오. 그렇기 때문에 부정한 욕망을 지닌 사람은 누구나 이 불에 타고 말 것이오. 모든 사람들은 부정한 욕망을 육신 안에서 불태우고 있지만, 육신으로부터 벗어난 후 그가 범했던 것에 대한 벌로서 자신이 불태워지는 것이오.”

환상 속으로 안내했던 3명의 천사들 가운데 하나가 불꽃 앞으로 다가서서 그것을 쪼개버렸다. 다른 2명의 천사는 그의 양쪽으로 날아가 불의 위험으로부터 그를 보호해주었다. 불꽃 속에서 그는 악마들이 날아다니는 것을 보았다. 그리고 이들은 선한 영혼들과 불의 전쟁을 벌였다. 그 악마들은 그를 공격하며 그에게 저주와 중상모략을 퍼부었다. 그러나 수적으로 훨씬 많은 선한 영혼들과 천사들이 그를 도와주고 있었다. 거기에서 그는 자신이 살던 나라의 많은 성인(聖人)을 볼 수 있었는데, 이들은 전에 고귀하게 성직을 부여받아 열정적으로 하느님께 봉사했던 사람들이었다. 그들로부터 자신뿐만 아니라 말씀을 듣고자 하는 모두에게 유익한 많은 것들을 들을 수 있었다. 그들의 이야기와 충고가 끝나자, 그는 다시 천사들과 함께 하늘로 돌아왔고, 앞서 언급했던 3명의 천사와 은총을 입은 퍼시우스는 함께하였다. 앞서 언급한 거대한 불꽃에 가까이 다가가자, 이들 천사들은 앞서 했던 것처럼 불꽃을 쪼개버렸다. 하느님의 사람이 불꽃 사이에 만들어진 문(門)에 다가서자, 악마가 불꽃 속에서 불태워지며 고통받고 있던 한 사람을 붙잡아서 퍼시우스에게 내던졌다. 그리하여 퍼시우스는 그 자의 어깨와 뺨에 접촉하였고 그 결과 자신도 불에 데었다. 퍼시우스는 그 사람을 알아볼 수 있었는데, 죽을 때 그의 옷을 자신이 받았던 사실을 기억하였다. 천사들은 즉시 그 사람을 잡아 다시 불 속으로 내던졌다. 그러자 악마가 말하였다.

“과거에 네가 받아들였던 그 사람을 거부하려 하지 말라. 네가 전에 죄로 가득 찬 그의 물건들을 받아들였으니, 지금 그의 고통 또한 함께해야 한다.”

그러자 천사가 응대(應對)하였다.

“탐욕 때문에 그 물건들을 받은 것이 아니라 그의 영혼을 구하기 위해 받은 것뿐이다.”

천사가 그를 향해 말하였다.

“당신이 과거 불붙였던 것이 당신을 태우고 있는 것이오. 당신이 죄로 물든 이 사람이 죽을 때 그 물건을 받지 않았다면 그의 죄로 인한 불꽃이 당신을 태우지 않았을 것이오.”

천사는 그에게 많은 이야기를 들려주었고, 죽음에 임박하여 회개하는 사람이 어떻게 하면 구원받을 수 있는가에 대하여 유용한 조언을 그에게 해주었다. 이후 얼마 지나지 않아서 그는 육신과 다시 결합되었고, 사는 동안 그의 영혼이 경험한 불의 흔적을 지녔으며, 많은 사람들이 그의 어깨와 뺨에서 그 흔적들을 볼 수 있었다. 놀라운 방법으로 영혼이 비밀스럽게 고통당한 것을 육체가 공개적으로 보여주었던 것이다. 전에도 그러했듯이, 그 후로 하느님의 사람은 그 어느 때보다 열심히 노력하였으며 자신의 행실과 말을 통하여 모든 사람들에게 덕행을 가르쳤다. 그러나 자신이 경험한 일련의 환상들을 그는 하늘의 왕국을 사랑하고 이에 헌신하고자 하는 목적으로 묻는 사람들에게만 말해주었다. 우리 수도원에 나이 많은 형제 하나가 아직도 살아있는데, 이스트 앵글족이 살던 곳에서 퍼시우스를 본 적이 있으며 환상과 관련하여 퍼시우스가 하는 이야기를 직접 들은 적이 있다는 신심 깊고 매우 훌륭한 어떤 사람에게서 이 이야기를 들었다고 나에게 말해주었다. 서리와 얼음으로 뒤덮여 추위가 매서운 겨울철에도 그 성스러운 사람은 얇은 옷만 입고 앉아 있었으나 그가 경험한 환상으로 인한 극도의 공포 때문에 마치 한여름 더위인 듯 엄청나게 땀을 흘렸다고 그가 나에게 말해주기도 하였다. 하느님의 사람은 처음 수년 동안은 하느님의 말씀을 스코틀랜드의 모든 사람들에게 가르치고 설교하였다. 그러나 밀러드는 군중들의 혼란과 소란을 견뎌낼 수 없자, 하느님을 위해 세상에 가진 것을 모두 버리고 조국을 떠나게 되었던 것이다. 그는 몇몇 형제들과 함께 브리튼의 여러 지역을 다니다가 이스트 앵글족의 영역에 당도하였고 그곳에서 하느님의 말씀을 설교하고 가르쳤으며, 앞서 말한 대로 훌륭한 수도원을 세웠던 것이다. 수도원을 세운 후 그는 세속의 모든 관계와 거리를 두고 싶어 했다. 결국 수도원의 모든 책임을 풀란과 더불어 고본과 디쿨이라는 두 사제(司祭)에게 맡기고 자신은 이 세상의 모든 것에서 벗어나 은둔자 생활을 하면서 삶을 마무리하려고 하였다. 울탄이라는 형제 또한 수도원에서 일어나는 일상의 시련에서 벗어나 은둔자의 삶에 접어들었다. 기도와 절제, 그리고 노동을 하면서 퍼시우스는 그와 1년을 함께 지냈다. 이후 그 나라가 이교도의 침입으로 혼란을 겪는 것을 지켜보았을 뿐만 아니라 하느님의 교회와 수도원이 곧 많은 위험에 처할 것이라는 사실을 예측한 그는 그곳을 떠나 갈리아로 가게 되었다. 그곳에서 그는 프랑크 백성의 왕인 클로비스(Clovis)[17] 와 귀족 에르콘왈드의 영접을 받았다. 그곳에서 그는 레이니라는 곳에 수도원을 세우기도 하였다. 그후 그는 병에 걸려 삶을 마쳤다. 에르콘왈드

17) 클로비스(465?~511. 11. 27) 프랑크왕국의 초대 국왕(재위 481~510)으로 메로빙거 왕조의 창시자이다. 전 프랑크족을 통합하여 프랑크 왕국을 수립하였고 로마 가톨릭으로 개종하여 로마 교황과의 우호관계를 보증하게 되었다.

는 그의 시신을 페론느라는 도시에서 그가 짓고 있던 교회의 주랑(柱廊)에 교회가 축성될 때까지 안치해 두었다. 27일이 지난 후 교회 제단 가까이에 그의 시신을 묻기 위해 주랑에서 그의 시신을 꺼냈다. 방금 죽은 듯이 그의 시신은 썩지 않은 상태였다. 4년 후 또 다른 교회가 지어졌고, 그 교회의 제단 동쪽에 그의 시신을 안치하는 것이 더 합당하다고 모든 사람들이 생각하였다. 그때까지도 여전히 그의 시신은 부패하지 않은 상태였고, 사람들은 합당한 예를 갖추어 그의 시신을 그곳에 다시 안치하였다. 수많은 기적을 통하여 그의 업적은 그곳에서 종종 빛을 발할 뿐만 아니라 지금도 많은 사람들에게 드러나고 있다. 그러는 동안 동부 앵글족의 주교인 펠리스가 17년의 주교직을 수행한 후 죽자 대주교 오노리우스는 자신의 부제(副祭) 토마스를 주교로 서위하였는데, 그는 펜스 출신이었다. 5년간의 주교직을 수행한 후 그 또한 이승을 떠나게 되며 보니페이스라고도 불리는 캔트 출신의 베르흐트겔즈가 그 대신 주교로 서품되었다. 대주교 오노리우스 또한 그의 임기를 다 수행한 후 주후(主後) 653년 9월 30일에 이승을 떠났다. 대주교직은 1년 6개월간 공석(公席)으로 남겨져 있었다. 그런 후 웨섹스 출신인 데오스데디트가 캔터베리 주교좌(主教座)의 제 6대 대주교로 서위되었다. 로체스터 교회의 주교인 이사마가 그곳에 와서 그를 서위해주었으며, 그가 서품된 날짜가 3월 26이었고, 이후 그는 9년하고도 2개월 2일 동안 교회를 다스리고 지도했다. 그가 죽자 이사마는 그 자리에 서섹스[18] 출신인 다미아누스를 서품하였다.

---

18) 영국 남동부에 있던 주. 남쪽은 영국해협(海峽)에 면하였으며, 북쪽은 캔트·서리, 서쪽은 햄프셔의 각주에 접하였다. 이름은 고대 앵글로색슨 7왕국 때 남(南)색슨인(人)이 건설한 서부 색슨 왕국에서 유래되었다.

XV

이무렵 중부 앵글족은 펜다 왕의 아들인 피다와 더불어 그리스도의 믿음과 진리의 신비를 받아들였다. 피다는 왕으로서 지위와 이름에 걸맞은 훌륭한 젊은 왕자였다. 이러한 이유로 그의 아버지는 그에게 백성에 대한 지배권을 넘겨주었다. 이후 그는 노섬브리아의 왕 오스위오에게 가서 그의 딸 에알흐플레드와 결혼을 허락해 줄 것을 간청하였다. 그가 그리스도의 믿음을 그의 통치하에 있는 백성들과 함께 받아들인다는 조건 아래 그의 간청은 수락되었다. 진리와 하느님의 왕국에 대한 희망, 그리고 영원히 죽지 않고 부활한다는 내용을 듣고 배운 뒤 그는 비록 그 여자를 얻을 수 없다손 치더라도 기꺼이 그리스도인이 되겠노라고 공언하였다. 그는 오스위오 왕의 아들 알프리드에 의해 그리스도의 믿음을 받아들이도록 인도되었는데, 알프리드는 그의 친척이며 친구이기도 하였으며, 펜다의 딸이자 그의 누이인 키네부르그와 결혼하였다. 그와 그를 수행한 모든 사람들, 그리고 왕의 추종자와 신하들 모두 주교 피넌의 집전(執典) 아래 왈[19]이라는 매우 유명한 왕궁에서 세례를 받았다. 피다가 세례를 받자 오스위오는 그의 백성들을 가르치고 세례를 베풀 수 있도록 하기 위해 4명의 사제들을 그에게 허락해주었다. 이들 모두 학식과 덕망이 있는 사람들이었다. 왕은 기쁨으로 가득 차 고국으로 돌아오게 되었다. 이들 사제들의 이름은 체드, 아다, 베테, 데오마였다. 데오마만 스코트 출신이었고 나머지는 모두 잉글랜드 출신이었다. 아다는 우탄의 동생으로, 우탄은 유명한 사제였으며 그는 앞서 언급한 게이츠헤드라는 수도원의 대수도원장이었다. 앞서 언급한 사제들이 왕과 함께 그 나라에 왔고, 이들은 그곳에서 하느님의 말씀을 백성들에게 설파하

19) 현재의 뉴캐슬(NewCastle) 근처에 위치한 왈톤(Walton)이나 왈보틀(Walbottle)을 지칭하는 것으로 보인다.

고 가르쳤으며 백성들은 이들의 말을 즐겨 들었다. 귀족과 평민들 모두 우상숭배의 사악함을 부정(否定)하고 세례를 통하여 자신들의 죄를 씻었다. 피다 왕도 더 이상은 머시아 백성들이 하느님의 말씀을 배우는 것을 막지 못하였다. 아니, 오히려 그 이상이었는데, 그리스도의 믿음을 받아들인 뒤 신앙생활을 하지 않으려는 사람들을 그는 미워하고 증오하기까지 하였다. 자신들이 믿는 하느님에 복종하지 않는다면 그들은 불행하고 가엾은 사람들이라고 그는 말하기도 하였다. 이 모든 것은 펜다 왕이 죽기 전 2년 동안 이루어졌다. 더 이야기하겠지만 그가 죽은 뒤 그리스도인인 오스위오 왕이 그의 왕권을 계승하였고, 앞서 언급한 4명의 사제 가운데 하나인 데오마가 중부 앵글족과 머시아를 다스리는 주교가 되었다. 당시 주교의 수(數)가 부족한 탓에 한 명의 주교가 두 나라를 감독할 수밖에 없었다.[20] 짧은 시간 동안의 가르침을 통해서 그는 하느님의 사람들을 많이 얻을 수 있었다. 미들 앵글족의 지역인 페스톤이라는 곳에서 그는 생을 마쳤다. 그후 스코트 출신의 체올로흐라는 사람이 그의 뒤를 이어 주교가 되었다. 한동안 그는 주교의 직무를 그만 두고 그의 고향인 아이오나 섬[21]으로 돌아갔다. 그곳에서는 수도원에 있었는데, 그 수도원

---

20) 이 주교의 관할구는 맨 처음 렙톤(Repton)을 중심으로 이루어졌으며, 나중에 차드(Chad) 주교는 리치필드(Lichfield)로 옮긴다.

21) 브리튼의 교회사는 아이오나(Iona)에서의 선교활동으로 특별한 영향을 받게 된다. 왕족 태생인 아일랜드의 성(聖) 콜롬바는 565년 더로우(Durrow)에 자신이 세운 수도원을 떠나 이곳에 12명의 동료와 함께 켈트 교회를 세웠다. 당시 아이오나의 상황은 북부 브리튼에서 선교활동의 중심지로 적합하였으며 콜롬바는 이곳에서 북부 픽트족의 왕 브루드(Brude)를 개종시켰다. 콜롬바가 죽은 597년에 이르면 아일랜드의 예에 따라 아이오나식으로 세워진 수도원들이 포스(Forth)와 클라이드(Clyde)의 북부에 있는 모든 지역에 들어섰다. 콜롬바는 수도승과 일반 평민 모두가 가까이 할 수 있는 성직자였다. 기독교가 노섬브리아로 들어오는 데 아이오나는 핵심적 역할을 담당

은 스코트에 있는 많은 수도원들의 중심역할을 하였다. 경건하며 믿음이 깊은 트럼헤레가 뒤를 이어 주교가 되었는데, 그는 수도원에서 교육받았으며 잉글랜드 태생이었다. 그러한 그가 주교로 서품된 것은 스코트 사람들에 의해서였다. 이는 후에 언급하게 될 울프헤레 왕이 통치하던 시기에 있었던 일이었다.

XVI

당시 오스위오 왕의 노력으로 이스트 색슨족도 멜리투스 주교를 쫓아냄으로써 그들이 한때 거부했던 그리스도의 믿음으로 다시 돌아오게 되었다. 그전 시그버트의 뒤를 이은 색슨족의 동명이인(同名異人) 왕인 시그버트는 오스위오와는 친구 사이여서 종종 노섬브리아로 그를 찾아가곤 하였다. 그럴 때면 오스위오는 그를 가르치고 훈계하여 그로 하여금 나무나 돌 등과 같은 지상의 물질을 이용하여 인간의 손으로 만든 것은 신(神)이 될 수 없다는 사실과 함께 그 자취들은 불에 태워버리든지 혹은 사람들이 사용할 수 있도록 그릇으로 만들어야 할 것이며, 아니면 모든 사람들이 경멸하도록 내던져 발아래 밟고 다니도록 하여 먼지가 되도록 하여야 한다고, 진실을 깨닫도록 하였다. 그와 반대로 하느님은 인간의 눈에 보이지 않으며, 하늘과 땅 그리고 인간과 만물을 창조하셨으며 지상의 모든 것을 공의롭게 심판하러 오실 전지전능하며 영원한 존재로서 하느님은 불가해(不可解)한 존재로 받아들여야 한다고 가르쳤다. 아울러 그분이 계시는 곳은 일시적(一時的)이며 유한(有限)한 지상의 구조물이 아닌 영원한 하늘나라라는 사실을 믿어야 한다고도 가르쳐주었다. 따라서 그분의 뜻을 배우고 실행에 옮기는 모든 피조물들은 그분으로부터 영원한 보상을 받을

했었다.

수 있다고 말해주었다. 우호적 충고와 함께 오스위오는 이러한 말들을 여러 차례 반복적으로 시그버트 왕에게 해주었고 이는 매우 효과적이어서 결국 친구들의 도움과 동의를 얻어 그는 신자(信者)가 되었다. 귀족과 친구들의 조언과 함께 이들의 격려와 협조, 그리고 동의를 얻어 그는 그리스도의 믿음을 받아들였고 동료들과 함께 주교 피넌의 집전(執典)으로 앞서 언급한 왈보틀이라는 황도에서 세례를 받았다. 그 황도는 로마인들이 브리튼 섬을 에워싸기 위해 만들었던 성곽 가까이에 위치하고 있었고 동쪽 바다에서 12마일 떨어져 있었다. 시그버트가 하늘나라 왕궁의 시민이 된 뒤 자신의 세속 왕궁으로 돌아가려는 때에 그는 백성들을 그리스도의 믿음으로 이끌어 구원의 샘물로서 이들의 죄를 씻어줄 수 있는 몇 명의 성직자를 자신에게 허락해줄 것을 오스위오에게 간청하였다. 이에 오스위오는 미들 앵글족에 특사를 보내어 체드라는 성스러운 하느님의 사람을 불러들였다. 그리고 그와 함께 그를 도와줄 사제 한 명을 이스트 앵글족에게 보내어 하느님의 말씀을 가르치도록 하였다. 전 지역을 순회하며 많은 신자들을 모으고 교회를 건립한 후, 기회가 되어 고향으로 돌아간 체드는 린디스판 섬에 있는 피넌 주교의 자문을 구하게 되었다. 그가 정열적으로 복음을 가르치고 사람들을 그리스도의 믿음으로 이끄는 데 헌신의 노력을 했다는 사실을 알고 주교 피넌은 그를 이스트 색슨족의 주교로 서위하였다. 그때 피넌은 다른 주교 2명을 체드를 위한 주교 서품식에 불렀다. 주교직을 부여받은 체드는 이스트 색슨족의 영토로 돌아와 보다 권위 있게 자신이 시작했던 일들, 즉 많은 장소에 교회를 세우고 신부와 부제(副祭)를 서위하는 일 등을 수행하였다. 이들 신부와 사제들은 그를 도와 하느님의 말씀을 가르치고 세례를 집전하였는데, 세례는 특히 이단체아스터[22]라는 장소와 틸버리라는 곳에서 이루어졌다. 처음 장소는 프레쉬웰이라는 강둑에, 그리고 두 번째 장소는 템스(Thames) 강가에 각각 위치하고 있었다. 이 장소에 그리스도를 따르는 많은 사람들을 모아 놓고 그는 새로운 그리스도인들이 받아들일 수만 있다면 수도원 생활의 계율을 지킬 수 있도록 가르쳤다. 오랫동안 앞서 언급한 그 나라(이스트 앵글족)는 하늘의 삶을 가르치는 일이 매일 번성해갔으며, 이는 왕을 비롯한 모든 백성들에게 기쁨이 되었다. 선한 모든 사람들의 적(敵)의 사주(使嗾)를 받은 그의 친척들에 의해 왕이 살해당하는 일이 벌어졌다. 범행을 감행한 사람은 그의 두 형제들이었다. 이들에게 그 이유를 묻자, 어떠한 이유도 말하지 않은 채, 오직 용서를 구하기만 하면 그에게 잘못을 저지른 사람들을 기꺼이 쉽게 용서해주며 적들에게 지나치게 많은 자비를 베푸는 그에 대하여, 이들은 분노와 함께 증오심을 가져왔노라고 말하였다. 열정적으로 복음의 가르침을 따른 결과가 바로 그가 죽음을 맞이하게 된 이유였다. 왕의 죽음은 무고한 것이나 그 선하고 성스러운 주교의 예언대로 왕이 범한 죄 때문에 그가 벌을 받은 것이었다. 왕을 살해한 신하 가운데 하나는 불법적 결혼을 한 사람으로서 주교는 그의 결혼을 막을 수 없었고, 이에 주교는 그를 파문시켰고 자신의 말을 듣고자 하는 사람은 어느 누구도 그의 집에 들어가 그와 식사를 하지 말라고 명하였다. 그러나 왕은 그의 명령에 개의치 않았으며, 그 신하는 왕을 자신의 집으로 초대하였고, 왕은 그를 방문하여 그의 집에서 식사를 함께하였다. 길을 가는 도중 주교가 그를 만나게 되었다. 왕이 그를 바라보자, 왕은 두려워하며 말에서 내려 무릎을 꿇고 자신의 죄에 대하여 주교의 용서를 구하였다. 주교 역시 말에서 내렸고, 분노에 찬 주교가 손에 쥐고 있던 지팡이를 왕의 몸에 대며 주교의 권위를 내세워 말하였다.

---

22) 에섹스(Essex)에 있는 로마시대 군대의 주둔지(駐屯地)였던 오소나(Othona)를 지칭하는 것으로 추정된다.

“저주받은 이 집 방문(訪問)을 당신은 삼가지 아니하는데, 당신은 이 집에서 죽음을 맞이하게 될 것이오.”

주교는 그렇게 말하였다. 그러나 신심 가득한 왕의 죽음으로 그의 죄가 사함을 받았을 뿐만 아니라 그의 업적은 배가(倍加)되었다. 믿음과 그리스도의 계명을 지키다가 그러한 일이 일어났기 때문이다. 그후 섹스볼드의 아들 스위드헬름이 시그버트의 뒤를 이어 이스트 색슨족의 왕위에 오르게 되었는데, 스위드헬름은 체드에 의해 이스트 앵글족의 영토 안에 위치한 황도 렌드레샴에서 세례를 받았다. 선왕(先王) 아나의 동생인 이스트 앵글족의 왕 에델왈드는 세례반을 앞에 두고 그를 대자(代子)로 받아들였다.

XVII

체드는 이스트 색슨족의 영토에서 주교의 직무를 수행한 뒤 하느님의 말씀을 가르치기 위하여 습관적으로 종종 자신의 종족들이 있는 노섬브리아를 방문하곤 하였다. 데이라를 통치하던 오스왈드의 아들 에델왈드 왕은 체드의 신심(信心)이 돈독(敦篤)할 뿐만 아니라 지혜롭고 인격이 뛰어나다는 사실을 알고 자신이 하사하는 토지를 받아 수도원을 짓고 하느님의 종들을 모아줄 것을 간청하였다. 왕 또한 그가 하는 기도와 하느님의 말씀을 듣기 위해서 그 수도원을 방문할 것이고, 죽어서는 그곳에 묻히겠다는 생각을 하였다. 아울러 그 장소에서 주님에게 올리는 많은 사람들의 기도가 자신에게 많은 도움이 될 것이라고 왕은 여겼던 것이다. 체드 주교의 동생인 캘린이 그전에 왕과 함께하고 있었는데, 그는 성직자로서 체드 못지않게 하느님께 헌신하는 인물이었다. 사제로서 그는 왕은 물론 왕의 식솔(食率)들에게 하느님의 말씀을 가르쳤고 믿음의 성사(聖事)를 베풀었다. 왕이 주교 체드를 알고 좋아하게 된 것도 주로 그로부터 들은 이야기 덕분이었다. 주교는 왕의 뜻을 지지했고 황무지에 높이 세워질 수도원의 부지(敷地)를 선별하였다. 그 장소는 사람들이 살 수 있는 곳이라기보다는 야수들이 잘 수 있는 동굴이나 도적들의 피난처처럼 느껴지는 곳이었다. 이사야의 예언대로 과거 용들이 살던 깊은 그곳에서 갈대와 골풀이 자라났던 것이다. 이를 통하여 짐승들이 살거나 인간이 짐승처럼 살기에 적합한 곳에서 선한 일로 인한 열매가 만들어진다는 것을 우리는 알아야 한다. 수도원의 초석을 놓기 전에 기도와 금식을 통하여 그 하느님의 사람은 즉시 과거 사악한 죄로 타락하고 더럽혀진 수도원 부지를 정결히 하는 데 애썼다. 그는 왕에게 부활절이 오기 전 40일 동안 그곳에 머물며 기도와 금식을 할 수 있도록 허락해 줄 것을 간청하였다. 그 기간 동안 그는 하던 대로 일요일을 제외한 매일 저녁 늦게까지 금식하였다. 조그만 조각의 빵과 달걀, 그리고 물을 섞은 약간의 우유를 제외한 어떤 것도 그는 입에 대지 않았다. 이는 자신에게 수도원의 규율을 가르쳐준 사람들의 관행으로, 이들은 금식과 기도를 통하여 수도원이나 교회를 세울 새로운 부지를 주님께 바쳤다고 그는 말하였다. 40일간의 금식생활 가운데 10일이 남은 어느 날, 사신 하나가 와서 왕이 그를 보자고 한다고 전하였다. 왕의 명으로 하던 성스러운 일을 포기하지 않기 위해 그는 자신의 형제인 사제 키네빌에게 대신해서 그 성스러운 역할을 해줄 것을 간청하였다. 그도 이에 기꺼이 응하였다. 기도와 금식을 통하여 자신을 헌신한 뒤, 그는 오늘날 라스팅햄가라는 곳에 수도원을 세웠던 것이다. 그가 과거 교육받은 린디스판에서의 종교적 관례대로 수도원을 세웠던 것이다. 수년 동안 그는 앞서 언급한 동부 색슨족의 영토에서 주교로서 봉사함과 동시에 자신이 세운 수도원을 책임지고 있었다. 많은 사람들의 목숨을 앗아간 역병이 창궐(猖獗)할 즈음 그는 수도원에 오게 되었다. 그곳에서 그는 병을 얻어 죽고 말았다. 그의 시신은 처음에 밖에 묻혔다. 시간이 얼마 지나 성모 마리아를 기념하기 위해 석조(石造) 교회가 수도원에 세워졌고 그곳 제단 남쪽에 그의 시신은 다시 안치되었다. 주교 체드는 수도원의 책임을 형제인 차드에게 넘겨주었는데, 뒤에서 이야기하겠지만 그는 성스러운 인물로서 후에 주교로 서품되었다. 희귀한 일이긴 하나 4명의 형제, 즉 체드, 키네빌, 캘린, 그리고 차드는 하느님의 뜻을 받드는 사제들로서 매우 유명하고 선한 인물들이었다. 그 중 둘은 주교가 되었으며 나머지 둘은 뛰어난 사제(司祭)였다. 이스트 색슨족의 영토에 위치한 수도원의 형제들이 그가 죽어 노섬브리아에 묻혔다는 소식을 듣고 그들 가운데 30명이 수도원을 떠나 그곳에 오게 되었다. 자신들의 아버지와 같은 주교 곁에서 하느님을 위해 살든지 아니면 주님의 뜻이 그러하다면 죽어서 그곳에 그분과 함께 묻히는 것이 그들의 소망이었다. 그 수도원의 형제들은 이들을 환영하였다. 그리고 앞서 언급한 역병으로 이들 모두 머지않아 죽음을 맞이했고 그곳에 묻혔다. 그러나 그 가운데서 주교의 기도 덕분에 죽음으로부터 목숨을 건진 젊은이 하나가 분명 있었다. 그는 오랜 기간을 성서에 따라 살았을 뿐만 아니라 열의를 다하여 성서(聖書)를 공부하기도 하였다. 그러다 결국 그는 자신이 하느님의 아들로서 다시 태어날 수 없다는 사실을 깨닫고, 구원의 샘물로서 자신의 죄를 씻고 그 후로 사제의 성소(聖召)를 받아들이게 되었다. 그리고 그는 하느님 교회의 많은 사람들에게 유용하며 봉사하는 사람이 되었다. 이 사람에 대하여 의심하지 않고 앞서 말했다시피 그가 주교의 중재로 죽음의 순간에서 목숨을 구했다는 사실을 우리는 믿어야만 할 것이다. 주교에 대한 사랑 때문에 그는 주교의 무덤으로 오게 되었고 이로 인하여 그는 영원한 죽음을 피할 수 있었으며, 주교의 가르침과 모범적인 삶 덕분에 그는 다른 형제들에게 영원한 구원과 삶의 성무(聖務)를 제공하게 되었다.

XVIII

그 무렵 오스위오 왕은 자신의 형을 죽인, 앞서 자주 언급한 머시아의 왕 펜다의 난폭하고 잔인한 유린(蹂躪)에 시달리고 있었다. 결국 평화를 보장받는 대가로 그는 필요에 의해 어쩔 수 없이 많은 사람들이 생각할 수 있는 것 이상의 막대한 양의 보물과 선물을 그에게 바칠 것을 약속했고, 이는 펜다가 군대를 이끌고 그의 나라로 돌아가고 오스위오의 백성과 영토를 완전히 황폐하게 만들지는 않겠다는 조건 아래 이루어진 것이었다. 그러나 신뢰할 수 없는 펜다 왕은 자신의 약속을 완전히 무시하고 젊은 사람으로부터 나이 먹은 사람에 이르기까지 모든 백성들을 몰살하기로 마음먹었다. 잔혹한 왕에게서 평화를 얻을 수 없다고 생각한 오스위오는 신의 자비를 구하였다. 그리고 그는 굳은 맹세와 함께 말하였다. "이도교가 우리의 선물을 받지 않을 것이라면, 그것들을 우리의 구원자 그리스도께 바치겠노라."

아울러 주님께서 그에게 승리를 허락하신다면 자신의 딸을 동정녀로서 하느님께 봉헌하겠노라고 맹세하였다. 이와 더불어 수도원을 세울 수 있도록 12개의 조그만 부지(敷地)를 하느님께 바치겠다고 맹세하였다. 그런 뒤 그는 적은 수의 군대를 이끌고 전쟁터로 향하였다. 수에서 적의 군대가 그의 군대보다 30배가 더 많았다고 전해진다. 그러나 하느님의 도움만을 믿고 오스위오 왕과 그의 아들 알프리드가 적은 수의 군대를 이끌고 전쟁터로 향했던 것이다. 그의 또 다른 아들 에그퍼스는 왕비 킨위스와 함께 당시 머시아의 볼모로 잡혀 있는 상태였다. 게다가 그를 마땅히 도와줘야 할 오스왈드의 아들, 에델왈드도 적의 편에 서서 자신의 조국과 삼촌에 대항하여 싸우는 형국(形局)이었다. 전투가 시작되자 곧 이교도의 무리는 살해당하거나 패주하고 말았다. 펜다를 돕기 위해 왔던 30명의 우두머리들도 거의 모두 살해당하였다. 그 가운데는 이스트 앵글족의 왕인 아나의 동생으로 그의 왕권을 계승한 에델헤레도 있었다. 그가 전쟁을 조장한 인물이었다. 전투가 벌어진 에어 강이 많은 비로 매우 사납게 흐르고 있었으며 강물 또한 크게 범람(氾濫)하고 있어 이들이 패주하는 도중에 많은 수가 물에 빠져 죽었는데, 그 수가 칼로 살해당한 수보다 많았다. 주님께 약속한 대로 오스위오는 그에게 승리를 허락해준 하느님께 감사드렸고, 그의 딸 엘프레드를 영원한 동정녀로서 주님께 바쳤다. 이와 함께 그는 12개의 조그만 땅을 주님께 봉헌하였으며 그곳 모두를 수도생활을 할 수 있는 정착지로 만들었으며, 그곳 사람들에게는 지상의 모든 세속적 의무가 면제되어 오직 하늘에만 봉사할 수 있도록 하였다. 그리고 그는 수도원의 형제들에게 그와 백성들의 평화를 위해 기도할 수 있도록 부와 재산을 하사하였다. 그 중 6개는 데이라에 그리고 나머지 6개는 버니치아에 위치하고 있었으며, 한 수도원당 10개의 가족형태로 구성되어 있어 그 전체 수가 120개에 이르렀다. 하느님께 바쳐진 오스위오 왕의 딸은 하트리풀이라 불리는 수도원에 들어가게 되었는데, 당시 그 수도원의 대수녀원장은 힐드였다. 2년 후 그녀는 위트비[23]라고 불리는 10개의 가족이 거주하는 부지 10하이드[24]를 사들여 그곳에 수도원을 세우게 되었다. 앞서 언급한 왕의 딸은 그 수도원 최초의 학생이 되었고 그후 그녀에게 부여된

---

23) 위트비(Whitby) 수도원은 여자 대수도원장이 관할하는 수도원으로서 남자 수도사와 여자 수녀들이 함께 수도하는 곳이었다. 오스위니 왕이 서거(逝去)하자 왕비 엔플레드는 얼마 되지 않아 이 수도원에 입교한다. 나중에 공주는 어머니(엔플레드)와 함께 수도원의 여자 대수도원장의 직무를 공동으로 수행하게 된다. 공주 엘프플레드는 성(聖) 쿠트베르흐트의 친구였다. 윌프리드는 어려울 때 그녀로부터 많은 도움을 받았고 에디는 그녀야말로 '현명한 여인이며, 이 모든 지역에서 가장 훌륭한 조언자이며 위안자'라고 묘사하고 있다.

24) 약 천 2백 에이커.

삶의 날을 다 채우는 날, 다시 말해서 그녀의 나이 59세가 될 때까지 수도원의 규율에 따라 선생 역할을 하였다. 그런 뒤 이 축복받은 동정녀는 죽어 하늘나라 신랑의 품에 안기어 그와 결혼하였다. 이 수도원 안에 있는 사도 베드로 교회에 그녀와 그녀의 아버지 오스위오, 어머니 엔플레드, 그리고 그녀의 외조부 에드윈을 비롯한 많은 귀족들이 묻혔다. 오스위오 왕이 즉위한 지 13년이 되던 해 11월 15일 리즈라는 지역에서 종전이 되었는데, 이는 두 나라에 큰 이득을 가져다주었다. 오스위오는 이교도의 잔혹한 유린으로부터 그의 백성을 구해낼 수 있었으며, 또한 불경(不敬)한 펜다의 목을 베어 제거함으로써 머시아족과 그들과 인접한 모든 지역 사람들을 하느님의 믿음으로 개종시킬 수 있었다. 데오마는 앞서 언급했다시피 머시아, 린지, 그리고 미들 앵글족의 영토를 관리하는 최초의 주교였다. 그는 미들 앵글족 사람들과 함께 생을 마감했고 그곳에 묻혔다. 두 번째 주교는 첼라흐였는데, 그는 그곳에서의 주교직을 그만두고 도중에 스코트로 돌아갔다. 이들 두 주교는 모두 스코트 출신이었다. 세 번째 주교는 트럼헤레로서 그는 잉글랜드 출신이나 스코트에서 교육받고 사제로서 서품을 받았다. 그는 또한 길링이라는 수도원의 대수도원장이기도 하였다. 길링은 앞서 말했듯이 오스위니가 살해된 곳이기도 하다. 이 때문에 오스위니와는 친척관계인 엔플레드 왕비는 오스위니의 억울한 죽음을 달래기 위해 하느님의 종인 트럼헤레가 그곳에 수도원을 지을 수 있도록 그에게 부지를 하사해줄 것을 오스위오에게 간청하였다. 트럼헤레 또한 죽은 왕과도 친척관계였다. 이는 그 수도원에서 죽은 2명의 왕, 즉 살해당한 왕과 살해를 명한 왕의 영원한 안식을 위해 지속적 기도를 올릴 수 있도록 하기 위한 것이었다. 펜다가 죽은 후 오스위오 왕은 3년에 걸쳐 머시아족을 비롯한 남부 지역의 다른 국가들을 통치하였다. 또한 그는 픽트족[25]의 대부분을 잉글랜드의 영토로 귀속시켰을 뿐만 아니라 이들 부족을 자신의 지배 아래 두었다. 당시 오스위오 왕은 남부 머시아 왕국을 위에서 언급했던 펜다의 아들 피다에게 넘겨주었는데, 이는 피다가 그와는 친척지간이었기 때문이다. 사람들의 말로는 그곳에는 5천 가구가 살았다고 한다. 트렌트 강을 경계로 그 지역은 7천 가구로 이루어진 북부 머시아 왕국과 나뉘어져 있었다. 사람들의 말에 따르면, 그 다음 여름철에 피다는 부활절 축일에 자기 아내의 모반(謀叛)으로 잔혹하게 살해되었다고 한다. 피다가 죽은 후 3년간 머시아의 족장들인 임멘, 에이퍼 그리고 에드버트가 오스위오에 대항하여 반란을 일으켜 그와 전쟁을 벌였다. 이들은 펜다의 아들, 울프헤레를 머시아의 왕으로 추대(推戴)하였는데, 그가 어린 나이였을 때부터 이들은 그를 감춰두고 키워왔던 것이다. 그들은 타국의 족장들을 내쫓고 강권으로 자신들의 영토와 국경을 되찾아 자유를 회복시켰다. 그런 후 이들은 자유롭게 하늘나라의 영원한 왕국을 위해 진정한 왕이신 그리스도를 기쁜 마음으로 섬겼다. 17년간 울프헤레는 머시아를 통치하였으며, 앞서 말한 주교 트럼헤레를 자신의 스승으로 삼았다. 두 번째 주교는 게아루만이었고, 세 번째 주교는 차드, 네 번째 주교는 윈퍼스였다. 그가 통치하는 기간 동안 이들 주교는 순서에 따라 연이어 머시아 백성들을 위하여 주교직을 수행하였다.[26]

---

25) 포스(Forth) 북쪽의 픽트족들은 노섬브리아 왕국에 종속되어 있었다. 685년에 그들이 노섬브리아 왕국과의 동맹관계를 결별하자 트룸윈 주교는 아베르콘에 있는 그의 관구(管區)를 떠나 위트비로 물러난다.

26) EETS 판본에 없는 내용이 다른 판본에는 수록되어 있는데, 그 내용은 부활절의 관례를 두고 성직자들 사이에 벌어졌던 갈등에 관한 것이다.

XIX

주후(主後) 664년 일식(日蝕)이 일어나 빛을 볼 수 없었는데, 보기 두려울 정도였다. 그때가 5월 3일 10시경이었다. 그해 갑자기 역병이 창궐하여 남부 브리튼 지역을 황폐화시켰는데, 이때 피해는 노섬브리아에까지 미쳤을 뿐만 아니라 매우 넓게 멀리까지 그 여파가 오랫동안 지속되어 많은 인명피해를 가져왔다. 콜만의 뒤를 이어 튜다가 당시 노섬브리아의 주교였는데, 그 또한 역병으로 세상을 떠나 핀찰르라는 수도원에 엄숙하게 안장되었다. 스코트의 섬 아일랜드도 역병의 엄습으로 인명피해를 입고 황폐화되었다. 당시 그곳에는 귀족과 평민들을 포함한 많은 잉글랜드 출신의 사람들이 있었는데, 이들은 피넌과 콜만이 주교로 있던 시절 그들의 고향을 떠나 그곳으로 온 사람들이었다. 이들은 하느님의 말씀을 공부하고 고행의 삶을 살기 위해 이곳으로 왔던 것이다. 일부는 형제애의 규율에 따라 수도원에 머물면서 주님을 성심성의껏 섬겼는가 하면, 또 다른 일부 사람들은 하느님의 말씀을 가르치는 설교사들을 찾아 여러 수도원을 돌아다니기도 하였다. 스코트 사람들은 이들 모두를 환대하였고 이들에게 무료로 일상의 먹을 것을 제공했는가 하면 이들이 공부할 수 있는 책은 물론 설교사들도 이들에게 대가없이 제공해주었다. 이들 가운데는 영국 귀족 출신의 에델훈과 에즈버트가 있었는데, 이들 모두 대단한 능력을 지니고 있었다. 에델훈은 하느님의 은총을 입은 에델위너의 형인데, 에델위너 또한 후에 아일랜드를 방문하여 신학(神學)을 공부하게 된다. 제대로 교육받은 뒤, 그는 조국에 돌아와 린지의 주교가 되었다. 오랜 기간 동안 그는 하느님의 교회를 훌륭하게 잘 이끌었다. 이들은 스코트 말로 멜리폰트[27]라는 수도원에 살았다. 그곳

---

27) Mellifont Abbey(Irish: An Mhainistir Mhór): "큰 사원"이라는 뜻이다. 라우스(Louth) 카운티에 위치하고 있다. 아일랜드에 세워진 최초의 시토회(=

에 함께했던 그들 동료들 모두 역병으로 세상을 뜨거나 다른 곳으로 모두 흩어졌다. 이 두 사람도 역병의 심한 공격을 받아 엄청난 고통을 겪어 삶을 포기할 정도였다. 지금 하는 이야기는 에즈버트에게서 직접 들었다는 존경할 만한 늙은 사제 한 사람으로부터 내가 들은 것이다. 죽음에 굴복하여 고통을 감내할 수밖에 없다고 생각한 에즈버트는 잠자리에서 일어났다. 이른 아침에 병자들이 누워있는 수도원을 나가 한적한 곳에 혼자 앉아 자신의 행동을 진중(鎭重)하게 생각하기 시작했다. 자신이 지은 죄로 마음의 동요가 일자 그는 울기 시작했고 이내 흐르는 눈물이 흥건히 그의 얼굴을 적셨다. 그런 후 그는 마음 밑바닥으로부터 우러나오는 기도를 하느님께 드렸다. 어린 시절 혹은 젊은 시절 동안 자신이 범했던 잘못으로부터 완전히 깨끗해질 수 있을 때까지 자신이 죽지 않았으면 하는 바람과 함께 많은 선한 일들을 하겠다는 내용의 기도를 드렸던 것이다. 그는 또한 하느님을 위해 자신의 모든 삶을 외국 땅에서 보낼 것이며, 결코 자신이 태어난 브리튼으로 돌아오지 않을 것이라는 맹세도 하였다. 육체적인 병에 걸리지 않는 한 매일 일정한 시간에 성가(聖歌)를 부르는 것 외에도 시편(詩篇)에 있는 성스러운 문구를 기억하며 이 내용들을 노래할 것이라고 그는 맹세하였다. 뿐만 아니라 매주 하룻날 하룻밤 동안 계속해서 금식하겠다는 맹세도 하였다. 그러한 맹세와 기도를 마치고 눈물이 그치자, 그는 동료들이 자는 수도원으로 돌아왔다. 그 역시 잠시 동안 휴식을 취하기 위해 잠자리에 들었다. 짧은 시간이나마 그가 휴식을 취하는 동안 동료가 일어나 그를 쳐다보며 말했다.

"에즈버트 형제여, 무슨 일을 했나요? 나는 우리 두 사람이 영원한 삶 안으로 들어갈 것이라고 생각하고 기대했는데. 그러나 기도를 통

베르나르두스회)의 수도원이다.

하여 당신이 원했던 바를 얻을 것이라는 사실을 알았소."

에즈버트가 하느님께 기도하고 소망한 바에 대하여 하느님께서 응답했다는 사실을 그는 꿈을 통하여 알았던 것이다. 다음 날 저녁 에델훈은 죽고, 에즈버트는 병에서 회복되어 그후 장수하였으며, 주교가 되어 지위에 어울리는 행동을 하면서 그 직책을 훌륭히 수행하였다. 신앙적으로 덕망 있는 많은 일을 한 뒤, 그의 바람대로 90세의 나이로 그는 하느님의 왕국으로 떠났다. 사는 동안 그는 매우 겸손하고 온화했으며, 진실하고 정직하며 절제된 삶을 살았다. 모범적인 삶을 통해서뿐만 아니라 가르침과 계율, 그리고 부자에게 받은 재산을 기꺼이 내놓는 신앙심을 통하여, 그는 자신이 태어난 나라의 사람들을 비롯하여 타국 생활을 하는 동안 스코트와 픽트 사람들에게도 대단한 도움을 주었다. 앞서 언급한 맹세대로 그는 부활절이 오기 전 40일 동안 항상 하루에 한 끼의 식사만을 하였는데, 그때 또한 그는 오직 조그만 빵조각과 묽은 우유만을 취할 뿐이었다. 마찬가지로 크리스마스 전 40일 동안과 오순절(五殉節) 후 40일 동안에도 이와 같은 방법으로 그는 금욕생활을 하였다.

XX

그러는 동안 오스위오 왕의 아들 알프리드 왕은 자신과 자신의 식솔(食率)들을 위해 사제 윌프리드가 주교에 서품될 수 있도록 하기 위해 그를 갈리아로 보냈다. 왕은 그를 바다 건너까지 보내서 에겔베르흐트 주교로부터 서품을 받을 수 있도록 하였다. 에겔베르흐트는 전에 우리가 언급했던 인물로서 그는 브리튼을 떠나 파리에서 주교가 되었다. 많은 주교들이 참석한 가운데 성대하게 황도인 인콘펜디아(콤페인)에서 윌프리드는 그에 의해 주교로 서위되었다. 주교 서품으로 그가 바다 건너 그 나라에 머무는 동안 오스위오 왕은 자기 아들이 보여준 열정을 본보기로 삼아 성스럽고 겸허하며 성서에 대한 학식이 뛰어난 한 사람을 캔트로 보냈다. 그는 요크에 있는 교회의 주교로 서품될 예정이었다. 그는 차드라는 사제로서 앞서 몇 차례 언급한 적이 있는 존경할 만한 체드 주교의 동생이었다. 왕은 그와 함께 이데스라는 사제 한 명을 보냈는데, 이데스는 차후 에그퍼스가 통치하는 동안 리폰[28]의 주교가 되었다. 캔트에 오자마자, 이들은 대주교 데오스데디트가 세상을 떠났다는 사실을 알게 되었다. 그러나 그의 자리에 새로운 주교가 서품되지 않았다. 그들은 서부 색슨족의 영토로 돌아갔는데, 그곳 주교는 위니였다. 앞서 언급한 하느님의 사람은 그에 의해 주교로 서위되었다. 위너는 브리튼의 두 주교의 도움을 받아 서품식을 수행하였다. 당시 브리튼 전역에는 제대로 된 주교 서품을 받은 사람은 위너 한 사람뿐이었다. 그에 의해 주교로 서품되자 차드는 진리와 순결 속에서 교회를 지켜나가는 일과 더불어 겸손과 절제를 실천하고 공부하는 일에 헌신하였다. 그는 도시와 시골, 성, 읍과 마을 등을 방문하여 복음을 설파하였는데, 그는 항상 말을 타지 않고 사도들이 그러했듯이 걸어서 다녔다. 그는 아이든 주교의 제자들 가운데 한 사람으로 자신의 형인 체드의 본보기를 따라 행동과 습관을 통하여 그의 말을 듣는 사람들을 가르쳤다. 그때 윌프리드 또한 주교로 서위되어 브리튼으로 돌아왔는데, 그는 가르침과 더불어 정통 로마교회의 많은 규범과 관례들을 잉글랜드 교회에 소개하였다. 이로 인하여 하느님의 정통적 믿음이 나날이 번성하자, 잉글랜드인과 함께 생활한 스코트 사람들은 부활절을 비롯하여 여러 가지를 준수하는 데

---

28) Ripon: 영국 잉글랜드 지방 웨스트요크셔 주의 웨스트라이딩에 있는 도시. 요크의 북서쪽 40㎞ 지점에 있으며, 페나인 산맥의 산기슭에서 우르 강(江)에 면한다. 7세기에 켈트족에 의하여 수도원이 세워졌으며, 그후 종교의 중심지로서 발전했다.

있어 정통의 가르침을 거부했는데, 이들은 올바르게 준수하겠다는 믿음의 맹세를 하거나 자신들의 조국으로 돌아가게 되었다.

XXI

당시 잉글랜드의 가장 고귀한 두 왕, 노섬브리아의 오스위오와 캔트의 에즈버트는 회동하여 잉글랜드 교회의 상태에 대하여, 무엇을 해야 할 것인가에 대하여 숙의하였다. 스코트 사람들에게 교육받은 오스위오지만 그는 로마교회가 정통이라는 사실을 잘 알고 있었다. 따라서 이들은 주교의 직책을 맡기기 위해 잉글랜드 교회의 허가를 얻어 믿음이 돈독(敦篤)하고 능력이 출중한 위그허드라는 인물을 발탁하였다. 그는 주교 데오스데디트 휘하(麾下)의 성직자들 가운데 한 사람이었다. 또한 이들은 그가 주교로 서위될 수 있도록 하기 위해 그를 로마로 보냈다. 그는 그곳에서 대주교의 지위를 부여받게 된다면, 이로 인하여 후에 그 자신이 브리튼 전역의 잉글랜드 교회에 필요한 정통의 주교들을 서품할 수 있었을 것이다. 그러나 위그허드가 로마에 도착하여 주교로 서품되기 전에 로마에서 치명적인 병을 얻어 세상을 떠나게 되었다. 그러자 교황 비탈리우스는 색슨족의 왕 오스위오에게 애정 어린 편지 한 통을 보냈다. 이는 교황이 왕의 돈독한 믿음과 사는 동안 그가 보여준 하느님에 대한 따뜻한 사랑을 이해하고 있었기 때문이었다. 아울러 이는 또한 주님의 보호 아래 왕이 진실한 로마교황의 믿음으로 개종하였기 때문이었다. 지금 그가 백성을 지배하는 지상의 권력을 가지고 있으나 미래에는 그가 그리스도와 함께 영원히 통치할 수 있기를 희망한다고 교황은 편지에서 말하였다. 교황은 또한 편지에서 위그허드의 죽음을 언급하며 그의 죽음을 깊이 애도하였다. 교황은 또한 그 자리에 걸맞은 능력을 지닌 사람을 찾게 되면 주교로 서위하여 그곳으로 보내겠다는 약속을 왕에게 하였다.

다음 권(卷)이 누가 당시 위그허드를 대신하여 주교로 발탁되어 서품되었는지 설명할 수 있는 보다 적합하고 편리한 공간이 될 것이다.

XXII

이즈음 이스트 색슨족의 영토에는 앞서 언급한 적이 있는 스위드헬름의 뒤를 이은 2명의 왕, 시그헤레와 세버가 있었다. 이들 두 왕은 머시아의 왕 울프헤레에게 종속되어 있었다. 이스트 색슨족의 영토가 앞서 언급한 역병으로 인한 손실과 인명피해로 약화되자, 자신의 통치하에 있던 백성들과 더불어 시그헤레는 그리스도의 믿음을 저버리고 이교도를 믿게 되었다. 왕을 비롯한 그의 신하와 많은 백성들은 현재의 삶을 즐겼고 다가올 미래의 삶을 생각지도 않았을 뿐더러 미래 삶의 존재조차도 믿지 않았다. 그들은 과거 버렸던 사원들을 복구하였고 이런 것들이 재앙과 죽음으로부터 자신들을 보호해줄 것처럼 우상을 숭배하기 시작하였다. 그러나 그의 동료이며 권력의 공동후계자인 세버는 열정적으로 자신의 백성들과 더불어 과거에 이들이 받아들인 그리스도의 믿음을 지켰을 뿐더러 뒤에 더 언급하겠지만 믿음의 삶을 커다란 번영 속에서 이끌어 나갔다. 그리스도의 믿음이 이스트 색슨족의 일부에서 더럽혀지고 있다는 사실을 보고 받아 알게 된 울프헤레는 트럼헤레의 후계자인 주교 게아라만을 이스트 색슨족의 영토로 보내어 이들의 이단을 교정(矯正)하여 그리스도의 믿음 안으로 다시 불러들이도록 하였다. 주교는 이 일을 열정적으로 수행하였는데, 그에 관한 이야기는 그의 동료이며 하느님의 말씀을 설교하는데 그를 도왔던 한 사제로부터 들은 것이다. 주교는 신심(信心)이 돈독했으며 인품(人品)이 훌륭했던 인물로서 모든 사람들을 찾아 멀리까지 다니며 그 나라와 앞서 언급한 왕을 진리의 길로 다시 끌어들이는 데 노력을 쏟았다. 그 결과 이들은 사원들을 파괴하고 지금까지 자신들이 숭배해온 우상들을 포기하게 되었다. 아울러 이들은 다시 하느님의 교회를 열어 과거 자신들이 거부했던 그리스도의 이름을 기꺼이 고백하였다. 우상숭배로 인한 불신앙(不信仰)의 더러움 속에서 사는 것보다 영원한 삶과 영광으로의 부활에 대한 믿음과 함께 죽는 것을 이들은 오히려 소망하였다. 일이 모두 이루어지자, 주교와 함께 이들을 가르쳤던 사람들은 기뻐하며 고향으로 돌아오게 되었다.

제 3권 끝

제 4 권

I

앞서 언급한 일식이 일어나고 뒤이어 역병이 창궐한 해에 캔터베리의 제 6대 대주교인 데오스데디트가 7월 14일 이승을 떠났다. 캔터베리의 왕인 에르콘베르트 또한 같은 달 같은 날에 세상을 떴으며, 19년간 그가 통치한 영토를 아들인 에즈버트에게 물려주었다. 상당 기간 동안 주교직이 비어있을 때, 제 3권에서 간단히 언급했다시피, 에즈버트와 노섬브리아의 왕 오스위오에 의해 사제 위그허드가 로마로 급파되었다. 그는 잉글랜드 태생으로 교회의 규율을 잘 훈련받은 인물이었다. 두 왕은 그와 함께 황금과 은으로 만든 접시를 비롯한 많은 선물들을 교황에게 보냈다. 그리고 이 두 왕은 교황에게 위그허드가 잉글랜드 교회를 다스릴 수 있도록 대주교로서 서품해줄 것을 간청하였다. 그가 로마에 도착했을 당시 주교좌의 최고 수장은 비탈리우스였다. 그가 교황에게 자신의 여행목적을 설명하고 얼마 지나지 않아 위그허드와 그의 동료 대부분이 역병의 공격으로 죽게 되었다. 그러자 이 문제들에 대한 조언을 구한 뒤 교황은 대주교로서 잉글랜드로 보낼 사람을 찾기 위해 열심히 노력하였다. 당시 캄파니아[1] 지역 네이플스[2] 도읍에서 멀리 떨어져 있지 않는 곳에 니리다노라는 수도원이 있었는데, 그곳에 대수도원장 아드리아누스라는 사람이 있었다. 그는 종교서적을 비롯하여 수도원 및 교회의 규율을 제대로 교육받았으며 라틴어와 그리스어로 모두를 읽었다. 교황은 사람을 시켜 그를 불러 주교직을 받아들여 잉글랜드로 떠날 것을 명하였다. 그러나 그는 그처럼 높은 자리에 자신이 어울리지 않는다고 말하였다. 그는 대신 학식이나 공적 있는 삶, 그리고 나이의 적합성으로 보아 주교직에 훨씬 잘 어울리는 누군가를 추천하겠다고 말하였다. 따라서 그는 교황에게 근처 수도원에 있는 적당한 수사 한 사람을 추천하였는데, 그의 이름은 앤드류였다. 그러나 신체적 결함으로 그는 주교가 될 수 없었다. 다시 교황은 대수도원장 아드리아누스가 주교직을 수용하도록 그를 독려(督勵)하였다. 주교로 서위될 만한 사람이 있는지 알아볼 수 있는 시간적 여유를 달라고 그는 교황에게 간청하였다. 그 당시 로마에는 테오도르라는 수사가 있었는데, 그는 대수도원장 아드리아누스가 잘 아는 사람이었다. 그는 실리시아에 있는 타르소에서 태어났으며, 종교적 글뿐만 아니라 그리스어와 라틴어로 쓰인 세속적인 글에도 조예가 깊었다. 그는 행실이 매우 뛰어난 인물로서 당시 66세라는 위엄 있는 나이에 이르러 있었다. 주교 아드리아누스는 교황에게 그를 소개하였고 주교로 서품될 수 있도록 추천하였다. 이에 교황도 동의하였다. 그리고 대수도원장이 잉글랜드로 가는 길에 안내

---

1) 이탈리아 남부에 있는 주로서 주도(州都)는 나폴리이다. 서쪽으로 티레니아 해(海)에 면하며, 나폴리 만(灣)이 깊숙이 만입해 있다. 로마시대의 주요 도시로는 볼투르노 강 유역에 카레스·카실리눔, 평야부에 카푸아·놀라, 해안에 네이플스·쿠마에·푸테올리, 사르누스 강 유역에 누케리아·폼페이·스타비아에 등이 있었다. 현재는 나폴리·살레르노·베네벤토 등이 주요 도시이다. 카프리 섬·소렌토·아말피·폼페이 등 세계적인 관광·휴양지가 많다.

2) 지금의 나폴리, 이탈리아 남부의 항구도시.

자가 되어야 한다는 사실에 이들은 합의하였다. 그 이유는 대수도원장이 여러 가지 목적으로 갈리아 왕국의 영토를 이미 두 차례나 방문하여 가는 길이 그에게 익숙하였기 때문이다. 이외에도 대수도원장에게는 그를 따르는 충분한 수의 참모들이 있었기 때문이다. 게다가 하느님의 말씀을 가르치는 데 대수도원장이 테오도르를 도울 수 있을 것이며, 테오도르가 희랍의 관례에 따라 진실한 믿음에 역행하는 그 어떤 것을, 그가 지배할 잉글랜드 교회에 소개하지 못하도록 대수도원장이 막을 수 있었기 때문이었다. 이런 이유들 때문에 그는 부제로 서품되었다. 성직자로서 왕관 모양의 삭발을 하기 위해 그는 머리가 자랄 때까지 4개월을 기다렸는데, 그 당시 그의 삭발형태는 사도 바울의 양식대로 동양인 형식을 띠고 있었기 때문이다. 주후(主後) 668년 3월 26일 일요일에 교황 비탈리아누스에 의해 테오도르는 대주교로 서품되었다. 그런 뒤 그는 대수도원장 아드리아누스와 함께 5월 27일 브리튼으로 파견되었다. 먼저 그들은 마세이[3]로 함께 떠났으며, 그곳에서 그들은 알러에 도착하여 그 도시의 대주교인 존을 방문하였다. 그들은 자신들을 환대해줄 것을 요청하는 교황 비탈리아누스의 친서를 그곳 주교에게 전달하였다. 친서가 요구한 대로 주교는 행동하였으며, 도시의 시장(市長)인 에브리누스가 이들이 원하는 곳에 갈 수 있는 허가와 권한을 부여해줄 때까지 주교는 이들을 극진히 환

3) 지금의 마르세유. 프랑스 프로방스 코트다쥐르 주(레지옹: Region) 부슈뒤론 데파르트망(Department)의 수도이다. 파리 남쪽 797㎞, 지중해 리옹 만(灣) 내의 크론곶과 크르와제트곶 사이에 있는 천연의 양항(良港)으로 프랑스의 무역항이며 대도시이다. B.C. 600년경부터 그리스의 포카이아 시(市)의 식민지가 되어 마세이(라틴어로는 마실리아)라고 불렀다. 그후 갈리아로 문화를 전달하는 중심지가 되었으며, 지중해 연안에는 마세이 자체의 식민지를 건설하였다. 제2포에니 전쟁에서는 로마와 동맹하였고, 후에 로마의 속주(屬州)가 되었으나 B.C. 49년 카이사르에게 반항하여 영토를 상실하였다.

대해주었다. 이때 주교 테오도르는 앞서 언급한 적이 있는 파리의 주교인 에겔베르흐트에게 갔으며, 에겔베르흐트는 그를 영접하였고 오랜 시간동안 그를 환대해주었다. 아드리아누스는 먼저 세논의 주교인 엠을 방문한 다음 멜다의 주교 파라온을 방문하여 오랜 시간동안 그들로부터 환대를 받았다. 어디로 가든 겨울이 다가옴에 따라 이들은 조용히 그곳에 머물러 있을 수밖에 없었다. 자신과 오스위오가 교황에게 요청한 주교가 프랑크 왕국에 머물러 있다는 사실을 에즈버트왕이 믿을 만한 사신들로부터 듣자, 그는 즉시 레스프리드라는 신하를 그곳으로 보내어 그를 데려오도록 하였다. 도착하자마자, 그는 시장(市長)인 에브리누스의 허락을 얻어 주교 테오도르를 에타플러라는 항구로 데려갔다. 그곳에서 주교는 병을 얻었고, 이로 인하여 그는 그곳에 당분간 머무르게 되었다. 병이 완쾌되자마자 그는 배에 올라 브리튼으로 향하였다. 그러나 에브리누스 시장(市長)은 대수도원장 아드리아누스를 체포하여 투옥시켰다. 그가 로마황제로부터 브리튼 왕들에게 전하는 심부름이 자신이 지키는 프랑크 왕국에 해를 끼칠지 모른다고 의심했기 때문이었다. 그러나 의심할 바가 아니라는 사실을 이해한 시장은 그를 풀어주어 주교를 따라 가도록 허락하였다. 그가 도착하자 즉시 주교는 그에게 성 베드로 수도원을 맡겼다. 앞서 이미 언급했다시피 그곳에는 대주교들의 시신들이 안장되어 있었다. 교황이 주교 테오도르에게 도착 즉시 그의 교구 안에 대수도원장에게 적당한 공간과 함께 대수도원장과 그의 동료들을 위해 거처를 마련해줄 것을 지시해두었기 때문이다. 그리고 주교로 서품되어 2년이 되는 해에 테오도르 주교는 캔터베리에 있는 자신의 교회에 도착하였는데, 그날이 5월 27일이었다. 주교로서 그곳에서 그는 27년 3개월하고도 26일을 살았다.

II

그는 즉시 잉글랜드인들이 정착하여 거주하는 브리튼 섬의 모든 지역을 돌아다녔다. 그는 모든 사람들의 환영을 받았으며 이들 모두는 그의 말을 경청하였다. 또한 그는 이들에게 올바른 삶의 방식을 지적해주었을 뿐만 아니라 그들에게 교회법에 의한 부활절을 엄숙히 지킬 것을 가르쳤다. 대수도원장 아드리아누스가 그와 동행하면서 모든 면에서 그를 보좌하였다. 테오도르는 잉글랜드의 모든 백성이 복종하는 최초의 대주교였다. 이미 앞서 언급했듯이 주교와 대수도원장 모두 종교적인 것뿐만 아니라 세속적인 것에 대한 교육을 받았기 때문에 그들 주위에는 많은 학생들이 모여들었다. 성스러운 책과 더불어 교회의 규율뿐만 아니라 이들은 학생들에게 시와 천문학 그리고 문법을 가르쳤다. 이것은 명백한 사실이었으니 이들 학생들은 희랍어와 라틴어를 훈련받았고 이들 언어는 자신들이 성장하면서 사용한 모국어만큼이나 익숙하게 구사하였다. 잉글랜드 족속이 브리튼에 온 이래로 이처럼 번성하고 행복한 시기는 없었다. 나라에는 완벽한 그리스도인인 강력한 힘을 지닌 왕들이 있었고, 이들은 외부의 모든 야만족에게는 공포의 존재들이었다. 그리고 모든 사람들은 하늘나라 왕국이 주는 기쁨을 즐겨 듣고자 했다. 이들이 구하려는 종교적 지식이 무엇일지라도 언제든 가까이에서 이들은 자신들을 가르칠 선생들을 구할 수 있었다. 또한 그때부터 잉글랜드의 모든 교회에서 사람들은 성가(聖歌) 부르는 법을 배우기 시작하였다. 전에 성가 부르는 법은 오직 캔트에서만 알려져 있었다. 이미 언급한 야곱 외에 노섬브리아의 교회에는 에더라는 음악 선생님이 있었는데, 그의 별명은 스테파누스였다. 잉글랜드 교회에 가톨릭 생활교범을 소개하고 가르쳤던 주교 윌페르드에 의해 그는 캔트로부터 이곳에 초청되었다. 당시 주교 테오도르는 잉글랜드 전역을 두루 다니며 적합한 장소에 주교들을 서품하였다. 이들의 도움으로 불완전한 것은 어떤 것이든 올바르게 만들거나 향상시켜 놓았다. 이 당시 주교 테오도르는 주교 체드의 성직 수임이 정식으로 이루어지지 않았다는 이유로 그를 꾸짖었는데, 이에 체드가 겸손한 목소리로 대답하였다.

"나의 성직 수임이 정식으로 이루어지지 않았다고 확신하신다면, 나는 기꺼이 그 자리를 내놓겠습니다. 나 스스로 이 자리에 결코 걸맞다고 생각지 않습니다. 그러나 복종의 차원에서 명령이라도 내리신다면, 비록 그 자리가 내게 어울리지 않으나 그 자리를 맡도록 하겠습니다."

그의 겸손한 대답을 듣자, 주교 테오도르는 그가 주교직을 그만두어서는 안 된다고 말하였다. 그후 주교 테오도르는 그에게 교회방식에 따라 주교 서품을 주었다. 그 즈음에 주교 데오스데디트는 세상을 떴으며, 캔터베리 교회를 맡을 주교가 수소문되었고 한 주교가 서품되어 그곳으로 보내졌다. 한편 주교 윌프리드 역시 브리튼에서 갈리아로 보내져 그곳 갈리아에서 성직을 임명받았다. 대주교 테오도르가 대주교의 지위에 오를 때까지 주교 윌페르드는 사제와 부제를 캔트에서 서위하였다. 주교 다미아노가 죽은 이후로 오랜 기간 동안 주교자리가 비어 있었던 로체스터에 오자, 테오도르는 교회의 규율을 지키고 단순한 삶을 영위하는 데 있어서 자신보다 완벽한 한 사람을 주교로 서품하였다. 그는 또한 세속적인 일에 관심을 보이지 않았는데, 그의 이름은 푸터였다. 무엇보다 로마형식에 따른 교회음악에 조예가 깊었던 인물로서 그는 성 그레고리의 제자들로부터 이를 전수받았다.

III

당시 울프헤레가 머시아의 왕이었다. 게아라만 주교가 죽자 왕은 주교 테오도르에게 자신의 백성들을 위해 주교를 물색해 줄 것을 요청하였다. 테오도르는 새로운 주교를 서품하는 것을 거부하였다. 대신 퇴임하여 라스팅햄에 있는 한 수도원에 기거하는 차드를 울프헤레와 그의 백성들에게 보내줄 것을 노섬브리아의 왕인 오스위오에게 요청하였다. 오스위오의 힘이 미치는 요크에서 그리고 노섬브리아족과 픽트족을 위해 주교 윌페르드는 주교직을 수행하였다. 아울러 덕망있는 주교 차드는 성스러운 복음작업을 수행하는 데 있어서 말을 타지 않고 걸어서 다니는 것이 습관이 되어 있었기 때문에, 주교 테오도르는 목적지가 상당히 멀다면 말을 타고 다니도록 명하였다. 그가 수행하는 성스러운 일에 대한 애착과 열정 때문에 그는 이를 몹시 주저하였다. 필요할 경우 말을 타고 다닐 것을 대주교는 강력히 권고하였고, 심지어는 손수 말에 그를 올려 태우기까지 하였다. 그 이유는 주교 차드가 사는 동안 쌓아놓은 공적을 보아 그에게 힘과 신성함이 있다는 사실을 대주교가 발견했기 때문이다. 차드는 린지는 물론 머시아의 주교직을 물려받았다. 그리고 초기 신부들의 행실을 거울삼아 완벽하게 주교직을 수행하였다. 울프헤레 왕은 그에게 (에트) 배로우라는 곳에 수도원을 세울 수 있고 50가구가 거주할 수 있는 정도의 대지 50하이드[4]를 제공하였다. 오늘날까지 그곳에는 그가 건립한 수도원의 흔적들이 남아있다. 그의 주교좌(主教座)는 리치필드라는 곳에 있었는데, 그곳에서 그는 죽었고 그곳에 묻혔다. 그곳에는 오늘날까지 그의 뒤를 이은 머시아 주교들의 좌(座)가 있다. 그는 역시 교회에서 멀지 않은 곳에 별도의 건물을 세웠는데, 하느님의 말씀을 가르치는 업무에서 벗어나 휴식을 취할 때면 자주 그곳에서 7 혹은 8명의 형제들과 함께 조용히 머물며 기도하고 공부하였다. 그 지역에서 그는 2년 반을 지내며 교회를 성공적으로 지도하고 이끌다가 '돌

---

4) 약 6천 에이커.

을 뿌리는 시간과 돌을 함께 거두어들이는 시간이 있다'라는 전도서의 말씀대로 신의 섭리에 지정한 시간이 다가왔다. 하늘이 정한 재앙과 죽음이 그들에게 내려와 육체의 죽음으로 지상 교회의 생명력 있는 돌(石)들이 하늘의 건물로 옮겨졌다. 주교가 있는 교회의 많은 회중의 영혼이 육체로부터 벗어나자 그 역시 지상에서 주님께로 떠날 시간이 왔다. 이 일은 앞서 언급한 장소에서 그가 오위너라는 한 형제와 함께 머물러 있었으며 다른 동료들이 마땅한 이유로 수도원에 있는 교회로 다 돌아간 뒤에 일어났다. 오위너는 매우 훌륭한 수사로서 하늘에서 이루어질 보상에 대하여 진정한 관심을 가졌기 때문에 오래전부터 그는 세속적인 것을 포기했었다. 그는 매우 덕망 있는 인물이었을 뿐만 아니라 하느님의 선택을 받은 인물이었다. 주님은 그에게 특별히 신비로운 일들을 보여주셨다. 그는 에델프리드와 함께 동부 앵글로부터 왔는데, 그는 에델프리드의 모든 하인은 물론이고 집과 수행원을 총괄하는 책임자였다. 하느님에 대한 그의 믿음이 커지고 열렬해지자 그는 속세를 버리기로 생각하였고, 지체 없이 행동으로 옮겼다. 그는 단순한 옷가지를 제외한 나머지 그가 가진 세속적인 모든 것들을 다 벗어던지고 라스팅햄에 있는 덕망 있는 주교가 세운 수도원에 입회하였다. 그의 손에는 도끼와 까뀌[5]가 들려져 있었는데, 수도원에 들어온 것이 일부 다른 사람들처럼 게으름을 피우기 위한 것이 아니라 노동하기 위해 온 것이라는 점을 이를 통하여 보여주었다. 그리고 행동으로도 입증하였다. 묵상하고 성서를 공부하는 능력이 부족했기 때문에 그는 육체노동에 더 힘을 기울였으며 필요한 것들을 만들었다. 그가 보여준 덕성과 열정 때문에 그는 다른 형제들과 더불어 앞서 언급한 장소에 주교와 함께 머물렀다. 공부와 독서를

5) 한 손으로 나무를 찍어 깎는 연장의 하나. 날이 가로로 나 있어 자루와 직각으로 되어 있고, 자귀보다 크기가 작다.

위해 그들이 그 장소 내부에 머물러 있는 동안 그는 필요한 일들을 하기 위해 밖에 있었다. 어느 날 그가 밖에서 무언가에 열중하고 있을 때, 여느 때처럼 그의 동료들은 도시에 있는 교회에 가 있었으며, 주교 또한 예배당에서 혼자 독서하고 기도하는 일에 열중하고 있었다. 그때 그의 말대로 세상에서 가장 아름답고 달콤한 목소리가 하늘에서 지상으로 내려와 즐거워하며 노래하는 소리를 갑자기 듣게 되었다. 그의 말처럼 그는 먼저 겨울에 해가 떠올라 가장 높은 지점에 이르는 남동쪽 부근에서 소리를 듣게 되었는데, 그곳으로부터 소리가 점점 그에게 다가와 교회 지붕에 이르렀다. 그런 후 그 소리는 예배당 안으로 들어와 예배당 내부 전체를 감쌌다. 그는 자신에게 들리는 소리에 정신을 쏟고 있었다. 30분 정도 지나 그는 전과 똑같은 환희의 노래가 예배당 지붕으로 올라가 말로 표현할 수 없는 달콤함을 지닌 채 내려왔던 것과 똑같은 길로 하늘로 올라가는 것을 다시 들었다. 한동안 그곳에 멍하니 있으면서 그는 그것들이 무엇인지 곰곰이 생각해보았다. 그때 주교가 교회 창문을 열고 습관대로 손뼉을 치며 누군가 밖에 있으면 자신에게 오라는 신호를 보냈다. 그러자 그는 즉시 주교에게 갔고 주교는 그에게 말하였다.

"서둘러 교회로 가서 7명의 형제들에게 오라고 전하여라. 그리고 너 또한 그들과 함께 오도록 하여라."

그들이 모두 참석하자, 그는 먼저 이들이 형제들은 물론 하느님의 사람들과 서로 평화와 사랑을 열심히 지켜나갈 것을 권고하였다. 이와 더불어 자신에게 배웠거나 세상을 떠난 선배 사제들의 행동이나 자신의 행동 혹은 교회의 법에서 그들이 목격한 교회의 법들을 지치지 말고 열정적으로 따르고, 이를 행동에 옮길 것을 그들에게 권고하였다. 이렇게 말한 뒤 자신이 이승을 떠날 날이 가까이 왔다고 그는 계속해서 말하였다.

“우리 형제들을 찾아오곤 했던 사랑스런 방문자가 오늘 역시 이 세상으로부터 나를 부르기 위해 왔소. 자, 그러니 모두들 교회로 돌아가서 우리 형제들에게 간청해주기 바라오. 그들의 기도와 간청으로 내가 이 세상을 떠나 하느님께 내 영혼을 위탁할 수 있도록 말이오. 그들 또한 죽는 날이 언제가 될지 모르나 금식과 기도 그리고 선행을 실천하며 죽음을 준비해야 한다는 사실을 기억해야 할 것이오.”

이런 말과 함께 이런 취지(趣旨)의 많은 이야기를 듣고 난 후, 모든 형제들이 그로부터 축복을 받은 후, 매우 슬픈 마음으로 그의 곁을 떠나자 홀로 천상의 노래를 들은 그는 주교 앞에 겸손히 무릎을 꿇고 말하였다.

“주교님, 제가 무엇을 좀 물어보아도 되겠습니까?”

“뭐든 물어 보거라.” 그는 대답하였다.

“하느님의 사랑을 두고 간청하건대 제가 들었던, 하늘에서 교회로 내려와 얼마 후 다시 하늘로 올라갈 때 기쁨으로 가득 찬 한 무리의 집단이 부른 노래가 무엇을 의미하는지 말씀해주시기 바랍니다.”

이에 주교가 대답하였다.

“노래 소리를 듣고 천사의 무리가 우리 위로 지나는 것을 목격했다면, 주님의 이름을 두고 너에게 명하노니 누구에게도 내가 죽기 전까지 이 사실을 발설해서는 아니 될 것이다. 사실대로 말할 것이거늘 그들은 내가 항상 사랑하고 갈망해온 하늘에서의 보상을 베풀어주기 위해 나를 데리러 온 천사들이다. 그들은 7일이 지난 후 다시 이곳으로 와서 나를 데려가겠다고 약속하였느니라.”

그 즉시 그는 육체적으로 쇠약해지기 시작하였는데, 그 증세는 매일 심해지고 악화되어 갔다. 그리고 일곱 번째 날 주님의 육신과 피를 받아 모시고 죽음을 준비한 후, 약속대로 그의 성스러운 영혼은 육체의 짐에서 벗어나 하늘에 올라가 모두가 마땅히 믿었다시피 천사들의 안내를 받으며 하늘의 영원한 기쁨과 축복에 이르게 되었다. 기쁨 속에서 그가 자신이 죽는 날, 아니 그가 항상 애타게 기다렸던 주님이 오시는 날을 볼 수 있었던 것이 놀라운 일인가? 절제, 겸손, 말씀의 가르침, 기도, 자발적 궁핍 등을 비롯한 그가 지닌 여러 덕목들과 더불어 그는 몹시 주님을 두려워했으며 모든 행동을 하는 데 있어 그에게 닥쳐올 마지막 날을 항상 염두에 두고 있었다. 이 글을 쓰는 데 나에게 정보를 제공한 한 형제로부터 들은 것인데, 그 형제는 주교의 가르침을 받으며 수도원에서 성장하고 교육받은 사람이었다. 그의 이름은 트럼베르흐트였는데, 그의 말에 따르면 주교(主敎)가 공부하거나 무언가를 할 때 갑자기 큰 바람이 일어나기라도 하면 주교는 우리 인간에게 자비와 동정을 베풀어 주시길 주님께 그 즉시 간청하였다고 한다. 바람이 보다 더 강하게 일기라도 하면 주교는 책을 덮고 고개를 떨어뜨린 채 간절히 소리내어 기도를 드렸다고 한다. 여전히 광풍이나 태풍이 일고 천둥과 번개가 땅과 대기를 흔들어 공포에 떨게 할 때면, 고요한 하늘의 상태로 돌아올 때까지 그는 교회 안에 들어가 열정적으로 기도를 계속하였고 인내를 가지고 성가(聖歌)를 불렀다고 한다. 그 이유에 대하여 그의 동료들이 묻자, 그가 대답하였다.

“그대들은 알지 못하시는가. 주님께서 하늘에서 소리를 만드시고 그 목소리를 내보내신다는 사실을 말이오. 그분은 화살을 아래로 뿔뿔이 흩어 보내시며, 번개 빛을 늘리시어 그들을 어쩔 줄 모르게 만드신다는 사실을 말이오. 주님께서는 공기를 풀어 바람을 일으키시며, 하늘에서 번개와 천둥을 쏘기도 하시는데, 이는 지상에 사는 사람들로 하여금 그분을 두려워하도록 하기 위한 것입니다. 아울러 이는 또한 그들의 마음이 장차 있을 심판을 기억할 수 있도록 상기시키기 위한 것입니다. 그분께서는 또한 인간의 마음속에 언젠가 하늘의 구름 속으로 그분이 오실 공포의 시간을 가져다줌으로써 그들의 자만을 물리치고 인간의 대담함을 깨뜨리기 위한 것이기도 합니다. 그때는 하늘과 땅이 불에 휩싸여 있을 것이며 대단한 힘과 권능을 통하여 그분께서는 살아있는 사람과 죽은 사람을 심판하실 것입니다. 그러니 이에 합당한 두려움과 사랑을 가지고 그분께서 하늘에서 보내는 경고에 우리는 응답해야 하는 것이오. 그분께서 공기를 휘저어 우리를 죽이실 분은 절대 아니나 우리를 죽이기라도 할 듯 손을 무섭게 올리시면, 우리는 즉시 울면서 그분의 동정(同情)을 간청해야 할 것이며, 우리 마음속 비밀들을 생각해보고 우리의 지은 죄의 사악함을 씻을 것이며, 우리가 죽음을 당하지 않도록 조심스럽게 잘 행동해야 할 것이오."

주교의 죽음과 관련하여 앞서 언급한 형제가 전해준 내용과 전에 언급한 적이 있는 덕망 있는 사제 에즈버트의 말이 일치한다. 에즈버트는 젊은 시절 스코트의 섬 아일랜드에 있는 한 수도원에서 기도와 절제, 그리고 성서를 공부하면서 한때 차드와 함께 살았던 적이 있었다. 그러나 차드는 오랜 시간이 흐른 후 브리튼에 있는 고향 땅으로 돌아오게 되었다. 그러나 에즈버트는 하느님을 위해 방랑생활을 하며 죽는 날까지 그곳에 머물렀다. 그후 오랜 세월이 흐른 뒤 매우 성스러운 고행자(苦行者) 한 사람이 브리튼에서 에즈버트를 방문했는데, 그는 린지의 대수도원장으로 그의 이름은 히에발드였다. 그들은 성인(聖人)이 된 사제들에 대한 이야기를 하면서 이들의 삶을 본받고자 하였다. 그러는 중 이들은 덕망 있는 주교 차드에 대하여 언급하게 되었다. 그러자 에즈버트가 말하였다. "성인이 이승을 떠날 때 그의 형 체드가 한 무리의 천사들과 함께 하늘로부터 내려와 그의 영혼을 데리고 하늘나라 왕국으로 들어가는 모습을 보았다는 한 사람을 내가 아는데, 그는 지금도 이 섬에 살고 있답니다."

그가 자기 자신이나 혹은 다른 사람에 관하여 했던 이야기인지 확실하지는 않다. 그러나 그 훌륭한 사람(에즈버트)이 말했다시피 그것이 사실이라는 것을 우리는 확신한다. 차드는 3월 10일에 세상을 떠났고, 성 마리아 교회에 일단 안치되었다. 얼마 후 사도들의 축복받은 수장인 베드로 성인을 기리기 위해 교회가 세워졌고, 그곳에 그의 유골이 묻히게 되었다. 이곳에서는 그의 덕행과 신성함의 표시로 기적의 치유가 종종 일어나곤 한다. 한 증거로서 최근 이리저리 뛰어다니는 한 정신병자가 저녁에 그곳에 오게 되었는데, 그곳을 지키는 사람들 누구도 그 사실을 알지 못했거나 주의를 기울이지 않았다. 그는 그곳에서 밤새 쉬었다. 그는 아침에 제정신이 돌아온 상태로 일어나 밖으로 나갔다. 이를 보고 모든 사람들은 놀라워했고, 신의 은총을 통하여 나타나고 실행된 기적의 치유에 기뻐하였다. 그가 묻힌 장소에는 조그만 집의 형태로 하나의 목조 구조물이 세워졌는데, 위에 차양(遮陽)이 쳐 있었다. 거기에는 조그만 구멍이 나 있었고, 믿음으로 이곳을 방문하는 사람들은 그곳을 통하여 손을 넣어 소량의 흙을 꺼내었다. 이들이 그것을 물에 넣어 병자나 병든 가축에게 마시도록 하는데, 이로 인하여 이들은 즉시 심한 병의 증세로부터 치유되어 그들이 바라던 건강의 기쁨을 맛볼 수 있다. 테오도르는 차드 주교의 자리에 신심이 돈독하며 겸손한 윈퍼스라는 인물을 서위하였다. 그는 전임자들과 마찬가지로 주교로서 머시아와 미들 앵글족 그리고 린지 지역을 관리하였다. 이 모든 영토에 대하여 당시 생존해 있던 울프헤레가 왕권을 행사하였다. 윈퍼스는 자신이 계승한 주교 휘하의 성직자들 가운데 한 사람으로서 주교 아래서 상당 기간 동안 부제(副祭)의 직책을 수행하였다.

IV

이 시기에 스코트 출신의 콜만 주교는 브리튼을 떠나 린디스판에서 그가 규합(糾合)한 모든 스코트 사람들과 함께하였다. 뿐만 아니라 그는 30명의 잉글랜드 사람들과도 함께하였는데, 이 두 집단은 수도원 규율에 맞추어 잘 훈련되었을 뿐만 아니라 신중하게 교육받은 사람들이었다. 그는 교회에 일부 형제들을 맡겼다. 먼저 그는 하느님의 말씀을 잉글랜드 사람들에게 설교하고 가르치도록 파견된 적이 있었던 아이오나 섬으로 갔다. 그런 후 그는 아일랜드에서 서쪽으로 멀리 떨어져 있는 한 조그만 섬으로 들어갔다. 스코트 말로 그 섬은 이니쉬보핀이라 불렸는데, 이는 '흰색의 어린 염소'를 의미했다. 섬에 당도한 그는 그곳에 수도원을 세웠고 그곳에 두 나라로부터 그가 규합하고 그와 동행한 사람들을 수도사로 입회하도록 하였다. 그러나 그곳에 정착한 후 그들은 서로간에 조화와 일치 속에 살 수 없었다. 곡식을 거두어들이는 여름 수확계절에 스코트 사람들은 수도원을 떠나 익숙한 곳들을 배회하며 돌아다니다 겨울이 되면 수도원에 다시 돌아와 잉글랜드 사람들이 노력하여 비축한 것들을 공유하려고 하였다. 이러한 불화와 갈등을 치유하기 위해 콜만은 가까운 거리뿐만 아니라 먼 거리에 있는 많은 장소들을 찾아다녔다. 그는 아일랜드라는 곳에 수도원을 세울 적합한 장소를 찾게 되었는데, 이는 스코트 말로 메이지오(Maigeo)[6] 라고 불린다. 그는 땅 주인인 그 지역 족장으로부터 그곳에 수도원을 세울 조그만 부지(敷地)를 매입하였다. 여기에는 조

6) 후에 엘키운(Alcuin)은 이곳의 수도사들에게 다음과 같은 서신을 보낸다. "그리스도의 사랑을 위해 추방된 자들이여, 그대들이 발하는 빛이 땅 위에 널리 퍼지고 있노라. 그대들이 발하는 빛이 서쪽 하늘에 빛나는 별들과 같이 저 미개(未開)한 땅 위에 빛날지어다." 이전에는 아일랜드 수도사들이 브리튼에 복음을 전했는데, 이제는 역(逆)상황이 전개되는 것이다.

건이 하나 붙어 있었는데, 그곳에 한동안 있게 될 수사들이 땅을 제공한 그를 위해 주님께 기도하고 간구해준다는 것이었다. 족장과 이웃들의 도움으로 그는 빠른 시간에 그곳에 수도원을 세웠다. 그리고 그곳에 잉글랜드 출신의 수사(修士)들을 정착시켰고 스코트 출신의 수사들은 앞서 언급한 섬에 남겨두었다.[7] 이 수도원은 지금까지 유랑생활을 하는 잉글랜드 출신 수사들이 사용하고 있다. 작은 규모로 시작된 이 수도원은 오늘날 매우 커졌고, 보통 사람들은 이 수도원을 뮤이지오라고 부른다. 그 후로 오랫동안 모든 수사들이 더욱 훌륭한 규율 아래 생활했고, 이곳에는 지금도 잉글랜드에서 규합된 한 집단의 훌륭한 수사들이 수용(收容)되어 명망 있는 사제들을 본보기 삼아 규율과 철저한 절제 그리고 순수한 삶 안에서 손수 노동하면서 살고 있다.

V

주교 테오도르가 브리튼에 온 지 2년째가 되던 해인 주후(主後) 670년경에 노섬브리아의 왕 오스위오가 병으로 죽는데, 그때 그의 나이 58세였다. 당시 왕은 로마교회의 규정과 로마교황의 교회에 대하여 상당한 애착을 가지고 있었기 때문에 만일 그가 병에서 회복되었더라면 로마로 가서 그곳에 있는 성스러운 장소에서 그의 삶을 마감하려고 했었다. 로마로 여행하는 데 자신의 안내자가 되어 줄 것을 그는 주교 윌페르드에게 간청하였고 이에 대한 보답으로 상당한 액수의 돈을 그에게 제공하였다. 그는 2월 15일에 세상을 떠났고 후계자인 아들 에즈프리드에게 왕좌를 물려주었다. 에즈프리드 왕이 즉위하고 3년째가 되던 해 주교 테오도르는 (과거) 성스러운 신부들이 지

7) 이는 아마도 켈트 전통을 저버리고 로마 전통을 받아들이는 것을 의미할 것이다.

켜온 교회법을 알고 있을 뿐더러 이것에 대한 애착을 지니고 있던 교회에서 가르침을 주는 많은 사람들이 참여한 가운데 주교회의를 개최하였다. 이들이 모이자 그는 대주교의 신분에 걸맞게 교회의 화합에 도움이 되는 것들을 지켜나갈 수 있기를 이들에게 열정적으로 가르치기 시작했다. 주교회의의 내용은 다음과 같다.

영원히 교회를 통치하고 이끌어주시는 주님이신 하느님과 우리 구주이신 예수 그리스도의 이름 아래 우리가 교회법에 언급된 관례에 따라 한데 모여 하느님 교회에 필요한 일들을 논하는 것은 합당한 것으로 여겨진다. 우리는 9월 24일 하트포드라는 곳에 모였다. 이것이 첫 포고(布告)였다. 나 테오도르는 과분하게도 캔터베리 교회의 주교로 주교좌(主教座)로부터 파견되었다. 그리고 존경하는 우리의 형제인 동부 앵글족의 주교이신 그리와스와 노섬브리아의 주교이신 윌페르드의 대리인이 참석하였습니다. 우리의 형제들인 캔트에 있는 로체스터라는 도시의 주교 푸터와 웨스트 색슨의 주교 레오세리우스와 머시아의 주교 윈퍼스 역시 참석하였습니다. 여기에 온 우리 모두가 서열에 따라 자리에 앉자 나는 말하였다. "친애하는 형제 여러분, 우리 구주를 사랑하고 두려워하기 때문에 여러분께 간곡히 바라오니 우리 모두의 믿음을 위해 성부(聖父)들이 세우고 정착시킨 교령(教令)과 규율을 손상시키지 않고 지켜야 한다는 점을 우리 모두 생각하기 바랍니다." 이외에도 나는 교회의 일치와 하느님의 사랑에 부합하는 그 밖의 많은 것을 말하였다. 그런 뒤 나는 과거 성부(聖父)들에 의해 결정된 교회법을 준수하는 것에 동의하는지 순서에 따라 이들 각각의 주교들에게 물었다. 그리고 주교들 모두 교회법을 받아들이고 기꺼이 그리고 즐거운 마음으로 이를 지켜나갈 것이라고 그에게 답변하였다. 그러자 나는 즉시 그들에게 교회법이 적혀 있는 책을 보여주었다. 그리고 내가 그들의 손에 이들 책들로부터 10개의 조항을 펼쳐

보였는데, 이것들은 한 줄 한 줄 내가 표시해두었을 뿐만 아니라 내가 가장 필요하다고 알고 있으며 그들 모두가 부지런히 지키기를 바라는 내용들이었다. 이것이 첫 번째 조항이다. 성스러운 부활절을 1월 열네 번째 날 다음에 오는 일요일에 우리 모두 다 같이 준수해야 한다. 두 번째 조항의 내용은 다음과 같다. 어느 주교도 다른 주교의 교구(敎區)를 침범해서는 안 되며, 자신에게 맡겨진 백성들을 관리하는 것으로 만족해야 한다. 세 번째 조항은 다음과 같다. 주교는 하느님께 바쳐진 수도원을 침해해서는 안 될 것이며, 힘에 의해 수도원의 재산을 사유화해서도 절대 안 된다. 네 번째 조항은 다음과 같다. 수도사들이 자신이 속한 수도원의 대수도원장의 허락 없이 한곳에서 다른 곳, 즉 이 수도원에서 저 수도원으로 옮겨 다녀서는 안 된다. 그들이 개종할 때 하느님께 맹세한 복종을 계속해서 실천해야 한다. 다섯 번째 조항은 다음과 같다. 주교 아래에 있는 하느님의 종인 사제 어느 누구도 자신이 속해 있는 주교를 떠나 여러 장소로 옮겨 다녀서는 안 된다. 어디에 가든 사제가 속해 있는 주교의 증표나 편지 없이 사제는 어디에서도 받아들여져서는 안 된다. 일단 받아들여진 사제가 고향(원래의 장소)으로 돌아올 것을 명받고 거부한다면 그 사제 자신은 물론 그를 받아들인 사람 모두 주교에 의해 파문당하게 될 것이다. 여섯 번째 조항은 다음과 같다. 타국의 주교나 하느님의 종은 그들에게 주어지는 환대나 대접에 만족해야 한다. 그들을 손님으로 받아들인 주교의 허락 없이 사제로서 어떠한 역할도 행사해서는 안 된다. 일곱 번째 조항은 다음과 같다. 주교회의는 1년에 두 차례 열린다. 그러나 여러 다양한 이유와 업무가 발생하면 만장일치에 의해 주교회의는 1년에 한 차례, 즉 8월 첫날 클로페소흐라는 곳에서 열린다. 여덟 번째 조항은 다음과 같다. 주교 어느 누구도 합당치 못한 야망을 가지고서 다른 주교 위에 군림하려고 해서는 안 된다. 그러나 모든 주교는 서품이 된 때와 순서에 따라 서열이 매겨진다. 아홉 번째 조항은 다 같이 논의되었던 것이다. 신자(信者)의 수가 늘어감에 따라 감독하는 주교의 수도 늘어야 한다. 열 번째 조항은 결혼한 사람에 관한 내용이다. 적법한 결혼 외에 어떠한 결합도 용납되지 않는다. 간통 혹은 불순한 행동을 해서는 안 되며 성 복음의 말씀대로 간음을 제외한 어떠한 이유라도 자신의 아내를 버려서는 안 된다. 법에 의해 맺어진 자신의 아내를 내치는 사람은 진정 자신이 그리스도인이기를 원한다면 다른 사람과 관계를 맺기보다는 자기 아내와 화해를 해야 할 것이다.

VI

이 주교회의는 주후(主後) 673년경에 열렸으며, 그해 7월 캔트의 왕인 에즈버트도 세상을 떠났다. 그의 동생 흘로데레가 왕권을 이어받아 13년 7개월간 통치하였다. 앞서 언급했다시피 주교회의에 참석한 그리와스는 이스트 앵글족의 주교였는데, 그는 한 차례 언급한 적이 있는 신심이 매우 돈독하고 성스러운 인품을 지닌 주교 보네파티우스의 후임자였다. 17년간 주교로서 봉직(奉職)한 보네파티우스가 세상을 떠나자, 테오도르 주교는 그의 뒤를 이어 비세이를 주교로 서품하였다. 비세이는 주교로서 임무를 수행하는 데 병으로 방해를 받았기 때문에 그가 살아있는 동안 에체[8]와 비도원 두 사람이 발탁되어 그를 대신할 주교로 서품되었다. 그때부터 지금까지 이 지역에는 2명의 주교가 있게 되었다.

---

8) 673년에 에체는 던위치(Dunwich)의 초기 관할구에 임명되었다.

VII

이 일이 있고 시간이 조금 지난 후 머시아의 주교인 윈프리드로 인하여 마음이 상한 대주교 테오도르는 불복종이라는 이유로 그에게서 주교직을 박탈하였고, 그 자리에 세아크울프 주교를 임명하였다. 세아크울프는 그리와스[9]라는 지역에 위치한 피터보로우라는 수도원을 설립했고 그곳의 대수도원장이었다. 윈프리드는 배로우라는 자신의 수도원으로 돌아와 믿음 안에서 자신의 삶을 마감하였다. 그 즈음에 테오도르는 이스트 색슨족을 위해 에르콘왈드[10]를 런던에서 주교로 임명하였다. 당시 이스트 색슨족을 통치했던 왕은 전에 언급한 적이 있는 세버와 시그헤레였다. 주교직에 있는 동안 그리고 주교가 되기 전 그의 삶과 행동은 차후 천국 기적의 징표가 입증해주듯이 매우 덕망이 있었다고 전해진다. 그가 병으로 앓고 있을 때 그를 실어 날랐던 말 가마가 오늘날까지도 이런 이유로 해서 그의 제자들에 의해 보존되고 있다. 열병 혹은 다른 병으로 고통받는 많은 환자들이 이로 인하여 치료되었다. 말 가마 아래에 놓인 병자는 물론이고 그곳에 가까이 있던 병자 또한 치료되었으며, 말 가마에서 떼어낸 나무 조각을 병자에게 가져다주면 병자는 즉시 회복되었다. 이 성스러운 인물은 주교가 되기 전에 2개의 훌륭한 수도원을 세웠는데, 하나는 자신을 위한 것이며 다른 하나는 그의 누이인 에델버그를 위한 것으로 정통 규율 아래 두 수도원 모두 훌륭하게 정착시켰다. 자신을 위해 그는 템스 강가에 위치한 서리(Surrey)에 쳐트시(Chertsey)라는 수도원을

9) 재로우(Jarrow)의 색슨식 지명(地名)이다.

10) 축일은 4월 30일. 675년, 캔터베리의 성 테오도르는 그를 이스트 색슨의 주교로 임명하였다. 성 바울 대성당에 있는 그의 경당은 중세시대에 재건된 것이다. 그는 쳐트시 외에도 바킹에 수도원을 세웠다고 한다. 여동생인 성녀 에델부르가를 나중에 수도원장으로 임명하였고, 성 테오도르와 성 윌프리스와의 화해를 중재한 인물로 알려져 있다.

세웠으며, 자신의 누이를 위해서 이스트 색슨족이 사는 바킹[11](Barking)이라는 곳에 수도원을 세웠다. 그곳에서 에델버그는 하느님께 자신들은 헌신한 여성들을 가르치는 선생으로서 그리고 대모(代母)로서 살았다. 수도원을 관리하는 책임을 맡은 그녀는 믿음이 있고 규율 잡힌 삶을 통하여 모든 일을 하는 데 있어서 오빠인 에르콘왈드 주교에 비길 만한 덕망 있는 모습을 보였는데, 이러한 그녀의 삶은 후에 하늘의 기적들에 의해 입증되었다.

VIII

바킹에 있는 수도원에서 종교적 힘에 의한 많은 징표들이 나타났는데, 이러한 징표들은 후대에게 알리고 가르치기 위해 학식 있는 많은 사람들에 의해 기록으로 남겨졌다. 이것들 가운데 일부를 이 교회사(敎會史)에 삽입하게 되었다. 앞서 자주 언급되었던 역병의 폭풍이, 멀리 그리고 넓게 모든 것을 파괴하고 황폐화시킬 때, 역병이 남자들이 머물고 있는 수도원의 일부에도 침투하여 매일 사방에서 몇몇 사람들이 세상을 떠나 주님께로 데려가졌다. 여대수도원장이며 공동체의 어머니인 에델버그는 하느님을 위해 일하는 여자들이 머물고 있는 수도원의 일부를 언제 역병이 공격할지 노심초사하고 있었다. 수도원장은 수녀들을 모아놓고, 때가 되어 역병으로 다른 사람들의 경우에서 보았다시피 이승을 떠나게 된다면 수도원 어느 곳에 묘지를 마련해주기를 원하는지 이들에게 묻곤 하였다. 수녀들로부터 한 장소를 간곡히 추천받고자 하였으나 어떠한 대답도 얻지 못하고 있을 때, 그녀와 함께 모든 수녀들은 우연히 아주 확실한 대답을 신의 섭리로부터 얻게 되었다. 어느 날 저녁 찬미의 노래가 끝나자, 그리스도의

---

11) 이스트런던 교외에 위치하고 있다.

종들은 예배당을 나와 이미 죽은 형제들의 무덤을 찾게 되었고, 그곳에서 주님께 일상적 찬미의 노래를 불렀다. 그때 갑자기 하늘로부터 빛이 내려와 커다란 종잇장 모양으로 펼쳐져 그들 위를 지나가자 이들은 공포와 놀라움에 사로잡혀 두려운 나머지 부르던 노래를 멈추었다. 하늘에서 내려 온 빛의 밝기는 한낮의 태양빛보다 더 강하였다. 얼마 지나 그 빛은 그 장소로부터 발원하여 수도원의 서쪽 방향, 즉 예배당의 서쪽으로 향하였다. 그곳에 한동안 머물던 빛은, 전에 그들이 심사숙고했던 장소를 그들에게 가리켰다. 그런 뒤 이들 모두가 보는 자리에서 그 빛은 하늘로 올라갔고 그리스도의 종들의 영혼을 하늘로 이끌었던 그 빛은 어느 누구의 마음에 조금의 의심도 남김없이 그들의 육체가 안식을 취하고 부활할 날을 기다릴 장소를 다시 한 번 그들에게 가리켰다. 젊은 수사와 함께 예배당에서 기도를 올리던 나이 든 수사 한 사람이 다음 날 아침 말하길, 그 빛줄기가 문틈과 창문 사이로 들어왔는데, 대낮의 빛의 밝기를 넘어설 정도로 매우 강력했다고 한다.

IX

그곳 수도원에는 세 살이 채 안 된 에쉬카라는 어린 아이가 있었는데, 아직 나이가 어려서 하느님께 자신들의 삶을 헌신한 수도원 동정녀들에 의해 길러지고 교육받았다. 그러던 중 그 아이는 앞서 말한 역병의 공격을 받았다. 그리고 마지막 날이 왔을 때, 아이는 마치 그녀가 그곳에 있어 그녀에게 말을 건네듯이 세 차례에 걸쳐 그리스도의 동정녀들 가운데 한 사람의 이름을 불렀다. 그는 '에드기스(Eadgyth), 에드기스, 에드기스'라고 말하였다. 그리고 에쉬카는 이승의 삶을 마감하고 영원한 삶 속으로 들어갔다. 죽을 때 그가 불렀던 그 동정녀는 즉시 똑같은 역병의 공격을 받아 그녀의 이름이 불린 날 죽었다.

그리고 그녀는 자신을 부른 그 어린 아이를 따라 하늘나라 왕국으로 들어갔다.

X

또 다시 하느님의 종들 가운데 한 사람이 앞서 언급한 역병의 공격을 받아 삶의 마지막 날에 이르렀다. 그러자 그녀는 한밤중에 갑자기 자신을 간호하던 사람들을 불렀다. 그녀는 이들에게 그곳에 타고 있는 등불을 꺼줄 것을 요청하였다. 그녀는 반복해서 이 일을 부탁하고 지시하였으나 어느 누구도 그의 말을 듣지 않았다. 그러자 그녀는 결국 말하였다. '당신들은 내가 정신착란 상태에서 말하고 있다고 생각하는 것 같군요. 그러나 분명히 말하지만 그렇지 않아요. 당신들이 켜놓은 등의 불빛이 나에게 어둡게 느껴질 정도로 이 방안은 강한 빛으로 채워져 있는 것을 나는 보고 있어요.' 이렇게 얘기하는 그때조차도 어느 누구 하나 그녀에게 대답하거나 그녀의 말에 주의를 기울이지 않았다. 그러자 그녀는 다시 말하였다. '원하는 데까지 등불을 태워보시지요. 그러나 그것은 나의 빛이 아니라는 것을 나는 알고 있어요. 새벽 동이 트면 나의 빛이 나에게 올 것이기 때문입니다.' 그런 뒤 그해 죽은 한 성스러운 분이 그녀에게 나타나 새벽이 오면 그녀가 영원한 빛으로 떠나게 될 것이라는 사실을 말해주었다고 그녀는 그들에게 말하였다. 새벽 동이 트자 그녀가 죽어 영원한 빛으로 떠나가게 됨에 따라 그 비전은 곧 사실로 입증되었다.

XI

하느님이 사랑하는 신도들의 신앙심 깊은 대모인 여대수도원장 에델버그가 세상을 떠나게 될 무렵, 놀라운 비전이 토트기스라는 수녀에게 나타났다. 그 수녀는 수년 동안 같은 수도원에서 생활하였으며,

매우 겸손하고 성실하며 순수한 마음을 가지고서 열정적으로 하느님을 섬겼다. 그리고 그녀는 수도원의 규율을 지켜나가는 일에서 여대수도원장을 보필하였을 뿐만 아니라 모범적인 생활과 가르침을 통하여 젊은 수녀들을 이끌고 교정해주었다. 사도의 말대로 병들었을 때 그녀가 지닌 덕을 완벽하게 해주기 위해 그녀는 심한 육체적 병을 갑자기 앓게 되었다. 그녀가 지닌 덕목과 더불어 그녀의 무지나 무관심에서 비롯된 그녀 안의 모든 죄들이 지속적 시련의 불로 정화될 수 있도록 9년 내내 그녀는 우리 구주의 섭리 아래 심한 시련을 겪었다. 어느 날 새벽 동이 틀 무렵 수녀는 그녀가 머물던 숙소에서 나오게 되었다. 그때 육신처럼 보이는 태양보다 더 밝은 무엇인가가 천에 싸여 하늘 높이 옮겨지는 것을 분명하게 목격하였다. 그 육신은 수녀들이 자는 집으로부터 먼저 높이 올려졌다. 자신이 목격한 그 영광스런 육체를 누가 위로 끌어올리는지 토트기스 수녀는 자세히 살펴보았으며, 육체가 황금 줄로 끌려 올라가자 하늘이 열리고 그 안으로 그것이 들어가는 것을 목격하였다. 그리고 수녀는 그것을 더 이상은 볼 수 없었다. 토트기스 수녀는 자신이 본 비전을 생각해보았다. 수도원에 있는 누군가가 곧 죽을 것이며, 과거 그 사람이 실천했던 착한 행실로 그 영혼이 황금 줄에 의해 하늘로 올려질 것이라는 사실을 의심치 않았다. 그리고 그러한 일이 똑같이 이루어졌다. 며칠 지나지 않아, 하느님의 사랑을 받은 공동체의 어머니 에델버그 대수도원장이 육체의 짐을 벗게 되었다. 그리고 수도원장의 성스러운 영혼은 하늘에 있는 왕국으로 들어가게 되었다. 이와 더불어, 같은 수도원에는 세속적 계급으로 보나 다가올 세상을 사랑하는 점에서도 훨씬 더 고귀한 수녀 한 분이 있었다. 수년 동안 그 수녀는 사지하나 움직이지 못할 정도로 완전히 육체가 마비되어 있었다. 존경스러운 여대수도원장의 육체가 교회로 옮겨져 안치될 거라는 사실을 알자, 수녀는 그곳으로 자신 또한 옮겨질 수 있기를 간청하였다. 그렇게 이루어지자, 기도하는 자세로 그 수녀는 여대수도원장의 시신에 고개를 숙였는데, 이는 마치 살아있는 에델버그 수도원장에게 말을 거는 것처럼 보였다. 그리고 은총이 가득하신 창조주의 자비를 통하여 오랜 기간 심하게 지속된 고통에서 벗어날 수 있는 허락을 얻을 수 있도록 그 수녀는 여대수도원장에게 간청하였다. 그리고 수녀의 기도는 12일이 채 되지 않아 응답되었다. 수녀는 육신에서 벗어나 오래도록 겪은 세속의 고통에 대한 영원한 하늘나라의 보상을 받게 되었다.

XII

앞서 언급한 그리스도의 종인 토트기스 수녀는 여대수도원장이 죽고 이승에서 3년을 더 사는 동안 뼈가 제자리에 있지 않을 정도로 병에 걸려 몹시 고통을 겪고 있었다. 죽을 때가 다가오자, 수녀는 다른 신체기관들을 비롯하여 혀는 물론이거니와 사지를 전혀 움직이지 못하였다. 3일 밤낮 동안 말을 하지 못하던 토트기스 수녀가 갑자기 종교적 비전에 의해 기운을 얻어 입과 눈을 열고 하늘을 바라보며 자신이 보았던 그 비전을 향하여 말하였다. '당신께서 와주시니 감사하게 생각하며 환영하는 바입니다.' 이렇게 말하고 자신이 목격하고 말을 건 사람으로부터 대답을 기다리는 듯 수녀는 한동안 침묵하였다. 마치 다소 만족스럽지 못한 듯 수녀는 다시 말하였다. '더 이상 고통을 견디고 싶지 않습니다.' 다시 한동안 수녀는 침묵하였다. 그러고 난 후 토트기스 수녀가 세 번째 말을 하였다. '반드시 오늘이 아니라면, 간청컨대 오래 걸리지 않기를 바랍니다.' 그런 뒤 수녀는 그전처럼 잠시 침묵하다가 말하였다. '만일 그것이 그렇게 결정되어 변경될 수 없는 거라면 시간이 지체되어 다음 날 밤을 넘기지 않기를 바라는 바입니다.' 이렇게 말하자, 옆에 앉아 있던 사람들은 누구와 말하는 것인지 수녀에게 물었다. '나의 사랑하는 어머니이신 에델버그'와 말하고 있다고 토트기스 수녀는 대답하였다. 에델버그가 수녀에게 죽음을 알리기 위해 왔다는 사실을 그들은 이를 통하여 알게 되었다. 요청대로 하루 밤낮이 지난 뒤 토트기스 수녀는 육체의 속박과 고통으로부터 벗어나 영원한 행복의 기쁨 속으로 들어가게 되었다.

XIII

신심 가득한 하느님의 종 힐데리드가 그후 에델버그의 여대수도원장직을 이어받았다. 상당한 나이에 이를 때까지 수년간 힐데리드는 수도원에서 공동으로 사용하는 물건들을 공급하는 일뿐만 아니라 규율을 지키는 일에서 열정적으로 수도원을 관리 감독하였다. 수도원에 세워진 장소가 협소하기 때문에 그곳에 묻힌 그리스도의 종들의 유골을 성모 마리아 교회 한곳에 안치하는 것이 좋을 것이라고 힐데리드 수도원장은 생각하였다. 그후 매우 빈번하게 그곳에는 천상의 환한 빛과 함께 다른 많은 징표와 놀라운 일들이 나타나곤 하였다. 이러한 사건에 관련된 내용이 담긴 책을 읽은 사람이라면 누구나 발견할 수 있는 것인데, 그 책에서 이 이야기도 발췌된 것이다. 치유의 놀라운 기적이 있었는데, 이는 하느님이 사랑하는 공동체의 무덤에서 일어났던 것으로 이 책에도 언급되어 있으며 여기에서 빼놓고 넘어갈 수 없는 것이다. 공동체 가까이에 영주 한 사람이 살고 있었는데, 그의 부인은 눈병으로 고생하고 있었다. 며칠 동안 눈이 아프더니 그녀는 결국 약간의 빛도 볼 수 없게 되었다. 눈이 멀고 얼마 지나서, 하느님께 헌신하는 동정녀들이 머무는 수도원으로 가서 그곳에서 성인들의 무덤에 기도를 올리면 잃어버린 시력을 되찾을 수 있을지 모른다는 생각이 어느 날 저녁 그녀의 마음속에 떠올랐다. 종과 하인들의 도움으로 영주의 부인은 가까이에 있는 수도원으로 인도되었다. 자신이 치유될 것이라는 사실에 대하여 완벽한 확신을 가지고 있다고 그녀는 공언하였다. 그런 뒤 그녀는 하느님의 종들이 묻힌 묘지로 인도되었다. 무릎을 꿇고 한동안 기도하자 그녀는 곧 기도에 대한 응답을 얻었다. 기도를 하고 일어 서 그곳을 떠나기도 전에 그녀는 간구했던 시력의 은총을 받았다. 종들의 손에 이끌려 그곳에 온 그녀는 자신의 발로 누구의 도움도 없이 즐거운 마음으로 집으로 돌아갔는데, 마치 그녀가 일시적으로 시야를 잃었던 것은 치유를 통하여 하늘나라 그리스도의 성인들이 지닌 빛이 얼마나 밝은지 그리고 이들이 지닌 은총이 무엇인가를 보여주기 위한 것처럼 보였다.

XIV

이 당시 이스트 색슨족의 통치자는 똑같은 책에도 언급되어 있듯이 신심이 돈독한 하느님의 종 세버였는데, 그에 관하여 이미 앞에서 한 차례 언급한 적이 있다. 행실이 매우 종교적인 사람으로서 그는 기도에 전력을 쏟을 뿐만 아니라 남에게 베푸는 성스러운 일을 실천하는 것에 매우 열정적이었다. 지상왕국의 부와 명예보다 은퇴하여 수도생활을 하는 것을 더 좋아했다. 오래전부터 자주 지상왕국을 포기하고 이러한 삶을 영위하는 것을 갈망하였으나 그와는 반대의 성격을 지닌 그의 부인이 반대하였다. 이런 이유 때문에 많은 사람들은 그러한 성품의 사람은 왕보다는 주교로 임명되는 것이 보다 적합하다고 생각하고 거듭 말하였다. 30년간 왕좌에 앉아 있으며 그는 하늘나라 왕국의 수호자로서 역할을 수행하다가 심한 육체적 병에 걸려 고통을 겪다가 이로 인하여 죽게 되었다. 더 이상 이 세상을 즐기고 세상에 봉사할 수 없을 그때에 하느님께 봉사하는 일에 그들이 동참해야 한다고 왕은 자신의 아내에게 충고하였다. 왕은 병으로 매우 어렵게 이 일을 실행에 옮기게 되었는데, 왕은 주교 에르콘왈드의 후계자인 런던의 주교 왈드히러에게 가서 그의 축복 속에 오랫동안 스스로 갈망해온 성직을 받았다. 왕은 또한 가난한 사람들에게 나누어주기 위해 상당히 많은 돈을 주교에게 가져다주었으며, 하늘나라 왕국을 위해 정신적으로 가난하게 살기 위해 자신을 위해 어느 것도 남기지 않았다. 앞서 말한 병에 압도되어 세상을 떠날 날이 가까이 왔다는 사실을 느끼자, 왕족이라는 신분을 생각한 그는 자신이 심한 고통으로 신분에 어울리지 않거나 위엄이 떨어지는 말이나 행동을 할까 두려워하기 시작하였다. 당시 왕이 신세를 지던 런던의 주교 왈드히러를 불러 임종시에 주교를 비롯하여 자신의 시종 2명 외에 더는 참여하지 못하도록 해줄 것을 부탁하였다. 왕의 요구대로 기꺼이 그렇게 하겠다고 주교는 약속하였고, 그런 뒤 곧 하느님의 사람인 세버 왕이 사지를 편하게 하고 잠이 들었다. 그러고 나서 왕은 스스로를 편안케 해주는 비전을 보았는데, 그 비전은 앞서 언급한 걱정을 비롯한 온갖 근심을 없애주었을 뿐만 아니라 왕이 어느 날에 이승에서 삶을 마감할 것인가를 보여주었다. 후에 그 자신이 말했다시피 3명의 남자들이 빛나는 옷을 입고 자신을 찾아온 모습을 왕은 보았다. 이들 가운데 한 사람이 의자에 앉고 그와 함께 온 나머지 둘은 서 있었다. 앉아 있는 동료에게 자신들이 방문한 환자의 상태에 관하여 서 있는 둘이 물었다. 영혼과 육체가 고통 없이 거대한 광채에 휩싸여 분리돼야 한다고 그는 말하였다. 그리고 3일째 되는 날 그가 죽게 될 것이라고 두 동료에게 말하였다. 비전이 알려준 그대로 이 두 가지가 이루어졌다. 3일째 되던 날 오후 3시 어떠한 고통도 없이 세버 왕은 죽었고 왕의 영혼이 떠나게 되었는데, 그때 왕은 마치 갑자기 부드럽게 잠에 빠져드는 것처럼 보였다. 사람들은 왕의 육체를 묻기 위해 석관(石棺)을 준비하였다. 왕의 시신을 관에 눕히려 할 때, 관에 비해 시신이 두 뼘 가량 길었다. 사람들은 할 수 있는 최대한 석관의 내부를 파서 손가락 2개 정도 관의 길이를 더 늘였다. 그래도 시신은 관에 맞지 않았다. 왕을 매장하는 데에 큰 어려움에 봉착하자 고민 끝에 다른 관을 찾든지 아니면 무릎 부분을 굽혀 관에 시신을 넣든지 하자고 그들은 말하였다. 그러나 놀랍게도, 아니, 신성하게도 그 두 가지 제안 모두가 불필요하게 되었다. 주교와 왕의 후계자인 두 아들 시게헤아드와 스웨프레드가 많은 군중들과 더불어 시신 곁에 서게 되었다. 그러자 갑자기 시신의 머리 뒤에 베개 한 개를 넣어도 될 정도로 관의 길이가 왕의 시신과 딱 맞게 되었다. 뿐만 아니라 관의 발치부분은 왕의 시신보다 4인치[12] 가량 길었다. 그리하여 하느님의 사람 세버는 사도 성 바울의 교회에 묻히게 되었는데, 성 바울의 가르침을 통하여 그는 천상의 축복에 대한 희망을 배웠다.

XV

웨스트 색슨족의 네 번째 주교는 루테리우스였다. 첫 번째 주교는 비리누스였고, 두 번째 주교는 에겔베르흐트, 세 번째 주교는 위네였다. 켄왈 왕이 통치하던 기간에 루테리우스가 그곳의 주교가 되었는데, 켄왈 왕이 죽고 나자 대단치 않은 왕자들이 영토를 분할하여 10년간 통치하였다. 왕자들이 통치하는 동안 주교 루테리우스가 죽었으며, 주교 테오도르는 그 자리에 헤더를 런던에서 주교로 임명하였다. 주교로서 그가 봉직하는 동안 영토는 정복되고 왕자들은 축출되었으며, 케아드왈라가 웨섹스의 왕권을 계승하였다. 정권을 잡고 왕으로 있는 2년 동안 케아드왈라는 하늘나라 왕국의 사랑에 고무되어 헤더가 주교로 있는 사이에 지상의 왕국을 버리고 로마로 가서 그곳에서 생을 마감하였는데, 이것에 대하여 나중에 보다 정확하게 이야

12) 약 10㎝.

기하려고 한다.

XVI

주후 676년 머시아의 왕 에델레드는 사악한 그의 군대를 이끌고 와서 캔트를 황폐화시켰을 뿐만 아니라, 하느님에 대한 두려움이나 믿음에 대한 공경심 없이 교회와 수도원을 파괴시켰다. 초토화시키는 과정에서 에델레드는 또한 푸터가 주교로 있던 로체스터를 파괴시켰는데, 당시 주교는 그곳에 있지 않았다. 교회와 교회의 모든 소유물들을 약탈당한 사실을 안 푸터 주교는 머시아의 주교인 세아크울프에게 갔고, 세아크울프는 푸터 주교에게 약간의 토지와 더불어 교회를 주었다. 그 교회에서 하느님을 섬기며, 자신에게 요청하는 곳이라면 어디든지 가서 교회음악을 가르쳤다. 푸터를 대신하여 그 자리에 주교 테오도르는 로체스터에서 크위크햄을 주교로 임명하였다. 얼마 지나지 않아 세속적 재산이 부족한 까닭으로 크위크햄은 주교직에서 물러나게 되었고, 그를 대신하여 예프문드를 주교로 임명하였다. 머시아의 왕 에델레드가 캔트를 황폐화시키고 2년이 지난 해, 즉 에즈프리드 왕이 통치한 지 9년이 되던 해 8월에 그곳에서 혜성이라는 새로운 별이 나타났다. 3개월 동안 그곳에서 동이 틀 무렵 하늘에 올라 엄청난 빛을 발산하였는데, 이는 마치 번쩍이는 섬광처럼 보였다. 같은 해 에즈프리드 왕과 덕망 높은 주교 윌프리드 사이에 불화가 발생하였다. 그 결과 윌프리드는 주교직에서 퇴임당하였으며 그 자리에 노섬브리아를 이끌 2명의 주교가 임명되었는데, 한 사람은 데이라 왕국을 이끌 보사였고, 다른 하나는 버니치아[13]를 이끌 에타였다. 주

13) 영국 앵글로색슨시대 초기에 건립된 왕국. 잉글랜드 최북부에 앵글인이 세운 나라로서, 초대왕은 547년 즉위한 이다이다. 593년 에델프리스 왕(王) 때 남방의 딜라 왕국과 통합하여, 앵글로색슨 7왕국의 하나인 노섬브리아를

교 보사는 자신의 주교좌(主教座)를 요크에 가지고 있었으며, 에타는 헥섬과 린디스판에 주교좌를 가지고 있었다. 두 사람 모두 수사의 생활에서 벗어나 주교가 되었다. 이들과 함께 에아드헤드 또한 린지의 주교로 임명되었는데, 그곳은 최근 에즈프리드 왕이 전쟁에서 울프헤레를 물리쳐 축출하고 쟁취한 곳이기도 하다. 에아드헤드 주교는 린지 지역에서 받아들인 최초의 주교였다. 두 번째 주교는 에델위너였으며, 세 번째 주교는 에아드가 그리고 네 번째 주교는 키네베르트였다. 에아드헤드 이전에 린지에는 세아크울프라는 주교가 있었는데, 그는 또한 머시아족과 중부 앵글족의 주교였다. 그러나 에즈프리드가 그곳을 점령하여 다른 지역들을 통치하는 동안 세아크울프 주교는 린지에서 쫓겨났다. 에드헤드, 보사 그리고 에타 모두 주교 테오도르에 의해 요크에서 임명되었다. 윌프리드가 떠나고 3년 후 테오도르는 2명의 주교를 추가로 임명하였는데, 에타가 린디스판에 머무는 동안 헥섬에 있는 교회를 맡을 트럼버트와 당시 영국의 지배 아래 있던 픽트족의 영토를 관장하게 될 트럼위네였다. 테오도르는 머시아의 왕 에델레드가 린지를 점령하자 린지에서 물러난 에드헤드를 리폰의 주교로 세웠다.

XVII

이 당시 주교 윌프레드는 주교좌에서 쫓겨나 많은 지역을 여행하며 다녔는데, 그는 로마를 방문하기도 했고 마지막에는 영국으로 돌아오게 되었다. 앞서 언급한 에델레드 왕의 적대감으로 윌프레드 주교가 자신의 고향이나 교구에 들어가는 것이 허가되지 않았으나, 어느 누구도 그가 복음을 가르치는 것을 방해하지는 못하였다. 남쪽과 서쪽

형성하였다.

으로 캔트와 근접하고 있으며 웨섹스 국경까지 펼쳐져 있는 서섹스[14] 지역으로 그는 가게 되었다. 이 지역은 7천 호(戶)의 가족이 사는 곳으로 당시 이곳 사람들은 여전히 이교도를 신봉하고 있었다. 서섹스 사람들에게 주교는 그리스도의 믿음과 세례를 전하는 목자가 되었다. 서섹스 왕인 에델왈흐는 머시아의 왕인 울프헤레의 제안과 열정 덕분에 이미 세례를 받았었다. 세례를 받자 울프헤레는 에델왈흐를 대자(代子)로 삼았으며, 친교의 표시로 울프헤레는 에델왈흐에게 두 지역, 즉 웨섹스에 있는 와이트 섬과 미온(메온) 지역을 그에게 넘겨주었다. 에델왈흐는 주교의 도착을 매우 반가워했다. 먼저 그는 그곳 주요 인물들과 왕의 신하들에게 세례를 주었으며, 그때 혹은 그 이후에 사제 에이퍼, 피더, 버검 그리고 오이더가 나머지 백성들에게 세례를 주었다. 게다가 왕비 에베도 자신의 영토인 위커스 왕국에서 이전에 세례를 받았다. 에베 왕비는 에안헤레의 형 에안프리드의 딸이었는데, 에안헤레와 에안프리드 모두 백성들과 더불어 그리스도인이었다. 그러나 서섹스 모든 지역 사람들은 그리스도의 믿음과 이름을 예전에는 모르고 있었다. 그곳에는 스코틀랜드 출신의 수사 다이쿨이라는 사람이 있었는데, 그는 조그마한 수도원을 보섬이라는 곳에 가지고 있었다. 그 수도원은 숲과 바다에 둘러싸여 있었으며, 그곳에서 5~6명의 형제들이 가난과 청빈 속에서 주님을 섬기며 살고 있었다. 그러나 그 지역 어느 누구 하나 이들의 가르침에 관심을 기울이거나 이들의 삶을 본받으려고 하지 않았다. 주교 윌프리드가 하느님의 말씀을 이 지역에서 가르침으로써 영원한 파멸의 고통은 물론 파

14) Sussex: '서식스'라고도 한다. 영국 잉글랜드 남동부에 있던 주(州). 이름은 고대 앵글로색슨 7왕국 때 남(南)색슨인(人)이 건설한 서색슨 왕국에서 유래되었다. 현대에 와서 행정구획 변경으로 이스트·웨스트서식스의 2개 주로 구분되었다.

괴와 사나운 재앙으로부터 구하였다. 윌프리드 주교가 서섹스 지역에 오기 전 3년 동안 이곳에는 비가 한 방울도 내리지 않았으며, 이로 인하여 엄청난 기근이 사람들을 굴복시켰고 사나운 죽음으로 내몰렸다. 그 증거로 사람들의 말에 따르면 40~50명의 사람들이 한꺼번에 기근으로 죽는가 하면, 고통에 겨워 물에 빠져 자살하기 위해 서로가 손에 손을 잡고 바다가 보이는 절벽에서 뛰어내리곤 하였다고 한다. 그러나 백성들이 그리스도의 믿음과 세례를 받아들인 바로 그날, 부드러운 비가 광범위하고 풍부하게 내리기 시작하였다. 땅에서는 싹이 솟아나기 시작했고 행복하고 풍요로운 해를 맞이하게 되었다. 그렇게 그들은 과거의 어리석음을 포기하고 그들이 믿었던 우상을 거부하게 되었다. 모든 사람의 마음과 육신은 살아있는 하느님을 받아들이고 기뻐하였다. 그들은 진정한 하느님을 알게 되었으며, 내적으로뿐만 아니라 외적으로 자신들 또한 천상의 은총으로 풍요롭게 되었다. 서섹스에 도착한 주교는 기근의 대재앙을 목격하고서 고기를 잡아 생계를 꾸려갈 수 있도록 그들을 가르쳤는데, 그곳의 강과 바다에는 고기가 풍부했기 때문이었다. 장어 외에 고기를 낚는 법을 서섹스 사람들은 알지 못했었다. 윌프리드 주교를 수행하던 사람들은 할 수 있는 한 여러 곳에서 장어 그물을 모아서 바다에 던졌다. 그리고 신의 은총 덕분에 그들은 3백 마리에 이르는 다양한 종류의 고기를 잡게 되었다. 주교를 수행하던 사람들은 잡은 고기를 3등분으로 나누어 100마리는 가난한 사람들에게, 또 다른 100마리는 그물의 주인에게 주고, 나머지 100마리는 자신들의 몫으로 남겼다. 이 같은 봉사로 윌프리드 주교는 모든 사람들의 마음을 얻었고, 서섹스의 모든 사람들이 주교를 좋아하게 되었다. 그리고 그들은 주교의 가르침에서 천상의 축복을 전보다 더욱더 기꺼이 갈망하기 시작했으며 주교의 도움으로 그들은 세속적 축복 또한 받고 즐겼다. 이 당시 에델왈흐 왕은 덕망 높은 주교 윌프리드에게 그와 함께 방랑생활을 하는 그의 추종자들이 정착할 수 있도록 셀시[15]라 불리는 87하이드의 땅을 주었다. 그곳은 서쪽을 제외한 나머지 세 방향 모두 바다에 둘러싸여 있는데, 서쪽 방향에 입구가 나 있고 그 입구는 새총을 쏠만큼 넓었다. 셀시에 땅을 얻자, 주교는 그곳에 수도원을 세우고 주로 자신이 데리고 온 형제들과 더불어 규율을 정립하였다. 그의 추종자들은 지금도 이곳을 지키며 거주하고 있다. 이 지역에서 덕망 높은 주교 윌프리드는 에즈프리드 왕이 죽을 때까지 5년간 주교로서 의무를 명예롭게 수행하였다. 에델왈흐 왕이 앞서 언급한 수도원과 함께 그곳에서 얻어지는 모든 재산은 물론 땅과 인력을 주교에게 하사하자, 주교는 그 마을의 모든 사람들에게 그리스도의 믿음을 가르쳤고 세례를 베풀었다. 그가 세례를 준 사람들 가운데 250명의 남자와 여자 노예들이 있었는데, 세례를 통하여 그는 악마의 구속으로부터 그들 모두를 구해냈을 뿐만 아니라 인간의 구속으로부터 그들을 또한 해방시켰다.[16]

이 당시 하늘의 은총으로 인한 특별한 징후들이 셀시에 세워진 수도원에 나타났다고 전해지는데, 그 이유는 악마의 독재가 최근에 전복(顚覆) 되고 그리스도의 통치가 시작되었기 때문이다. 매우 존경스러운 주교 아카가 들려주곤 했던 이러한 징후들 가운데 한 가지 기억을 기록해두는 것이 마땅하다고 나는 생각하였다. 주교 아카는 바로 그 수도원 출신의 믿을 만한 몇몇 수사들로부터 자신이 그 이야기를 들었다고 하였다. 서섹스 왕국이 그리스도의 이름을 받아들였을 그때, 브리튼의 많은 왕국들이 치명적인 역병의 공격을 받았다. 신의 뜻과 의지에 의해 역병은 믿음이 매우 돈독한 사제 에이퍼가 당시 관

15) 지금의 웨스트서식스 지역에 있는 바닷가 마을이다.

16) 14장: 오스왈드(Oswald) 왕의 기도로 멈추게 된 치명적인 역병의 내용이 EETS 판본에는 없다. 다음은 그 부분을 첨가한 내용이다.

리하던 이 수도원에까지 미치게 되었다. 주교와 함께 이곳에 온 많은 사람들은 물론 사우스 색슨 왕국 출신으로 최근 믿음을 받아들인 사람들 모두 무차별적으로 이 세상에서 낚아채어져 갔다. 역병으로 즉각적인 죽음의 위협을 느끼는 사람들을 구할 수 있도록 혹은 죽은 영혼들이 영원한 저주로부터 구원될 수 있도록 형제들이 3일 동안 금식하면서 겸손한 자세로 하느님께 자비를 간구하는 것이 옳을 듯이 보였다. 이 당시 수도원에는 최근 그리스도의 믿음으로 개종한 색슨족 출신의 어린 소년 하나가 있었는데, 그는 병에 걸려 오랜 기간 동안 병석에 누워있었다. 금식과 기도가 시작된 지 이틀째 되던 날 2시경 그 소년은 몸져 누워있는 곳에 혼자 남게 되었다. 갑자기 신의 뜻에 의해 가장 축복받은 사도들이 그에게 나타났다. 소년은 매우 순진하며 부드러운 성품을 지녔으며 자신이 받아들인 믿음의 신비에 진심으로 모든 것을 바쳤던 아이였다. 성스러운 말씀으로 사도들은 그 소년에게 인사를 건네며 말하길, '얘야, 죽음의 공포에 떨지 말지어다. 우리는 너를 오늘 하늘나라의 왕국으로 데려갈 것이니라. 그러나 미사가 행해질 때까지 너는 기다려야 하느니라. 네가 그리스도의 피와 육신의 성사(聖事)를 받고 난 후, 너는 천국의 영원한 기쁨으로 데려가질 것이며 병과 죽음에서 자유롭게 될 것이니라. 사제 에이퍼를 불러 그에게 다음과 같이 말하거라. '주님께서 여러분의 기도를 들으셨으며 기도와 금식을 어여쁘게 보셨습니다. 그리하여 이 수도원은 물론 수도원에 근접한 지역과 수도원 소유의 그 어느 곳에서 한 사람도 더는 역병으로 죽지 않을 것입니다. 저를 제외한 병으로 고통받는 모든 사람들이 병석에서 일어나 예전의 건강을 회복할 것입니다.' 너는 오늘 죽음에서 자유로워져 네가 성실하게 섬긴 그리스도 주님을 보기 위해 하늘나라로 오르기 때문이다. 이는 신의 자비로, 세속적 왕권의 권위로, 그리고 그를 영원한 왕국으로 이끌었던 그리스도의 덕목과 믿음으로 노섬브리아 백성들을 한때 영광스럽게 통치했던 성왕(聖王) 오스왈드의 기도의 힘으로 형제들에게 신의 자비가 허락되도록 한 것이다. 이교도들과의 전투에서 왕이 살해되어 그의 영혼이 하늘나라의 영원한 기쁨의 세계로 들어가 선택받은 사람들과 함께하게 된 날이 바로 이날이다. 그들로 하여금 죽은 이들의 이름이 적힌 명부를 살펴보도록 하여라. 이날이 바로 왕이 이 세상을 떠난 날이라는 사실을 그들은 알게 될 것이다. 한때 이곳 백성들을 다스렸으며 이 나라의 이방인들임에도 불구하고 그들을 위해 주님께 기도를 바친 오스왈드 왕을 기념하고 그의 기도에 감사하며 수도원 소속의 모든 예배당에서 그들 모두가 미사를 올리도록 하여라. 모든 형제들은 교회에 모여 하늘에 희생제사를 올리도록 하여라. 그리고 금식을 마치고 필요한 음식으로 그들 육신의 원기를 회복토록 하여라.' 소년은 사제를 찾아가 이 모든 것을 전하였다. 사제는 소년에게 나타났다는 사람들의 모습과 복장에 대하여 신중하게 물었다. 소년이 대답하길, '그들이 입은 옷은 멋졌고, 그들의 얼굴은 기쁨으로 가득 찼을 뿐만 아니라 아름다웠는데, 이러한 것을 저는 전에 한 번도 본 적이 없습니다. 세상 누구나 그러한 은총과 아름다움을 지닐 수 있다고 저는 생각하지 않았습니다. 한 사람은 사제처럼 체발을 하고 있었으며, 다른 한 사람은 수염을 길게 기르고 있었습니다. 한 사람은 베드로이며 다른 한 사람은 바울인데, 자신들은 우리 수도원을 굽어 살피도록 주님께서 하늘에서 보낸 구세주 예수 그리스도의 종이라고 나에게 말하였습니다.' 사제는 소년이 하는 말을 믿었으며, 즉시 밖으로 나가 달력을 살펴보고는 그날이 바로 오스왈드 왕이 살해된 날이라는 사실을 알게 되었다. 사제는 형제들을 불러 모았으며, 음식이 준비되고 미사가 거행될 수 있도록, 그리고 일상처럼 형제들이 서로 대화를 나눌 수 있도록 지시하였다. 그리고 주님께 바치는 제사의 일부를 병을 앓는 소년에게 가져다주도록 지시하였다. 그런 후 같은 날 소년은 죽었으며, 자신의 죽음을 통하여 소년은 그리스도의 제자들로부터 자신이 들은 것이 사실임을 증명해주었다. 소년을 제외한 수도원의 어느 누구도 그 당시 죽지 않았다는 사실 또한 그의 말이 거짓이 아님을 재확인시켜주는 것이었다. 소년이 보았던 비전에 대하여 전해들은 많은 사람들은 대단히 고무되어 어려운 시기마다 기도로 주님의 자비를 간구하였으며 금식이라는 유익한 치료방법을 택하였다. 그때부터 수도원은 물론 많은 다른 지역에서 해마다 그리스도의 병사인 오스왈드 왕의 생일이 되면 미사를 통하여 기념하였다.

그 즈음에 추방되었던 웨스트 색슨족의 젊고 용감한 왕자 케아드왈라가 군대를 이끌고 돌아와 에델왈흐 왕을 죽이고 잔혹한 살육행각과 더불어 영토를 황폐화시켰다. 그러나 케아드왈라는 왕의 휘하에 있던 족장 베르흐트훈과 앤드훈에 의해 곧 쫓겨나게 되었고, 이들 두 사람이 이후에 영토를 지배하였다. 웨스트 색슨족의 왕으로 있을 때 베르흐트훈은 케아드왈라에 의해 살해되며, 영토 또한 억압적인 노예상태 아래 축소되었다. 케아드왈라의 뒤를 이어 왕좌에 오른 이너는 수년 동안 매우 거칠게 그 지역을 억압했다. 이러한 이유 때문에 그들에게는 그들만의 주교가 없었다. 그들에게 최초의 고위 성직자였던 주교 윌프리드가 고향으로 돌아가자, 윈체스터에 주교좌(主教座)가 있는 웨섹스 주교들의 관리 아래 그들은 놓이게 되었다.

XVIII

그후 케아드왈라의 힘이 강력해져 웨섹스의 권좌를 쟁취하고 와이트 섬을 침략하여 손에 넣었는데, 그때까지만 하더라도 그곳은 완전히 우상숭배에 빠져 있었다. 트로이 재앙에서처럼 그는 모든 거주민들을 몰살시키고 자신의 백성들로 대체시켰다. 사람들의 말로는 그가 세례를 통하여 그리스도 안에서 새롭게 태어난 사람이 아니었으나 만일 그 섬을 정복한다면 섬의 4분의 1과 전리품을 하느님께 바치겠다고 맹세하였다고 한다. 하느님을 섬기기 위해 고용된 주교 윌프리드에게 그 분량을 주어 자신이 한 약속을 이행하였는데, 당시 윌프리드는 자신이 보살피던 사람들을 떠나 그곳에 와 있었다. 그 섬은 영국식으로 측정하건대 천 2백 하이드에 해당하는 크기였다. 그는 주교의 소유로 3백 하이드의 땅과 가축을 넘겼다. 그리고 주교는 자신이 할당받은 분량을 그의 사제 가운데 하나인 베르흐트위니라는 사람에게 위탁하였는데, 베르흐트위니는 윌프리드 주교의 누이의 아들이었다. 그리고 구원을 원하는 사람들 모두에게 하느님의 말씀을 가르치고 세례를 베풀 수 있도록 하기 위하여 주교는 그에게 사제 한 사람을 배당하였는데, 그의 이름은 히딜라였다. 이 섬에서 믿음을 통하여 구원된 사람들 가운데 첫 수확물로 2명의 젊은 왕자가 하느님의 특별한 은총 덕분에 승리의 왕관을 얻었다는 사실을 침묵하고 넘어갈 수는 없다. 이들 두 왕자는 이 섬의 왕인 아왈드의 동생들이었다. 케아드왈라 왕이 군대를 이끌고 섬에 당도하자, 왕자들은 섬을 도망쳐 가까이 있는 다른 지역으로 가게 되었는데, 그곳은 주트족의 영토로서 스톤헴이라 불리는 곳이었다. 잔혹한 케아드왈라 왕의 눈에 띄지 않는 것이 두 왕자의 의도이며 희망이었다. 그러나 그곳에서 두 왕자는 왕에게 밀고(密告)되었고 왕은 그들을 죽이도록 명령하였다. 그곳에서 그리 멀리 떨어져 있지 않는 레드브리지라는 곳에 수도원을 가지고 있던 대수도원장이며 사제인 키네베르트가 이 이야기를 듣게 되었고, 그는 와이트 섬에서 전투를 벌이다 입은 상처를 비밀스럽게 치유하기 위해 그 지역에 와 있던 케아드왈라 왕에게 갔다. 만일 왕자들이 살해당해야 한다면 그리스도의 믿음의 신비를 이들에게 가르칠 수 있도록 허락해줄 것을 그는 왕에게 간청하였다. 그리고 그는 진리의 말씀으로 이들을 훈화하고 가르쳤으며 세례를 통하여 두 왕자의 죄를 씻어주었을 뿐만 아니라 영원한 왕국에 들어 갈 것이라는 확신을 심어주었다. 그리고 형(刑) 집행자가 오자, 두 왕자는 두려움 없이 기쁨 마음으로 죽음을 맞이했으며, 이를 통하여 그들은 자신들의 영혼이 영원한 왕국에 들어갈 것이라는 사실에 대하여 조금도 의심하지 않았다. 영국의 모든 지역이 그리스도의 믿음을 받아들인 후, 이런 순서로 와이트 섬 또한 믿음을 받아들였다. 그러나 이방인의 통치 아래서 겪는 고통 때문에 웨섹스의 주교였던 다니엘 이전에는 어느 누구도 그곳의 주교직을 맡으려 하지 않았다. 와이트 섬은 서섹스와 웨섹스 경계의 반대편에 위치하는데, 이들 사이에는 3마일 정도 넓이의 솔렌트(Solent)[17] 라는 바다가 놓여 있다. 이 바다에는 두 가지의 조류(潮流)가 있는데, 이들 조류는 끝없는 북해로부터 영국 쪽으로 들어와 물결치는데, 매일 서로가 충돌한다. 그리고 서로 부딪치다 결국 두 조류는 이들이 들어온 바다 쪽으로 바닷물을 밀어낸다.

XIX

당시 주교 테오도르는 콘스탄티노플에서 교회의 믿음이 에우티케스[18]의 이단으로 인하여 심하게 흔들리고 있다는 소식을 접하게 되었다. 따라서 그는 자신이 주재하는 영국 교회를 이러한 재앙 없이 지켜나가길 바랐다. 그리고 그는 많은 주교와 믿음을 가르치는 사람들을 소집한 뒤, 한 사람 한 사람에게 어떠한 믿음을 가지고 있는지 물었다. 그들 모두 똑같이 올바른 믿음을 가지고 있다는 사실을 알게

17) 영국 본토와 와이트(Wight) 섬 사이의 해협.

18) 에우티케스(Eutyches)는 그리스도의 두 가지 본성(신성과 인성)을 부인하는 콘스탄티노플의 총대주교 플라이비아누스(Flavianus)의 임명을 받아 콘스탄티노플의 대수도원장이 되었다.

되었다. 그래서 그는 후대에게 가르치고 알리기 위해 이러한 믿음을 기록하여 남기게 되었다. 이 기록의 시작은 다음과 같다. '우리 주님과 구세주 그리스도의 이름으로, 로마제국의 여덟 번째 15년의 재정기에 노섬브리아의 왕이신 에즈프리드 즉위 10년, 9월 17일, 머시아의 왕이신 에델레드 즉위 6년, 이스트 앵글족의 왕인 에알덜프 즉위 17년, 캔트의 왕이신 흘로데레 즉위 7년, 영국 섬과 캔터베리 시의 대주교이신 테오도르께서 하느님의 은총 아래 주재하며 많은 여러 존경하는 영국 섬의 주교들과 더불어 해트필드[19]라는 곳에서, 가장 성스러운 복음서를 앞에 두고 정통 믿음을 다 함께 선포하게 되었다. 그 믿음은 우리 주 예수 그리스도께서 육화(肉化)하여 사도들에게 말씀했던 것으로 그 사도들은 주님과 얼굴을 맞대고 주님의 말씀을 들었던 사람들이었다. 그리고 우리 주께서는 성부(聖父)들의 신경(信經)을 그들에게 말씀해주었는데, 이는 모든 성인, 교구, 그리고 정통 교회의 공인된 성부(聖父)들에 의해 이어져왔다. 우리는 이것들을 정통적이며 경건하게 따른다. 종교적으로 고취된 사람들의 가르침에 따라, 우리는 만장일치로 신앙을 믿고 고백한다. 성부의 가르침대로 아버지, 아들, 성신이신 삼위일체, 즉 하나의 하느님 안에 3개의 실체 혹은 동체(同體)가 동등한 영광을 지니는 것을 우리는 올바르고 진실되게 고백한다.' 이런 취지로 사람들은 이어서 올바른 믿음에 관한 것들을 언급하고 기록해두었다. 성스런 집회는 이런 내용을 기록에 더하였다. '우리는 축복받은 사제들에 의한 하느님이 기뻐하는 5개의 정통 공의회를 인정하였다. 다시 말해서, 불충한 이단자 아리우스[20]와 그의 교리를 반대하기 위해 니케아(Nicaea)[21]에서 318명의

19) 영국 잉글랜드 동남부, 하트퍼드셔(Hertfordshire) 주(州) 중부의 소도시.
20) 아리우스(Arius, 250?~336?): 고대 그리스도교에서 이단시된 아리우스파의 주창자. 메리티오스의 교회분열운동에 가담하였다가 파문당했다. 321년

주교에 의한 공의회, 마케도니우스와 에우독시우스의 광기와 이들의 교리를 반대하기 위해 콘스탄티노플에서 150명의 주교에 의해 소집된 공의회, 매우 사악한 네스토리우스[22] 와 그의 교리를 반대하기 위해 에페수스(Ephesus)에서 2백 명의 주교에 의한 공의회, 에우티케스, 네스토리우스 그리고 그의 교리를 반대하기 위해 칼케돈[23] 에서 630명의 주교에 의한 공의회,[24] 콘스탄티노플에서 다시 한 번 제5차 공의회[25] 가 열렸는데, 이는 황제 유스티니아누스 2세 때로 이단자인 테오도르,[26] 테오도렛 그리고 이바와 이들의 교리를 반대하기 위한 것이었다. 우리는 또한 신심이 돈독한 콘스탄틴 황제 즉위 9년 그리고 축복 가득한 마르티노 교황 시기에 로마에서 열린 공의회를 인정하였다. 그들이 그러했듯이, 우리는 우리 주님과 구세주 그리스

알렉산드로스 주교에 의해 알렉산드리아 교회회의에서 또 파문당했다.

21) 소아시아 비티니아 주(州) 니케아. 이곳에서 동서 교회가 함께 모여 개최한 세계교회회의를 니케아 공의회라 한다. 제1차 공의회는 325년 로마황제 콘스탄티누스 1세가 소집하였다. 회의의 동기는 아리우스 논쟁, 즉 예수 그리스도의 신성(神性)을 부정하는 아리우스파(派)를 이단(異端)으로 단죄하여 분열된 교회를 통일시키고, 로마제국의 안정을 이루기 위한 것이었다.

22) 네스토리우스(Nestorius, ?~451?): 콘스탄티노플의 대주교로 비성모설(非聖母說)을 주장하여 알렉산드리아의 주교 키릴로스로부터 공격을 받았다. 그리스도 이성설(二性說)을 주장하였다.

23) 소아시아 북서부에 있던 고대도시인데, 이곳에서 '칼케돈공의회'가 열렸다.

24) 칼케돈 공의회란 그리스도론(論) 논쟁에서의 그리스도 단성설(單性說)을 억제하기 위하여 451년, 칼케돈(지금의 터키 카디코이)에서 개최된 주교회의인데, 이 회의에서 채택된 칼케돈 신조(信條)는 그리스도에게 있는 신성(神性)과 인성(人性)이 하나의 위격(位格)으로 결합되어 있음을 인정하는 한편, 마리아 신모설(神母說)은 잘못이라고 하는 타협적인 것이었으나, 세계교회 신조의 하나로 되었다.

25) 553년 콘스탄티노플에서 열렸던 제5차 공의회.

26) 시리아의 신학자(350?~428). 기독교에 신성과 인성을 인정하는 양성파의 대표자로, 후대에 이단으로 배척되었다.

도를 찬미하였으며, 그들이 기록해 놓은 것 가운데 어느 것 하나 첨가하거나 삭제하지 않았다. 마음과 입으로 우리는 그들이 파문시킨 사람들을 파문시켰고, 그들이 받아들인 사람들을 우리는 받아들이며, 위에서 언급한 성스러운 사도, 예언자 그리고 성부들이 가르쳤듯이 시작이 없는 아버지이신 하느님, 세상이 존재하기 이전에 태어나신 그분의 독생자, 그리고 아버지와 아들로부터 오는 표현할 수 없는 성령을 우리는 찬미한다.' 그리고 그리스도 십자가를 두고 대주교 테오도르와 함께 올바른 가톨릭 믿음을 기록한 우리는 이를 재확인하고 서명하였다.

XX

사도 베드로 교회의 교회음악 담당이며 성 마틴 수도원의 대수도원장으로 최근에 로마에서 돌아온 존경받는 요한 또한 교황 아가소(Agatho)의 명령에 의해 공의회에 참석하여 믿음의 법령들을 지지하는 데 함께하였다. 그를 안내했던 사람은 베네딕트라는 존경받는 대수도원장이었다. 사도들의 수장인 성 베드로를 기념하기 위해 영국 위어머스라는 곳에 수도원을 세운 뒤, 베네딕트는 그의 동료이며 조수로 그의 뒤를 이어 수도원의 대수도원장이 되는 체올페스와 함께 로마로 가게 되었다. 그는 과거에도 자주 로마로 여행하곤 했다. 지금은 고인(故人)이 된 교황 아가소가 베네딕트 수도원장 일행을 영접하였다. 베네딕트 수도원장은 교황에게서 자신이 세운 수도원의 자유를 확약받는 의미에서 교황의 권위에 의해 추인된 특권교서를 요청하여 받았는데, 이는 에즈프리드 왕의 소망이며 그의 허락에 의한 것이라는 점을 그는 확신하고 있었다. 그 이유는 왕이 그에게 수도원을 지을 땅을 하사했기 때문이다. 그는 또한 앞서 언급한 베네딕트 대수도원장은 요한을 책임지고 영국으로 데려와 자신의 수도원에서 12개월

동안 로마의 성 베드로 성당에서 그가 익혔던 교회음악을 가르치도록 하였다. 교황의 지시대로 요한은 따랐다. 요한은 앞서 언급한 수도원에서 성가를 노래하는 방법과 순서를 사람들에게 가르쳤으며, 연중 축일을 기념하기 위해 필요한 모든 것을 글로 옮기는 데 전력하였고 이를 책에 기록하였는데, 이는 그 수도원에 지금도 보관되어 있을 뿐만 아니라 그 이래로 지금까지 여러 곳에서 많은 사람들에 의해 베껴지고 있다. 교황은 또한 요한에게 영국 교회의 믿음을 신중하게 조사하여 로마로 오는 길에 자신에게 보고하도록 추가로 지시하였다. 이미 언급했다시피 이를 목적으로 종교회의가 영국에서 개최되었다. 그리고 그때 그곳에서 모두가 타락하지 않은 정통 믿음을 확인할 수 있었다. 그리고 로마로 가져갈 회의기록의 사본 한 부가 요한에게 주어졌다. 그러나 고향으로 돌아가기 위해 바다를 건넌 후 곧 요한은 병에 걸려 죽었다. 그리고 그의 시신은 성 마르탱에 대한 애정 때문에 친구들에 의해 투르(Tours)[27]로 운구되어 자신이 대수도원장으로 봉직했던 수도원에 묻혔다. 비록 요한은 여행 도중에 세상을 떠났으나, 영국 교회의 정통 믿음이 기록된 사본은 로마로 전달되어 교황을 비롯하여 그것을 읽고 듣는 모든 사람들에 의해 감사하게 받아들여졌다.

XXI

에즈프리드 왕은 자신의 아내로 그리고 동반자로서 앞서 이미 자주 언급한 적이 있는 이스트 앵글족의 왕 아나의 딸을 받아들였는데, 그

---

27) 파리 남서쪽 230㎞ 프랑스 상트르 주에 있다. 로마시대에는 카이사로두눔(Caesarodunum), 4세기부터는 투로눔(Urbs Turonum, 투로네스인의 마을)이라고 하였다. 3세기부터 이미 성(聖) 가티앵에 의해 그리스도교가 전파되어, 이 마을을 중심으로 한 성 마르탱의 포교는 유명하다. 대주교좌가 설치되어 역대 프랑스 왕은 즐겨 이곳에 머물렀다. 소설가 H. 발자크의 출생지로도 알려져 있다.

녀의 이름은 에델드레다였다. 에즈프리드 왕은 훌륭하며 신심이 돈독한 사람으로 마음과 행동 모두가 아주 고귀하였다. 에델드레다는 과거 남부 그리와스의 왕인 톤드버트와 결혼한 적이 있었다. 그러나 결혼한 지 얼마 안 되어 그는 죽었다. 그런 뒤 그녀는 앞서 말한 에즈프리드 왕과 맺어지게 되었다. 12년간 결혼생활을 하는 동안 에델드레다는 영광스럽게도 처녀성을 그대로 지켰다. 이 경우에 대하여 일부 사람들이 의문을 제기하자, 나는 주교 윌프리드에게 물었고 고인(故人)이 된 주교는 나에게 말해주었다. 그는 자신이 왕비의 순결함과 처녀성에 대한 확실한 목격자라고 말했는데, 그 이유는 누구보다 왕비가 좋아하는 윌프리드 주교가 왕비를 설득하여 에즈프리드 왕과 잠자리를 함께할 수 있도록 해준다면 왕이 자신에게 땅과 많은 돈을 주겠다고 약속한 적이 있기 때문이다. 우리가 사는 시대에도 그러한 것이 일어날 수 있다는 사실을 의심할 이유가 없다고 본다. 그 이유는 믿을 만한 역사적 기록들이 말해주듯이 세상 끝까지 우리와 함께 머물 것이라고 약속했던 주님의 은총을 통하여 과거에도 몇 차례 그러한 경우가 일어난 적이 있기 때문이다. 또한 놀라움의 표시로 왕비의 시신은 땅에 묻힌 후에도 썩지 않았는데, 이는 왕비에게 남자의 손길이 닿지 않았다는 것을 보여주는 것이다. 모든 세상의 걱정과 생각에서 벗어나 수도원에서 진정한 왕이신 하느님께 헌신할 수 있도록 해주기를 오랜 기간 동안 진정으로 에델드레다 왕비는 왕에게 간청하였다. 마침내 이 일을 할 수 있게 되자, 왕비는 에즈프리드 왕의 숙모(叔母)인 여대수도원장 에베[28]가 있는 수도원으로 들어가는데, 그

28) 성녀 에베, 엡바, 엡베라고도 불린다. 노섬브리아의 오스왈두스와 오스위오의 동생인데, 오스위오는 그녀를 스코틀랜드의 왕자와 결혼시키려 했다. 이를 완강히 거부한 에베는 린디스판의 성 피넌(Finan)으로부터 수도복을 받았다. 오스위오는 에베에게 다웬트(Dawent) 강변의 땅을 주었고 에베는 그

곳은 콜딩햄(Coldingham)[29] 이라는 곳에 위치하고 있었다. 그곳에서 에델드레다는 앞서 언급한 주교 윌프리드에 의해 하느님께 헌신하기 위하여 수도복을 받았다. 이후 약 1년 뒤 에델드레다는 일리(Ely)라는 지역에서 여대수도원장이 되었는데, 그곳에서 그녀는 하느님께 헌신하는 동정녀들을 위한 수도원을 건립하였다. 그리고 이 동정녀 에델드레다는 훌륭한 삶의 모범뿐만 아니라 훈계를 통하여 많은 사람들의 어머니 역할을 하기 시작했다. 수도원에 들어간 이래로 에델드레다는 결코 리넨으로 만든 옷을 입지 않고 오직 양모로 만든 옷을 입었다고 사람들은 말한다. 그리고 최고의 축제와 절기, 예를 들어 부활절, 성령강림일, 그리고 크리스마스 후 12일째인 예수 공헌축일을 제외한 나머지 날에는 결코 따뜻한 물에 목욕하려고 하지 않았다. 그리고 에델드레다는 자신을 따르는 사람들의 도움을 받아서 먼저 그곳에 있는 그리스도의 종들을 씻긴 후, 자신은 마지막에 씻기를 원하였다. 또한 그녀는 큰 축제일이나 절기를 제외한 어느 날에도 하루에 한 끼 이상을 먹으려 하지 않았다. 그리고 특별히 심각한 병이 방해하지 않는 한, 교회에서 아침 동이 틀 무렵부터 날이 샐 때까지 성스러운 기도를 계속하였다. 그리고 일부 사람들의 말로는 예언의 힘으로 에델드레다는 자신을 죽음으로 이끌 병뿐만 아니라 자신의 수도원에 있는 사람들 가운데 이 세상을 떠날 하느님의 종들의 수(數)를 예측하였으며, 이러한 사실들을 그녀는 명백하게 모든 사람들에게 알렸다. 여대수도원장이 되고 7년이 흐른 뒤 에델드레다는 자신이 있는 수도원 식구들이 보는 자리에서 주님께로 떠나게 되었다. 그녀가 지시한 대로 시신은 나무 관에 눕혀졌고 죽은 순서에 따라 수도원 식구

곳에 에브체스터(Ebchester)라는 수도원을 세웠다. 후에 콜딩햄으로 옮겨 2개의 수도원을 세웠다.

29) 스코틀랜드 남동부 베르웨익셔(Berweickshire)에 있다.

들과 같은 장소에 묻히게 되었다. 에델드레다의 뒤를 이어 그녀의 동생이며 캔트의 왕인 에르콘베르트의 부인 세악스버가 여대수도원장직을 맡게 되었다. 에델드레다가 묻힌 뒤 16년이 지나 여동생인 여대수도원장은 그녀의 유골을 꺼내어 새로운 관에 넣어 교회로 이장하는 것이 바람직하다고 여겼다. 세아흐버그 여대수도원장은 관을 만들 석재를 찾을 것을 일부 형제들에게 명하였다. 일리 지역은 사방이 물과 늪으로 둘러싸여 있었을 뿐만 아니라 그만큼 큰 석재 또한 그곳에는 없었기 때문에 그들은 배를 타고 나갔다. 그들은 그리 멀리 떨어지지 않은, 영어로 그랜체스터(Grantchester)[30]라는 한 파괴된 도시로 오게 되었다. 그곳에서 그들은 도시 성곽 옆에서 하얀 석재로 만들어진 아름다운 관 하나를 이내 발견하였는데, 그 관에는 같은 재질로 만들어진 알맞은 뚜껑까지 있었다. 그러자 심부름과 여행이 주님에 의해 성공하게 되었다고 생각하여 그들은 즉시 하느님께 감사드렸으며, 그 관을 수도원으로 가져왔다. 무덤이 열리며 성스러운 동정녀이며 그리스도의 신부인 에델드레다의 시신이 빛 밖으로 드러내자, 그날 죽어 묻힌 사람처럼 그녀의 시신은 썩지 않은 채 완전하였는데, 이러한 사실을 알던 주교 윌프리드와 많은 다른 사람들이 입증하고 명백하게 말했던 바이다. 그러나 에델드레다가 죽을 때뿐만 아니라 그녀의 시신이 무덤에서 꺼내질 때 그 자리에 있었던 의사 키네프리드의 증언이 보다 더 확실하다. 병들어 있을 때 에델드레다의 목에 커다란 종양이 있었다고 그는 말하곤 했다. '그때 그들은 나에게 안에서 역한 고름이 흘러나오는 그 종양을 잘라내라고 했다'고 그는 말했다. '나는 그렇게 했고 그녀는 이틀 동안 좋아보였으며 많은 사람들도 그녀의 병이 치유될 것이라고 여겼다. 그러나 3일째 되던 날 그

30) 케임브리지셔(Cambridgeshire)에 있는 캠(Cam) 강가에 있는 마을이다.

녀는 이전의 고통을 다시 겪게 되었고, 즉시 병이 엄습하여 세상을 떠나게 되어 모든 고통과 죽음을 영원한 삶과 건강과 바꾸게 되었다. 수년이 지난 후 그녀의 시신이 무덤 밖으로 꺼내졌을 때, 그들은 그 위에 텐트를 세웠고 많은 형제자매들이 양쪽에 서서 노래를 불렀다. 그리고 여대수도원장은 텐트로 가서 몇몇 사람과 더불어 시신을 꺼내어 남자들이 하듯이 이를 씻었다. 그때 갑자기 사람들은 여대수도원장이 안에서 큰 소리로 외치는 소리를 들었다. 그녀는 '주님의 이름에 영광이 있어라'라고 말하였다. 그러자 잠시 후 그들은 나를 안쪽으로 불렀다. 그들은 텐트의 문을 열었고, 그때 나는 하느님의 성스러운 동정녀의 시신이 무덤에서 꺼내져 침대에 눕히는 것을 보게 되었다. 그녀는 죽은 것이 아니라 잠자고 있는 것처럼 보였다. 그리고 그들은 그녀의 얼굴을 덮은 수의를 벗겨내어 나에게 그전에 생긴 좌상(挫傷)을 보여주었다. 놀랍게도 묻힐 당시 열려 있던 상처가 치유되어 봉합되어 단지 아주 가늘고 조그만 상처만이 남아 있었다. 뿐만 아니라 그녀의 시신을 싸고 있던 천은 그녀의 순결한 육신을 그날 덮어씌운 것처럼 온전하고 깨끗하였다. 사람들의 말에 따르면, 에델드레다는 목에 난 종양으로 고통을 겪을 때 병의 원인을 매우 즐거워하여 자주 다음과 같이 말했다고 한다. '내 목에 병의 짐을 짊어져 마땅하다는 사실을 나는 잘 알고 있는데, 과거 젊었을 때 나는 금으로 만든 목걸이와 같은 무익한 짐을 차고 있었기 때문이랍니다. 금과 보석 때문에 목의 붉은 종양과 이로 인한 고통을 겪고 있으며, 주님께서 나로 하여금 목의 고통을 감내하도록 하여 나를 과거 어리석은 경솔함의 죄에서 벗어나게 해주려고 한다는 사실을 나는 믿고 있어요.' 에델드레다의 시신에서 벗겨낸 수의들을 만지자마자, 마귀 들린 사람과 다른 여러 형태의 병자들이 자주 치유되었다. 그리고 그녀가 처음 묻힐 때 사용된 관은 눈의 상처와 고통을 치유하는 역할을 하였다. 환자들이 고개와 눈을 숙여 그것에 기도를 올리면 그 즉시 상처와 고통은 그들의 눈에서 사라졌다. 그들은 성스러운 동정녀의 시신을 씻어 새로운 수의를 입혀 교회로 옮겨 그곳으로 가져온 석관에 시신을 안치하였다. 그리고 그곳에 오늘날까지 영예롭게 안치되어 있다. 놀라운 것은 특별히 에델드레다를 위해 만들어진 듯이 그녀의 시신이 정확하게 관에 맞아떨어졌다는 사실이다. 머리가 놓일 부분은 놀라운 기술로 머리에 맞게 잘 만들어진 듯 보였다. 일리는 이스트 앵글리아에 있는 6백 하이드 넓이의 지역으로 섬의 형태를 지니고 있다. 그곳은 말했다시피 물과 늪으로 둘러싸여 있는 곳으로 그 이름 또한 늪에서 잡히는 풍부한 장어에서 따온 것이다. 앞서 언급한 그리스도의 종 에델드레다는 그곳에 수도원을 세우고자 했는데, 그 이유는 앞서 이미 언급했다시피 그녀의 뿌리가 이곳 이스트 앵글리아 지역에 있기 때문이었다.

XXII

에즈프리드 왕 즉위 9년에 그는 머시아의 왕인 에델레드와 심한 갈등을 빚기 시작하여 피흘리는 전투를 벌이게 된다. 트렌트 강 전투에서 에즈프리드 왕의 동생 앨프윈이 죽게 되는데, 그는 젊은 왕자로 그때 나이가 18세였다. 그는 매우 친절하며 양쪽 나라 모두에서 사랑받는 인물이었는데, 이는 그의 누이인 오스스리드가 머시아의 왕인 에델레드의 부인이었기 때문이다. 앨프윈 왕자의 죽음이 사나운 대립에 대한 빌미를 제공하게 되어 두 폭력적인 왕과 두 국가 사이의 지속된 적의가 심화되자, 하느님의 사랑스러운 주교 테오도르는 신의 은총과 도움으로 유익한 훈계와 충고를 통하여 큰 위험의 불꽃을 완전히 껐으며, 이를 통하여 그는 두 왕과 국가 사이에 완전한 평화를 가져왔고, 어떠한 생명도 더는 잃지 않았으며 왕의 동생의 죽음 때문에 더 이상의 피를 보는 일도 없었다. 그러나 주교는 왕의 동생의 죽음에 몸값을 지불하도록 주선하였고 이로 인하여 그들 사이에는 평화가 도래하였다. 두 왕과 두 영토 사이의 평화의 상태는 오랜 기간 동안 지속되었다.

XXIII

왕의 동생인 앨프윈이 살해되었던, 앞서 언급한 전투에서 기억할 만한 상황이 하나 있었는데, 이 이야기는 많은 사람들의 구원을 입증할 수 있는 것이기에 조용히 넘어갈 수 없는 것이다. 그 전투에서 에즈프리드 왕의 젊은 신하인 임마라는 사람이 다른 사람들과 함께 쓰러졌다. 그는 그곳에서 하루하고 다음날 저녁까지 함께 쓰러진 다른 병사들의 시체와 더불어 죽은 듯이 누워 있다가 결국 정신을 차리고 깨어나 앉아, 할 수 있는 한 자신의 상처를 싸매었다. 얼마간 휴식을 취한 후, 스스로를 추스르며 상처를 보듬고 그는 어딘가에서 친구를 찾을 수 있으리라는 희망에, 일어나 움직이기 시작했다. 그러다가 그는 적군에 붙잡히게 되었다. 적들은 그를 에델레드의 영주인 그들의 주군에게로 데려갔다. 그의 정체를 묻자, 자신이 왕의 신하라는 사실이 알려지는 것이 두려운 나머지 그는 가난한 필부(匹夫)라고 말하였다. 그리고 그는 왕의 신하와 사람들에게 식량과 보급품을 가져다주기 위해 전쟁에 동원되었다고 말하였다. 그러자 영주는 그를 받아들여 보살펴주었고 그의 상처를 치료해줄 것을 명령하였다. 그가 치유되어 회복하자, 밤에 몰래 도망치지 못하도록 영주는 그를 묶어두도록 명령하였다. 그러나 어느 누구도 그를 묶어 둘 수 없었는데, 그 이유는 그를 묶은 사람들이 가버리자마자, 속박이 풀어진 것이다. 그에게는 투나라는 형이 하나 있었는데, 그는 사제로서 수도원의 대수도원장이었으며 그 수도원은 오늘날까지도 그의 이름을 따서 토우스터(Towcester)라 불리고 있다. 전투에서 동생이 죽었다는 소식에 그는 시체라도 찾을 희망에 죽은 사람들 사이를 뒤졌다. 그리고 모든 점에서 그와 비슷한 다른 사람을 찾았는데, 그는 그 사람을 자신의 동생이라고 여겼다. 그는 그 시신을 수도원으로 가져와 훌륭하게 묻어주었다. 그리고 그의 영혼이 해방될 수 있도록 자주 미사를 올렸다. 이러한 의식으로 앞서 언급했다시피 어느 누구도 임마를 결박할 수 없었고 그 즉시 속박은 풀어져 그가 해방될 수 있었던 것이다. 그러는 동안 그를 억류시키고 있던 영주는 의아하게 생각하여 그를 묶을 수 없는 이유를 그에게 물었다. 속박을 풀 수 있는 마력을 알고 있지는 않은지, 혹은 사람들이 여러 이야기를 하듯이 부적과 같은 것을 지니고 있어 묶을 수 없는 것인지 영주는 물었다. 그러자 그는 그러한 것을 알고 있지 않다고 대답하였다. '나에게는 고향에 사제로 일하는 형님 한 분이 있으며 그는 내가 죽었다고 확신하여 나를 위해 미사를 자주 올릴 것입니다. 그리고 제가 지금 다른 삶에 있다면, 나의 영혼은 그의 중개로 영원한 속박과 구속에서 해방되었을 것입니다'라고 그는 말하였다. 그리고 그는 영주에게 오랜 시간 동안 억류되어 있었고, 그를 매우 면밀하게 본 사람들은 그의 얼굴과 용모 그리고 말을 감안해볼 때 그가 말했다시피 가난한 계층의 사람이 아니라 귀족출신이라는 사실을 알 수 있었다. 영주는 그를 은밀히 불러 그의 출신에 관하여 따져 물었으며 만약 그 자신이 누구인지에 관하여 솔직하게 말해준다면 어떠한 피해도 입히지 않겠다고 약속하였다. 그러자 그는 그렇게 하였다. 즉, 자신이 왕의 신하라는 사실을 고백하였다. 이에 영주가 말하길, '너의 대답에서 분명 나는 그 말대로 네가 보통사람이 아니라는 사실을 알 수 있었다. 그리고 전투에서 내 형제와 친족들이 죽었기 때문에 네가 내 손에 죽어 마땅하나 나는 내가 한 약속과 믿음을 깨뜨리지 않기 위해 너를 죽이지는 않겠노라.'

그가 완전히 회복되자, 영주는 그를 런던에 있는 프리지안(Friesian) 사람에게 팔았다. 프리지안 사람은 그를 묶으려 하였으나 그는 묶여지지 않았고, 여러 차례 속박하여 그를 끌고 가려 할 때마다 속박은 일상적으로 미사가 울려 퍼지는 아침 9시 이후에는 풀어지곤 하였다. 속박할 수 없다는 사실을 인지한 구입자는 할 수만 있다면 그에게 몸값을 지불할 것을 허락하였다. 그리고 그는 몸값을 보내든지 아니면 돌아올 것을 맹세하였다. 그리고 그는 왕비 에델드레다의 조카인 캔트의 흘로데레에게 갔는데, 그 이유는 그가 전에 왕비를 따르는 신하들 가운데 한 사람이었기 때문이다. 그리고 그는 흘로데레에게 자신의 몸값을 간청하였고, 왕은 그에게 몸값을 주어 약속대로 그를 구입한 사람에게 보냈다. 이후 그는 고향으로 돌아오게 되었다. 자신의 형에게로 간 그는, 어려운 시절에 그에게 닥친 고통과 위안을 순서대로 모두 말해주었다. 그가 한 이야기를 듣고 그의 형은 그를 위해 미사가 경건하게 봉헌되던 시간에 속박이 풀려지곤 했다는 사실을 깨닫게 되었다. 뿐만 아니라 어려운 시기에 그에게 일어난 다른 많은 편의와 구조(救助)가 자신의 형의 중재와 구원의 희생제물로 하느님에 의해 그에게 허락되었다는 사실을 알게 되었다. 이 이야기를 들은 많은 사람들은 믿음에 불타서 기도하고 자선을 베풀며 세상을 떠난 친구들이 구원될 수 있도록 하느님께 성스러운 봉헌을 올렸다. 그들은 구원의 희생제사가 영원한 구원을 위해 유용할 뿐더러 몸과 영혼에 도움을 준다는 사실을 깨닫게 되었다. 이 일을 겪은 바로 그 사람으로부터 직접 들은 적이 있는 사람들로부터 나는 이 이야기들을 들었다. 그리고 이러한 이유 때문에 나는 주저함 없이 확실하게 교회사(敎會史)에 이 이야기를 넣어야 한다고 믿고 있다.

XXIV

주후 680년 그리스도의 신심 가득한 종이며 위트비 수도원의 여대 수도원장이었던 힐드가 이미 언급한 대로 많은 천상의 일들을 지상에서 행한 뒤 천상의 삶에서 보상을 받기 위해 11월 17일 세상을 뜨는데, 그때 그녀의 나이 66세였다. 힐드의 삶을 두 부분으로 똑같이 나눈다면, 처음 33년은 세상에서 고상하게 살면서 보냈고, 이후 다른 33년간 그녀는 수도원 생활 속에서 보다 더 고귀하게 주님께 헌신하며 살았다. 힐드 역시 귀족 출신으로 에드윈 왕의 조카 헤레릭의 딸이었다. 왕과 더불어 그는 고인이 된 노섬브리아의 첫 주교인 폴리너스의 가르침과 설교로 그리스도의 믿음과 성사를 받아들였다. 하느님의 면전에 나타날 수 있을 만하다고 자신이 느껴질 때까지 힐드는 믿음을 더럽히지 않았다. 세상을 등지고 오직 하느님만을 섬기기로 마음먹은 힐드는 왕의 사촌이 있는 이스트 앵글리아로 가게 되었다. 고향과 세상에서 자신이 지닌 모든 것을 버리고 힐드는 그곳으로부터 골로 가서 첼스 수도원에서 주님을 위해 은둔생활을 하고 싶어 했는데, 그 이유는 그녀가 그곳에서 보다 쉽게 하늘에서의 영원한 안식처를 얻기 위함이었다. 그 수도원에는 그녀와 자매지간이며 이스트 앵글리아의 왕 알드울프의 어머니인 헤레스위드가 수도생활을 하고 있었고, 그 당시 헤레스위드는 영원한 승리의 왕관, 즉 죽음을 기다리는 중이었다. 주교 아이든이 초대하고 설득하여 다시 고향으로 돌아오라고 할 때까지 헤레스위드를 본보기로 삼아 힐드는 해외로 나갈 목적으로, 앞서 언급한 이스트 앵글리아 지역에서 1년을 체류하였다. 그리고 위어(Wear) 강[31] 북쪽에 그녀는 한 가정이 머물기 충분한 땅을 받았고 그곳에서 몇 명의 동료와 함께 수도원의 규율에 따라

31) 더함(Durham)에 위치한 강.

1년간 생활하였다. 그후 힐드는 하트리풀[32]이라는 수도원의 여대수도원장이 되었다. 그 수도원은 신심이 돈독한 그리스도의 종 헤기유가 얼마 전에 건립했던 것인데, 헤기유는 주교 아이든에게 받아들여져 노섬브리아에서 최초로 수녀가 되어 수도복을 받은 인물이다. 그러나 수도원이 건립되자 곧 헤기유는 타드카스터(Tadcaster)[33]라는 도시로 들어와 하느님을 위해 살기 위한 거처를 지었다. 그런 뒤 힐드는 그리스도의 종으로서 수도원 관리를 맡게 되었고 이내 수도원을 학식 있는 사람들의 가르침과 규율적인 삶을 통하여 정착시켰다. 힐드를 알고 있던 주교 아이든을 비롯한 신심이 돈독한 많은 사람들이 방문하곤 하였는데, 이는 힐드가 보여준 신중함과 지혜 그리고 하느님에 대한 사랑 때문이었다. 뿐만 아니라 그들은 힐드를 열렬히 사랑했고 신중하게 가르쳤다. 수년간 힐드가 매우 부지런하게 수도원의 규율을 가르치며 수도원을 관리하는 동안, 위트비라는 곳에 수도원을 건립하는 일 역시 맡게 되었다. 게으름을 피우지 않고 힐드는 자신에게 맡겨진 일을 수행하였다. 수도원 삶의 규율 아래 그녀는 전에 수도원을 관리해본 적이 있던 사람들을 임명하고 그들을 격려하였다. 그리고 또한 그곳에서 힐드는 진리, 종교, 순수, 그리고 이밖의 다른 종교적 덕목들, 특히 평화와 하느님의 사랑을 실천하는 것을 가르쳤으며, 초대교회의 본보기에 따라 그곳에는 부유한 사람도 가난한 사람도 존재하지 않았으며, 모든 것을 공동으로 소유하여 어느 누구도 그 어떤 것을 자신의 소유라고 할 수 없었다. 힐드의 지혜와 사리분별력은 남달라 보통사람들이 자신들의 일 때문에 그녀를 찾는 것은 물론이거니와 심지어 왕과 왕자들도 그녀에게 조언과 지혜를 구하곤

---

32) North East England의 항구도시에 노섬브리아인이 세운 수도원이다.

33) North Yorkshire에 있는 마을이다. 리즈로부터 동쪽으로 24㎞, 요크로부터 서쪽으로 16㎞ 떨어진 곳에 있다.

하였으며 그곳에서 그들은 그것을 손쉽게 구할 수 있었다. 뿐만 아니라 힐드는 또한 자기 아래에 있는 사람들이 성서를 공부하고 진리를 실천하는 데에 전력을 기울이도록 했는데, 그 결과 교회와 제단에 봉사하기에 적합한 많은 인물들이 그곳에서 쉽게 눈에 띄었다. 그 증거로 그후 이곳 수도원 출신으로 그곳에서 훈육된 5명의 주교가 있었다. 이들 모두 대단한 학식과 믿음을 지닌 인물들이었다. 이들의 이름은 다음과 같다. 보사, 에틀라, 오프트포, 존 그리고 윌프리드. 요크의 주교로 임명된 첫 번째 인물에 대해서는 이미 언급한 적이 있다. 간단히 소개하자면 두 번째 인물은 템스 강가에 위치한 도체스터(Dorchester)[34]의 주교로 임명되었다. 마지막 두 인물의 경우, 전자가 어떻게 헥섬[35]의 주교로 임명되었으며 후자가 요크의 주교로 임명되었는지 차후 언급될 것이다. 오프트포르의 경우, 여대수도원장인 힐드의 두 수도원에서 열정적으로 성서를 공부했으며 성서의 내용을 실천하는 데에 전념하였으며, 결국에는 보다 완벽한 길을 마음속으로 갈망하였다. 결국 그는 캔트에 있던 고(故) 대주교 테오도르를 만나게 되었다. 그곳에서 한동안 신학을 공부한 후 그는 로마를 방문하고 싶었는데, 당시 그 일은 훌륭한 행동으로 여겨졌다. 돌아오는 길에 다시 한 번 그는 영국을 방문하여 흐위카족 사람들이 사는 지역에 들르게 되었다. 당시 그곳은 오스릭 왕이 지배하고 있었으며 그곳에서 그는 하느님의 말씀과 믿음을 설교하고 가르쳤을 뿐만 아니라 그를 보고 그의 말을 듣는 사람 모두에게 삶의 모범을 보였다. 그 당시 그 지역의 주교인 보젤이 심한 육체적 병을 앓게 되어 더 이상 주

---

34) 영국 잉글랜드 도셋카운티(Dorset county)의 카운티 타운(*county town*). 런던에서 남서로 185㎞, 프롬 강(江) 우안의 고지에 위치한다. 작가 토마스 하디의 출생지로 유명하다.

35) 노섬버랜드(Northumberland)의 타인 강 남쪽에 위치한 도시.

교의 임무를 수행할 수 없었다. 따라서 만장일치로 앞서 언급한 오프트포가 그를 대신하여 주교로 임명되었으며, 머시아의 왕인 에델레드의 요청에 의해, 당시 이스트 앵글족의 주교였던, 고인이 된 윌프리가가 오프트포를 주교로 임명해주었다. 그 이유는 그 당시 대주교 테오도르는 세상을 떠났고, 어느 누구도 그를 대신하여 임명되지 않았기 때문이다. 앞서 언급한 하느님의 사람 보젤 바로 전에 그 지역에는 여대수도원장이 있던 같은 수도원 출신의 정열적이며 학식 있고 예리한 통찰력을 지닌 테트프리드라는 사람이 주교로 선출되었다. 그러나 주교로 임명되기 전에 그는 갑자기 죽음을 맞이하였다. 자, 이제 앞서 언급했던 그리스도의 종인 여대수도원장 힐드는 믿음과 은총 때문에 그녀를 아는 모든 사람들에 의해 어머니라고 불렸다. 힐드는 수도원에 있는 사람들에게뿐만 아니라 멀리 떨어져 사는 많은 사람들에게 또한 삶의 본보기가 되었는데, 그녀의 열정과 덕은 이들 멀리 사는 사람에게 알려져 이들의 마음을 고치고 이들을 구원으로 이끄는 계기를 제공하였다. 그것은 또한 힐드가 어렸을 때 그녀의 어머니인 브레오고스위드가 꾸었던 꿈이 실현되는 것이었다. 브레오고스위드의 남편 헤레릭이 추방되어 브리튼의 왕 체르딕의 보호 아래 있다가 독약으로 죽게 될 때, 그녀는 남편이 갑자기 들려지더니 자신으로부터 멀어져 가는 것 같은 것을 꿈에서 보았다. 그러자 그녀는 매우 조심스럽게 남편을 찾아 헤매었으나 어느 곳에서도 그의 자취는 나타나지 않았다. 신중하고 열심히 남편을 찾고 있을 때, 그녀는 갑자기 자신의 옷 아래에서 아주 소중한 금 목걸이를 발견하였다. 그것을 바라보자 그 목걸이는 매우 밝은 빛을 발하였으며, 그 빛은 영국의 모든 경계선까지로 다 비출 정도였다. 지금 우리가 말하는 그녀의 딸 힐드에 의해서 이 빛이 정말로 실현되었다. 힐드의 삶은 그녀 자신뿐만 아니라 그 아래 있던 사람들 그리고 하느님 앞에서 착한 삶을 영위하고자 하는 멀리 떨어져 있는 많은 사람들 모두에게 빛과 같은 것이었다. 위트비에 있는 수도원에서 여대수도원장직을 수년간 수행하고 힐드는 은총 가득하신 우리 구원의 창조주를 기쁘게 하기 위해 성스러운 그녀의 영혼은 오랜 기간 육체적 병에 시달렸다. 사도의 본보기에 따라 힐드의 덕은 육체적 병 속에서 더욱더 완벽하고 강건해졌다. 그녀는 병이 들어 6년간 끊임없는 고통과 싸웠다. 그 와중에서도 힐드는 결코 창조주이신 전지전능한 하느님께 감사드리는 일을 멈추는 일이 없었으며 그녀를 기억하고 모여든 신도들에게 행복하고 건강할 때 열정적으로 주님을 섬겨야 할 뿐만 아니라 어렵고 육체적으로 아플 때조차도 주님께 믿음으로 감사드려야 한다는 것을 일깨우고 가르쳤다. 병이 들어 7년이 되던 해, 병과 고통은 그녀의 내적 부분까지도 공격했다. 마지막 날이 다가왔고, 새벽녘에 그녀는 그리스도의 육체와 피로써 성스러운 종부성사(終傅聖事)를 받았다. 그런 뒤 그녀는 수도원에 있는 하느님의 종들을 불러 모아 이들에게 다시 서로 평화와 사랑을 지닐 것을 당부하고 가르쳤다. 훈계하고 가르치는 동안 힐드는 기쁜 마음으로 죽음이 다가오는 것을 보았는데, 주님의 말씀에 따라 보다 사실대로 말하자면 그녀는 죽음을 벗어나 삶으로 가게 되었다. 같은 날 밤 전지전능하신 하느님께서는 명확한 비전을 통하여 힐드의 죽음을 그곳에서 먼 거리에 위치한 헥크니스라는 곳에 있는 그녀가 전에 지냈던 또 다른 수도원에도 알렸다. 그 수도원에는 동정녀로서 하느님께 자신을 봉헌하여 30년간 그곳에서 수도생활을 하며 주님을 섬긴 성스러운 수녀 베구라는 사람이 있었다. 수녀들의 숙소에서 잠을 자다가 베구 수녀는 갑자기 공중 높이서 울리는 익숙한 종소리를 듣게 되는데, 그 종소리는 구성원 누군가가 세상을 떠날 때 깨워서 기도하도록 하기 위해 울리는 것이었다. 눈을 뜨자 베구 수녀는 지붕 위에서 커다란 빛을 보았으며 그 빛이 집을 가득 채우는 느낌을 받았다. 주의하여 그 빛을 바라보자 앞서 언급한 주님의 종인 여대수도원장 힐드가 빛 속에서 하늘로 들려서 천사의 무리에 의해 호위되는 것을 볼 수 있었다. 잠에서 깨자 베구 수녀는 주위에 다른 수녀들이 잠들어 있는 것을 보았다. 그러자 베구 수녀는 자신이 본 것이 꿈이거나 환영(幻影)인 것을 알게 되었다. 즉시 일어나서 두려움에 떨며 수도원장에게 달려갔는데, 그곳 수도원장은 힐드보다 젊은 사람으로 이름은 프레오기스였다. 긴 한숨과 눈물로 뒤덮인 채 베구 수녀는 수도원장에게 그들의 어머니인 여대수도원장이 세상을 떠나서 자신의 눈에 큰 빛과 천사의 무리 속에서 하늘나라 왕국의 영원한 영광의 빛 속으로 승천하여 하늘나라 시민들과 동료가 되는 모습이 보였다고 말해주었다. 이 이야기를 듣자 프레오기스 수도원장은 모든 수녀들을 깨워 교회에 모이도록 명령하였고, 그곳에서 그들 모두는 그들의 어머니 힐드의 영혼을 위해 간절히 기도하고 노래를 불렀다. 밤새 열심히 이들은 그렇게 했고, 이른 새벽에 힐드가 죽은 장소로부터 몇몇 형제들이 그녀의 죽음을 알리기 위해 도착하였다. 이에 그들은 이미 이 사실을 알고 있었다고 대답하였다. 언제, 그리고 어떻게 이 사실을 알게 되었으며 힐드가 세상을 떠난 시간을 순서에 따라 형제들에게 그들이 설명하자, 환영이 베구 수녀에게 나타난 바로 그 시간에 힐드가 죽었다는 사실을 이들은 알게 되었다. 이러한 일들이 아름다운 조화를 이루게 하여 주님께서는 힐드의 죽음을 일부는 직접 목격하도록 한 반면 그 밖의 다른 사람들은 성스러운 영혼들이 누릴 수 있는 영원한 삶 속으로 힐드가 들어가는 것을 알 수 있도록 하였다. 두 수도원 사이의 거리는 30마일 정도였다.

XXV

그 여대수도원장이 있던 수도원에 신의 은총을 받아 매우 놀랍고 뛰어난 수사 한 사람이 있었다. 그는 종교와 신앙에 관련한 노래들을 만들곤 했는데, 학자들을 통하여 배운 종교적 내용을 매우 아름답고 감동적인 시로 만들어 이것을 영어로 잘 표현하였다. 그리고 그의 노래는 많은 사람들의 마음을 동요시켜 이들로 하여금 세상을 경시(輕視)하고 천상의 삶에 집착하도록 하였다. 또한 그를 따른 많은 사람들이 종교적 노래를 쓰기 시작했다. 그러나 어느 누구도 그와는 비교되지 않았다. 그는 노래기술을 누구에게 배운 적이 없으며, 하느님의 도움을 얻어 하느님의 은총으로 노래기법을 전수받았다. 이러한 이유 때문에 그는 결코 경박하고 무의미한 어떠한 시도 쓰지 않았으며, 오직 믿음과 관련된 것으로 성스러운 입에 잘 어울리는 것만을 썼다. 성년이 될 때까지 그는 세속에 살았으나 결코 어떠한 시(詩)도 배운 적이 없었다. 그는 종종 술을 마시는 자리에 있곤 했는데, 즐거움을 배가시키기 위해 하프에 맞추어 돌아가면서 노래를 불러야 했다. 하프가 자신에게 가까이 오는 것을 볼 때마다 창피해서 그는 만찬 자리에서 벗어나 집으로 가곤했다. 언젠가 한 번은 그가 만찬장(晩餐場)을 떠나 밖으로 나가 마구간으로 가게 되었다. 그날 밤 가축들을 돌보는 것이 그에게 맡겨진 일이었다. 시간이 되어 사지를 쭉 펴고 잠자리에 눕자 그는 이내 잠이 들었고, 꿈속에서 그의 옆에 인사를 건네며 그의 이름을 부르는 한 남자가 서 있었다. '캐드먼, 나에게 노래를 불러 주거라.' 이에 그가 응답하길, '나는 어떤 노래도 부르지 못합니다. 그 이유로 해서 나는 만찬장에서 나와서 이곳에 있는 것입니다.' 그는 다시 캐드먼에게 말하길, '너는 노래할 수 있단다.' 이에 캐드먼이 대답하길, '무슨 노래를 한단 말입니까?' 그가 대답하였다. '나에게 만물의 시작에 대하여 노래를 불러 주거라.' 이 대답을 듣자 그는 즉시 창조주이신 하느님을 찬미하기 위해 그가 과거에 전혀 들어본 적이 없는 노래를 부르기 시작했다. 그 노래의 순서는 다음과 같다. '자, 하늘나라 왕국의 수호자이시며, 창조주의 힘, 그분의 가르침 그리고 영광의 아버지께서 만드신 작품들을, 어떻게 영원한 주님이신 그분께서 모든 놀라운 일을 시작하셨는지를 찬미할 지어다. 성스러운 창조주이신 그분께서는 지상의 자식들을 위해 지붕인 하늘을 처음 만드셨고, 그런 뒤 인류의 수호자이신 영원한 주님께서는 인간을 위해 땅인 대지를 만드셨노라.' 그런 뒤 그는 잠에서 일어났으며, 자는 동안 자신이 불렀던 모든 것을 확실하게 기억하고 있었다. 진정으로 하느님께 어울리는 노래에 같은 스타일로 더 많은 시구(詩句)를 더하였다. 다음 날 아침 그는 자신의 상사인 장원의 청지기에게 가서 그에게 자신이 받은 재능에 대하여 말하였다. 그러자 청지기는 즉시 그를 여대수도원장에게 데려가서 그 사실을 알렸다. 그러자 여대수도원장은 최고의 모든 학자와 학생들을 모이도록 명령하였다. 그 재능이 무엇이며 어디에서 온 것인지 모든 사람들의 판단 아래 결정할 수 있도록 하기 위해, 그들이 있는 자리에서 꿈에 대하여 말하고 노래를 부를 것을 여대수도원장은 그에게 지시하였다. 실제 그러했듯이 주님께서 그에게 천상의 은총을 내려주셨다고 모든 사람들은 여겼다. 그리고 그들은 그에게 성스러운 문구(文句)와 하느님의 가르침을 말한 뒤, 할 수 있다면 이것을 아름다운 노래로 만들 것을 지시하였다. 그 일을 떠맡고 그는 집으로 돌아왔고 그 다음 날 아침 그에게 그 일을 전달했던 이들에게 자신이 지은 훌륭한 노래를 들려주었다. 이에 여대수도원장은 환영하였고 하느님의 은총이 캐드먼에게 내려졌다는 사실에 기뻐하였다. 그리고 그녀는 캐드먼에게 속세를 떠나 수도사가 될 것을 권고하였으며 이에 그는 기꺼이 응하였다. 여대수도원장은 캐드먼의 재산과 함께 그를 수도원에 받아들여 하느님의 종들의 집단에 수도사로 입회시켰다. 여대수도원장은 성스러운 역사와 내용을 배우도록 캐드먼에게 지시하였다. 듣고 배운 것을 그는 기억 속에 담아두었고, 마치 청결한 동물처럼 그는 이 모든 것을 반추(反芻)하여 매우 아름다운 음악으로 바꾸었다. 그의 노래와 음악은 듣기에 너무나 아름다워 그를 가르치는 선생들조차도 그의 입에서 나오는 말들을 글로 옮기고 배우기까지 하였다. 그는 먼저 대지의 창조, 인간의 시작 그리고 모세의 제1권에 해당하는 《창세기》의 모든 이야기를 노래로 불렀다. 다음으로 그는 이스라엘 백성들이 이집트로부터 나와 약속의 땅으로 들어가는 내용, 그리고 성서 역사에 기록된 많은 다른 이야기들, 그리스도의 권화(權化), 수난 그리고 하늘로의 승천과 성령의 강림, 사도들의 가르침 그리고 다가올 심판의 날, 지옥에서 고문의 공포, 하늘나라 왕국에서의 기쁨 등 많은 노래를 지었다. 뿐만 아니라 그는 또한 신의 축복과 심판에 관한 많은 노래를 만들었다. 이들 노래를 통하여 인간이 죄와 범죄에서 벗어나 선한 일을 사랑하고 이에 대하여 열정을 보이도록 하기 위해 열심히 노력하였다. 캐드먼은 매우 신심이 돈독하며 겸손하게 수도원의 규율에 복종하는 사람이었기 때문에 이 모든 일이 가능하였다. 이와는 다르게 행동하는 사람에 대하여 그는 매우 심하게 분노하였다. 결국 그는 아름답게 자신의 삶을 마무리 지었다. 죽을 시간이 다가오자 그는 14일 동안 병으로 육체적 고통을 받았으나 말을 하지 못하거나 움직이지 못할 정도는 아니었다. 그곳 가까이에는 병자들을 위한 숙소가 있었는데, 건강이 악화되어 죽음에 임박한 사람들이 그곳으로 옮겨 보살핌을 받도록 하는 것이 그들의 관례였다. 캐드먼은 자신의 시중을 드는 사람에게 세상을 떠나게 될 그날 저녁에 그곳에 자신이 쉴 공간을 준비할 것을 지시하였다. 시중을 드는 사람은 그 이유에 대하여 의아해했는데, 그 이유는 그의 죽음이 임박했다고 여겨지지 않았기 때문이었다. 그러나 그는 지시대로 실행하였다. 그리고 그곳으로 간 캐드먼은 그곳에 있는 병자들과 즐겁게 이야기하고 농담을 했으며, 한밤중이 지나자 그는 그 집에 성체(聖體)가 있는지 그들에게 물었다. 이에 그들이 대답하길, '성체를 찾는 이유가 무엇입니까? 우리들에게 그처럼 밝고 즐겁게 말하는 것을 보니 당신이 죽을 때가 가까워지지 않은 것 같은데요.' 손에 성체를 쥐자, 그들 모두가 자신에 대하여 어떠한 원한 없이 평화롭고 즐거운 마음에서 우러나는 호의를 품고 있는지 물었다. 이에 이들 모두는 그에 대하여 악의를 지니고 있지 않으며 모두가 그에게 친절한 호의를 품고 있다고 대답하였다. 그리고 그들은 돌아가며 그가 자신들에게도 호의를 품을 수 있기를 그에게 간청하였다. 그러자 그는 대답하길, '형제들이여, 나는 당신들과 모든 하느님의 종들에게 매우 우호적인 마음을 가지고 있답니다.' 그런 뒤 그는 자신의 마음을 종부성사를 통하여 굳게 한 뒤, 다른 삶으로 들어갈 준비를 하였다. 형제들이 일어나 찬미의 노래와 송가를 부를 시간이 얼마나 남았는지 다시 한 번 그는 이들에게 물었다. 이에 그들이 대답하길, '그리 많이 남지는 않았습니다.' 그가 말하였다. '좋아요, 그럼 그 시간을 기다립시다.' 그러고 난 후 그는 기도하고 성호(聖號)를 그은 뒤, 베개에 머리를 두고 한동안 잠이 들었고, 그렇게 그는 조용하게 자신의 삶을 마감하였다. 그렇게 그는 순수하고 단순한 마음과 조용한 믿음으로 주님을 섬겼고 조용한 죽음에 의해 이승을 떠나 하느님 앞에 나타나게 되었던 것이다. 창조주를 찬미하기 위하여 많은 구원의 노래를 만든 캐드먼의 혀는 성호를 긋고 자신의 영혼을 그분의 손에 위탁하면서 그분께 영광을 돌리는 마지막 말을 하였다. 이미 들었다시피 우리는 그가 자신의 죽음을 알고 있었다는 것을 알 수 있다.

XXVI

이 당시 콜딩햄에 있던 수도원은 이미 언급했다시피 부주의로 불타서 파괴되었다. 그러나 사실을 아는 모든 사람들은 이것이 그 도시에 살던 사람들의 사악한 삶에서 비롯되었다는 것을 쉽게 알 수 있었는데, 무엇보다 그것은 그곳에 사는 중요한 인물들의 사악한 삶에서 연유한 것이었다. 그러나 금식, 눈물 그리고 기도로써 죄를 징벌하고 고쳐서 니네베 사람들의 모범에 따라 진정한 심판자의 분노를 막아야 한다는 하느님으로부터의 경고가 부족했던 것은 아니었다. 그곳 수도원에는 스코틀랜드 출신의 아담나너스라는 사람이 있었다. 그는 매우 절제하는 삶을 영위했을 뿐더러 하느님께 기도 또한 열정적으로 바쳤던 인물로서 그는 주일과 목요일을 제외한 어느 날에도 음식을 먹지 않았으며 밤새도록 철야기도를 하곤 하였다. 처음에는 엄격한 그의 이러한 고행의 삶은 죄를 보속(補贖)하기 위한 필요에 의해 그에게 부과된 것이었다. 그러나 시간이 지남에 따라 필요는 습관으로 바뀌게 되었다. 젊은 시절 그는 죄를 범하게 되었다. 죄가 가슴에 사무치자 엄격한 심판자에 의해 심하게 벌을 받을까 두려운 나머지 그는 공포에 떨었다. 그러자 그는 자신에게 구원의 길을 가르쳐줄 것이라고 생각하여 사제를 찾게 되었다. 그는 자신의 죄를 고백하고 어떻게 하면 다가 올 하느님의 분노를 피할 수 있을지 충고해줄 것을 간청하였다. 그의 죄를 듣자 사제는 대답하였다. '심한 상처는 심한 처방이 필요한 법이니 할 수 있는 한 금식하고 찬가를 부르며 기도하는 데에 전념하도록 하시오. 그리하면 고백을 통하여 주님의 분노를 피할 수 있을 뿐더러 그분의 온화함을 얻게 될 것이오. 그리고 지나친 슬픔과 죄로 인한 양심의 가책으로 억눌려 있었기 때문에 자신을 누르는 죄의 내적 속박에서 빠른 시간에 벗어날 수 있기를 그는 갈망하였다. 이러한 그가 사제에게 말하였다. '저는 젊고 육신이 건강합니다. 주님의 심판 날에 구원될 수만 있다면 사제께서 저에게 명령하시는 대로 기꺼이 참고 견디겠습니다, 비록 당신께서 밤새 기도하고 일주일 내내 금식하라고 명령할지라도 나는 이것을 즐겁게 실천에 옮기겠습니다.' 사제가 대답하였다. '먹지 않고 일주일 내내 계속한다는 것은 무리입니다. 이삼일간의 금식이 충분할 것입니다. 그렇게 하도록 하시오. 얼마 후에 내가 다시 와서 당신께 보다 구체적으로 당신이 무엇을 해야 하며 고행 속에서 얼마나 긴 시간 동안 그것을 계속해야 하는가를 말해주겠소.' 그런 뒤 사제는 그를 떠났다. 어떤 이유에서인지 사제는 갑자기 전에 자신이 살았던 스코틀랜드 사람들의 섬인 아일랜드로 떠났고, 약속을 이행하기 위해 그에게 다시 돌아오지는 않았다. 그러나 그는 사제의 지시뿐만 아니라 자신의 맹세를 염두에 두고 참회의 눈물과 철야기도 그리고 매우 절제된 삶을 통하여 주님을 섬겼는데, 그는 주일과 목요일을 제외한 어떤 날도 앞서 언급했듯이 음식을 입에 대지 않았다. 그는 이밖에 다른 날에도 금식하는 규율을 지켰다. 사제가 아일랜드로 가서 그곳에서 죽었다는 소식을 듣게 되었을 때 그는 그때부터 앞서 말한 금욕적인 삶을 유지해나갔다. 그리고 자신이 범한 죄로 하느님의 벌을 두려워한 나머지 한때 시작한 것이 하느님을 사랑하게 되어 이로 인한 영원한 보상에 대한 기쁨 때문에 그 이후에도 굳건하게 실행되었다. 그리고 그는 오랜 기간 동안 이를 지키고 실천에 옮겼다. 그는 어느 날 수도원에서 멀리 떨어진 곳으로 일을 보기 위해 떠나게 되었는데, 그의 형제들 가운데 한 사람이 그와 동행하였다. 그들은 여행을 마치고 수도원으로 돌아오게 되었다. 수도원 가까이에 다다르자 이들은 건물들이 위로 높이 솟아오르는 것을 보았는데, 그때 갑자기 하느님의 종이 우울해하며 비통에 찬 뜨거운 눈물을 흘리기 시작하였다. 그의 얼굴표정에서 그의 마음속 슬픔을 알 수 있었다. 그의 동료가 이를 보고 그에게 무슨 문제가 있으며 왜 그렇게 행동하는지 물었다. 이에 그가 대답하였다. '당신이 여기에서 본 크고 작은 모든 건물들은 불에 타서 재로 변할 것이오.' 그 형제가 이 이야기를 듣고 그곳에 도착하자마자 곧장 공동체의 어머니인 여대수도원장 에버에게 이 사실을 알렸다. 그러자 그녀는 그러한 예언으로 무척 불안해하며 놀라운 마음에 그 하느님의 종을 자신에게 오도록 하여 어떻게 그 사실을 알게 되었는지 그에게 진중하게 물었다. 그가 대답하였다. '얼마 전에 내가 철야기도를 올리고 기도서를 읊고 있었습니다. 그때 갑자기 내 옆에 낯선 사람 하나가 서 있는 것을 보았습니다. 내가 너무 놀라자 그는 나를 달래며 두려워하지 말라고 말했습니다. 그런 뒤 그는 나에게 친근한 목소리로 말했습니다. '당신은 잘하고 있소, 이 조용한 밤 시간에 자지 않고 철야기도를 드리고 있으니 말이오.' 나는 대답했습니다. "철야기도를 드릴 필요가 나에게 있는데, 나는 내 죄와 잘못 때문에 주님께 간곡하게 기도드리는 것입니다." 그러자 그가 말하였습니다. "당신은 진리를 말하고 있소. 그리고 당신은 물론 많은 사람들은 선한 일을 함으로써 자신들의 죄를 보속할 필요가 있을 뿐더러 세속적인 일에 집착하는 것을 그만두고 보다 자유롭게 영원한 축복의 희망을 얻기 위하여 노력해야 할 것이오. 그러나 극히 일부 사람들만이 그렇게 하고 있을 뿐이오. 사실대로 말하건대 나는 수도원 곳곳을 다 둘러보았고 모든 숙소와 잠자리를 살펴보았소. 그러나 당신을 제외한 그곳 어느 누구도 영원의 구원에 매달리는 것을 볼 수 없었소. 남녀 모두가 깊이 잠들어 있거나 죄를 범하기 위해 깨어 있었소. 기도와 공부를 위해 만들어진 장소들 또한 탐욕과 만취, 무모한 잡담 그리고 교회법에 어긋나는 죄들을 범하기 위한 장소로 변질되어 있었소. 또한 하느님께 일생을 바친 수녀들도 자신들의 본분에 개의치 않고 시간만 생기면 고운 옷을 짜서 이것으로 신부(新婦)처럼 자신들을 치장하여 밖의 남성들의 관심을 사려고 하는데, 이는 자신들의 위치를 위험에 빠지게 하는 일이죠. 따라서 이곳과 이곳에 거주하는 사람들을 위해 하늘에서 준비된 분노의 불꽃으로 무거운 보복을 내리는 것이 합당할 것으로 보이오." 그에게 여대수도원장이 말하였다. '왜 나에게 즉시 그 비밀을 말하지 않았소?' 그가 대답하였다. '수도원장님을 존경하는 마음에 수도원장님께서 너무 어리둥절하여 놀라시지나 않을까 걱정이 되었습니다. 수도원장님께서 살아있는 동안 그 벌이 이 도시에 떨어지지 않을 것이라는 위안을 가지셨으면 합니다.' 비전이 밖으로 알려지자, 며칠 동안 그곳에 거주하는 사람들은 두려움에 떨기 시작했고 자신들을 깨끗이 하며 잘못된 행동들을 저지르지 않았다. 그러나 여대수도원장이 죽자, 그들은 다시 과거의 잘못을 범하였고 전보다 더욱더 나쁜 짓들을 하였다. '자, 이제 평화와 안녕이 있다'라고 그들이 말하는 순간 전혀 생각지도 못한 앞서 언급한 보복의 형벌이 이들을 내리쳤다. 모든 것이 그렇게 일어났는데, 이는 내가 존경하는 동료인 사제 에드길스가 나에게 알려준 것으로, 그는 당시 그 수도원에 살고 있었다. 그 수도원에 거주했던 많은 사람들이 도시가 파괴됨에 따라 그곳을 떠났으며, 그후 그는 오랫동안 우리 수도원에 거주하다가 죽었다. 이 책에 이 이야기를 삽입하는 것은 사람들에게 경각심을 불러일으켜 하느님이 하신 일에 신경을 쓰도록 하기 위함이며, 그분의 조언에서 알 수 있듯이 인간의 자손들에 대하여 그분이 얼마나 무서운지 경고하기 위한 것이다. 아울러 이는 어느 때라도 우리가 육체적 방종의 노예로 전락하여 하느님의 심판을 덜 두려워하지 않도록 하기 위함이며, 그분의 분노가 갑자기 우리를 압도하여 고통을 안겨주고 우리를 세속의 고통으로 이끌어 내리지 않도록 하기 위한 것이며, 혹은 그분의 엄한 심판으로 우리가 영원한 파멸로 떨어지지 않도록 하기 위한 목적이다.

XXVII

주후(主後) 684년 노섬브리아의 왕 에즈프리드가 군대를 이끌고 스코틀랜드 사람들의 섬인 아일랜드로 출정하였다. 베오르트가 군대를 이끄는 장군이었으며, 그 군대에 의해 영국인들에게 항상 매우 우호적이었던 죄 없는 백성들은 매우 처참하게 황폐화되었고, 그 폭력적인 전쟁으로 교회는 물론 수도원이 남아나지 않았다. 아일랜드 사람들도 그들이 할 수 있는 한 적군에 맞서 방어하였고, 하느님이 그들을 도와 보복할 수 있도록 해달라고 끊임없이 오랫동안 기도하였다. 비록 저주하는 사람들이 하느님의 궁정에서 용납되지는 않지만 그들의 잔혹함에 대하여 마땅히 저주받아야 하며 그들은 곧 자신들이 범한 죄로 주님의 보복에 의한 처벌을 받는다는 사실을 우리는 믿고 있다. 그의 친구들, 특히 당시 주교로 임명되었으며 지금은 고인이 된 커스버트가 이를 적극 만류했음에도 불구하고, 다음 해 에즈프리드 왕은 성급하게 군대를 이끌고 가서 픽트족의 영역을 황폐화시켰다. 픽트족은 퇴각하는 체하면서 에즈프리드 왕을 더는 물러날 수 없는 황야에 위치한 좁은 협곡으로 끌어들였다. 5월 20일, 그의 많은 군대와 함께 에즈프리드 왕은 죽게 되었는데, 그때 그의 나이 40세였고 왕으로 즉위한 지 15년이 되던 해였다. 앞서 말했다시피 그의 친구들은 전쟁을 벌이는 것을 만류했었다. 그러나 그보다 1년 전에 그는 덕망 있는 사제 에즈버트의 말을 듣지 않고 자신에게 어떠한 해도 입힌 적이 없던 스코틀랜드 사람들을 공격하였고, 이런 죄에 대한 벌로써 심판이 그에게 내려진 것이었다. 그리고 그는 다시 자신을 파멸에서 구해주려는 사람들의 목소리에 귀 기울이지 않았던 것이다. 그때부터 영국 왕국의 힘과 희망은 쇠퇴하기 시작했다. 픽트족은 영국 사람들이 지배해왔던 자신들의 영토를 되찾았으며, 영국 안에 있던 스코틀랜드 사람들 또한 그러하였다. 그리고 브리튼의 많은 사람들이 자유를 회복하였다. 죽거나 노예가 되거나 픽트족의 영토에서 도망친 많은 영국사람들 가운데 덕망 높은 주님의 종인 주교 트럼위네는 사제들과 함께 아베콘수도원을 떠나는데, 그 수도원은 영국의 영토에 있던 것으로 영국과 픽트족의 영토를 가르는 바다에 근접하고 있었다. 주교는 할 수 있는 한 다양한 수도원에 있는 친구들에게 사제들을 추천하였으며, 그 또한 자주 언급한 적이 있는 위트비 수도원에 기거하게 되었다. 그곳에서 몇몇 사제들과 함께 그는 수년 동안 수도원의 엄격한 생활을 영위하였는데, 이는 자신은 물론 많은 사람들에게 도움이 되었다. 또한 그는 그곳에서 생을 마감했고, 그의 삶과 지위에 어울릴 정도로 명예롭게 성 베드로 교회에 안장되었다. 이 당시 왕족 출신으로 수녀가 된 엘프레드가 수도원의 여대수도원장으로서 그녀의 어머니인, 전에 언급한 적이 있는 애안플래드와 더불어 수도원을 이끌어 나갔다. 그 주교가 그곳에 왔을 때, 하느님께 자신을 봉헌한 그 동정녀는 자신의 삶뿐만 아니라 수도원을 관리해나가는데 그로부터 큰 도움을 받았다. 당시 에알드프리드가 에즈프리드의 뒤를 이어 왕좌에 올랐는데, 그는 성서에 매우 조예가 깊었던 인물로서 사람들의 말로는 그는 에즈프리드의 동생이며 오스위오 왕의 아들이었다고 한다. 일부 한정된 영역에서이기는 하나 그는 파괴된 왕국을 영화롭게 재건하였다. 주후 685년 캔트의 왕인 흘로데레가 8년간 캔트를 통치한 후 삶을 마감했으며, 그의 뒤를 이어 동생인 에즈버트가 왕이 되었다. 에즈버트는 왕좌에 올라 12년간 캔트를 통치하였다. 에즈버트는 아들인 에아드릭(Eadric)이 이끌던 사우스 색슨족과의 전쟁에서 상처를 입었고 이를 치료하는 과정에서 죽었다. 그러자 에아드릭이 그의 뒤를 이어 1년 반을 통치하였다. 에아드릭이 죽자, 에즈버트의 또 다른 아들인 위흐트레드가 적법한 후계자로서 권좌에 오를 때까지 한동안 왕권을 찬탈하려는 자들과 타국 왕들이 영토를 황폐화시켰다. 그런 뒤 그는 믿음과 영정(寧靜)으로 타국인들의 파괴로부터 자신의 백성들을 구해냈다.

XXVIII

에즈프리드 왕이 삶을 마감하던 그해에 그는 성스러우며 덕망이 깊은 커스버트를 린디스판에 있는 교회의 주교로 임명하였다. 그전에 그는 판(Farne)이라는 조그만 섬에서 몸과 마음을 절제하며 수년간 은둔생활을 하였다. 이 섬은 교회로부터 약 9마일가량 떨어진 해안에 위치하고 있었다. 이 성스러운 하느님의 사람은 어린 시절부터 공부에 열정을 보였을 뿐만 아니라 종교적 삶을 열망하였다. 수도원의 입회를 갈망한 그는 성장하여 수도원에 들어갔다. 맨 처음 그는 트위드(Tweed) 강가에 위치한 멜로즈라는 수도원에 들어갔다. 당시 그 수도원은 온화한 성품을 지닌 주교 에타가 관리하고 있었는데, 에타는 이미 언급했듯이 그후 헥섬과 린디스판의 주교가 되는 인물이었다. 수도원의 관리자이며 원장은 당시 보이젤이었는데, 그는 훌륭한 덕을 지닌 인물로서 앞을 내다보는 능력을 지니고 있었다. 커스버트는 겸손하게 그의 가르침을 따랐고 그로부터 성서에 대한 지식과 선한 삶의 본보기를 배웠다. 그가 주님께로 떠난 뒤, 커스버트는 수도원장이 되어 권위 있는 가르침과 외부로 보이는 행동의 본보기를 통하여 많은 사람들을 수도원에서 훈육시켰다. 그는 수도원의 삶에 필요한 계율과 삶의 본보기를 제공하였을 뿐만 아니라 멀리 있는 사람들까지도 잘못된 삶에서 벗어나 천상의 기쁨을 사랑할 수 있도록 개화시키는 데 열정적으로 노력하였다. 많은 사람들이 자신들이 고백한 신앙을 옳지 못한 행동으로 더럽혔을 뿐만 아니라 대재앙으로 많은 사람들이 죽었을 당시 많은 사람들은 훈육받은 믿음의 성사를 소홀히 여겨 우상숭배에 현혹되어 그 치유책을 찾으려는 데에 집착하였는데,

이는 마치 창조주이신 하느님께서 내린 벌을 주문이나 부적 혹은 악마적 비밀기법에 의존하여 벗어나려 했던 것이다. 하느님의 사람 커스버트는 종종 이러한 잘못을 고치기 위해 수도원을 벗어나곤 하였다. 때때로 그는 말을 타고 가기도 했으나 걸어가는 경우가 더 많았다. 그는 주위에 위치한 조그만 마을로 가서 잘못을 저지르는 사람들에게 올바른 길을 가르쳐 주었다. 이는 그의 스승인 보이젤이 그가 살아 있을 당시 자주 했던 것이었다. 사제 혹은 어떤 사람이 조그마한 마을에 오면, 모두가 하느님의 말씀을 듣기 위해 모이는 것은 당시 영국사람들의 관례였다. 그리고 그들은 가르치는 내용을 기꺼이 듣고 자신들이 이해한 내용을 행동으로 열심히 옮겼다. 하느님의 사람인 커스버트는 말하는 데에 상당한 재능을 지니고 있었으며 자신이 가르치는 하느님의 말씀을 대단히 사랑했던 인물로서 그의 얼굴에는 천사의 빛이 빛났을 정도였다. 이 때문에 참석한 어느 누구도 마음속 비밀을 감히 감추지 못한 채 고해를 통하여 그들의 행동을 낱낱이 공개할 수밖에 없었다. 그들은 그의 주목을 피할 수 있을 것이며 자신들의 비밀에 대하여 그가 알려고 하지 않을 것이라고 생각하였다. 이들은 그러나 그가 지시하는 대로 고백함으로써 이에 합당한 진정한 회개의 열매와 함께 죄를 바로잡았다. 다른 사람들이 방문하기를 두려워하거나 가난과 무지 때문에 가르치는 사람이 꺼려하는 높고 험악하며 멀리 떨어져 있는 오지(奧地) 마을에 하느님의 말씀을 가르치기 위해 그는 자주 여행하곤 하였다. 그는 믿음으로 열심히 그리고 즐겁게 하느님의 말씀을 가르치는 일에 매진하였다. 그리고 그는 일주일 혹은 이삼주일 동안 수도원을 나가 있기도 하였다. 때로는 한 달여 동안 수도원으로 돌아오지 않고 외지에 머무르며 말씀과 덕망 높은 행동으로 무지한 사람들을 불러 모아 천상으로 이끌었다. 덕망 높은 하느님의 종 커스버트가 수년 동안 멜로즈 수도원에서 살며 종교적인 많은 덕망을 보이며 그곳에서 명성을 날리자, 결국 덕망 있는 대수도원장인 에타는 그를 린디스판으로 보내어 그곳에서 형제들에게 수도원의 규범을 가르치며 그의 권위 있는 가르침과 행동을 보여줄 수 있도록 하였다. 덕망이 높은 사제 에타가 대수도원장의 권위로써 관리하던 그 장소는 오래전에 주교 커스버트가 사제들과 함께했던 적이 있으며 대수도원장 또한 수사들과 함께 기거했던 곳이기도 하다. 그러나 그가 관리할 세대의 일부로서 이것은 주교의 책임 아래 놓였다. 최초 그곳의 주교였던 하느님의 성스런 인물 아이든이 수사가 되어 다른 수사들과 함께 그곳으로 와서 수도원의 생활양식을 정립시켰다.

XXIX

이후 하느님의 성스러운 사람 커스버트는 종교적 결심으로 그의 공적이 커져가자 다시 혼자서 침묵하고 종교적으로 묵상하는 은둔자의 삶으로 들어왔다. 수년 전 그의 삶과 덕에 관하여 시와 산문을 쓴 적이 있기 때문에, 지금 이 자리에서는 한 가지 사실만을 기록하는 것으로 충분할 듯하다. 그가 섬으로 들어가려고 할 때, 그는 형제들을 확신시키며 말하였다. '만약 하느님의 은총이 나에게 그 장소에서 내 손으로 노동해가면서 살 수 있도록 해준다면 나는 즐거운 마음으로 그곳에 살 것이요. 그렇지 않다면 하느님의 뜻으로 알고 나는 즉시 여러분들에게 오겠소.' 그곳은 물이 없어 땅에 수확물이 없으며 나무가 없었다. 게다가 그곳에는 저주받은 영혼들이 출몰하여 사람이 살기에 적합하지 않았다. 그러나 하느님의 사람의 욕망대로 그곳은 사람이 살 수 있는 곳으로 변했고, 그가 섬으로 온 덕분에 저주받은 영혼들은 그곳을 떠나게 되었다. 적이 물러나자, 그는 자신을 위해 작고 갇힌 거처 하나를 마련했는데, 그곳은 개울과 재방으로 둘러싸여 있었다. 그 안에 그는 형제들의 도움으로 필요한 건물들, 다시 말해서 기도방과 공동숙소를 세웠다. 그런 뒤 그는 그 건물 마당에 우물을 파도록 형제들에게 지시하였다. 당시 그곳 땅은 너무 단단했고 돌로 가득하여 샘물의 흔적이 눈에 띄지 않았다. 그러나 믿음과 하느님의 종의 기도에 힘입어 그렇게 하였는데, 다음 날 그곳은 물로 가득하였다. 오늘날까지 그 물은 그곳에 오는 모든 사람들에게 하느님이 주는 풍부한 은총을 제공하고 있다. 그리고 하느님의 사람은 철로 만든 연장과 밀을 가져와 땅을 일굴 것을 명하였다. 땅이 일궈지고 파종기가 되어 밀을 심었으나 여름까지 싹조차 나오지 않았다. 일상대로 형제들이 그를 방문하자, 보리가 토양에 맞아 싹이 돋아나거나 그것이 천상에서 만물을 주시는 분의 의지여서 보리가 그곳에서 돋아날 수 있을지 모른다는 희망에서 그는 자신에게 보리 씨앗을 가져오도록 형제들에게 말하였다. 씨앗을 그에게 가져오자 파종시기가 지났음에도 불구하고 그는 땅에 그것을 심었고, 그곳에서 풍부한 곡식이 돋아났는데, 이는 하느님의 사람(커스버트)에게 노동을 통하여 그가 희망했던 공급을 산출해주었다. 수년간 그곳에서 은둔자로서 그는 주님을 섬겼는데, 그 즈음에 앨른 강에 위치한 트위포드라는 곳에서 대규모의 공의회가 개회되었고, 그곳에 에즈프리드 왕이 참석하였다. 고인이 된 대주교 테오도르가 수장으로서 공의회를 주관하였다. 그곳에서 구성원들의 만장일치로 커스버트가 린디스판 교회의 주교로 선출되었다. 그런 뒤 그들은 많은 사신들과 편지를 그에게 보냈으나 그의 거처로부터 그를 결코 이끌어낼 수 없었다. 그러자 결국 앞서 언급한 왕 자신이 성스러운 주교 트럼위너와 신심이 돈독하며 부유한 다른 많은 신하를 대동하고 그 섬으로 들어갔다. 또한 린디스판으로부터 많은 형제들이 그에게 나아가 무릎을 꿇고 눈물을 흘리며 살아계신 하느님을 두고 기도와 간청을 드린 결과, 그가 사랑하는 거처로부터 그를 이끌어내어 공의회에 나오도록 하였다. 그곳에 온 그는 매우 거부하는 듯했으나 모든 사람들의 하나같은 바람에 압도되어 주교의 임무를 떠맡게 되었다. 그는 주로 하느님의 사람인 보이젤이 했던 말에 설득되었는데, 보이젤은 그에게 닥칠 모든 것을 예언해주었으며 언젠가 미래에 그가 주교가 될 것이라는 사실 또한 말해준 적이 있었다. 그러나 그의 임명은 즉시 이루어지지 않았으나, 오는 겨울이 지나고 정확히 부활절 축제일에 요크에서 에즈프리드 왕이 참석하고 고인이 된 대주교 테오도르를 중심으로 7명의 주교가 모인 자리에서 주교 임명식이 이루어졌다. 그후 그는 죽은 사도들을 따라 자신이 물려받은 주교직을 덕망 높은 행동으로 장식하였을 뿐만 아니라 하느님을 대신하여 자신에게 위탁된 백성들을 끊임없는 기도를 통하여 보호했음은 물론 유익한 경고와 가르침으로 이들을 고무하여 천상으로 이끌었다. 자신이 말로 가르친 것을 그는 먼저 자신이 행동으로 실천하였는데, 이는 일반적으로 신심이 돈독한 선생들에게 가장 큰 도움이 되는 모습이다. 무엇보다 그는 하느님을 사랑하는 데 열정을 보였고, 인내하고 겸손하였으며 성스러운 기도를 올리는 데 주의 깊고 열성적이었다. 그는 또한 위안을 얻기 위해 자신을 찾아오는 모든 사람들을 친절하게 대하였고 만약 자신의 격려와 가르침이 약한 형제들에게 도움을 줄 수 있다면 이것을 성스러운 기도로 간주하였다. 그는 '너의 하느님이신 주님을 사랑하라, 그리고 너의 이웃을 사랑하라'는 주님의 말씀을 알고 있었으며 이를 기억하였다. 그는 자신을 정화시키는 고행으로 유명했으며 모든 은총으로 천상의 것에 열중하였다. 이를 증명하는 것으로 그가 하느님께 희생제사와 미사를 올릴 때는 언제나 그는 목소리를 높이지 않고 마음속 깊은 곳으로부터 흘러나오는 눈물로서 자신의 바람을 주님께 기도드렸다.

XXX

2년간 그는 주교직을 맡아 수행하였다. 그런 후 그는 다시 그가 살던 섬으로 가서 그곳 거처에서 살라는 하느님의 경고를 받았다. 죽음이 다가오자, 아니 이것이 진정한 삶이라 할 수 있기 때문에 오히려 (새로운) 삶이 그에게 다가왔다. 그러자 그는 일상적 단순한 말로서 많은 사람들에게 이 사실을 알렸다. 비록 애매모호한 부분들이 있었지만 그 의미는 이내 곧 모든 이들에게 확실히 이해되었다. 나이가 들고 오랜 기간 동안 하느님의 사람(커스버트)과 종교적 친교를 맺어온 존경할 만한 사제 한 사람이 있었는데, 그의 이름은 헤레버트였다. 그는 더웬트 강의 수원(水原)인 큰 호수가 있는 섬에서 은둔생활을 하고 있었다. 매년 그는 커스버트를 방문하여 그로부터 영원한 구원에 이르는 가르침을 듣곤 하였다. 주교가 카알라일에 왔다는 소식을 듣고, 습관처럼 그는 주교의 유익한 가르침을 통하여 천상의 것을 갈망하는 자신의 마음이 더욱더 불타오를 거라는 바람에서 그곳에 있는 커스버트에게 갔다. 성부들의 삶에 대하여 이들 서로는 얘기를 나누며 서로간에 천국의 삶의 잔을 나누는 동안, 주교는 대화 도중 말하였다. '헤레버트 형제여 기억하시오, 당신이 필요하고 소망하는 것을 나에게 말하시오. 이제 우리가 헤어지면, 우리는 육체의 눈으로 더 이상 이 세상에서 서로를 볼 수 없기 때문이오. 내 영혼이 분리되고 내가 떠날 시간이 가까이 왔다는 것을 나는 분명히 알고 있소.' 이 말을 듣자 헤레버트는 무릎을 꿇고 비통의 눈물을 흘리며 말하였다. '살아계신 주님을 두고 간청하오니 내 곁을 떠나지 말아주세요, 나는 당신의 진정한 동료라는 것을 기억하시고 우리가 함께 하늘나라로 들어가 그곳에서 주님의 은총을 볼 수 있도록 허락해줄 것을 우리가 지상에서 함께 섬긴 하늘에 계신 주님께 기도를 드려주세요. 당신도 알다시피 저는 당신이 말하는 가르침에 따라 살려고 애써왔고, 무지와 나약함으로 잘못을 저지를 때면, 저는 즉시 당신 의지의 판단에 따라 속죄하려고 애써왔습니다.' 그러자 주교는 십자가의 모습으로 엎드려 기도하였고, 주님께서 그가 원하는 요구를 들어주셨다는 것을 즉시 믿음 속에서 알게 되었다. 그리고 그가 말하였다. '일어나시오, 나의 형제여, 그리고 울지 말고 기뻐하시오. 하늘의 자비가 우리의 기도를 들어주셨소.' 그 이후의 일들이 이 약속과 예언을 사실로 입증해주었다. 이들이 서로 헤어진 후, 그들은 육체의 눈으로 더 이상은 서로 만날 수 없었다. 그리고 같은 날, 즉 3월 20일 그들의 영혼은 육체를 떠났고 이들 영혼들은 천상의 비전 안에서 서로 함께 결합되어 천사들의 도움으로 하늘나라 왕국으로 이끌려 들어갔다. 그러나 헤레버트는 먼저 병으로 지속적으로 고통을 받았다. 이것은 하느님이 베풀어주신 것으로 그의 덕성이 축복받은 커스버트와 비교해볼 때 다소 떨어진다는 사실을 감안 할 때, 그가 오랜 기간 겪은 병의 고통이 이를 보상해주고 중재자의 은총으로 그가 커스버트와 동등하게 되었다고 우리는 믿고 있다. 결과적으로 그의 영혼이 커스버트와 같은 시간에 육체로부터 벗어나 영원한 축복 속에서 같은 장소에 커스버트와 함께 그 또한 받아지게 되었다. 존경하는 사제 커스버트는 판 섬에서 죽었으며, 그는 오랜 기간 주님을 섬긴 그곳에 묻힐 수 있도록 형제들에게 간곡히 청하였다. 그러나 결국 그의 육체가 린디스판으로 옮겨져 그곳 교회에 안장되어야 한다는 이들 형제들의 간청에 그는 동의하였다. 이 일이 있은 후, 존경하는 주교 윌프리드는 커스버트를 대신하여 주교가 임명될 때까지 2년 동안 주교직을 수행하였다. 그후 에아드버트가 주교로 임명되었다. 그는 성서에 대한 학식뿐만 아니라 하느님의 계명을 준수하며 무엇보다 선행을 베푸는 것으로 유명했고 이로써 존경받았던 인물이었는데, 그는 매년 모세의 율법에 따라 네발 달린 가축은 물론 모든 곡식과 과일 그리고 섬유의 10분의 1일을 가난한 사람들에게 기부하였다.

XXXI

그리고 신령한 선이신 주님께서는 하느님의 사람 커스버트가 죽은 후에도 얼마나 큰 영광 속에서 살았는지 보다 공개적으로 (사람들에게) 보여주고자 하셨다. 죽기 전 그의 삶은 천상의 숭고한 기적들에 의해 드러나기도 하였다. 그가 묻힌 후 약 11년 정도가 지나자 하느님께서는 이들 형제의 마음을 움직여 그의 뼈를 꺼내도록 했다. 죽은 사람들에게 흔히 그러하듯이 그의 육체의 나머지 모두가 부서져 먼지로 변해 있을 것으로 기대한 그들은 그의 뼈를 새로운 관에 넣어 합당한 예를 갖춘 뒤 같은 장소 지면 위에 그의 뼈를 소중하게 간직할 계획이었다. 그리고 그들은 주교 에아드버트에게 이것이 자신들의 뜻이며 의지라는 사실을 반복해서 알려주었다. 그리고 그는 그들의 계획에 동의하여 커스버트가 죽은 날 그렇게 하도록 명하였다. 이에 그들은 이를 실천에 옮겼다. 무덤을 열자 산 사람처럼 커스버트의 육체가 썩지 않고 온전하였으며, 그의 사지 또한 나긋나긋하다는 사실을 그들은 알게 되었는데, 마치 그의 모습은 죽은 사람보다는 산 사람처럼 느껴질 정도였다. 그가 입고 있던 옷들 또한 썩지 않았으며, 매일 새로운 옷이 입혀진 것처럼 그의 옷은 기적과도 같이 때가 없이 새것처럼 보였다. 형제들은 이것을 보고 놀라 주교에게 서둘러 가서 그곳에서 그들이 발견한 것을 보고하였다. 그때 주교는 교회에서 떨어져 있으며 사면이 바다로 둘러싸인 장소에서 혼자 살고 있었다. 습관처럼 그는 이곳에서 부활절 전에 40일간 그리고 다시 그리스도 탄생 전 40일 동안 금식하며, 눈물을 쏟으며 열렬한 기도와 함께 매우 금욕적인 삶을 영위하고 있었다. 이 장소는 또한 존경하는 그의 선임자인 커스버트가 판 섬으로 들어가기 전에 한동안 칩거하며 주님을 섬겼던 곳이기도 하다. 그들은 또한 그 성스러운 육체를 감싸고 있던 옷의 일부를 주교에게 가져왔다. 주교는 그 선물을 감사한 마음으로 받았으며 그 놀라운 일들을 즐거운 마음으로 경청하였고, 그 옷들이 마치 성스러운 사제(커스버트)의 몸을 두르고 있는 양 옷들에 그는 사랑으로 입맞추었다. 그리고 다음과 같이 말하였다. '그의 시신에서 벗겨낸 옷 대신 새로운 옷을 입히시고 그것을 준비해 놓은 관 안에 놓아두시오. 나는 잘 알고 있소, 하늘나라 은총으로 그처럼 신성하게 된 그 장소가 오랜 기간 동안 비어 있지 않을 것이라는 것을 말이요. 은총을 만드시고 베푸시는 주님께서 그곳에 안식을 취할 특권을 부여한 사람은 축복받은 사람이오.' 주교가 많은 눈물을 흘리며 가슴 속 깊이 우러나는 깊은 열정과 떨리는 목소리로 이런 취지의 말을 하자 형제들은 그가 지시한 대로 행동하였다. 그들은 시신을 새로운 옷으로 갈아입혀 만들어 놓은 관에 넣고 그것을 교회의 뜰에 놓아두었다. 얼마 안 되어 곧 하느님이 사랑하는 주교 에아드버트는 심한 병에 걸렸고, 그의 병은 날이 지나면서 더욱더 심해졌고 악화되었다. 그 결과 곧 그는 주님 곁으로 떠나게 되었는데, 그날이 5월 6일이었다. 형제들은 그의 시신을 축복받은 사제 커스버트의 무덤에 안치하였고, 그 위에 사제 커스버트의 썩지 않은 시신을 담은 관을 놓았다. 그 장소에서 하늘의 놀라운 일과 병자를 치유하는 기적들이 이 두 사람이 베푼 덕의 표시로 자주 일어나곤 하였다. 이들 가운데 일부는 전에 커스버터의 삶에 관한 책에 기록한 바 있으나, 그 이후 내가 듣게 된 이야기 한 가지를 나는 이 역사서에 추가하려고 한다.

XXXII

그 수도원에는 베도세인이라는 사람이 있었는데, 그는 오랜 기간 동안 수도원을 방문하는 사람들을 보살피는 일을 해왔다. 그리고 역사가의 말에 따르면 자신이 이 일을 기록할 때 그 사람은 살아있었다고 한다. (수도원의) 모든 형제들과 수도원을 방문하는 사람들 모두로부터 입증된 바, 그 사람은 신심이 매우 돈독할 뿐더러 하늘나라에서 보상을 바라는 마음으로 자신에게 맡겨진 일에 매우 겸손한 마음으로 헌신하는 인물이었다. 어느 날 그 수사가 방문자들의 방에서 그가 사용한 자신의 옷과 담요를 빨기 위해 바다로 가게 되었다. 그가 수도원으로 다시 돌아오는 길에 그는 갑자기 심한 병에 걸려 땅바닥에 쓰러져 한동안 있다가 가까스로 일어났다. 일어나자 그는 머리에서 발까지 그리스 사람들이 말하는 마비, 즉 중풍에 걸린 느낌을 받았다. 어렵사리 그는 지팡이를 짚은 채 수도원으로 돌아왔다. 그의 병은 점점 악화되어 그날 밤 더욱더 심각해졌는데, 날이 새자 그는 혼자서 일어서는 것은 물론 걷는 것조차 어려운 상황이었다. 그가 병에 걸려 고생할 때, 그의 마음속에 유용한 생각이 떠올랐는데, 그의 생각인즉 할 수 있는 한 교회에 있는 덕망 높은 사제 커스버트의 무덤으로 가서 그곳에서 무릎을 꿇고 겸손하게 하느님께 기도를 올리려는 것이었다. 만일 그것이 효험이 있다면 자신의 병이 치유될 것이며, 그렇지 않고 하느님의 섭리에 의해 병으로 자신이 더 오랫동안 시련을 당해야 한다면 인내하고 조용하게 그 고통을 감내해야겠다는 것이었다. 마음속 생각대로 그는 자신의 연약한 신체를 지팡이에 의지하며 교회로 향하였다. 그런 뒤 그는 하느님의 사람 커스버트의 시신 앞에 엎드려 경건한 마음으로 그의 중재로 자신에게 은총과 자비가 내려질 수 있도록 주님께 기도드렸다. 기도하는 도중 그는 잠깐 잠이 들었다. 그런 후 그는 크고 넓은 손이 자신이 고통을 느끼는 머리부분과 병으로 영향받는 육체의 모든 부분에 와 닿는 것을 느꼈고, 이어 그의 고통은 점차적으로 사라져 치유되었다. 이 일이 있은 후, 그는 건강하게 일어나게 되었다. 그 즉시 그는 더욱더 자신을 치유해준 주님과 도움을 베풀어주신 성인께 감사드렸다. 그리고 그는 자신에게 어떤 일이 일어났는지 형제들에게도 알려주었고, 형제들 모두는 이를 기뻐하였다. 그리고 고통을 통하여 보다 더 깨끗해진 그는 전에 하던 자신의 일로 돌아와 보다 열심히 그리고 신중하게 수행하였다. 커스버트가 죽기 전 혹은 죽은 후, 하느님께 헌신했던 커스버트의 육체를 둘러싸고 있던 옷과 천은 치유의 은총을 지니고 있었는데, 이 사실은 그의 삶과 기적에 관한 책을 읽은 사람이면 알 수 있는 것이다.

XXXIII

그의 유품으로 3년 전 일어난 치유를 말하지 않고 넘어가서는 안 될 것으로 여겨지는데, 이것은 이 일을 직접 경험한 수사를 통하여 내가 최근에 알게 된 것이다. 이는 대크리 강가에 세워진 수도원에서 일어났던 일로 그 수도원은 강의 이름을 따서 명명되었으며 스위스버트라는 신심이 가득한 인물이 대수도원장으로 그곳을 관리하고 있었다. 그곳 수도원에는 보기 추하고 무섭게 생긴 종양으로 고통을 겪는 한 젊은이가 있었는데, 이로 인하여 그의 눈꺼풀은 일그러지고 부서졌다. 날이 지나면서 이는 더욱 심해져 시력을 잃게 될 정도에 이르게 되었다. 의사들은 연고와 찜질로 종양을 누그러뜨리려고 했으나 아무 소용이 없었다. 일부 의사들은 종양을 잘라내야 한다고 하는 반면 일부는 이로 인하여 더 큰 위험이 따른다며 이를 반대하였다. 앞서 언급한 수사는 오랜 기간을 이로 인한 불편을 감내해야 했고, 종양은 매일 더욱더 악화되어 갔다. 그러다가 갑자기 주님의 은총으로 성스러운 사제인 커스버트의 유품을 통하여 그의 종양이 치유되는 일이 일어났다. 그가 묻힌 후 수년이 흘렀으나 그의 시신이 썩지 않고 온전하게 보존되어 있다는 사실을 형제들이 알게 되었을 때, 그들은 유품을 원하는 친구에게 주기 위하여 혹은 기적의 징표로 보일 목적으로 그의 머리카락 일부를 취했다. 이후 수도원의 대수도원장인 사제 스리드레드가 당시 이 유품의 일부를 가지고 있었다. 어느 날 그가 교회로 가서 원하는 친구에게 일부를 줄 목적으로 유품이 보관된 상자를 열었다. 눈에 병을 앓던 그 젊은이 또한 그때 그 교회 안에 있었다. 사제는 자신의 친구에게 원하는 일부를 준 뒤, 나머지를 젊은이에게 주며 그것을 가져가 적당한 장소에 보관할 것을 지시하였다. 성스러운 머리에서 떼어낸 머리카락을 받자, 병을 앓는 눈에 대겠다는 유익한 영감을 받은 그는 한동안 그것을 자신의 눈에 대고 욱신거리는 종양을 달랬다. 그렇게 한 뒤 그는 유품을 지시대로 상자에 넣었고 자신의 눈이 하느님의 사람인 커스버트의 머리카락으로 만져짐에 따라 곧 치유될 것이라는 믿음을 갖게 되었다. 그러나 그의 이러한 믿음은 헛된 것이었다. 그가 이렇게 한 시간은 그의 말에 따르면 오전 9시경이었는데, 그날 전에 하던 대로 하던 일을 계속하였다. 같은 날 정오가 되자 그는 갑자기 자신의 눈을 만졌는데, 그때 부풀어 오름이나 일그러짐 없이 자신의 눈이 온전하고 정상적이라는 사실을 알게 되었다.

제 4권 끝

제5권

1

하느님의 사람인 커스버트가 주교가 되기 전에 판 섬에서 은둔자의 삶을 영위하고 있을 당시 그에게는 덕망 높은 에델왈드라는 후계자가 있었는데, 그는 수년 전 리폰이라는 수도원에서 사제서품을 받았으며 그 직분에 걸맞은 행동을 하였던 인물이었다. 그가 일으킨 기적들 가운데 하나를 내가 여러분들에게 들려준다면 그의 덕과 삶의 본질이 보다 확실하게 드러날 것인데, 그 기적은 기적의 당사자인 형제들 가운데 한 사람으로부터 내 자신이 들은 것이다. 이 사람의 이름은 커스프리드인데, 존경받는 하느님의 종이며 사제로서 후에 그 또한 자신이 성장한 린디스판 교회의 형제들을 다스리는 대수도원장이 되는 인물이다. 그가 말하길 '나는 덕망 높은 사제 에델왈드와 이야기를 나누기 위해 판 섬으로 다른 두 형제와 함께 오게 되었다. 그와 대화를 나눔으로써 새로운 힘을 얻은 나는 그의 축복을 간청하였고, 고향으로 돌아오는 길에 우리는 바다 한가운데에 놓였고, 처음 항해를 시작할 때의 잠잠한 날씨가 갑자기 변하였다. 그리고 강한 태풍이 우리를 덮쳤고 그러한 광풍은 계속되어 도저히 항해할 수 없는 상황으로 죽음 외에 그 어떤 것도 기대할 수 없는 상황에 놓였다. 우리는 한참 동안 바다와 바람에 대항하여 헛되이 싸우다가 결국 우리가 출항한 그 섬으로 다시 돌아갈 수 있을까 하여 뒤를 돌아보았다. 똑같은 폭풍으로 우리의 뒤쪽으로도 길이 단절되어 꼼짝없이 갇혀 있다는 것과 함께 우리에게는 어떠한 안전의 희망도 남겨져 있지 않다는 사실을 알게 되었다. 시간이 지나 눈을 들어 멀리 내다보았을 때 하느님이 사랑하시는 사제 에델왈드가 판 섬에 있는 자신의 거처에서 나와 우리가 가는 것을 지켜보고 우리에게 무슨 일이 일어났는지 보기 위해서 있는 모습을 보았는데, 태풍과 들끓는 바다 소리를 그가 들었기 때문이다. 우리를 지켜보던 그가 우리들이 곤경과 절망에 빠져 있는 것을 알고 우리의 주 아버지시며 구원자이신 그리스도께 무릎을 꿇어 우리의 안위(安危)와 삶을 위해 기도드렸다. 그의 기도가 끝나자마자, 비등(沸騰)했던 바다는 잠잠해졌고 태풍 또한 고요해졌으며 이 모든 것이 멈추자 항해하기에 좋은 미풍이 우리를 매우 조용한 바다를 건너서 육지로 이끌어 주었다. 육지에 닿아 우리가 탄 배를 파도가 닿지 않는 곳으로 끌어올리자 잠시 우리를 위해 고요했던 태풍은 다시 불기 시작했고 그 태풍은 그날 내내 거대하고 강하였는데, 잠시 찾아온 바다의 고요함은 하느님의 사람의 기도에 대한 응답으로써 주님께서 우리의 안전을 보장해주시기 위한 것이라는 사실을 사람들은 분명히 알 수 있었다.' 그 하느님의 사람은 판 섬에서 12년을 산 뒤 그곳에서 생을 마쳤다. 그러나 앞서 지금까지 언급한 주교들과 함께 그는 성 베드로 교회가 있는 린디스판에 묻혔다. 이런 일들은 알드프리드 왕이 통치하던 시기에 일어났으며, 알드프리드 왕은 그의 형 에즈프리드의 왕권을 계승하여 19년간 왕으로서 노섬브리아의 백성들을 통치하였다.

II

알드프리드 왕이 통치하기 시작할 즈음에 주교 에타가 죽어 성스러운 존이 헥섬에 있는 교회의 주교직을 계승하였다. 그 주교와 관련하여 일어난 많은 종교적 믿음에 의한 기적들이 그를 잘 아는 사람들, 특히 덕망 높은 버툰에 의해 전해지는데, 그는 진실한 사람으로 한때 주교 존의 부제였고 그 후에는 비버리라는 수도원의 대수도원장을 역임하기도 했다. 이 책에 이러한 기적들 가운데 일부 이야기를 기록하는 것이 합당할 듯하다. 헥섬에 있는 교회에서 1.5마일가량 떨어져 있는 곳에 성벽과 숲으로 둘러싸여 은둔하기에 적합한 주거지들이 일부 있었다. 그 사이로 타인(Tyne) 강이 흐르고 있었다. 그곳 주거지에는 예배당과 대천사 미카엘의 교회가 있었는데, 그 교회는 하느님의 사람인 존이 특히 부활절이 오기 전 40일의 금식기간, 즉 사순절 동안 자주 일부 형제들과 함께 은둔하며 공부하고 기도하는 곳이었다. 사순절이 시작될 즈음에 그곳에 머물기 위해서 오자마자 사순절 기간 동안 그들이 보살펴주며 자선을 베풀 대상으로 큰 병과 가난으로 고통받는 어려운 상황에 처한 불쌍한 사람을 찾아보도록 자신의 동료 형제들에게 그는 지시하였다. 그런 일은 그가 흔히 하는 일상적 일이었다.

멀지 않은 조그만 마을에 어려운 상황에 처해있으며 말을 못하고 문둥병을 앓던 한 젊은이가 있었는데, 그는 주교가 잘 알던 사람으로 전에도 종종 주교에게 와서 도움을 받곤 하였다. 그는 한마디 말도 하지 못했다. 그리고 그의 머리는 상처와 비듬투성이어서 정수리에는 머리카락 하나 자라지 못하였으나 그 주위로 둥글게 거친 머리털이 형성되어 있었다. 주교는 이 사람을 데려오도록 했으며, 그가 생활하며 일상에 필요한 것들을 받을 수 있도록 거주지 내에 그를 위해 조그만 집을 짓도록 지시하였다. 사순절 한 주가 지난 다음 일요일에 그는 그 가난한 사람이 자신의 방으로 오도록 지시하였다. 주교는 그가 들어오자 혀를 내밀어 자신에게 보여줄 것을 명하였다. 그리고 그는 젊은이의 혀를 잡고 그 위에 성호를 그어주었다. 성호를 그은 뒤 그는 혀를 넣고 따라 말하도록 젊은이에게 일렀다. 그리고 주교는 말하길, "말해 보거라. 자, '예'라고 말하거라." 그러자 즉시 그 자리에서 그의 혀가 풀리면서 들은 대로 젊은이는 따라 말하였다. 주교는 계속해서 철자를 말해보라고 젊은이에게 지시하였다. "자, '에이'라고 말하거라." 그는 '에이'라고 말하였다. "이제 '비'라고 말하거라." 그리고 젊은이는 '비'라고 말하였다. 주교를 따라 다양한 철자들을 말하자 주교는 음절과 단어를 발음해볼 것을 젊은이에게 지시했고 그 젊은이는 모두 올바르게 대꾸하였다. 그러자 주교는 보다 긴 문장을 말해볼 것을 젊은이에게 지시하였다. 젊은이는 계속 이것들을 올바르게 반복했으며 그곳에 있던 사람들의 말에 따르면 그 젊은이는 그 밖에도 밤낮으로 깨어 있는 동안 어떤 것을 말하였고 다른 사람들에게 자신의 뜻과 생각을 토로하였다는데, 이는 전에 결코 그가 할 수 없는 것들이었다. 그의 처지는 마치 태어날 때부터 불구로 걸을 수 없어 부모가 업고 다녀야 하는 사람과도 같았다. 사도 베드로와 요한이 그를 치유하자, 그는 서서 뛰기 시작했고 사도들과 함께 교회에 들어가 그곳에서 걷고 뛰며 하느님을 경배하였다고 책에 기록되어 있다. 오랫동안 사용할 수 없었던 발을 사용하며 그가 기뻐하는 것이 놀라운 일은 아니다. 젊은이가 치유되자 주교는 그와 기쁨을 같이하였고 주교는 또한 젊은이가 앓는 문둥병을 치유해주도록 의사에게 지시하였다. 의사는 그렇게 하였고, 주교의 축복과 기도의 도움으로 전에는 보기 흉했으며 불쌍하게 보였고 문둥병을 앓고 있었으며 말을 하지 못했던 그 젊은이의 몸은 성하게 되었고 외모도 아름답게 변하였으며 언변 또한 유창하게 되었고 그는 또한 멋진 곱슬머리를 지니게 되었다. 그는 자신의 건강이 회복된 것에 기뻐하였고, 주교 또한 원한다면 그 거주지에 머물 수 있는 선택권을 그에게 제시하였으나 그는 집으로 돌아가기를 원하였다.

III

버튼은 앞서 언급한 주교와 관련한 또 다른 놀라운 일을 전해주었다. 덕망 높은 주교 윌프리드가 오랜 유랑생활을 마치고 헥섬에 있는 교회 주교로 임명되고, 매우 겸손하며 신심이 돈독했던 주교 보사가 죽고, 앞서 언급한 존이 요크에서 그의 자리를 대신할 즈음에 존이 와트이라는 수녀원을 방문하게 되었는데, 여대수도원장 헤레버가 당시 그곳을 책임지고 있었다. 버튼은 말하길, '그곳에 도착하여 기쁨 속에서 모든 사람들의 환대를 받았고, 여대수도원장은 자신의 딸인 수녀 하나가 심한 병을 앓고 있다는 사실을 우리에게 말해주었다. 여대수도원장의 말로는 그 수녀가 최근에 팔에서 피를 흘렸고 치료받으면서 통증을 느끼게 되었다고 한다. 이는 더욱더 심해져 팔에 큰 종양이 생기며 부풀어 올라 두 손을 펼칠 수 없을 정도였다. 그 수녀는 누워서 지내며 절망에 처한 상황이었다. 이에 여대수도원장은 주교가 그 수녀를 방문하여 축복을 내려주도록 그에게 간청하였다. 주교의 축복을 받으면 자신이 곧 나을 것이라고 그 수녀가 믿고 있다는 사실을 여대수도원장은 말하였다. 그러자 그 수녀가 언제 처음으로 피를 흘렸는지 주교는 물었다. 이달 네 번째 밤에 그 일이 있었다는 사실을 듣자, 주교는 말하길, "이달 네 번째 밤에 피를 쏟아 낸 것은 매우 어리석으며 미숙한 일이오. 달빛이 밝고 해수가 만조가 되는 그 시간에 방혈은 매우 위험하다고 고인이 된 주교 테오도르는 말하였소. 만일 그 수녀가 죽음의 순간에 와 있다면 내가 그 수녀를 위해 지금 무엇을 할 수 있단 말이오?" 그러나 여대수도원장은 여전히 자신의 딸을 위해 주교에게 진정으로 간청하였는데, 그 이유는 자신이 그 수녀를 매우 사랑했고 자신을 대신하여 차후 여대수도원장으로 지명할 의도를 가지고 있었기 때문이다. 그러자 결국 주교는 병을 앓는 사람을 방문하기로 했다. 수녀가 누워있는 방으로 들어가면서 주교는 나를 데리고 갔다. 큰 고통으로 수녀는 경련을 일으키고 있었으며, 앞서 말했다시피 수녀의 팔은 부풀어 올라 매우 커져 있어 팔꿈치를 굽힐 힘조차 없었다. 주교는 수녀 옆에 서서 축복을 베풀며 기도를 올렸고, 성호를 그은 뒤 방을 나갔다. 식사시간이 되어 식탁에 우리가 함께 앉아 있을 때, 식솔 가운데 한 사람이 들어와 나를 부르며 밖으로 나오라고 말하였다. "크웬버 — 그것이 그 수녀의 이름이었다 — 는 주교님께서 서둘러 자신에게 오기를 기다리고 있습니다." 그렇게 하여 수녀가 있는 방으로 다시 들어가자, 반색을 하는 건강한 모습의 수녀를 볼 수 있었다. 그 옆에 앉자 수녀가 말하였다. "뭐라도 마실 것을 부탁해도 괜찮을까요?" 나는 답변했다. "기꺼이 그렇게 하죠. 수녀님이 마실 수만 있다면 저는 기쁘답니다." 그러자 그들은 컵 하나를 가져왔고 우리 둘은 같이 마셨다. 그리고 그 수녀는 나에게 말하였다. "주교님이 나에게 축복을 내리시고 기도를 올린 뒤 성호를 긋고 밖으로 나가신 직후, 즉시 변화가 일어났습니다. 내 몸이 좋아졌답니다. 내가 이전만큼의 건강을 회복하지는 못했지만, 제 손에서 뜨겁고 타는 듯한 것을 느낄 수 있었으며 전신에서는 고통과 아픔이 완전히 사라졌습니다. 마치 그분께서 고통을 다 가지고 나가신 듯이 말입니다. 그리고 팔에 부기(浮氣)가 겉보기에는 여전하나 고통은 완전히 사라졌습니다." 우리가 출발할 때쯤 부기가 급속하게 가라앉았고 수녀는 온전하고 건강해져 죽음으로부터 목숨을 건졌다. 이에 수녀는 그곳에 있던 하느님의 종들과 더불어 우리의 구세주이신 주님께 이 일에 대하여 영광과 찬미를 드렸다.

IV

앞서 언급한 주교와 관련한 또 다른 놀라운 일에 대하여 그 대수도원장은 나에게 말해주었다. 그가 말한 이야기는 다음과 같다. '푸라는 이름의 영주 한 사람이 수도원에서 2마일가량 떨어져 있는 곳에 살고 있었다. 그의 부인은 40일간 병으로 심하게 고통을 겪고 있었는데, 3주 동안 그녀는 집에서 거동할 수 없을 정도였다. 그때 하느님의 사람인 주교가 교회 봉헌식을 위해 영주에 의해 그곳에 초대되었다. 교회 봉헌식과 미사가 끝난 후 영주는 자신의 집으로 들어가 식사를 함께 할 것을 주교에게 간청하였다. 수도원이 가까이 있어 그곳으로 가야 한다며 주교는 이를 거절하였다. 그러자 자신의 집에 들어가 식사를 한다면 가난한 사람들에게 자선을 베풀 것이며 합당한 금식을 이행할 것이라는 약속을 하며 영주는 주교에게 간곡하게 요청하였다. 나 또한 주교가 영주의 집에 들어가 축복을 베풀고 한 끼 식사만 그곳에서 한다면 가난한 사람들에게 자선을 베푼다는 약속을 하며 영주의 요구를 지지하였다. 한참 후에 우리는 어렵게 이 일을 관철시켰고 주교는 이에 동의하여 식사를 하기 위해 그 집으로 들어가게 되었다. 그리고 주교는 나와 함께 형제 한 사람을 보내어 교회 봉헌식에 사용된 성수 일부를 아파서 누워있는 여인에게 보내어 그녀가 성수를 마시고 고통이 있는 부분을 성수로 씻을 수 있도록 지시해두었다. 이 일이 이루어지자 여인은 즉시 온전하고 건강하게 일어났고 오랜 병고에서 자유로워졌을 뿐만 아니라 잃어버린 힘을 완전히 회복하였다. 그녀는 안으로 들어가 주교에게 마실 것을 가져다주었고 식사가 끝날 때까지 우리 시중을 들며 우리에게 마실 것을 따라주었다. 그녀의 상황은 고열로 고통받던 사도 베드로의 장모가 주님의 손으로 병이 나아 힘을 회복하고 일어나 구세주를 섬겼던 것과 유사하다.'

V

또 다른 경우로 주교는 아디라는 영주의 교회 봉헌식을 위해 초대받게 되었다. 필요한 행사를 마치자 영주는 불구로 사지를 거의 움직이지 못하며 죽음에 임박했다고 여겨질 정도로 심하게 병을 앓는 자신의 시종이 있는 곳으로 가줄 것을 주교에게 간청하였다. 죽으면 그가 묻힐 관 또한 만들어 준비되어 있었다. 이런 요구와 함께 그 시종이 소중할 뿐더러 그의 삶이 자신에게 필요하다는 말을 하였고 영주는 눈물을 쏟으며 병자를 방문하여 그를 위해 기도해줄 것을 주교에게 간청하였다. 주교가 그에게 손을 얹고 축복을 내려주면 곧 회복될 것이라고 그 시종은 믿고 있다고 영주는 말하였다. 그러자 주교는 그 시종이 있는 곳으로 들어갔으며 그가 죽음의 문턱 가까이 가 있다는 것을 알았으며 그곳에 있던 모든 사람들은 슬퍼했고 그가 묻힐 때 그가 놓일 관이 그 옆에 있었다. 주교는 기도를 올렸으며 그에게 축복을 내려주고 성호를 그어주었다. 나갈 즈음 주교는 사람들에게 위안을 주는 일상적인 말을 하였다. '곧 나아 건강하길 바라오.' 이후 그들이 식사하기 위해 식탁에 앉아 있을 때, 그 병자가 영주에게 사람을 보내어 목이 마르다며 자신에게 술 한 잔 보내줄 것을 요청하였다. 그러자 영주는 그 시종이 마실 수 있다는 사실에 기뻐하며 그에게 주교가 축복해준 술 한 잔을 보냈다. 그것을 마시자 오랜 병이 치유되어 그는 즉시 일어나 옷을 갈아입고 밖으로 나오게 되었다. 그리고 그는 주교에게로 가서 주교를 비롯하여 주교와 함께 앉아 있던 사람들에게 인사를 하고 그들과 같이 식사를 하고 싶다고 말하였다. 그러자 그들은 자신들과 함께 식사를 하자고 그에게 권유했고 모두가 그가 병에서 회복되어 건강을 되찾은 것을 매우 기뻐하였다. 그는 자신의 자리에 앉아 식사를 같이 하며 그들과 더불어 즐거워했다. 그리고 이후 그는 그때 회복된 건강으로 한결같이 수년을 살았다. 이 놀라운 일이 자신이 있는 자리에서 일어나지는 않았으나 그곳에 참석했던 사람들이 자신에게 전해주었다고 앞서 말한 대수도원장은 말해주었다.

VI

그리스도의 종인 헤레볼드를 위해 주교가 행한 기적으로 헤레볼드는 언급한 적이 있는데, 이를 말하지 않은 채 지나칠 수는 없다. 그는 당시 주교의 사제들과 함께 살고 있었으며 그 이후 타인 강어귀에 위치한 수도원의 대수도원장이 된 인물이다. 그의 이야기는 다음과 같다. "인간이 판단하는 것이 올바른 것이라면 주교의 삶은 모든 점에서 주교로서 어울리는 것이었고 나는 개인적으로 그분의 모든 것을 아는 입장에서 그렇게 말할 수 있다. 뿐만 아니라 인간의 마음을 아는 하느님에 의해 주교님의 덕은 높이 사졌다는 점을 나는 많은 다른 사람들의 경우를 비롯하여 특별히 나 자신의 경우에 비추어 알 수 있다. 말하자면 그분은 나를 죽음의 문턱에서 불러들여 기도와 축복으로 삶의 길로 인도하였다. 젊었던 초기 시절 나는 그분의 사제들과 살며 그분께 나 자신을 맡기고 책을 읽고 음악을 공부하는 데 몰두하였다. 그러나 여전히 나는 젊은 시절 방종에서 나 자신을 완전히 통제하지는 못하였다. 어느 날 주교님과 함께 여행하는 도중 우리는 편평하고 넓은 평원에 이르게 되었는데 그곳은 말 경주를 하기에 적합한 곳이었다. 주교님과 함께 했던 젊은이들, 그들은 주로 평신도들이었는데, 이들은 말 경주를 통하여 어느 말이 최고인가를 가름하도록 허락해줄 것을 주교께 요청하였다. 처음에는 주교가 이를 거부하며 이들의 간청과 욕구가 부질없는 것이라고 말하였다. 그러나 결국 많은 사람들이 만장일치로 요구하는 바람에 주교는 양보하고 말았다. 주교가 말하였다. '원하는 대로 하거라. 그러나 헤레볼드는 어떤 경우에도 그 시합에 참여해서는 안 된다.' 그러자 그들과 함께 시합을 벌일 수 있는 허락을 받아내기 위해 나는 진심으로 간청하고 애원하였는데, 내 말(馬)은 주교가 나에게 준 매우 훌륭한 것으로 나는 말에 대하여 강한 확신을 지니고 있었기 때문이었다. 진심으로 간청했으나 나는 주교의 허락을 받아내지 못했다. 내가 이리저리로 자주 움직이자 주교는 나에게서 눈을 떼지 않았으며 젊은이들은 한동안 경주를 벌이다 돌아왔다. 나는 장난기에 압도되어 주교의 금지에도 불구하고 그들과 어울려 경주를 하기 시작했다. 그러는 동안 나는 한숨소리와 함께 주교가 말하는 소리를 들었다. '아, 경주를 벌여서 너는 나에게 걱정과 화를 가져다주는구나.' 이 말을 들었으나 나는 말 경주를 조금도 멈추려 하지 않았다. 말은 거침없이 날쌔게 달렸으며 흥분하기 시작하였고 순식간에 길가에 있는 구렁텅이를 뛰어넘었다. 그러는 순간 나는 미끄러져 말에서 떨어졌고 죽은 듯이 누워 모든 감각과 움직일 수 있는 힘을 잃고 말았다. 바로 그 장소에 돌이 하나 있었는데, 그 돌은 평지처럼 편평했고 얇게 잔디가 덮여있었으며 그것 외에 다른 돌이라곤 그 평지 전체에서 찾아볼 수 없었다. 순종하지 않은 나의 죄에 대한 벌로써 신의 섭리에 의해서인지 말에서 떨어질 때 머리와 손이 돌에 부딪쳤다. 엄지손가락이 부서졌고, 두개골이 골절되어 열려 죽은 사람처럼 손가락 하나 움직이지 못하였다. 그들은 내 위에 천을 펼쳤다. 한낮에서 한 시간이 지난 시각부터 저녁때까지 나는 움직임 없이 죽은 사람처럼 누워있었다. 저녁시간이 되자 나는 조금 원기를 회복하였고 동료들은 나를 수도원으로 옮겼다. 밤새도록 말없이 누워서 피를 토하였는데, 이는 낙마하면서 몸의 내부기관에 상처를 입었기 때문이었다. 주교는 내가 말에서 떨어져 상처를 입은 것에 대하여 몹시 슬퍼했는데, 그 이유는 주교가 나에 대한 남다른 애정을 갖고 있었기 때문이다. 주교는 그날 밤 사제들과 평상시처럼 함께하지 않고 혼자서 기도하며 밤새 깨어 있었다. 내가 회복될 수 있도록 천상의 주님께 기도하고 있다고 나는 생각하였다. 이른 아침 즉시 주교는 나에게 와 나를 위해 기도를 올리고 나의 이름을 불렀다. 그러자 나는 깊은 잠에서 깨어나게 되었다. 주교는 지금 말하는 사람이 누구인지 알겠냐고 나에게 물었다. 눈을 뜨고 주교를 바라보며 나는 말하였다. '내가 가장 사랑하는 주교님이라는 것을 나는 잘 알고 있습니다.' 그가 나에게 말하였다. '무얼 생각하고 있느냐? 살 수 있겠느냐?' 내가 대답하였다. '주님의 뜻이라면 주교님의 기도를 통하여 내가 살 수 있을 것입니다.' 그러자 주교는 나의 머리에 손을 얹고 성호를 그어주며 축복을 내려주었고 기도를 하기 위해 돌아갔다. 시간이 조금 지난 뒤 주교는 다시 나를 방문하여 질문을 던졌다. 그때 그는 내가 앉아 있는 것을 보았고 나는 말을 할 수 있었다. 아무런 흠 없이 내가 합당하게 세례를 받았는지 주교가 나에게 묻기 시작했다. 후에 입증되었다시피 주교는 신에 의해 영감을 얻었던 것이다. 의심할 바 없이 나는 죄 사함을 위해 세례를 받은 사실을 잘 알고 있다고 대답하였다. 뿐만 아니라 나에게 세례를 준 신부님의 이름까지도 말하였다. 그러자 주교는 말하였다. '만약 네가 그 사제로부터 세례를 받았다면 너는 완벽하거나 합당하게 세례를 받은 것이 아니다. 그가 사제서품을 받을 때 어리석음과 우둔함으로 교리를 가르치거나 세례를 베푸는 일을 올바르게 배우지 못했던 것을 나는 알고 있기 때문이다. 그가 성직을 올바르게 수행할 수 없었기에 나는 그가 성직을 수행하는 것을 금하였단다.' 이렇게 말한 뒤, 즉시 주교는 나에게 교리를 가르쳤다. 이것이 끝나고 주교가 나의 얼굴에 숨을 불어넣자 나는 전보다 기분이 더 좋아지고 회복되는 느낌이 들었다. 그리고 주교는 나를 위해 의사를 불러 손상된 머리를 꿰매어주도록 지시하였다. 주교의 축복을 받자 나는 건강과 원기를 회복하여 다음 날 아침 말에 올라 주교와 함께 다른 마을로 여행할 수 있게 되었다.

얼마 지난 후 완전히 회복된 나는 생명의 물로 올바르게 씻겨 세례를 받았다.” 그 하느님의 사람은 33년간 주교직을 수행하다 천상의 왕국으로 들어가게 되었고 비버리라는 수도원에 위치한 성 베드로 예배당에 묻히게 되었다. 연로하여 그가 더 이상 주교직을 수행하지 못하게 되었을 때 그의 사제 윌프리드가 요크의 주교로 임명되었고 존은 앞서 언급한 수도원으로 들어가 주님 안에서 가치 있게 생활하다 자신의 삶을 마감하였다.

VII

올드프리스 왕이 집권하고 3년이 되던 해에 웨섹스의 왕인 케아드왈라는 2년간 열심히 자신의 백성들을 다스린 후, 하느님과 하늘나라의 영원한 왕국을 위해 지상의 왕국을 포기하고 로마로 가게 되었는데, 특별히 영광을 얻으려는 바람에서 그는 예수님의 열두 제자들의 고향에서 세례를 받고자 했으며 세례를 통해서만이 천국으로의 길이 열린다는 사실을 알고 있었다. 세례를 받고 바로 죽어, 죄를 짓지 않고 순수하게 하늘나라 왕국의 영광과 영원한 기쁨 속으로 들어가기를 그는 또한 희망하였다. 그리고 그가 마음에 품었던 두 가지는 하느님의 도움으로 이루어졌다. 그곳에 도착하여 부활절 전날인 성 금요일에 교황 세르기우스의 주재로 그는 세례를 받았다. 그리고 세례복을 입는 도중 그는 병에 걸려 4월 20일에 죽어 축복받은 사람들과 하늘나라에서 함께하게 되었다. 아울러 앞서 언급한 교황은 그에게 베드로라는 세례명을 주었는데, 그 이름을 통하여 열두 사도들 가운데 가장 축복받은 사도인 베드로와 그가 연결될 수 있도록 하기 위함이었는데, 하느님을 향한 왕의 사랑이 그를 멀리 지상의 끝에서 베드로의 가장 성스러운 육체로 이끌었던 것이다. 그리고 베드로 교회에 그는 묻혔으며 교황은 그의 무덤에 비문을 새기도록 지시하였는데, 이는 왕의 믿음이 세세(世世)에 영원히 지속되고 비문을 읽거나 듣는 사람들이 왕의 행동을 본보기로 믿음의 길로 들어설 수 있도록 하기 위한 것이었다.[1)]

그의 높은 지위, 부, 가문, 강력한 왕권,
그의 성(城)들, 신하들, 전리품들, 그의 명성,
그리고 그의 선조들의 것을 케아드왈라는 포기하였도다.
천상의 사랑에 고무되어, 왕으로서 순례자이신 그는
베드로와 그의 교회를 보았고,
세상으로 기운을 돋우는 영광이 흐르는 그곳 깨끗한 샘에서
그는 신성한 물줄기를 맛보았도다.
열정적인 마음으로 그는 새롭게 태어나기 위해 노력하였고,
자신의 야만적 분노와 수치를 그는 벗어던졌도다.
그리고 대부(代父)의 역할을 했던 세르기우스의 지시에 따라
변화된 마음으로 자신의 이름을 베드로로 개명하여
천상의 은총으로 그의 아들로서 다시 태어났도다.
그리고 하느님의 은총은 곧 그를 흰옷으로 갈아입혀
하늘 속 빛의 영역으로 이끄셨도다.
그의 믿음은 대단하였고 그리스도의 자비는 훨씬 더 대단하여
인간의 능력으로는 그분의 뜻을 알 수 없느니.
세상 아주 먼 끝자락인 브리튼 섬에서,
지친 수 마일을 지나 로물루스의 도시[2)]까지,
주님의 신비로운 선물을 품고 멀리 돌아서 이곳까지 와
마침내 그는 베드로의 교회를 보았도다.
지금 그의 육체는 무덤 안에 놓여 있도다.
하얗게 씻긴 그의 영혼은 하늘에서 그리스도의 사람들과 함께 하게

1) 다른 판본에는 다음과 같은 비문의 내용이 구체적으로 언급되어 있다.
2) 로마.

되었도다.
그가 세속의 왕관을 내려둔 것이
다름 아닌 그것을 그리스도의 영원한 왕관으로 바꾸기 위한 것처럼 보이노라.

'케아드왈라, 색슨족의 왕인 베드로가 두 번째 15년기(期) 4월 20일 여기에 묻혔도다. 그때 그의 나이 30세 정도였으며 신심이 매우 돈독한 로마의 황제 유스티니아누스 1세[3]가 통치한 지 4년이 되던 해이며 교황 세르기우스가 통치한 지 2년이 되던 해이다.'

케아드왈라가 로마를 향해 떠나자, 왕가의 혈통인 이나가 웨섹스의 왕권을 계승하게 되었다. 백성들을 37년간 통치한 후 그 또한 권좌를 포기하고 이를 젊은 사람들에게 넘겨준 후, 축복받은 사도들의 고향 로마로 향하였다. 당시 교황은 그레고리 3세였다. 한동안 그는 지상(地上)에서 성인들이 살던 곳을 순례하였는데, 이는 천상에 있는 성인들에게 그가 보다 확실하게 받아들여질 수 있고자 하기 위한 것이었다. 당시 이를 모방하여 많은 영국사람들, 귀족이나 평민, 수도자나 평신도, 그리고 남자나 여자 모두가 그처럼 행동하였다.

VIII

로마에서 케아드왈라가 죽은 다음 해에 대주교 테오도르는 나이가 들어 88세에 세상을 버렸다. 꿈속에서 계시를 통해서 알게 되었다며 사람들에게 이 나이까지 이르게 될 것이라고 자주 미리 말하곤 했다. 22년간 주교직을 수행했고 캔터베리의 모든 주교들의 시신이 묻혀 있는 성 베드로 교회에 안장되었다. 그를 비롯하여 그와 같은 지위에

---

3) 동로마제국의 황제(483~565), 재위 527~565.

있던 모든 사람들의 육체가 평화롭게 묻혔으며 그들의 이름이 영원히 살아있을 것이라는 사실을 우리는 진실되고 확실하게 말할 수 있다. 간단히 말하자면, 그가 주교로 있을 당시 전에 하지 못한 그러한 발전이 영국교회에 시작되었다.

〔다음은 옥스퍼드 판과 펭귄 판에 추가된 부분이다〕

34행으로 구성된 영웅시 형식의 비문이 모든 방문자들에게 그의 성품, 삶, 나이 그리고 죽음에 대하여 공개적이며 명백하게 말해주고 있다. 다음은 처음 시작 행에 해당한다.

여기 성스러운 주교의 시신이 놓여 있도다.
그리스 언어로 그의 이름은 테오도르이다.
그는 위대한 성직자로서 교회의 수장이었으며,
정통의 교리로서 제자들을 가르쳤도다.

그리고 마지막 행은 다음과 같다.

9월 열아홉 날에,
육체로부터 그의 영혼이 벗어나,
축복 속에 하늘로 올라 천상의 천사 시민들과 함께
새로운 삶과 사랑을 함께하게 되었도다.

버트왈드가 테오도르를 계승하여 주교직을 수행하였는데, 그는 레컬버라는 수도원의 대수도원장이었다. 그는 성서에 대한 지식이 대단하였을 뿐더러 교회와 수도원의 규율에 능통한 사람이었으나 그의 전임자와 비견할 인물은 아니었다. 위흐트레드와 스웨프헤아드가 캔트의 왕으로 있던 시기, 7월 1일에 주교로 발탁되었다. 다음 해 6월 29일 일요일에 골의 대도시인 고드윈에서 그는 대주교로 임명되었다. 8월 마지막 날 일요일, 캔트에서 그는 주교좌(主教座)에 오르게 되었다. 그는 많은 주교를 임명하였는데, 그 가운데 주교 토바이어스(Tobias)는 죽은 로체스터 교회의 주교 에프문드를 대신하여 임명되었다. 토바이어스는 라틴어, 그리스어, 영어 등의 다양한 교육을 받은 인물로서 훌륭한 학자였다.

IX

이미 언급했다시피 당시 그리스도의 덕망 있는 종이며 사제인 에즈버트는 아일랜드에서 하늘나라의 영원한 안식처를 얻기 위하여 방랑생활을 하고 있었는데, 사도들의 행동을 따르고 싶은 마음에서 그는 하느님의 말씀과 복음을 듣지 못한 일부 부족들에게 가르치고 선교하여 많은 사람들에게 도움을 줄 생각을 하고 있었다. 독일에는 많은 그러한 부족들이 있으며 그곳으로부터 영국에 거주하는 앵글족과 색슨족도 비롯되었다는 사실을 그는 알고 있었다. 여기에는 프리지안족(*Frisians*),[4] 루기니족(*Rugini*), 데인족(*Danes*),[5] 훈족(*Huns*)[6]을 비롯하여 고대 색슨족(*Old Saxons*), 브루크테리족(*Bructeri*)[7]이 있

4) 네덜란드 최북부 주(州)인 프리즈랜드(Friesland)의 사람.

5) 8~11세기 잉글랜드에 침입한 노르만의 한 파(派). 노스만(북방인)·스칸디나비아인이라고도 한다. 북게르만족에 속하며, 처음에는 스칸디나비아반도 남부에 거주하였으나 5세기 중엽 이후 덴마크 지방으로 이주하였다.

6) 중앙아시아의 스텝 지대에서 활약하던 유목민족으로 서양사에 등장한 최초의 투르크계 민족이다. 4세기 중엽에 서쪽으로 이동하여 유럽에 침입하여 게르만 민족 대이동을 유발하였으며, 5세기 전반의 아틸라 왕의 전성기에는 아시아에서 유럽에 걸친 대제국을 건설하였다.

7) B.C. 100년경부터 주후(主後) 350년 무렵까지 독일의 북서부 지역에 자리잡고 있던 게르만의 한 부족이다.

다. 이외에도 그 지역에는 이교도를 믿는 다른 많은 부족들이 있었는데, 앞서 언급한 그리스도의 전사는 배를 타고 그곳으로 가서 악마로부터 이들을 구하여 그리스도에게 이끌겠다는 바람을 가지고 있었다. 만일 그 일이 여의치 않다면 로마를 방문하여 축복받은 열두 사도들과 그리스도의 순교자들이 묻힌 성스러운 장소를 찾아 그곳에서 기도를 드리고자 하였다. 그러나 하늘의 계시와 실질적 방해로 그는 이 두 가지 가운데 어떤 것도 이루지 못하였다. 행동하고 가르치는 일에 열정적이며 하느님의 말씀을 가르치기에 지혜로운 동료들을 선발하고 항해에 필요한 모든 것을 준비하던 어느 날 이른 아침 그에게 형제 하나가 찾아왔는데, 그는 이미 언급한 바와 같이 자신이 대수도원장 에타가 관리하던 멜로즈 수도원의 부원장으로 있을 당시 그 형제는 영국에서 하느님의 사랑스런 사제인 보이젤을 보좌했으며 그의 가르침을 받았던 사람이었다. 그날 밤 자신에게 나타난 비전을 그 형제는 그에게 다음과 같이 말하였다. '새벽 기도를 마친 후 침대에 눕자 잠깐 잠이 들었고, 꿈속에 이전에 나의 스승이며 대부이신 소중한 보이젤이 나타나 자신을 알아보겠냐고 물었습니다.' 이에 "압니다, 당신은 나의 보이젤님이 아니십니까?"라고 나는 대답하였습니다. 그러자 그는 말하였습니다. "에즈버트에게 우리의 주님이시며 구세주이신 분의 심부름을 전달하기 위해 여기에 내가 왔으니 너는 그에게 이 사실을 알려야만 할 것이다. 그가 계획하는 여행을 하지 말아야 한다는 사실을 그에게 전해주거라. 그 이유는 그가 성 콜롬바 수도원으로 가서 그곳에서 가르치는 것이 바로 하느님의 뜻이기 때문이니라." 콜롬바는 픽트족 영토의 북쪽에 위치한 황무지에 거주하는 사람들에게 그리스도의 믿음을 최초로 가르친 인물이었다. 그는 최초로 아이오나(Iona)에 수도원을 건립하였는데, 오랜 기간 그곳은 픽트족과 스코틀랜드족 사람들에게 숭배의 대상으로 남아있었다. 후에 스코틀랜드족 사람들이 콜롬실레라 불렀던 인물이 바로 그 콜롬바였다. 비전에 관한 이야기를 들은 에즈버트는 그 형제에게 나타난 것이 환상에 불과한 것일지 모르니 누구에게도 발설하지 말 것을 그에게 명하였다. 그러나 조용히 그 문제를 생각하던 그는 그것이 사실일지 모른다는 두려움을 느끼게 되었다. 그렇다고 이로 인하여 그가 부족들을 선교하기 위해 떠날 여행을 준비하는 일에 태만하지는 않았다. 며칠이 지난 후 앞서 언급한 그 형제가 그에게 다시 와서, 같은 날 밤 새벽기도가 끝난 후 보이젤이 다시 자신에게 나타나 다음과 같이 말하였다고 전하였다. '너는 내가 말하도록 지시한 내용을 왜 부주의하고 가볍게 에즈버트에게 전하였느냐? 그에게 가서 말하거라. 그가 원하건 원치 않건 그가 콜롬바 수도원으로 가야 하는데, 그 이유는 그들이 하는 쟁기질이 똑바르게 되고 있지 않아 그곳에서 그것이 올바른 방향으로 이끌어질 수 있도록 그가 지도해야 할 것이기 때문이니라.' 이 말을 듣자 그는 다시 어느 누구에게도 그 사실을 발설하지 않도록 그 형제에게 명하였다. 비전이 그 형제에게 나타난 것에 대하여 확신은 가지고 있었음에도 불구하고, 그는 앞서 언급한 형제들과 더불어 여행을 떠날 준비를 하였다. 오랜 여행에 필요한 것들을 배에 싣고 항해하기 좋은 바람과 날씨가 될 때까지 많은 날을 기다리던 어느 날 밤 배 위에 있던 많은 물건들이 분실되었고 배는 파도에 쓸려 내려가 옆으로 기울어지게 되었다. 그때 하느님의 사람은 여행할 수 없다는 사실을 깨닫고 다음과 같이 말하였다. '태풍은 나 때문에 닥친 것이다.' 그리고 그는 여행을 포기하고 낙담하여 고향의 수도원으로 돌아오게 되었다. 그러나 그의 동료들 가운데 위흐트버트라는 사람이 있었는데, 현세를 거부했으며 하느님의 말씀에 관한 지식으로 유명했고 수년간 아일랜드에서 방랑하며 은둔자로서 매우 완벽한 삶을 살고 있다가 출항하여 프리지안족의 영토에 도착하게 되었다. 그리고 2년 동안 중단

없이 그곳 사람들과 왕 래드베드에게 하느님의 말씀과 구원을 가르쳤다. 그처럼 오랜 기간에 걸친 노력에도 불구하고 그는 야만인들로부터 어떠한 성과도 거두지 못하였다. 그러자 그는 그가 사랑했던 방랑지로 돌아와서 하던 방식대로 은둔하며 주님을 위해 살았다. 그리고 밖에 있는 사람들에게 믿음을 주는 데 실패하였기 때문에 그는 자신의 덕망 있는 본보기와 도움으로 자신의 동료들에게 보다 더 유용한 사람이 되도록 노력하였다.

X

하느님의 사람, 에즈버트는 자신이 그 부족들을 찾아가 하느님의 말씀을 이들에게 설교하는 것이 허락되지 않았으며 신의 계시에 의해 미리 경고받은 대로 성 교회를 위해 다른 봉사를 하도록 되어 있다는 사실을 알았고, 그는 위그버트가 이들 부족들을 방문하였으나 어떠한 것도 얻어내지 못하였다는 사실 또한 알고 있었다. 그럼에도 불구하고 그는 말씀을 설교하기 위해 성스럽고 진지한 12명의 사람을 보내게 되는데, 그 중심에 윌브로드라는 덕망이 매우 높은 성직자가 하나 있었다. 그 나라에 도착하자, 그들은 먼저 프랑크족(*Franks*)의 왕인 피핀을 방문하였고, 그는 이들을 기쁘게 맞아들였다. 피핀이 최근 프리지안의 외곽지역을 정복하여 그곳의 왕인 래드베드를 몰아내자, 하느님의 말씀을 가르치도록 그는 이들 12명을 그곳으로 보냈다. 왕의 권위를 가지고 그는 이들을 도와서 이들이 어떠한 피해나 괴롭힘을 당하지 않도록 하였을 뿐만 아니라 그리스도의 믿음을 받아들이려는 사람들에게 이들이 많은 은총을 줄 수 있도록 하였다. 그리고 하느님의 은총과 도움으로 이들은 얼마 되지 않아 우상 신을 숭배하는 많은 사람들을 그리스도의 믿음으로 바꾸었다.

XI

영국 태생의 2명의 사제가 본보기를 보여주었는데, 이들은 하늘나라 왕국을 사랑하여 방랑하며 아일랜드에서 오랜 기간을 살았던 사람들이었다. 가르침으로 일부 사람들을 그리스도에게 이끌고자 이들은 고대 색슨족의 국가로 가게 되었다. 둘의 믿음 정도가 같았던 것처럼 이들 두 사람의 이름도 같았다. 모두 헤아왈드라고 불렸다. 그러나 머리 색깔로 이 두 사람은 구분이 되었는데, 한 사람은 검은 머리의 헤아왈드, 그리고 다른 한 사람은 흰 머리의 헤아왈드라고 불렸다. 이들 두 사람 모두 독실한 교육을 받았으나 검은 머리의 헤아왈드가 성서에 대한 보다 많은 지식을 갖고 있었다. 고대 색슨족의 영토에 도착하자 이들은 한 관리의 환대를 받았으며 그의 상관인 주군에게 자신들을 안내해줄 것을 요청하였다. 그에게 전달할 중요한 심부름과 일이 있다고 그들은 관리에게 말하였다. 이 일을 처리할 적합한 왕이 고대 색슨족에게는 없었다. 대신 많은 주군들이 백성들을 다스리고 있었다. 전쟁이나 다툼이 있을 때 주군들은 제비뽑기를 하여 그 결과에 따라 지도자를 한 사람 선출하게 되며, 그런 다음 그들은 그 지도자를 따르고 복종하였다. 전쟁이나 다툼이 끝나면 모두는 다시 권력을 공평하게 지니게 되며 다시 주군의 위치로 돌아갔다. 그 관리는 이들에게 관대하며 요청대로 자신의 주군에게 보내줄 것을 약속하였다. 그리고 그는 며칠간 이들과 함께 하였다. 이들은 항상 성가를 부르고 하느님께 기도를 올렸으며 또한 이들은 제단을 대신하여 축성된 그릇과 식탁을 지니고 있었기 때문에 야만인들은 그들이 자신들과 다른 종교를 믿고 있다는 사실을 알게 되었고, 이들 이교도들은 서로 의논하여 다음과 같이 말하였다. 이들이 주군에게 가서 그와 대화를 나누게 될 것이고, 이들은 그를 자신들이 믿는 신으로부터 멀리하게 만들어 그리스도 믿음의 새로운 종교로 개종시키게 될 것이다. 그렇게 되면 점차적으로 이 나라 모든 사람들이 과거의 믿음을 버리고 새로운 것을 채택할 수밖에 없게 될 것이다. 그러자 이들은 갑자기 하느님의 사람들을 잡아 죽이고 말았는데, 그들은 흰 머리의 헤아왈드를 칼로 즉각 살해했고, 검은 머리의 헤아왈드는 사지에 고통을 가하며 서서히 죽음에 이르게 하였다. 두 사람이 살해되자 이교도들은 시신을 라인 강에 버렸다. 자신을 면담하고 자신과 대화를 나누고자 했던 하느님의 사람들을 이교도들이 어떻게 대하였는지 소식을 듣자 주군은 몹시 분개하였고 그는 군대를 그곳으로 보내어 도시의 모든 사람들을 죽이고 도시를 불태웠다. 앞서 언급한 그리스도의 종인 사제들은 10월 11일에 이 같은 고통을 겪었다. 앞서 언급한 대로 두 사제가 살해되고 시신이 이교도들에 의해 라인 강에 내던져졌을 때, 물길을 거슬러 시신이 40마일이나 떨어진 그들의 지인과 동료가 있는 장소까지 올라간 일이 벌어졌다. 뿐만 아니라 매일 밤 천상의 빛이 그들의 시신이 놓인 장소의 윗부분을 비추었으며 그들을 죽인 이교도들 또한 그 빛을 목격하였다. 게다가 이 두 순교자들 가운데 한 사람이 밤에 동료들 가운데 하나인 틸몬이라는 사람의 꿈에 나타나기도 하였다. 그는 태생이 고귀하며 뛰어난 인물로서 처음에는 왕을 적극적으로 추종하다가 후에 수도자가 되었다. 하늘에서 지상으로 빛이 비추는 곳에서 자신들의 시신을 발견할 것이라고 그 비전은 말해주었다. 그리고 이는 또한 실현되었다. 즉시 이들의 시신은 발견되어 순교자에 합당한 예를 갖추어 매장되었으며 순교한 날과 시신이 발견된 날은 합당한 예를 갖추어 그 장소에서 기념되었다. 이 사실을 듣고 알게 되자, 프랑크족의 왕 피핀은 사신을 보내어 두 사제의 시신을 자신에게 가져오도록 지시하였으며 라인 강가에 위치한 도시 콜론 교회에 매우 영광스럽고 성대하게 안장시켰다. 오늘날까지도 사람들이 의식(儀式)을 행하고 사람들에게 도움을 주기 위해 두 사제가 살해당한 그 장소에 위치한 샘에서 많은 양의 물이 솟아난다고 전해진다.

XII

하느님의 말씀을 가르치기 위해 사람들이 프리즈랜드에 도착했던 초창기에 윌브로드는 그곳에서 하느님의 말씀을 가르칠 수 있도록 왕의 윤허(允許)를 얻게 되었고 교황의 허락과 축복을 받아 복음을 가르치는 성스러운 일을 실행하고자 하는 마음에서 로마 방문을 희망하였다. 같은 시기 그는 교황으로부터 축복받은 사도들과 그리스도 순교자들의 유품을 받고자 하였는데, 우상을 타파하고 자신이 가르친 사람들을 위해 교회를 건립하게 되면 그곳에 성인들의 유품을 놓아두기 위한 것이며, 또한 성인들을 기념하는 적합한 장소들, 즉 그 장소에 놓인 유품과 관련된 성인을 위한 각각의 장소를 봉헌하기 위한 것이었다. 이외에도 그곳에서 그가 배우고 얻고자 했던 많은 것들이 있었다. 소망대로 모든 것을 이루자 그는 다시 하느님의 말씀을 가르치기 위해 돌아오게 되었다. 당시 그와 함께 프리즈랜드에서 하느님의 말씀을 가르치는 일을 했던 형제들이 인품이 겸손하며 부드러운 성품을 지닌 스위스버트를 그들의 주교로 임명될 수 있도록 선출하였다. 당시 캔트에는 주교가 없었기 때문에 그들은 그를 영국으로 보내어 그들의 요구대로 조국을 떠나 방랑생활을 하며 머시아의 영토에서 봉사하던 덕망이 높은 주교 윌프리드에 의해 주교서품을 받도록 하였다. 주교 테오도르는 죽었고, 그의 후계자인 버트왈드는 서품을 받기 위해 바다 건너로 보내져 아직 주교좌(主教座)에 앉지 않은 상태였다. 스위스버트가 주교서품을 받고 영국으로부터 돌아온 후, 짧은 기간 동안 머물다 브럭테리족 백성들을 위해 떠나게 되었으며 가르침을 통하여 그는 그곳 백성들을 진리의 길로 이끌었다. 그런 뒤 얼마 지나지 않아 이들은 고대 색슨족에게 정복되었으며 하느님의 말씀을 받아들인 신사들은 멀리 그리고 넓게 분산되고 말았다. 주교는 자신의 동료들과 함께 프랑크족의 왕 피핀을 방문하였고 왕비 블리스리스의 중재 덕분에 왕은 라인 강가에 위치한 섬에 거처를 마련해주었는데, 그들의 말로 그곳은 인 리토러(In Litore)[8]라고 불렸다. 그는 그곳에 자신의 후계자들이 소유하게 될 수도원을 건립하였다. 그리고 그는 그곳에서 한동안 수행의 삶을 살다가 생을 마감하였다. 윌브로드의 동료들이 몇 년간 프리즈랜드에서 하느님의 말씀을 가르쳤으며 그 이후 모든 사람들의 동의하에 피핀은 덕망 높은 윌브로드를 로마의 교황 세기우스에게 보내어 그가 프리즈랜드 사람들의 대주교로 임명될 수 있도록 교황에게 간청하였다. 왕의 요청대로 교황은 그렇게 하였다. 성스러운 동정녀이며 순교자인 성 시실리아 성당에서 축일에 윌브로드는 주교로 임명되었고 교황은 그에게 클레멘트라는 이름을 부여하였다. 로마에 도착한 후 14일이 되던 날, 다름 아닌 그가 주교로 임명되고 그 즉시 교황은 그를 관할지역으로 보냈다. 피핀은 백성들 사이에서 오래전부터 윌타버그라고 불린 유명한 도시의 주교좌를 그에게 부여하였는데, 곧 사람들은 그곳을 트라이엑툼이라고 불렀으며 우리는 그곳을 우트레흐트라고 부른다. 그곳 가까이에 덕망 높은 주교는 교회를 세워 그리스도의 믿음과 관련한 하느님의 말씀을 널리 선포하며 가르쳐, 많은 사람들을 이교도의 잘못된 삶으로부터 회개시켰다. 그리고 그는 많은 수도원과 교회를 그 지역에 건립하였고 얼마 후 자신과 함께 오거나 자신을 따라 하느님의 말씀을 설교한 형제들 가운데 많은 수를 그곳의 주교로 임명하였다. 그들 가운데 많은 사람들이 주님 곁으로 떠났다. 그러나 교황에 의해 클레멘트라는 이름을 부여받은 윌브로드는 오랜 세월 축복받은 여생을 즐겼다. 그는

8) In Litore = 카이저워스(Kaiserwerth).

주교로 36년을 봉직했으며 천상의 많은 난관을 극복한 후 하늘나라의 보상을 소유할 수 있게 되었다.

XIII

이 당시 과거의 기적들처럼 기억할 만한 기적이 영국에서 일어났다. 영혼의 죽음으로부터 산 사람들을 깨우기 위해 한동안 죽었던 사람이 다시 살아나 자신이 본 기억에 남을 만한 많은 것들을 이야기하였는데, 그것들 가운데 일부를 여기에서 간단히 기술하고자 한다. 노섬브리아의 컨닝험이라는 지역에 신심이 돈독한 한 집안의 가장이 살고 있었다. 그는 병이 들어 고생하고 있었으며 병의 증세는 날이 갈수록 악화되어 죽음의 문턱에 이르게 되어 초저녁에 세상을 뜨게 되었다. 그러나 새벽녘에 그는 다시 살아나 갑자기 일어나게 되었는데, 그의 시신을 두고 울던 모든 사람들이 극도의 공포에 사로잡혀 모두 도망치고 오직 그를 가장 사랑한 아내만 남게 되었다. 그녀는 몹시 두려워 떨고 있음에도 불구하고 혼자 남아 있게 되었다. 그러자 그는 아내를 위로하며 말하였다. '두려워하지 마오, 분명 나는 죽음에서 깨어나 전처럼은 아니지만 다시 한 번 살도록 허락을 받았다오. 그러나 지금부터 나는 다른 삶을 살아야 한다오.' 그런 뒤 그는 즉시 일어나 마을에 있는 예배당으로 가서 그곳에서 날이 샐 때까지 기도하였다. 그런 후 즉시 그는 자신의 재산을 삼등분하여, 하나는 자신의 아내에게, 또 다른 하나는 자신의 자식들에게, 그리고 자신에게 남겨진 마지막 하나를 그 자리에서 가난한 사람들에게 나누어주었다. 얼마 지난 후 그는 세속의 모든 것을 버리고 멜로즈 수도원에 들어갔는데, 그곳은 대부분이 트위드 강 굴곡에 둘러싸여 있었다. 그리고 하느님께 헌신하는 삶을 시작하여, 머리를 깎고 대수도원장이 자신을 위해 준비해준 외딴 집에서 은둔생활을 하였다. 그곳에서 죽는 날까지 그는 심신의 고행과 회개 속에서 인내하며 살았는데, 그는 입을 다물었으나 그의 삶이 입증해주듯이 다른 사람들에게는 감추어진 무서우면서도 바람직한 많은 것을 그가 목격했을 것이라는 사실을 많은 사람들은 알 수 있었다. 그는 목격한 바를 다음과 같이 말하였다. "얼굴과 표정이 빛나며 밝은 옷을 입은 사람이 나를 안내해주었다. 침묵 속에서 우리는 내 생각에 한여름이면 태양이 뜨는 하늘의 북동쪽을 향해 걸어갔다. 한동안 걷다가 우리는 매우 넓고 깊은 계곡에 이르렀는데, 우리 왼쪽으로 가늠할 수 없을 정도로 긴 계곡이 놓여 있었다. 한쪽은 끓는 불꽃으로 가득 채워져 매우 무시무시하였으며, 또 다른 한쪽은 우박과 눈으로 그 추위는 참기 어려울 정도였다. 두 곳 모두 인간의 영혼들로 가득 차있었는데, 이들 영혼들은 거대한 태풍의 압도적 힘에 의해 한쪽에서 다른 한쪽으로 내던져지는 듯이 보였다. 지나친 열기를 견디다 못해 그들은 고통 속에서 극도로 차가운 곳으로 튕겨 나왔다. 그곳에서 휴식을 취할 수 없게 되자, 그들은 다시 타는 불꽃과 식지 않는 열기 속으로 튕겨져 들어왔다. 멀리서 수많은 어두운 영혼들이 이 같은 비참한 변화 속에서 일체의 휴식도 없이 고초를 당하는 모습이 내 눈에 띄었고, 나는 그것이 지옥이며 자주 말로만 듣던 견디기 힘든 고통들이라고 생각하기 시작했다. 그러자 내 앞을 가던 나의 안내자는 내 생각에 응답하여 다음과 같이 말하였다. '이곳은 네가 생각하는 지옥이 아니다.' 내가 그 무서운 장면에 몹시 놀라 공포에 사로잡혀 있자, 그는 나를 조금씩 더욱더 깊은 지역으로 안내하였다. 그러자 갑자기 내 앞에 있는 일부가 어두워지며 모든 것이 칠흑(漆黑)으로 덮이는 것을 보았다. 어둠 속으로 들어서자 어둠이 점점 더 심해지고 짙어지면서 나를 안내한 사람의 옷과 모습만이 밝게 빛날 뿐 그 어떤 것도 볼 수 없는 상황이 되었다. 어두운 밤의 그늘 아래 우리가 앞으로 나가자, 우리 앞에 많은 무리의 검은 불꽃들이 나타났는데, 이들 불꽃들은 커다란 구덩이에서 위로 솟구치다가 다시 아래로 떨어져 구덩이 안으로 들어가곤 하였다. 나를 그곳으로 이끈 후 어디가 어딘지 모르는 나를 어둠과 무시무시한 비전 속에 남겨둔 채 안내자는 갑자기 사라졌다. 불꽃의 무리가 끊임없이 위로 높이 쏘아 올려지다가 다시 구덩이의 심연 속으로 가라앉는 동안 위로 오르는 불꽃의 끝부분이 인간 영혼들로 가득 채워져 있는 것을 보았으며, 이들 영혼들은 연기와 함께 위로 솟구치는 재처럼 위로 높이 내던져졌다가 뜨거운 증기가 수축하게 될 때 다시 한번 심연의 밑바닥으로 미끄러지며 내려갔다. 더욱이 참기 어려운 악취가 뜨거운 증기와 함께 뿜어 올라와 어두움의 모든 장소를 뒤덮었다. 내가 무엇을 해야 하며 어디로 가야 하고 나에게 어떤 결과가 닥칠 것인지 인식하지 못한 채 공포에 사로잡혀 그곳에서 한동안 가만히 서 있을 때, 갑자기 내 뒤에서 격렬하면서도 애처로운 울음소리와 함께 마치 야만적인 무리가 그들에게 잡힌 적들을 비웃듯이 웃는 소리가 크게 들려왔다. 그 소리가 들리는 곳으로 가까이 가자, 악마의 무리가 울부짖는 5명의 영혼을 어둠 속으로 끌고 가는 것이 보였으며, 이들 악마들은 그 모습에 매우 흥이 나서 웃고 있었다. 끌려가는 영혼 가운데 한 사람은 내 생각에 탁발 사제였고, 또 다른 한 사람은 평신도였으며, 나머지 한 사람은 여자였다. 악마들은 이들을 계속해서 끌고 가 끓는 불 속으로 내던졌다. 그들이 아래로 멀리 떨어지자 사람들의 울음소리와 악마들의 웃음소리를 분명하게 구분할 수 없게 되었으며, 여전히 내 귀에 이들의 뒤섞인 소리만이 들렸다. 그리고 일부 악마가 심연과 고통의 장소에서 일어나 나를 에워쌌다. 그들은 불타는 눈을 가지고 있었으며, 입과 코에서는 더러운 불이 뿜어 나왔다. 그리고 그들의 손에는 부젓가락이 쥐어져 있었으며, 나를 에워싸서 붙잡아 파멸 속으로 내던지려 하였다. 그들이 나를 공포에 떨게 만들었으나 나를 건드리지는 못하였다. 적들이 모든 방향을 에워싸고 있었고 밖이 칠흑 같은 어두움에 둘러싸여 있을 때, 나는 눈을 들어 나 자신을 구해줄 어떠한 도움이 있는가 하여 여기저기를 둘러보았다. 그때 내가 전에 왔던 길을 따라 마치 어둠 속에서 밝게 빛나는 별처럼 보이는 무언가가 나타났다. 그 빛은 점점 더 크게 변하며 나에게 빠른 속도로 다가왔다. 나에게 그것이 가까이 다가오자, 전에 부젓가락으로 나를 위협했던 모든 악마들이 흩어져 도망쳤다. 그것은 다름 아닌 나의 안내자였다. 그는 즉시 오른쪽 방향으로 돌아 나를 남동쪽, 즉 겨울철 태양이 뜨는 쪽으로 안내하였다. 우리는 이내 어둠에서 벗어났고, 안내자는 나를 아름답고 평화로운 빛이 있는 곳으로 이끌었다. 빛이 있는 곳으로 그가 나를 이끌었고, 그곳에서 나는 우리 앞에 놓인 매우 거대한 벽을 보았는데, 그 벽의 양쪽 길이와 높이의 끝이 눈에 보이지 않을 정도였다. 나는 벽으로 가야 하는 이유에 대해 의문을 품었는데, 그 이유는 그 안에 어떠한 문도 양쪽 어느 곳에도 오르막도 없었기 때문이다. 우리가 벽에 오르자, 어떻게 된 것인지 모르겠으나, 우리가 벽의 꼭대기에 올라와 있다는 사실을 알게 되었다. 그곳에서 우리는 매우 넓고 아름다운 평원을 보았는데, 그곳은 피어나는 꽃들의 향기로 가득하였다. 놀라울 정도로 강한 향기가 내 몸을 덮고 있던 더럽고 어두운 불구덩이의 악취를 이내 날려버렸다. 매우 강한 빛이 그곳 전체에 흐르고 있었는데, 이는 한낮 태양빛보다 더욱 밝게 보였다. 이 평원에는 수많은 사람들이 모여 있었는데, 이들은 흰색의 아름다운 옷을 입고 무리지어 함께하며 기뻐하고 있었다. 이들 축복받은 무리 속으로 그는 나를 이끌었고, 나는 이곳이 바로 자주 듣기만 했던 하늘나라의 왕국이 아닌가 생각하였다. 그러자 내 생각에 응답하여 그가 '이곳은 네가 생각하는 하늘나라 왕국이 아니다'라고 말하였다. 우리가 축복받은 영혼들의 거처를 지나 계속 걷자, 우리 앞에 전에 보았던 것보다 훨씬 더 우아하고 밝은 빛이 나타났고, 그곳에서 하느님을 찬양하는 사람들의 매우 달콤한 목소리를 들을 수 있었다. 그곳에서는 또한 놀라울 정도의 달콤한 향기가 퍼져 나왔는데, 전에 내가 경험했으며 대단하다고 생각했던 그 달콤함이 그 다음 이어진 빛과 그 밝음과 견주어볼 때 미약하고 평범한 수준으로 느껴질 정도였다. 뿐만 아니라 꽃이 피는 평원의 빛과 그 밝음은 이 장소의 기쁨 안에서 보면 단지 보통의 수준처럼 보일 뿐이다. 더 가야 한다고 내가 생각하고 있을 때, 나의 안내자는 갑자기 멈추고 지체 없이 발길을 돌려 앞서 걸어왔던 길로 나를 안내하였다. 돌아가는 길에 희고 아름다운 영혼들이 사는 기쁨 가득한 거처에 우리가 이르게 되자, 그는 나에게 말하였다. '네가 보았던 것들이 무엇인지 알겠는가?' 나는 대답하였다. '모릅니다. 나는 그것들을 알지 못합니다.' '끓는 불과 엄습하는 냉기로 네가 두려움을 느꼈던 계곡이 있던 장소는, 자신이 행한 죄와 잘못을 고백하고 사죄하는 일을 지체했으나 마지막 죽음의 순간에 회개하여 육체로부터 빠져나온 영혼이 시련을 당하고 깨끗해지는 곳이다. 그러나 이들은 죽음의 순간에 죄를 고백하고 회개하였기 때문에 최후의 심판 날에 하늘나라 왕국에 들어가게 된다. 그리고 많은 사람들 역시 살아있는 사람들의 간청과 기도, 자선 및 금식, 그리고 무엇보다 미사로 심판 날 전에 구원을 받게 된다. 불꽃이 일며 더러운 냄새가 풍기는, 네가 보았던 그 구덩이는 지옥의 고통의 입이며 일단 그곳에 떨어지면 영원히 구원을 받을 수 없다는 사실을 알도록 하라. 꽃으로 덮여 있는 장소에서 젊은 사람들과 함께 매우 아름다운 사람들이 빛을 발하며 기뻐하는 모습을 네가 보았는데, 이곳은 선한 일을 하는 도중 죽은 올바른 영혼들이 받아들여지는 곳이나 이들이 하늘나라 왕국으로 바로 들어갈 정도로 완벽하지는 않다. 그러나 이들 모두 최후의 심판 날에 그리스도의 비전과 하늘 왕국의 기쁨에 도달하게 될 것이다. 모든 말과 행동, 그리고 생각에서 완벽한 사람들만이 죽음과 동시에 하늘나라 왕국에 도달할 수 있기 때문이다. 달콤한 향기와 함께 즐거운 노래 소리를 네가 듣고 거대한 빛의 밝기를 보았던 그 장소가 하늘나라인 것이다. 네가 육체로 돌아가 다시 사람들과 더불어 살면서 행동과 말, 그리고 인품을 죄를 짓지 않고 올바르게 노력하여 지켜나간다면 죽은 뒤에 네가 바로 지금 그리고 여러 곳 가운데 마지막으로 보았던 그곳에서 너의 거처를 얻을 수 있을 것이다. 한동안 너를 홀로 남겨두었던 것은 네가 무엇을 해야 할 것인지 묻고 알도록 하기 위한 것이었다.' 다시 육체로 돌아가야 한다는 것을 그가 나에게 말하자 나는 몹시 놀라며 이를 거부하였으며, 이는 생각조차 하기 싫은 것이었다. 그 이유는 내가 보았던 그곳의 아름다움과 달콤함 속에서 기쁨과 동시에 그곳에서 내가 보았던 사람들 속에서 축복과 즐거움을 발견하였기 때문이다. 그러나 나의 안내자에게 어떠한 요구도 감히 할 수 없었다. 이런 와중에 어떻게 되었는지도 모르게 나는 살아있는 사람들과 함께 있는 나 자신을 발견하였다." 하느님의 사람은 자신이 본 이러한 것들과 이외의 다른 것들에 대하여 삶이 게으르고 부주의한 사람 어느 누구에게도 말하려고 하지 않았다. 다만 고통을 두려워하거나 영원한 기쁨과 축복을 희망하는 사람들에게만 이들을 동정하는 마음에서 이 같은 이야기를 들려주었다. 그의 이웃에 수도승이며 사제인 햄겔스라는 사람이 살고 있었으며 그의 훌륭한 행동들은 성직자로서 그의 지위에 걸맞았는데, 후에 그는 아일랜드에서 은둔생활을 하며 여생을 약간의 빵과 차가운 물로 보냈다. 당시 햄겔스는 하느님의 사람을 자주 방문하곤 했으며, 진지하게 그에게 질문함으로써 육체로부터 그의 영혼이 벗어나게 되어 그가 보았던 바를 햄겔스는 듣게 되었다. 그가 말했던 것들 가운데 일부를 나는 알게 되었고 이를 여기에 기술하는 바이다. 그는 또한 자신이 본 것을 믿음이 매우 훌륭한 알드프리드 왕에게 말하였다. 즐겁고 진지한 마음으로 왕은 그가 하는 이야기를 들었으며, 왕의 요청으로 그는 앞서 언급한 수도원에 들어가 그곳에서 수도승이 되었다. 그 지역을 방문할 때마다 왕은 그가 하는 말과 이야기를 듣기 위해 그를 방문하곤 하였다. 당시 그 수도원에는 신심이 돈독하며 겸손한 에델왈드라는 대수도원장인 사제가 있었는데, 후에 그는 린디스판 교회의 주교직을 수행하며 그 지위에 걸맞은 행동을 보였다. 수도원에서 그 하느님의 사람은 외진 곳에 거처를 얻게 되었고 그곳에서 지속적으로 기도하며 자유롭게 자신의 창조주에게 복종하며 섬겼다. 그의 거처가 강둑 근처에 위치하고 있었기 때문에 자신의 몸을 정화시키기 위하여 그는 물속에 자주 들어가 그곳에서 성가(聖歌)를 부르고 기도를 올렸고, 때때로 물이 허리까지 혹은 목까지 차오른 상태에서 움직이지 않은 채로 그곳에 가만히 있곤 하였다. 뿐만 아니라 육체를 물속에 내던져 견딜 수 있는 데까지 강물 속에 있기도 했다. 밖으로 나가 젖은 차가운 옷을 벗는 일이 결코 없었는데, 자신의 몸에서 옷들이 따뜻해져 마르도록 내버려두었다. 한겨울 강 속에 서있기 위해서나 그 속으로 들어가기 위해 그가 깨놓은 얼음 조각들이 그의 몸 주위를 맴돌 때 이를 본 사람들이 그에게 말하였다. '드리흐셀름—이것이 그 사람의 이름이었다—형제여, 놀라운 일입니다. 당신이 엄청난 추위의 시련을 견디고 있으니 말입니다.' 매우 순진하며 겸손한 성격의 이 사람은 간단히 대답하곤 하였다. '매우 춥다는 것을 나도 알고 있소이다.' 그리고 사람들은 말하였다. '당신이 그처럼 혹독하고 엄격한 고행을 선택하는 것이 놀라울 따름이오.' 이들에게 그는 말하였다. '나는 보다 더 혹독하고 엄격한 것을 보았소이다.' 지상을 떠나는 날까지 그는 하늘나라의 축복을 끊임없이 갈망하여 매일 단식하면서 자신의 늙은 육체를 소진(消盡)시키고 다스려갔을 뿐만 아니라 말과 행동을 본보기 삼아 많은 사람들을 구원으로 이끌었다.

XIV

앞서 말한 이야기와는 반대되는 것으로, 머시아에 한 남자가 살고 있었는데, 그의 행동과 삶이 아니라 그의 비전과 말이 그를 제외한 많은 사람들에게 도움을 주었다. 에델레드를 이어 왕권을 계승한 켄레드가 머시아를 통치하던 때에 왕을 모시던 평신도 한 사람이 있었다. 세속적인 일에 열정을 보여 그는 왕의 신뢰를 얻을 수는 있었으나 하느님께 복종하는 일에 게으른 탓에 하느님의 신뢰는 얻을 수 없었다. 죽음으로 인하여 회개하지 못한 채 갑자기 모든 것을 잃기 전에 죄를 고백하고 뉘우치라고 왕은 그에게 자주 충고하곤 하였다. 그러한 충고에도 불구하고 그는 자신에게 경고하는 구원의 말을 무시하며 나이가 더 들어 죄를 고백하고 뉘우치겠다고 약속하였다. 그러다가 그는 갑자기 병이 들어 앓게 되었다. 그 즉시 병상에 누워 그는 혹독한 고통을 겪게 되었다. 그러자 그를 매우 사랑했던 왕이 그를 방문하여 위로하며 죽기 전에 죄를 고백하고 뉘우칠 것을 그에게 경고하였다. 그는 자신의 죄를 고백하지 않겠다고 왕에게 말하며, 죽음에 대한 공포 때문에 건강했을 때는 생각지 않았던 것을 하려고 한다며 동료들이 자신을 나무랄까 두렵기도 하여 나이가 더 들고 병상에서 일어난 후에나 죄를 고백하겠다고 말하였다. 병이 점점 악화되어 심각한 수준에 이르게 되었을 때, 왕은 다시 그를 찾아가 경고하였다. 그러자 즉시 그는 슬픈 목소리로 울부짖었다. '무엇을 얻고자 하는 것입니까, 왜 여기에 오신 겁니까? 오늘 이후로 나에게 어떠한 도움도 당신은 줄 수 없습니다.' 왕이 대답하였다. '그렇게 말하지 말게. 자네는 의식이 있다네.' 그가 말하였다. '저는 미쳤습니다. 제 앞에 있는 아주 무시무시한 어떤 것을 느끼고 있습니다.' 그것이 무슨 말인지 왕은 그에게 물었다. 그가 대답하였다. '당신이 오기 조금 전에, 아름다우며 밝게 빛나는 2명의 젊은이가 이 집으로 나를 찾아와서, 한 사람은 내 머리 쪽에 다른 한 사람은 내 다리 쪽에 앉았습니다. 그런 뒤, 이들 가운데 한 사람이 매우 작고 아름다운 책 한 권을 꺼내어 나에게 읽으라며 주었습니다. 그 책을 보자, 책 속에 과거 내가 했던 모든 착한 일들이 쓰여 있는 것을 볼 수 있었습니다. 그러나 착한 행동들은 매우 적었고 보잘것없었습니다. 그리고 그들은 나에게서 책을 다시 받아갔으며 아무 말도 하지 않았습니다. 그런 뒤 무시무시한 외모와 형태를 지닌 한 무리의 악마들이 갑자기 여기로 들이닥쳤습니다. 이들은 집 밖을 에워싸며 대부분의 악마들은 안으로 들어와 앉아 집 안을 가득 채웠습니다. 이들 가운데 어두운 외모에 보다 더 무서워 보이는 우두머리격의 악마 하나가 앉았는데, 그가 이들의 우두머리처럼 보였습니다. 그는 무시무시하게 보일 뿐더러 놀라운 크기로 거의 견디기 어려울 듯 보이는 무게를 지닌 책 한 권을 내놓았는데, 자신의 동료 가운데 하나에게 그 책을 주며 내가 읽을 수 있도록 가져다줄 것을 지시하였습니다. 그 책을 읽자, 책 속에는 과거에 제가 저지른 모든 죄가 검고 무서운 글자로 적혀 있는 것을 발견할 수 있었습니다. 말과 행동에서 비롯된 죄뿐만 아니라 아주 가벼운 생각으로 인한 죄에 이르기까지 모든 것이 그 안에 쓰여 있었습니다. 그런 뒤 악마의 우두머리는 제 곁에 앉아 있던 아름답고 밝은 빛의 사람들에게 말하였습니다. "당신들은 왜 여기에 앉아 있는 것이오? 당신들은 이 사람이 우리 사람이라는 것을 분명히 잘 알고 있지 않소?" 그들이 대답하였습니다. "맞소이다. 그를 데려가 당신들의 저주받은 나라의 명부(名簿)를 채우시오." 이렇게 말한 뒤 그들은 내 눈앞에서 바로 사라졌습니다. 그런 후 그 무시무시한 악마들 가운데 손에 단도(短刀)를 쥔 둘이 일어나 하나는 나의 머리를, 또 다른 하나는 나의 발을 내리쳤습니다. 이로 인한 상처가 극도의 고통과 함께 내 몸속을 통과하고 있는데, 이들이 함께 만나게 되면 저는 죽게 될 것입니다. 그리고 저를 지옥의 감옥으로 데려갈 준비를 하며 악마들이 기다리고 있습니다.' 절망 속에서 그 비참한 사람이 이처럼 말한 뒤 죄 안에서 이내 죽었다. 용서의 열매를 얻기 위한 짧은 시간 동안의 회개를 미뤘기 때문에 그는 용서의 열매를 얻지 못한 상태로 영원 속으로 들어가 그곳에서 벌을 받게 되었다. 천사 혹은 악마가 자신에게 가져온 어느 것과도 필적할 수 없는 크기의 책들을 그가 보았다고 말하였는데, 그것은 전능하신 하느님의 섭리로 이루어진 것이며, 우리의 생각과 행동이 헛되이 바람 속으로 흘러가버리는 것이 아니라 최고의 심판자가 심판할 수 있도록 모두 간직되다가 마지막에 친절한 천사나 적들에 의해 우리들에게 보인다는 사실을 기억하도록 하기 위한 것이다. 그는 천사들이 아름답고 하얀 책을 가져왔고, 후에 악마들이 검은 책을 가져왔다고 말하였는데, 삶의 초창기에 그가 일부 착한 일들을 했으나 중년이 되어 옳지 못한 행동들로 그가 착한 일들을 완전히 더럽히고 지웠다는 사실을, 이를 통하여 우리는 이해할 수 있다. 그가 젊었을 때 어린 시절의 잘못을 개선하며 착한 행동을 통하여 이러한 잘못을 하느님의 눈에서 딴 데로 돌리려고 애를 썼더라면 그는 아마 시편에 언급된 사람들의 수(數)에 더해졌을 것이다. '죄를 용서받고 죄가 가려진 사람은 축복받을 지니라.' 나는 이 이야기를 덕망 높은 주교 페흐템으로부터 들었으며 이 이야기를 읽고 듣는 모든 사람을 구원하기 위해 나는 이것을 있는 그대로 여기에 기록하였다.

XV

나는 결코 알지 못했더라면 기뻤을 형제 한 명을 아는데, 어떠한 도움이라도 된다면 그의 이름 역시 언급할 수 있을 것이다. 그는 훌룽한 수도원에 살고는 있었으나 멸시당할 만한 삶을 살았다. 그는 형제들의 꾸중을 자주 들었으며, 생활을 바꾸고 죄를 씻으라는 수도원장의 충고와 경고를 듣곤 하였다. 이런 이야기를 듣는 것을 거부했음에도 불구하고 그가 하는 유용한 일, 즉 그는 금속을 다루는 일에 특별히 뛰어난 사람이었던지라 모두가 인내하며 그를 너그럽게 봐주었다. 그는 술을 마시고 방탕한 생활에 매우 깊이 빠져 있었으며, 교회에서 기도하고 성가를 부르며 형제들과 함께 천상의 가르침과 말씀을 듣기보다는 밤낮으로 대장간에 앉아 있거나 거짓말하는 습관을 가지고 있었다. '자발적이고 겸손하게 교회의 문에 들어가려고 하지 않는 사람은 자신의 의지에 반하여 어쩔 수 없이 저주받은 사람으로 지옥의 문으로 이끌려간다'는 사람들의 말처럼 그에게 그런 일이 닥치고 말았다. 심한 병이 들어 그는 고통을 받게 되었는데, 그의 병은 점점 더 악화되어 마침내 그의 마지막 날에 이르게 되었다. 그는 형제들을 자신에게 불러들였다. 그리고 지옥이 열려 있고 인류의 오랜 적인 사탄이 지옥 깊은 곳에 가라앉아 있는 모습을 자신이 보았다며 저주받은 사람처럼 매우 슬프게 형제들에게 말하기 시작하였다. 또한 주 그리스도를 죽인 다른 사람들과 더불어 사제의 우두머리인 가야바가 복수의 불꽃 속으로 던져지는 모습을 자신이 또한 그곳에서 보았다고 말하였다. '그리고 그들 가까이에 슬프게도 불행한 인간인 나를 위해 준비된 영원한 파멸의 장소를 보았다'고 그는 말하였다. 이 얘기를 들은 형제들은 진지하게 그를 격려하며 그가 자신의 죄를 뉘우치고 회개할 수 있도록 그에게 경고하였다. 그는 절망하며 대답하였다. '나의 운명이 결정되어 있는 것을 내 자신 스스로 보았기 때문에 나의 삶을 바꿀 시간이 없습니다.' 이렇게 말한 뒤 그는 종부성사를 받지 못한 채 세상을 떠났고, 그의 육신은 수도원 귀퉁이에 묻혔다. 그리고 어느 누구도 그를 위해 성가를 부르거나 미사를 올리려 하지 않았을 뿐더러 그를 위해 기도조차도 하지 않았다. 보라, 하느님께서 빛과 어둠을 얼마나 확실하게 나누시는지! 진리를 지키기 위해 죽음의 고통을 당할 때 최초의 순교자이신 축복받은 스테판은 하늘이 열리는 것을 보았으며 그곳에는 하느님의 영광이 있으며 구세주가 하느님의 오른 편에 서 있는 것을 그는 보았다. 보다 기쁜 마음으로 고통당할 수 있도록 하기 위해, 주님께서는 죽은 후 스테판 자신이 가야 할 장소로 죽기 전에 스테판의 눈을 인도하였다. 그러나 이와는 반대로 악한 행동으로 악한 영혼이 깃든 이 대장장이는 죽음에 이르러 지옥이 열리는 것을 목격하였고, 그곳에서 악마와 악마의 추종자들이 내리는 저주를 보았다. 또한 그들과 함께하는 그 장소에는 불행과 감금이 있는 것을 보았으며 이로 인하여 살아있는 동안 구원을 얻지 못해 절망 속에서 그가 비참하게 죽을 수밖에 없었는데, 그의 운명을 들은 바 있던 살아 있는 사람들에게 그의 죽음이 남긴 것은 하나의 동기(動機)이다. 이 사건은 최근 버니치아[9] 지역에서 일어났던 것이나 먼 지역에서도 이것이 알려지게 되었다. 그는 많은 사람들을 자각시켜 늦지 않게 자신의 죄들을 회개하도록 만들었는데, 그것이 바로 나의 글을 읽는 사람들로부터 지금부터 내가 바라는 바이다.

〔성직자 아다만(Adamnan)이 기록한 일부 내용이 EETS 판에는 나타나지 않고 옥스퍼드 판본에는 다음과 같이 기록되어 있다〕

주님의 출생지에 대하여 그는 다음과 같이 쓰고 있다.

9) 영국 앵글로색슨 시대 초기에 건립된 왕국. 잉글랜드 최북부에 앵글인이 세운 나라로서, 초대왕은 547년 즉위한 이다이다. 593년 에델프리드 왕(王) 때 남방의 딜라 왕국과 통합하여, 앵글로색슨 7왕국의 하나인 노섬브리아를 형성하였다.

다윗의 도시인 베들레헴은 좁은 산등성이에 위치하고 있고, 사방이 계곡으로 둘러싸여 있으며, 서쪽에서 동쪽까지 1마일 정도 되며 고원의 주변 주위로 성채는 없으나 낮은 벽이 둘려져 있다. 그곳 동쪽 구석에 자연적으로 형성된 반 동굴 같은 것이 있는데, 그것의 바깥쪽이 주님이 태어난 곳으로 알려져 있다. 그것의 안쪽은 주님의 구유로 알려져 있다. 동굴의 내부 전체는 귀중한 대리석으로 덮여 있으며, 주님이 태어난 곳으로 알려진 바로 그 지점 위에 성모 마리아의 거대한 교회가 서 있다.

주님의 고난과 부활에 대하여 그는 다음과 같이 썼다.

북쪽 끝에서 예루살렘으로 들어오다 보면, 거리 배치상 처음 방문하는 장소가 순교자 기념성당이라는 콘스탄틴 교회이다. 콘스탄틴 대제는 이곳을 웅장한 황실 스타일로 건립하였는데, 다름 아닌 그의 어머니 헬레나가 주님의 십자가를 발견했기 때문이다. 이곳에서 서쪽 방향으로 골고다의 교회가 있는데, 그곳에선 한때 주님의 육체가 못 박혀 매달린 십자가가 세워진 그 바위가 눈에 보인다. 그 바위에는 은색의 커다란 십자가가 세워져 있는데, 십자가 위에는 등(燈)들이 달린 동으로 만든 커다란 원형 모양의 것이 달려 있다. 주님의 십자가가 위치한 곳 아래, 바위 안으로 토굴이 깎아져 있으며, 그 안에는 희생제사가 사자들을 위해 바쳐지는 제단이 있는데, 제사가 바쳐지는 동안 시신은 거리 밖에 머물게 된다. 교회의 서쪽으로 '주님의 부활'(*the Resurrection of the Lord*)을 의미하는 아나스타시스(Anastasis) 교회가 있는데, 이는 원형의 건물로서 3개의 벽으로 둘러싸여 있고 12개의 기둥으로 지탱되어 있다. 벽들 사이에 넓은 통로가 하나 있는데, 통로에 있는 중앙의 벽 세 곳, 다시 말해서, 남쪽, 북쪽 그리고 서쪽에 각각 하나씩 3개의 제단이 놓여 있다. 3개의 벽으로 통하는 8개의 문이 있는데, 4개는 동쪽을 향하고 있으며 나머지 4개는 서쪽을 향하고 있다. 중앙에는 바위를 깎아서 만든 둥근 모양의 주님의 무덤이 있는데, 안쪽에 서 있는 사람은 손으로 무덤의 윗부분을 만질 수 있다. 동쪽을 향하는 입구가 있는데, 거기에는 철기 연장의 표시들이 여전히 남아 있는 커다란 돌이 놓여 있는데, 오늘날까지 동굴 안쪽에는 철기 연장의 표시들이 남아 있다. 외부는 지붕 꼭대기까지 대리석으로 완전히 덮여 있으며, 지붕은 황금으로 장식되어 있고 커다란 황금 십자가가 그 위에 달려 있다. 주님의 관은 무덤의 북쪽 측면에 놓여 있으며, 같은 바위로 깎아져 만들어져 그 길이는 7피드 정도이며 바닥에서 세 뼘가량 위로 올려 있다. 남쪽을 향하는 입구에는 12개의 등이 밤낮으로 불을 밝히고 있는데, 그 가운데 4개는 관 안을, 그리고 8개는 오른쪽 모서리에 위치하고 있어 관 위를 비추고 있다. 관 입구에 위치한 돌은 2개로 나뉘어져 있는데, 작은 부분은 무덤 앞에 사각의 제단으로 사용되며, 큰 부분은 또 다른 사각의 제단을 구성하고 있는데, 이것은 교회의 동쪽 끝에 놓여 있으며 리넨 천으로 덮여 있다. 무덤과 관의 색깔은 하얀색과 붉은색이 서로 혼합되어 있다.

주님이 승천한 장소에 대하여 그는 다음과 같이 쓰고 있다.

올리브 산은 그 높이가 시온 산과 같으나 넓이나 길이에서 시온 산을 능가한다. 올리브 산에는 포도나무와 올리브 나무 외에 나무는 거의 없는 편이나, 그곳에서 많은 밀과 보리가 생산되는데, 그곳 토질이 축축하지 않으나 풀과 꽃이 자라기에 적합하다. 주님이 승천한 정상에는 커다란 둥근 모양의 교회가 있는데, 교회 주변에는 둥근 천정을 지닌 3개의 예배당이 있다. 교회의 내부에는 둥근 천정 모양을 하고 있지 않을 뿐더러 지붕 또한 없는데, 그 이유는 주님의 육체가 그곳을 통과하여 위로 올라갔기 때문이다. 교회 동쪽으로는 천개(天蓋)로 덮여진 제단이 있으며, 교회의 중앙에서 보면 주님이 승천할 때 남긴 마지막 발자국이 눈에 띄는데, 이는 교회가 하늘을 향해 열려 있기 때문이다. 사람들이 매일 그곳의 흙을 퍼갔으나, 그곳에는 발자국 표시가 그대로 보전되어 있다. 발자국 주위에는 남자 목 높이 정도 위에 둥근 것이 놓여 있는데, 거기 도르래 위에는 밤낮으로 비추는 커다란 등이 달려 있다. 교회에는 서쪽에서 들어오는 입구가 있다. 교회의 서쪽 끝에는 8개의 창문이 있으며, 창문 반대쪽에는 줄에 매달려 있는 많은 등이 있으며 유리를 통해 예루살렘의 먼 곳까지 그 빛이 비춰진다. 그 빛은 보는 사람들의 마음을 자극하여 그들을 (하느님을 향한) 열정과 고백으로 이끈다고 전해진다. 매년 주님의 승천 기념일에 미사가 끝난 후, 무서운 광풍이 하늘에서 내려와 교회 안의 모든 것을 땅바닥으로 쓸어버리곤 한다.

헤브론과 교회 원로들에 대하여 그는 다음과 같이 쓰고 있다.

한때 도시로서 다윗 왕국의 수도였던 헤브론은 지금은 폐허로 과거의 모습을 보여주고 있을 뿐이다. 계곡 동쪽으로 1펄롱(*furlong*) 떨어진 곳에 교회 원로들의 무덤들이 있는 이중으로 된 동굴이 위치하는데, 이들 원로들의 머리는 북쪽을 향하고 있으며, 사방이 벽으로 둘러싸여 있다. 각각의 무덤은 교회 형태에 따라 쪼개어 만들어진 하나의 돌로 덮여 있는데, 3명의 원로들은 흰색의 돌로, 그리고 아담의 무덤은 보다 어두운 색깔의 돌로 덮여 있을 뿐만 아니라 보다 보잘것없이 만들어졌다. 그리고 아담의 무덤은 북쪽 벽면의 끝에 위치한 다른 무덤들로부터 멀리 떨어져 있지 않다. 그들의 3명의 부인들에 해당하는 작고 보잘것없는 기념비 또한 있다. 맘르 언덕은 무덤들로부터 북쪽으로 1마일가량 떨어져 있으며, 풀과 꽃으로 덮여 있고 그 꼭대기는 평평한 고원으로 되어 있다. 북쪽에는 몸통만 남아 있는 아브라함의 참나무가 있으며, 그 높이는 남자 키의 2배로 교회 안에 위치해 있다.

나는 독자들을 위해 그의 글들에서 발췌한 부분을 이 역사서에 삽입하기로 마음먹었다. 그의 말에는 그만의 독특한 의미가 포함되어 있으나 나는 보다 간단하며 간결하게 이를 요약하였다. 이 책에 대하여 보다 더 알고 싶은 사람이라면 원본 그 자체와 내가 최근에 만든 요약본을 살펴보면 될 것이다.

XVI

거의 20년 가까이 노섬브리아를 통치한 알프리드 왕이 주후(主後) 705년에 죽었다. 8살이었던 그의 아들 오스레드가 왕권을 이어받아 11년간 권좌를 지켰다. 오스레드가 왕권을 잡은 초창기에 웨섹스의 주교인 헤더가 죽어 천상의 삶을 향해 떠나게 되었다. 그는 훌륭하며 정의로운 사람으로 공부를 통한 가르침보다는 그가 사랑한 종교적 덕목 덕분에 주교로서의 가르침과 삶을 실천하였다. 수사, 그리고 부제로서 해디의 후계자인 알드헴과 오랜 시간을 같이 한 덕망 높은 주교 페흐템은 해디 주교가 죽은 장소에서 그와 관련하여 얼마나 많은 기적들이 그의 신성(神聖)함 덕분에 이루어졌는지 반복하여 말하곤 하였다. 그 지역 사람들은 보통 병을 치료하기 위하여 주교가 죽은 장소의 흙을 퍼다 물에 섞었는데, 그 물을 마시거나 뿌리면 병을 앓는 사람이나 짐승들 모두 건강을 회복하였다. 빈번하게 성스러운 흙을 파내는 바람에 그곳에는 커다란 웅덩이가 만들어졌다. 그가 죽은 후,

그곳의 주교좌(主教座)는 두 곳으로 나뉘게 되었다. 하나는 지금도 그곳을 관리하는 다니엘에게 맡겨졌고, 다른 한 곳은 알드헴에게 맡겨져 4년간 그곳을 관리하였다. 두 사람 모두 교회와 관련한 일과 성서에 대한 학식이 풍부한 사람들이었다. 그 증거로서 알드헴이 맘스버리라는 수도원의 대수도원장이며 사제로 일할 때, 종교회의의 지시에 따라 브리튼 사람들의 잘못을 지적하는 훌륭한 책을 집필한 것을 들 수 있는데, 이들 브리튼 사람들은 올바른 시기에 부활절을 기념하지 않았을 뿐만 아니라 교회의 평화와 순수함을 저해하는 많은 것들을 범하기도 하였다. 그는 이 책의 도움으로 웨스트 색슨족의 지배를 받던 많은 브리튼 사람들이 가톨릭 방식으로 주님의 부활을 기념할 수 있도록 이끌었다. 그는 또한 세둘리우스의 형식을 모방하여 6보격(步格)의 시형식과 산문형식으로 이루어진 순결에 관한 한 권의 훌륭한 책을 집필하기도 하였다. 이외에도 폭넓은 학식을 갖춘 그는 몇 권의 다른 책들도 썼다. 그의 글은 문체가 세련되었으며, 이미 말했다시피 교회와 관련된 것뿐만 아니라 일반적인 분야에서 그의 학식은 매우 놀라울 정도였다. 그가 세상을 떠나자 성서에 대하여 상당한 지식을 갖춘 포트헤르가 그를 대신하여 주교로 임명되었으며, 그는 오늘날까지도 살아있다. 이들이 주교로 있는 동안 종교회의의 명에 따라 주교 다니엘의 관리 아래 윈체스터 교구에 소속되었던 사우스 색슨족의 지역이 자체 주교좌와 주교를 가지게 되었다. 고인이 된 윌프리드 주교가 세운 셀시 수도원의 대수도원장인 에아드버트가 그곳 최초의 주교로 임명되었으며, 그가 죽자 에올라가 그의 직책을 계승하였다. 몇 년 뒤, 그 또한 세상을 떠났고 오늘날까지 그곳 주교좌는 비어 있는 상태로 남아 있다.

XVII

오스레드가 통치하고 4년이 지나, 한동안 머시아의 영토를 훌륭하게 통치해 온 켄레드가 자신의 영토에 대한 권한을 매우 훌륭하게 포기하였다. 그 이유는 교황 콘스탄틴이 있던 시기에 그가 로마로 가서 그곳에서 성직을 받아들여 수사가 되었기 때문인데, 그는 사도들의 고향인 로마에서 죽는 날까지 기도하고 금식하며, 나눔을 베풀면서 여생을 보냈다. 머시아의 왕권은 켄레드 이전에 권좌를 차지했던 에델레드의 아들인 체올레드에 의해 계승되었다. 이미 앞서 언급한 적이 있는 이스트 색슨족의 왕인 시게헤리의 아들 오파가 로마로 가는 켄레드와 동행하였다. 그는 젊고 나이와 외모에서 호감이 가는 인물로, 그의 많은 백성들은 그가 왕권을 계승하여 권좌에 앉기를 희망하였다. 그러나 그는 켄레드 왕 못지않은 믿음을 가지고 있었기 때문에, 이 세상에서 100배의 보상과 함께 다가올 세상에서 영원한 삶을 누릴 희망 속에 그리스도와 복음을 위해 아내와 땅, 그리고 친척과 조국을 버렸다. 로마에 있는 성지에 도착하여 그는 성직을 받아들였고 수사로서 삶을 마감하여 그처럼 그가 오랫동안 마음속으로 갈망해왔던 바대로 하늘나라에서 축복받은 사도들을 만나 볼 수 있게 되었다. 이들 왕들이 영국을 떠난 그해 주교가 된 지 45년이 된, 위대하며 성스러운 주교 윌프리드가 그의 마지막 생을 마감하고 운들(Oundle)[10] 이라는 지역에서 세상을 떠났다. 시신은 관에 넣어져 국경을 넘어 북쪽에 위치한 리폰에 있는 그의 수도원으로 옮겨져 위대한 주교에 합당한 예를 갖추어 성 베드로 교회에 안장되었다. 주교의 어린 시절 삶에 대하여 몇 마디 언급해볼까 한다. 나이에 비하여 그

10) 잉글랜드 노샘프턴셔에 있는 네너(Nene) 강 유역에 있는 마을로 고대에는 시장이 있는 마을이었다. 런던에서 북쪽으로 80마일, 피터보로우(Peterborough)에서 남서쪽으로 20㎞ 정도 떨어져 있다.

는 능력이 있었고 성품이 훌륭한 소년이었으며 매사에 겸손하며 신중한 행동을 보였기에 그의 상관들은 그를 마치 자신들의 동료처럼 존경하고 사랑하였다. 성장하여 14세의 나이에 이르자, 그는 이 세상의 삶보다는 수도원의 삶을 더 선호하였다. 어머니가 이미 죽었기 때문에 이러한 뜻을 아버지에게 표명하자, 그의 아버지는 기꺼이 그의 바람과 하늘나라를 향한 그의 열망을 지지하고 지원해주었으며, 진정으로 구원의 길을 추구할 수 있도록 그를 이끌어주고 그에게 주의를 주었다. 그런 뒤 그는 지체 없이 린디스판으로 가서 그곳에서 수사들과 함께 하느님께 봉사하는 일에 힘을 쏟았다. 그는 그곳에서 열심히 공부하며 순수하고 종교적인 수도원의 삶을 실천하며 살았다. 그는 뛰어난 이해력을 지니고 있었기 때문에 시편은 물론 다른 많은 책들을 빠른 시간에 읽을 수 있었다. 성직을 받지는 않았으나 그는 성직을 받은 윗사람들보다 겸손함과 복종함에서 부족하다거나 열등하지 않았다. 이런 이유 때문에 자신과 같은 나이의 사람들은 물론이거니와 자신보다 나이가 많은 사람들로부터 그는 진실로 사랑받았다. 수도원에서 몇 년간 하느님께 봉사한 후, 지혜를 갖춘 청년이 되자 그는 스코틀랜드 사람들이 그에게 제시해준 종교적 삶이 완벽하지 않다는 사실을 깨닫게 되었다. 그는 로마를 방문하여 교황이 있는 그곳에서 교회와 수도원의 관습들이 어떻게 지켜지는가를 봐야겠다는 생각을 갖게 되었다. 이 계획을 형제들에게 말하자 그의 생각과 목적을 칭찬하였고, 그가 마음속으로 갈망했던 여행을 실천할 수 있도록 격려해주었다. 그는 서둘러 왕비 엔플레드에게 갔는데, 그 이유는 왕비가 그를 잘 알고 있었을 뿐만 아니라 왕비의 조언과 도움 덕분에 앞서 언급한 수도원에 그가 입회할 수 있었기 때문이다. 축복받은 사도들의 고향인 로마를 방문하고자 한다는 자신의 소망을 그는 왕비에게 말하였다. 엔플레드 왕비는 젊은이의 의도와 소망에 대하여 즉시 기뻐하였다. 왕비는 캔트에 있는 조카 에르콘베르트 왕에게 그를 보냈고, 그를 로마로 보내줄 수 있도록 에르콘베르트 왕에게 간청하였다. 당시 오노리우스가 캔트의 대주교로 있었는데, 그는 지금은 고인이 되었으나 교회 일에 능통했던 교황 그레고리의 제자들 가운데 한 사람이었다. 오노리우스와 함께 머무는 동안, 빠른 지적 능력을 갖춘 그는 자신이 보고 목격한 모든 것을 열심히 배웠다. 같은 시기에 비스콥이라는 젊은이 하나가 그곳에 왔는데, 그의 성은 베네딕트로 이미 앞서 언급한 적이 있는 젊은이로 고귀한 영국 가문 출신이었다. 그 역시 로마를 방문하고자 했다. 그러자 왕은 윌프리드를 그의 일행에 합류시켰으며, 윌프리드를 로마까지 데려가 줄 것을 그 젊은이에게 명령하였다. 리옹(Lyons)에 도착하자, 윌프리드는 그 도시의 주교인 달피누스에 의해 억류되었으며, 베네딕트는 계획했던 로마로의 여행을 강력하게 밀고 나갔다. 주교는 그 젊은이의 지혜와 현명한 말투, 잘 생긴 외모, 명랑한 행동, 진중한 마음자세에 대하여 기쁨을 느끼기 시작했다. 따라서 그는 윌프리드와 그의 동료들이 자신과 함께하는 동안 이들이 필요로 하는 모든 것을 부족함 없이 풍족하게 조달해주었으며, 그는 윌프리드가 통치할 수 있도록 골의 영토 일부분과 자신의 조카를 그와 결혼할 상대자로 소개해주었으며, 윌프리드를 항상 아들을 대하듯 사랑으로 대접하였다. 윌프리드는 낯선 자신에게 그가 보여준 친절에 대하여 진심으로 감사하였다. 그러나 이 세상의 삶과는 다른 삶을 선택하였고 그것을 갈망해왔기 때문에 조국을 떠나 로마로 여행을 가게 되었다는 사실을 윌프리드는 그에게 말해주었다. 이 말을 듣자, 주교는 안내해줄 사람과 함께 그를 로마로 보내주었고, 그에게 여행에 필요한 것을 충분하게 제공했다. 그리고 고향으로 돌아가는 길에 필요한 것들을 제공하겠다며 자신을 방문해줄 것을 윌프리드에게 요청하였다. 로마에 도착해서 마음속으로 계획한 대로 그는 매일 교회와 관련한 공부를 하며 기도드리는 일에 열정적으로 매진하였고, 또한 그는 당시 교황의 고문으로 있던 성스러우며 학식이 깊은 부주교 보니페이스와 우정을 쌓게 되었다. 그의 가르침 아래 윌프리드는 네 편의 복음서를 차례로 공부하였고 부활절을 계산하는 올바른 방법은 물론 자신의 조국에서는 배울 수 없었던 교회규범과 관련한 많은 지식들을 익혔다. 그리고 보니페이스는 그에게 책은 물론 여러 가르침을 제공했다. 열정적으로 수개월 동안 그곳에서 학문에 전념한 그는 친구인 주교 달피누스가 있는 골로 돌아와 그와 함께 3년간 머물렀다. 주교는 윌프리드에게 성직을 부여했을 뿐만 아니라 애정으로 윌프리드를 대하였는데, 주교는 윌프리드를 자신의 후계자로 삼을 생각이었다. 그러나 이러한 계획은 성사되지 않았는데, 그 이유는 주교가 갑작스럽게 세상을 떠났기 때문이며 윌프리드는 영국사람들의 주교가 되기로 예정되어 있었다. 여왕 발트힐드는 대군을 보냈고 주교를 죽이도록 명령하였다. 주교가 참수당할 장소로 끌려가자 윌프리드는 그의 사제이며 수행자로서 주교를 따라갔다. 주교의 강력한 반대에도 불구하고 윌프리드는 그와 함께 죽고자 했다. 윌프리드가 영국 출신으로 외국인이라는 사실을 듣게 된 형(刑) 집행자들은 주교와 함께 죽고자 하는 윌프리드를 죽이지 않았다. 그리고 브리튼으로 돌아온 윌프리드는 에알프리드 왕과 우정을 쌓았다. 당시 에알프리드는 하느님 교회의 정통규율을 선호하고 추종했던 인물이었다. 윌프리드가 현명하며 정통교리를 신봉하는 인물이라는 사실을 알게 된 왕은 그에게 즉시 스템포드 브리지라는 지역에 10하이드[11]에 해당하는 영토를 하사하였다. 그후 얼마 안 되어 왕은 리폰이라는 지역에 위치한 30하이드의 수도원을 그에게 배속시켰다. 이

11) 1하이드는 옛날 영국에서 한 가족을 부양하기에 족한 것으로 삼은 60~120 에이커 넓이의 땅을 가리킨다.

장소는 수도원을 건립하기 위하여 전에 스코틀랜드 방식의 가르침을 따랐던 사람들에게 하사되었던 곳이다. 시간이 지난 뒤 부활절을 올바르게 기념하지 않았을 뿐더러 로마 교회의 방식에 입각하여 교회 관행을 받아들이지도 않았던 이들은 그 장소를 방치하였는데, 이러한 이유 때문에 왕은 그 장소를 자신의 생각에 보다 훌륭한 규범과 관행에 따라 교육받은 윌프리드에게 맡겼던 것이다. 이즈음에, 앞서 언급한 에알프리드 왕의 명령으로 윌프리드는 이미 언급한 바 있는 웨섹스의 주교인 에겔버트에 의해 바로 그 수도원에서 사제로 임명되었다. 그처럼 학식과 믿음이 출중한 사람이 계속적으로 자신의 곁에서 특별히 사제로서 스승의 역할을 해주는 것이 바로 왕의 소망이었다. 얼마 지나 왕은 아버지인 오스위오의 조언과 허락을 받아 윌프리드가 자신의 주교로 임명될 수 있도록 하기 위하여 그를 골에 보냈는데, 그때 윌프리드의 나이가 30세였다. 당시 에겔버트는 파리의 주교로 있었다. 에겔버트와 함께 12명의 주교가 윌프리드의 주교 임명식에 참가하였으며, 의식은 매우 성대하게 치러졌다. 윌프리드가 여전히 해외에서 지체하는 동안 오스위오 왕은 이미 언급한 적이 있는 성스러운 차드가 요크의 주교로 임명될 수 있도록 명하였고, 차드는 3년 동안 훌륭하게 교회를 다스리고 관리하였다. 그 이후 그는 래스팅헴에 위치한 자신의 수도원을 관리하기 위하여 주교직을 은퇴하였다. 그런 뒤 윌프리드는 노섬브리아 전 지역을 책임지는 주교가 되었다. 이후 에즈프리드가 통치하는 동안 윌프리드는 자신의 교구에서 퇴임되었고 그의 자리에는 이미 언급한 바 있는 다른 주교들이 임명되었다. 윌프리드는 교황 앞에서 자신의 정당성을 항변하기 위하여 로마로 떠나려 하였다. 배에 올라 서풍에 따라 항해를 시작하자마자, 배는 항로를 이탈하였고 윌프드리는 프리즈랜드에 도착하게 되었다. 그는 야만인들과 그들의 왕 에알드길즈의 영접을 받았다. 그 즉시 윌프리드는 그리스도의 믿음을 그들에게 설교하고, 수천 명의 사람들에게 진리의 말씀을 가르쳤을 뿐 아니라 그들의 더러운 죄를 세례를 통하여 씻어주었다. 그가 시작한 그리스도 복음화는 그 후에 덕망 높은 그리스도의 주교인 윌브로드의 매우 헌신적인 노력에 의해 완성되었다. 그곳에서 윌프리드는 자신이 이끈 새로운 사람들과 행복하게 겨울을 보낸 뒤, 로마로 떠나게 되었다. 교황 아가소와 수많은 주교들 앞에서 그의 사건은 조사되었으며, 그 결과 재판에 그를 서게 한 모든 문제들에서 그에게 잘못이 없으며 그가 주교직을 유지할 충분한 자격이 있다는 만장일치의 판결이 내려졌다. 같은 시기에 교황 아가소는 우리 주님이며 구세주 안에는 하나의 의지와 행동만이 있다고 설교하고 가르치는 이단자들을 공격하기 위하여 125명으로 구성된 종교회의를 로마에서 소집하였다. 교황은 주교 윌프리드 또한 종교회의에 참석하도록 지시하였으며, 그들은 윌프리드에게 다른 주교들과 같은 자리를 내주었고 그의 믿음은 물론 그가 태어난 섬과 그곳 사람들의 신앙에 대하여 말하도록 윌프리드에게 명하였다. 그리고 교황과 그의 동료들은 윌프리드의 신앙이 정통이라는 사실을 알게 되었으며, 종교회의의 다른 항목들 사이에 다음과 같은 사실을 추가하여 기록하기로 결정하였다. '하느님의 사랑을 받는 요크의 주교 윌프리드는 자신의 정당성을 항변하기 위하여 교황을 방문하였고 교황의 권위에 의해 확실하고 불확실한 것들로부터 방면되었다. 그리고 125명의 동료 주교들과 함께 판결하는 종교회의에 그는 자리를 함께하였다. 브리튼의 북쪽 지역, 아일랜드, 그리고 영국사람들과 브리튼 사람들을 비롯하여 아일랜드 사람들, 픽트족 사람들이 사는 섬을 대신하여 그는 진실하며 정통의 믿음을 고백하였으며 이를 그의 서명으로 재확인하였다.' 이후 다시 브리튼으로 돌아온 윌프리드는 사우스 색슨족 지역을 우상숭배에서 그리스도의 믿음으로 전환시켰다. 그리고 그는 또한 하느님의 말씀을 전하는 성직자들을 와이트 섬(Isle of Wight)으로 파견하였다. 에즈프리드의 후계자인 에알드프리드가 왕좌에 오른 지 2년이 되던 해, 윌프리드는 에알드프리드 왕의 초청으로 자신의 주교좌로 복귀하였다. 5년 후 윌프리드는 에알드프리드 왕과 많은 주교들에 의해 다시 탄핵을 받아 교구에서 퇴임당하고 로마를 방문하였다. 그리고 그는 자신의 적들 앞에서 자기 입장을 방어하고 탄원할 수 있는 허가를 얻었다. 그곳에는 교황 요한과 더불어 많은 주교가 함께하였으며, 이들 모든 사람들의 판단 아래 윌프리드를 반대하거나 비난하는 사람들이 내세운 그에 대한 대부분의 죄목들이 잘못되었으며 중상모략이라는 사실이 선언되었다. 그리고 앞서 언급한 교황은 윌프리드가 그의 교구에 확실히 다시 받아들일 수 있도록 하기 위하여 영국의 에델레드와 에알드프리드 왕에게 서신을 보내도록 명령하였는데, 그 이유는 불공정하게 윌프리드가 교구를 박탈당하였기 때문이다.

〔펭귄 판과 옥스퍼드 판에는 모함으로부터 풀려난 윌프리드에 관한 내용이 추가되어 있다〕

그의 방면(放免)은 고인이 된 교황 아가소가 주재한 종교회의에서 의결된 조항들이 읽혀짐으로써 빠르게 진척되었는데, 그 종교회의에 이미 기술했던 바와 같이, 윌프리드가 다른 주교들과 함께 참석한 바 있었다. 상황에 의해, 종교회의에서 의결된 조항들이 귀족들을 비롯한 수많은 사람들이 참석한 자리에서 교황의 명령에 따라 며칠 동안 낭독되었고, 다음과 같이 쓰인 조항에 이르게 되었다. '하느님이 사랑하는 요크 시의 주교 윌프리드는 자신의 사건과 관련하여 교황께 탄원을 올렸고 교황의 권위에 의해 열거되었거나 열거되지 않았던 그와 관련된 모든 죄로부터 그는 자유롭게 되었노라.' 이렇게 낭독되자, 듣고 있던 모든 사람들은 놀라며 주교 윌프리드가 누구냐며 서로 수군대기 시작하였다. 교황의 자문관이었던 보니페이스와 아가소 교황 시절 종교회의에서 그를 본 적이 있던 몇몇 사람들은 그가 자신의 동료들에게 고소당하여 주교구(主教區)의 판결을 받기 위해 로마에 왔던 주교라고 말하였다. 그들은 말하길, '이와 유사한 죄로 오래전에 이 사람이 여기에 온 적이 있는데, 그 사건과 양측 사이의 논란은 즉시 청문(聽聞)되었고 고인이 된 교황 아가소는 이에 대하여 판결을 내렸는데, 교황은 윌프리드가 자신의 주교좌(主教座)에서 비합법적으로 쫓겨났다는 사실을 선언하였다. 교황은 주교 윌프리드에게 경의를 표하며 타락하지 않은 믿음과 정직한 마음을 지닌 윌프리드를 주교들의 회의에 참석하도록 명하였다.' 이러한 이야기를 듣자, 거의 40년 동안 주교로 봉직한 그처럼 권위 있는 사람이 비난받아서는 안 되며 그에게 씌워진 죄에서 완전히 벗어나 명예롭게 그의 지역으로 돌아가야 한다고 교황을 포함한 모든 사람들은 선언하였다.

브리튼으로 돌아가는 길에 골에 도착한 윌프리드는 갑작스럽게 병에 걸리게 되었다. 병세는 매우 심각해져 결국 그는 걷지도 말을 타지도 못할 정도가 되어 그를 수행하는 사람들의 도움으로 들것에 실린 채로 골에 있는 모(Meaux)[12] 시(市)로 옮겨졌다. 그곳에서 나흘 밤낮을 누워있었는데, 가냘픈 숨소리만이 그가 살아 있다는 것을 보

12) 프랑스 일드프랑스 주(레지옹: Région) 센에마른 데파르트망(Département)에 있는 도시. 파리의 동쪽 약 44㎞, 마른 강(江) 우안에 위치한다. 이 도시는 1세기에 이미 존재하였고, 갈리아 시대에는 멜디족의 수도였으며, 갈로 로만의 성벽이 남아 있다. 4세기부터 주교좌(主教座)가 설치되어 많은 종교회의가 개최되었다. 16세기에는 가톨릭 내부의 개혁파(복음주의)의 중심지였다.

여줄 뿐이었다. 먹지도 마시지도 못하고 듣지도 말하지도 못한 채 꼬박 나흘 밤낮을 그렇게 지내다가 다섯째 날 새벽, 마치 무거운 잠에서 깨어나듯 그는 일어나 앉아 눈을 뜨고 자기 주위에서 노래를 부르며 울부짖는 동료 형제들을 보았다. 그는 한동안 앉아서 한숨을 쉬었다. 그런 뒤 그는 사제 아카(Acca)의 소재를 물었다. 즉시 윌프리드에게 불려온 사제 아카는 그의 상태가 호전되어 말할 수 있다는 사실을 알게 되었고, 무릎을 꿇어 윌프리드 주위에 있던 모든 형제들과 함께 하느님께 감사드렸다. 한동안 그들은 함께 앉아 전능하신 하느님의 심판에 대하여 떨며 이야기를 조금 나누었고, 이후 주교는 다른 형제들을 잠시 밖으로 나가도록 한 뒤 사제 아카에게 말하였다. 그가 말하길, "조금 전 나는 무서운 비전을 보았는데, 내가 당신께 이것을 말하려 하오. 하느님의 뜻이 무엇인지 내가 알 때까지 그것을 비밀로 해주기를 바라는 바이오. 아주 밝고 빛나는 하얀 옷을 입은 한 남자가 와서 내 곁에 서있었소. 그는 자신이 대천사 마이클이라고 말하였소. '죽음으로부터 당신을 구하기 위하여 내가 여기에 왔습니다. 당신 제자들과 형제들의 기도와 눈물 그리고 순결하신 성모 마리아의 중재로 주님께서는 당신께 삶을 주셨습니다. 이제 이 병으로부터 당신은 곧 치유될 것입니다. 그러나 준비하십시오. 4년 후 나는 당신을 다시 찾을 것입니다. 당신 조국으로 돌아가 빼앗긴 재산의 대부분을 당신은 회복할 것이며 평화롭고 조용하게 당신의 삶을 그곳에서 끝마칠 것입니다.'" 그런 뒤 주교는 빠르게 병에서 회복되었고, 그의 모든 동료들은 이에 기뻐하며 하느님께 감사를 올렸다. 그리고 여행을 재개하여 그는 브리튼에 도착하였다. 윌프리드는 교황으로부터 가져온 서신을 먼저 대주교인 버트왈드에게 그리고 그전 왕이었으나 당시 바드니의 대수도원장으로 있던 에델레드에게 전달하였다. 이들 모두는 교황의 지시대로 그에게 협조하기로 동의하였고, 그 즉시 에델레드는 자신을 대신하여 머시아 왕국을 물려받은 켄레드 왕을 윌프리드에게 초대하였다. 에델레드는 그가 주교와 진실한 친구가 될 수 있도록 기도하고 요청한 결과, 주교의 진실한 친구가 되었다. 그러나 노섬브리아의 왕 에알드프리드는 주교를 받아들이지 않으려 하였다. 그는 이후 얼마 지나지 않아 죽었다. 곧이어 그의 아들 오스프리드가 왕에 오르자, 니드(Nidd) 강[13] 근처에서 종교회의가 소집되었다. 양측 사이의 갈등이 있은 뒤, 결국 만장일치의 지지를 얻어 윌프리드는 교회의 주교로 받아들여졌다. 죽는 날까지 4년에 걸쳐 윌프리드는 평화롭고 조용한 삶을 보내다가 기쁨 속에서 하늘나라 왕국으로 들어가게 되었다. 당시 대수도원장 커스볼드가 관리하던 운들 지역의 수도원에서 그가 세상을 떠났으나, 그의 시신은 형제들의 도움으로 과거 그의 수도원이었던 리폰으로 옮겨져 앞서 이미 언급했듯이 성 베드로 교회의 제단 남쪽 방향에 영예롭게 안장되었다.

〔펭귄 판과 옥스퍼드 판에는 그의 묘비에 새겨진 글이 다음과 같이 언급되어 있다〕

위대한 윌프리드의 뼈가 여기에 묻혔다. 열정적으로
그는 이 교회를 건립하여, 왕이신 그리스도의 은총 덕분에
열쇠를 쥔 베드로의 이름을 그 교회에 부여하였다.
주홍과 황금빛으로 그것에 옷을 입히셨고
승리의 표시로 그는 번쩍이는 광석으로 만든 십자가를 높이 세우셨도다.
황금색 글씨로 쓰인 네 권의 복음서가
합당하게 황금의 함 속에 넣어졌다.

---

13) 노스요크셔 카운티에 있는 River Ouse(우ː즈 江)로 흘러들어가는 강이다.

우리의 교부(教父)들이 과거 지켜온 대로
가톨릭의 올바른 교리를 근거로
그는 파스칼레 축일에 올바른 질서를 부여하였으며,
잘못을 몰아내고 백성들에게 온전한 법과 전례(典禮)를 보여주었다.
그는 수도원 안에 많은 수사들이 모여 살도록 하였으며,
교부들이 명령한 모든 것을
그들이 지켜야 할 규범으로 신중하게 열거해 놓았다.
고향 그리고 해외에서 오랜 기간 풍파에 시달렸으며,
15년 동안 세 차례에 걸쳐 주교의 책임을 맡았던
그가 이제 안식을 취하게 되어 하늘나라 기쁨을 얻게 되었다.
주님, 그의 양들이 목자의 길을 따를 수 있도록 허락해주소서!

XVIII

윌프리드가 죽은 다음 해, 즉 오스레드 왕이 즉위한 지 5년이 되던 해, 덕망 있는 대수도원장 아드리안이 죽었는데, 그는 고인이 된 대주교 테오도르와 하느님의 말씀을 선교하는 동료였다. 그는 축복받은 성모 마리아 교회에 있는 자신의 수도원에 안장되었는데, 그해가 교황 비탈리아누스의 명에 따라 주교 테오도르와 함께 그가 이곳에 파견된 지 41년이 되던 해였다. 대수도원장과 주교 테오도르의 가르침에 대한 증거들과 함께 대수도원장의 제자인 알비누스에 대하여 전해지는데, 그는 수도원의 관리를 대수도원장으로부터 이어받은 인물로서 성서에 대한 학식이 깊었을 뿐만 아니라 상당한 정도로 그리스어를 알고 있었으며, 모국어인 영어만큼이나 라틴어에도 능통하였다. 그 즈음에 윌프리드를 대신하여 사제 아카가 헥섬에 있는 교회의 주교직을 계승하였다. 하느님뿐 아니라 사람들 눈에 그는 매우 열정적이며 위대한 사람으로 보였다. 그는 사도 안드레아[14]를 기념하기 위해 건립된 교회를 뛰어난 솜씨로 화려하게 장식하고 다양화시키며

그 규모를 늘려 증축하였다. 그리고 죽은 사도나 순교자들의 많은 유품들을 다양한 지역에서 수집하는 일에 그는 대단한 열정을 보였으며, 그들을 경배하기 위하여 제단을 세우는가 하면 교회 벽면의 움푹 들어간 곳에 예배당을 만들기도 하였다. 또한 다른 교회 관련 서적들과 함께 이들의 수난기록을 열정적으로 수집하여 그곳에 크고 훌륭한 도서관을 만들었다. 뿐만 아니라 성찬식에 사용되는 그릇과 등(燈)을 비롯하여 하느님의 집을 장식하는 데 필요한 많은 것을 그는 매우 부지런히 수집하기도 했다. 그는 뛰어난 교회 성가(聖歌) 가수인 마파를 초대하였는데, 마파는 고인이 된 교황 그레고리 제자들의 후계자들로부터 캔트에서 성가[15]를 배웠던 인물이었다. 마파는 과거 그들이 몰랐던 일부 교회음악을 그들에게 가르쳐주었으며, 오랜 무관심 때문에 더 이상 사용되지 않았던 음악을 가르침을 통하여 그전 상태로 복원시키기도 하였다. 주교 아카 역시 음악교육을 받은 인물이었으며, 그는 성서에 대한 깊은 학식과 정통의 믿음을 지녔을 뿐만 아니라 매우 신중하게 교회규범을 준수하였다. 하느님으로부터 믿음에 대한 보상을 받을 때까지 이러한 행동에서 그는 나태함을 보이지 않았다. 소년시절 그는 성스러우며 하느님의 사랑을 받았던 요크의 주교인 보사의 사제들과 더불어 교육과 훈련을 받았다. 그후 보다 높은 목표를 갈망하여 그는 주교 윌프레드에게 가게 되었고, 주교가 죽을 때까지 그를 섬기며 자신의 모든 생을 보냈다. 윌프레드와 함께 그는 또한 로마를 방문하였고, 그곳에서 자신의 조국에서는 배울 수

14) 12사도 중에서 베드로의 동생.

15) 음악사에서는 '그레고리안 찬트'라고 부르고 로마 가톨릭에서는 '그레고리오 성가'라고 한다. 로마 가톨릭의 전통적인 단선율 전례성가의 한 축을 이루는 성가로, 로마 전례양식 때 사용되는 무반주의 종교음악이다. 원래 9세기에서 10세기에 걸쳐 유럽 지역에 구전되던 음악들을 모아 채보한 것이다.

없었던 교회법과 관련한 많은 유용한 것들을 보고 배웠으며, 죽는 날까지 이것들을 신중하게 지키며 실천하였다.

XIX

이 당시 브리튼의 북쪽지역에 살던 픽트족의 왕 나이탄은 잦은 묵상과 종교서적들 덕분에 부활절 의식과 관련하여 자신의 백성들 사이에 당시까지 지켜 내려온 잘못된 관행을 버리게 되었다. 자신은 물론 백성들까지 정통 가톨릭 방식에 따라 주님이 부활한 시기를 기념하게 되었다. 여기에 보다 더 권위를 가지고 이를 실천에 옮기기 위하여 자신이 생각하기에 성스러운 로마교회의 방식에 따라 믿음을 배우고 수용한 사람들이 사는 영국으로부터 그는 지지를 얻고자 하였다. 사도 베드로와 바울 수도원의 대수도원장인 덕망 있는 체올프리드에게 그는 사신을 보냈는데, 수도원은 위어머스[16]에 위치하고 있었으며 재로우라는 곳에 있는 타인 강[17]과 근접하여 있었다. 체올프리드는 대단한 명성을 지닌 대수도원장으로서 그곳을 관리하고 있었는데, 이미 언급했다시피 그는 베네딕트의 뒤를 이은 사람이었다. 올바른 시기에 부활절을 기념하지 않는 사람들을 보다 효과적으로 반박할 수 있도록 자신에게 격려성 서신과 글을 보내줄 것을 왕은 대수도원장에게 요청하였다. 또한 왕은 하느님의 종과 사제임을 표시해주는 체발(剃髮)의 방법과 양식에 대하여 묻기도 하였다. 로마의 방식대로 교회를 돌로 짓는 데 필요한 건축가를 보내주도록 왕은 대수도원장에게 간청하였는데, 사도들의 우두머리인 성 베드로를 기념하기 위하여 그 교회를 봉헌하겠다는 약속을 하였다. 게다가 왕은 자신은 물론 자신의 모든 백성들이 '로마 교회의 관례를 최고라고 확신하는 한' 그것

16) 캔터베리의 한 지역.

17) 노섬브리아 북부에 위치한 강(江).

을 지키고 따르겠다고 약속하였다. 덕망 높은 대수도원장 체올프리드는 신심이 돈독한 왕의 기도와 소망에 지지를 보냈다. 그는 왕에게 돌로 된 교회를 지을 수 있도록 기술자들을 보내주었고, 부활절과 '하느님의 종'임을 표시해주는 체발 및 하느님 교회의 여러 규범과 관련한 서신과 함께 글들을 보내주었다.

〔옥스퍼드 판과 펭귄 판에는 다음과 같은 편지의 내용이 수록되어 있다〕

매우 훌륭하시며 영예로우신 군주, 나이탄 왕께 주님 안에서 대수도원장 체올프리드가 인사드립니다. 믿음이 매우 돈독한 왕이시여! 전하(殿下)의 간절한 소망과 요구에 따라 사도좌에서 배운 바에 따라 가톨릭 방식에 의해 성스러운 부활절 축일을 기념하는 것에 대하여 전하께 기꺼이 설명해드리겠나이다. 통치자들 스스로 믿음을 배우고 가르치며 주시하려고 애를 쓸 때마다 매번 통치자들의 그러한 모습이 주님의 성스러운 교회에 하늘이 내려준 선물임을 알고 있기 때문입니다. 왕이 철학자이며, 철학자가 왕이라면 세상은 행복해질 것이라고 어떤 세속적 작가는 실제로 말한 적이 있습니다. 그러나 이 세상 한 사람이 철학에 대하여 진리를 말할 수 있으며 이 세상의 통치에 관하여 올바르게 판단할 수 있다면, 지금은 순례자에 불과한 훗날 하늘나라 시민들은 이 세상에서 위치가 보다 강력해질수록 그들은 모든 것 위에 계시는 우리 심판자의 명령에 보다 더 복종하려고 노력하도록, 그리고 자신들의 본보기와 권위에 의해 아랫사람들이 역시 이러한 명령을 준수할 수 있도록 하기 위해서 얼마나 많이 기도하며 소망해야 하겠습니까? 부활절 시기를 결정하는 세 가지 규율이 성서에 쓰여 있는데, 인간의 권위로는 이를 바꿀 수 없답니다. 이것들 가운데 2개는 모세의 율법에 따라 하느님께서 정하신 것이며, 나머지 하나는 우리 주님의 수난과 부활의 결과로서 복음서에 더해진 것입니다. 유월절은 그해 첫 달 세 번째 주에 해당하는 15일에서 21일 사이에 지켜져야 한다고 율법서는 말합니다. 우리는 세 번째 주에 있는 주님의 날을 기다리며 그날 부활절의 시작을 지켜야 한다고 복음서의 가르침이 더해져 있습니다. 이 세 가지 규율을 올바르게 지키는 사람은 파스칼레 축일[18]을 정하는 데 결코 실수를 범하지 않을 것입니다. 그러나 보다 자세하고 완전하게 이것에 대하여 듣고 싶으시다면 이스라엘의 백성들이 이집트로부터 해방되어 첫 번째 맞는 부활절을 지키도록 하느님이 명령한 내용이《출애굽기》에 다음과 같이 쓰여 있습니다. "주님께서는 모세와 아론에게 말씀하시길, '이달은 너희들에게 시작에 해당하는 달이며, 이는 너희들에게 이 해의 첫 번째 달인 셈이다.' 주님께서 말씀하시길, '너희 모든 이스라엘 백성들에게 말하여라. 너희 모두는 이달 10일에 집안에 각자 양 한 마리를 가지고 있어라.'" 그리고 다음과 같이 더 말씀하셨습니다. '같은 달 15일까지 너희들은 그것을 유지하라. 그리고 이스라엘의 모든 백성들은 저녁에 그것을 죽여라.' 이 말씀은 파스칼레 축일을 거행하는 데 있어서 열네 번째 날이 언급되긴 하나, 바로 그날에 축일을 기념하라고 명령한 것이 아니라는 사실을 명백하게 해준다. 다름 아닌 하늘에 달이 나타나는 열네 번째 되는 날 저녁, 다시 말해서 세 번째 주의 시작에 해당하는 열다섯 번째 날에 양이 희생재물로 바쳐져야 한다고 하느님께서는 명령하십니다. 그 이유는 열다섯 번째 날 저녁에 이집트 사람들은 격퇴되었고 이스라엘들은 오랜 포로 신세에서 벗어났기 때문입니다. '7일 동안 누룩을 넣지 않은 빵을 먹어라'고 하느님께서는 말씀하십니다. 첫 달 세 번째 주 내내 이를 엄숙하게 지켜야 한다는 점을 주님께서

18) 성 파스칼레 바론의 축일로 5월 17일이다.

는 이 말씀을 통하여 지시하고 계십니다. 열네 번째 날부터 스무 번째 날까지에 앞서 언급한 7일이 계산되어져야 한다고 저희가 생각할까 염려가 되어 다음 말씀을 주님께서는 덧붙이셨습니다. '심지어 첫날부터조차도 너희들의 집에서 누룩을 없애라. 첫날부터 일곱 번째 날이 될 때가지 누룩이 든 빵을 먹는 자는 이스라엘로부터 축출될 것이니라. 그 이유는 같은 날 너희들의 군대를 이집트 영토에서 끌어낼 것이기 때문이니라.' 누룩이 들어 있지 않은 빵을 먹게 되는 첫날을 그들 군대를 이집트로부터 끌어내신 날이라고 주님께서는 부르십니다. 양이 희생제사를 위해 살해당하는 열네 번째 날 저녁, 다름 아닌 유월절이라 불리는 그날 이집트에서 그들이 나온 것이 아니라, 열다섯 번째 날에 그들은 이집트에서 나왔다는 것이 명백한 사실인데, 《민수기》에 다음과 같이 명백하게 언급되어 있습니다. '그리고 그들은 첫 번째 달, 열다섯 번째 날에 람세스를 떠나 유월절 다음 날 아침 이스라엘 백성들은 한 위인(偉人)과 함께 가게 되었다.' 누룩이 들어 있지 않은 빵을 먹는 7일, 그 첫날 주님의 백성들이 이집트로부터 벗어나게 하셨는데, 그 7일은 이미 말씀드렸다시피 세 번째 주 시작, 다시 말해서 그날 열다섯 번째 날에서 같은 달 스물 첫 번째 날까지 계산되는 것입니다. 그러나 뒤에 나오는 《출애굽기》 말씀에 명백하게 정의되어 있듯이, 유월절이라는 명목 아래 열네 번째 날은 이 수와 구분되어집니다. 《출애굽기》에는 다음과 같이 적혀 있습니다. '같은 날 나는 너희 군대를 이집트의 영토에서 끌어낼 것이기 때문이다.' 그리고 다음과 같이 더하셨습니다. '대대손손 규범으로 이 날을 지켜야 할 것이니라. 첫 번째 달, 그달 열네 번째 되는 날, 누룩이 들어가지 않은 빵을 그달 스물 첫 번째 되는 날까지 먹어야 할 것이니라. 너희들의 집에서 7일 동안 누룩이 발견돼서는 안 될 것이니라.' 열네 번째 되는 날이 포함된다면, 열네 번째 날에서 스물 첫 번째 날까지가 7일이 아니라 8일에 해당한다는 사실을 알지 못할 사람이 누가 있겠습니까? 성서를 유심히 살펴보면 사실을 알 수 있듯이, 만일 우리가 열네 번째 날 저녁에서 스물 첫 번째 날 저녁까지를 계산한다면, 열네 번째 날 저녁은 파스칼레 축일의 시작에 해당하기 때문에 통틀어 성스러운 의식의 기간은 단지 7일 밤낮에 불과하다는 사실을 알 수 있습니다. 파스칼레 축일 기간은 한 해 첫 달 동안 그리고 그 달 세 번째 주에 기념되어야 한다고 정의내린 바 있는데, 따라서 이것이 옳다는 것입니다. 왜냐하면 열네 번째 날 저녁에 시작하여 스물 첫 번째 날 저녁에 끝나기 때문에 실제 세 번째 주가 맞습니다. 신의 어린 양이신 그리스도의 희생 후, 선인들은 안식일 다음 첫날을 주님의 날로 불렀고, 이 날은 그리스도 부활을 기념하는 성스러운 날이 되었는데, 유월절 기간은 율법에 따라 결코 앞질러져서도 줄여져서도 안 된다는 것이 교회의 전통에 따라 파스칼레 축제에 포함되어져 왔다. 대신 율법에 따라 한 해 첫 번째 달, 다시 말해서, 그달의 열네 번째 날과 그날의 저녁을 기다려야 한다고 규정되어 있습니다. 그리고 그날이 토요일에 해당할 때, 모든 사람들은 가정과 집에 한 마리 양을 가지고 있다가 저녁시간에 이를 죽이는 것인데, 다시 말해서 이는 하나의 가톨릭교회를 구성하는 세계 모든 교회가 육체의 신비를 기념하기 위하여 빵과 포도주, 그리고 '세상의 죄를 없애는 순결한 양'의 피를 바치는 것을 의미합니다. 그리고 합당하고 엄숙한 부활절 의식과 기도 그리고 파스칼레 축일의식 후에 모든 사람들은 다가올 구원의 희망 속에서 희생양을 주님께 바쳐야 하는 것입니다. 이스라엘 백성들이 양의 피로 이집트에서 구출되는 때가 다름 아닌 저녁이기 때문에, 그리스도의 부활로 하느님의 모든 백성들이 영원한 죽음에서 해방되었던 때 역시 밤에 해당한다. 그런 뒤, 주님의 날 아침, 동이 트는 새벽에 그들은 파스칼레 축제의 첫날을 기념해야 합니다.

바로 그날 주님께서는 부활의 영광을 보여주셨고, 그리스도의 제자들은 이에 몹시 기뻐하였답니다. 뿐만 아니라 누룩이 들어 있지 않은 빵을 먹는 첫날에 대하여 《레위기》에는 다음과 같이 매우 분명하게 기록되어 있답니다. '첫 번째 달 열네 번째 되는 날이 주님의 유월절이다. 그리고 같은 달 열다섯 번째 되는 날이 누룩이 들어 있지 않은 빵의 축일이다. 7일간 누룩이 들어 있지 않은 빵을 너희는 먹어야 한다. 첫날은 아주 경건하고 성스러워야 한다.' 만약 주님의 날이 항상 첫 번째 달 열다섯 번째 날에 있었다면, 우리는 과거 주님의 백성들이 그러했듯이 똑같은 시간에 유월절을 기념할 수 있었을 것입니다. 그리고 성사(聖事)의 본질이 서로 다를지라도, 우리는 서로 같은 믿음을 기념하는 것입니다. 일주일의 날과 달이 서로 정확하게 일치하지 않기 때문에, (성 베드로에 의해 로마에서 만들어져 베드로의 통역자이며 복음 설교자인 마가에 의해 알렉산드리아에서 추인된) 교회의 전통에 따라 첫 번째 달, 그것도 첫 번째 달 열네 번째 저녁이 오면, 우리는 그달 열다섯 번째 날과 스물 첫 번째 날의 사이에 오는 일요일을 기다려야 합니다. 그리고 부활절은 이들 날들 가운데 그것에 해당하는 날을 잡아 합당하게 기념하면 되는데, 그 이유는 그날이 바로 누룩이 들어 있지 않는 빵의 축제가 기념되어져야 하는 7일 가운데 하루에 해당하기 때문입니다. 부활절이 세 번째 주가 되기 전이나 세 번째 주 후에 있지 않습니다. 부활절은 누룩이 들어 있지 않은 빵을 먹는 지정된 7일 내내 혹은 적어도 7일 가운데 며칠에 걸쳐 기념되어야 합니다. 그러나 일곱 번째 되는 날이 부활절에 포함될지라도, 그날은 성서에서 높이 기리는 날에 해당합니다. '일곱 번째 되는 날은 매우 엄숙하고 성스러워야 하는데, 너희들은 그날 일을 해서는 안 된다.' 어느 누구도 우리가 복음서에 내려오는 부활절 일요일을 율법이 정한 대로 첫 달 세 번째 주 그날에 올바르게 기념하지 않은 것에 대하여 우리를 비난할 수 없습니다. 이를 준수해야 하는 가톨릭의 이유는 명백합니다, 이와 마찬가지로 다른 한편으로 설득력 있는 이유도 없이, 율법으로 정한 기간을 앞당기거나 늦추려는 사람들의 실수도 매우 불합리적이라는 점 또한 명백합니다. 주님이 부활하신 날이 그 달 열네 번째 날과 스무 번째 날 사이에 지켜져야 한다고 생각하는 사람들은 어떤 합당한 이유 없이 율법으로 정한 시간을 앞당기는 것입니다. 열세 번째 날 밤부터 성스러운 밤을 지새우기 시작하는 사람들은 부활절이 시작을 바로 그날로 여기는 것이 분명하며, 율법적으로 그것에 대한 어떠한 권위도 그들은 내세울 수 없답니다. 그리고 주님이 부활절을 스물두 번째에 기념하기를 거부하는 사람들은 다른 날들에 비하여 최고의 축제에 가장 적합하다고 율법이 정하는 그날을 배제하고 있는 겁니다. 결과적으로, 이러한 사람들은 순서를 왜곡시켜가며 가끔은 두 번째 주에 부활절을 두고 세 번째 주 일곱 번째에 해당되는 날에 축제를 기념하지 않는답니다. 부활절이 같은 달 열여섯 번째 날부터 스무 번째 날까지 기념되어야 한다고 생각하는 사람 역시 올바른 믿음의 길에서 길을 잘못 들어 반대방향으로 가는 것이며, 이는 마치 스킬라 바위[19]로 인한 좌초를 피하려다 카리브디스[20]의 소용돌이에 빠져들어 물속에 잠기고 마는 형국이라 말할 수 있겠습니다. 부활절이 첫 번째 달 열여섯 번째 달이 떠오를 때, 다시 말해서 열다섯 번째 날 저녁부터 시작한다고 가르치는 사람들은 모두 율법이 으뜸으로 정하는 열네 번째 날을 축제일에서 완전히 빼는 것

19) 시실리 섬 앞의 카리브디스 소용돌이와 마주 대하는 이탈리아 해안의 큰 바위. 그리스 신화에서는 그 바위 위에 사는 머리 6개, 발이 12개인 여자 괴물로 나온다.

20) 시실리 섬 앞 바다에 있는 거대한 소용돌이. 그리스 신화에서는 가이아와 포세이돈의 딸로 의인화되어 등장한다.

입니다. 결과적으로 하느님의 백성들이 이집트의 속박에서 벗어났을 뿐만 아니라 당신의 피로서 죄의 어두움으로부터 세상을 자유롭게 하셨고 땅에 묻히셔 죽은 뒤 우리에게 다가 올 축복 가득한 휴식의 희망을 부여하신 바로 열다섯 번째 날 저녁에 대하여 그들은 전혀 언급하지 않는 것입니다. 그들은 부활절을 스물두 번째 날에 두면서 공개적으로 부활절의 합법적 기간을 위반하는데, 이들은 율법에 정한 바 부활절이 끝나야 하는 날 저녁을 부활절의 시작으로 생각하는데, 이러한 사람들은 자신들이 범한 실수에 대한 보답을 받게 될 것입니다. 한마디로 그들은 율법에 언급되어 있지도 않은 이른바 네 번째 주 첫 날을 부활절 첫날로 여기는 것입니다. 두 집단 모두 달(*moon*)의 시기(時期)를 종종 잘못 계산하곤 할 뿐만 아니라 첫 번째에 해당하는 달(*month*)을 찾는 데 실수를 범하기도 합니다. 이러한 논쟁은 이 편지에서 다룰 수 있는 것 이상으로 큰 문제인 것이 사실입니다. 춘분을 기준으로 음력으로 어느 달이 처음이며 어느 달이 마지막인지 정확하게 항상 결정될 수 있답니다. 동쪽에 위치한 모든 국가들, 특히 계산에 능한 이집트 사람들의 견해에 따르면 춘분은 3월 21에 해당하는데, 이는 일반적으로 해시계 관찰을 통하여 우리들 역시 입증할 수 있답니다. 따라서 춘분 전 보름, 다시 말해서 열네 번째 혹은 열다섯 번째 날은 전년(前年)의 마지막 달에 속하기 때문에 부활절을 기념하기 유효하지 않습니다. 춘분 후 혹은 춘분에 오는 보름이 첫 번째 달에 속하며, 확실히 알고 있다시피, 옛날부터 사람들은 그날 유월절을, 그리고 그 뒤에 오는 일요일 날 부활절을 기념해왔다. 이에 대한 매우 설득력 있는 이유가 《창세기》에 다음과 같이 기록되어 있다. '그리고 하느님께서는 2개의 큰 빛을 만드셨다. 그 가운데 큰 빛은 낮을 지배하는 것이며 보다 작은 것은 밤을 지배하기 위한 것이다.' 이를 다른 식으로 표현하기도 합니다. '보다 큰 빛은 낮을 시작하는 것이며, 보다 작은 빛은 밤을 시작하는 것이다.' 따라서 춘분은 동쪽 중간지점에서 태양이 떠오름으로써 먼저 결정되는데, 태양은 저녁에 지고 그때 보름달은 동쪽 중간지점에서 뒤따르는데, 이처럼 매년 똑같이 첫 음력 달이 같은 순서로 목격되어야 하며, 보름달은 춘분 전에 지지 않으며, 춘분 날 혹은 춘분이 지난 후에 지게 됩니다. 그러나 보름이 단 하루라도 춘분을 앞서게 되면, 보름은 새로운 해의 첫 번째 달에 해당하지 않고 지난해의 마지막 달에 해당하기 때문에, 앞서 살펴보았듯이 그러한 보름은 파스칼레 축제를 기념하는 데 유효하지 않답니다. 이에 대한 신비로운 이유를 알고 싶으시겠죠, 주님께서는 한 해가 시작하는 첫 번째 달에 부활절을 기념하도록 명령하셨는데, 그달이 새로운 것들이 시작하는 달이기 때문이며, 우리의 영혼과 마음이 천상의 것들을 사랑하도록 새롭게 되는 때에 우리는 주님의 부활과 우리 구원의 신비를 기념해야 하기 때문입니다. 주님께서는 그달 세 번째 주에 부활절을 기념하도록 명령하셨는데, 그 이유는 율법 앞에서 그리고 율법하에 이미 약속하셨듯이 그리스도께서는 어린 양으로 희생되기 위해 은총으로 세상 노년기(*the third age*)에 오셨기 때문이며, 그분께서는 또한 수난을 당하신 후 사흘 후에 죽은 이들 가운데서 부활하셨기 때문이며, 주님의 날로 이날이 알려져 매년 부활절 축제로서 기념되기를 원하셨기 때문입니다. 그리고 우리가 이 축일, 다시 말해서 그분께서 세상을 떠나 아버지 곁으로 돌아가신 날을 믿음, 희망 그리고 사랑으로서 기념하도록 신중을 기할 때, 우리는 그 성스러운 축일을 진실되게 기념하게 되는 것입니다. 주님께서는 춘분 후에 오는 파스칼레 축일의 보름달을 지키도록 명령하셨는데, 그 이유는 먼저 밤보다 낮이 더 길며, 달은 세상에 둥근 보름달의 빛을 비추기 때문입니다. '치유의 힘을 지닌 정의의 태양빛'이신 우리 주 예수님께서는 부활을 통하여 죽음의 모든 어두움을 극복하셨기 때문입니다. 하늘로 오르시며, 그분께서는 달로 종종 상징되는 그분의 교회에 성령을 보내주심으로써 그곳을 내적 은총의 빛으로 충만하게 만드셨습니다. 이것이 우리 구원의 계획이었고, 이것을 예언자께서는 다음과 같이 말하다시피 마음에 가지고 계셨던 것입니다. '태양은 높이 올려져 있고 달은 자신의 위치에 그대로 있도다.' 그러니 파스칼레 축일의 대보름이 춘분 전에 일어난다는 사실이 최고의 신비를 준수하는 일에서 성서의 가르침과 일치하지 않다고 주장하거나, 그리스도 은총의 도움 없이 우리가 구원될 수 있다고 믿는 사람들에게 동조할 수 있는 사람이 누가 있겠습니까. 그리고 죽으시고 부활하심을 통하여 진정한 빛이 세상의 어두움을 결코 정복하지 않았을지라도, 완벽한 정의에 도달할 수 있다고 가르치는 그러한 사람들을 누가 동조하겠습니까. 춘분 태양이 떠오른 후 그리고 뒤이어 첫 번째 달 보름달이 뜬 후, 다시 말해서 열네 번째 날이 끝난 후, 이 모든 것은 율법하에 필수적으로 준수해야 하는 것들인데, 복음서에 지시되어 있듯이 세 번째 주, 주님의 날까지 우리는 기다려야 합니다. 그런 다음 우리는 부활절을 올바르게 기념해야 하는데, 이는 옛날 사람들처럼 우리가 이집트의 노예속박에서 벗어난 것을 기념하기 위한 것이 아니라 믿음과 신앙으로 전 세상이 구원을 얻었다는 사실을 경배하기 위한 것인데, 이러한 구원은 하느님께서 과거 사람들을 해방시킨 데에 예시되어 있으며 이는 그리스도의 부활을 통하여 완성된 것입니다. 주일(主日)에 이루어질 것이라고 믿는 우리 자신의 부활에 대한 매우 확실한 희망에 대하여 우리가 기뻐하고 있다는 것을 이런 방식으로 보여주는 것입니다. 따르도록 전하께 가르쳐준 이 같은 부활절 계산법은 19년 주기에 의한 것으로, 이 방법은 과거 오래전 교회, 다시 말해서 앞서 언급했다시피 사도 시절에 특히 로마와 이집트에서 처음으로 지켜졌던 것입니다. 축복받은 순교자 팜필리우스[21]로부터 자신의 성(姓)을 부여받은 에우세비오(Eusebius)[22]의 노력 덕분에 그 방법은 보다 쉽게 체계화되었습니다. 그 결과 그 당시까지만 하더라도 매년 이와 관련한 내용이 알렉산드리아 총대주교로부터 모든 교회에 보내져 모든 사람들이 이 방법을 쉽게 이해할 수 있었는데, 그 이유는 그 표(標)에 열네 번째 날들이 일정한 순서에 따라 구성되어 있었기 때문입니다. 알렉산드리아의 총대주교인 테오필루스는 100년간의 부활절 계산법을 황제 테오도시우스를 위해 제작했답니다. 그의 후계자인 키릴로스는 95년에 해당하는 목록을 작성하였는데, 이것은 각각 19년짜리 5개의 주기로 구성되어 있었습니다. 이후 디오니시우스 엑시구스(Dionysius Exiguus)[23]는 같은 체계를 이용하여 여기에 보다 많은 19년 주기를 덧붙였는데, 이것들이 오늘날까지 내려오고 있습니다. 이 목록은 곧 만기가 다 되어 가고 있습니다. 그러나 오늘날 수많은 수학자들이 있는데, 심지어 우리 교회들이 있는 영국에조차도 이집트 사람들의 이 같은 방법을 지금까지 기억하는 몇몇의 수학자들이 있으며 이들은 무한정 수의 해, 원한다면 532년까지의 부활절 주기를 쉽게 계산해낼 수 있답니다. 이 기간 후에, 해와 달의 순서 그리고 달과 주의 순서와 관련한 모든 것은 전처럼 같은 순서로 일어나게 되는 것입니다. 다가올 주기를 전하께 보내지 않으려 합니다. 그 이유는 전하께서는 단지 부활절 시기에 대한 이유를 물어왔기 때문이며, 그리고 이미 전하께서는 가톨릭 부활절 목록을 가지고 있다고 말씀하셨기 때문입니다. 부활절에 대하여 간단하게 요점을 말했으니, 이제부터는 전하께서 저에게 요청한 교회와 그리스도 믿음

21) 카이사리아의 팜필리우스(Pamphilius of Caesarea)의 순교일은 2월 16일이다.
22) 제31대 교황(재위 309.4.18~309.8.17)이며 성인으로 축일은 8월 17일이다.
23) 6세기 전반 로마에서 활약했다. 교회법 집성으로 유명한 주교였다. 그의 연대기적 기술방법의 도입은 후세에 큰 영향을 끼쳤다.

의 관례에 따른 체발에 대하여 쓰도록 하겠습니다. 사도들은 똑같은 형태의 체발을 하지 않았으며 하느님을 향한 믿음, 희망 그리고 자비로 오늘날 가톨릭교회는 일치를 이루고 있으나 하나의 일정한 형태의 체발로 일치는 이루어지고 있지 않습니다. 예를 들어, 초기 교회 시대, 즉 유대민족의 조상들이 살던 시대를 뒤돌아보도록 하겠습니다. 인내의 표상인 욥은 고난이 자신에게 다가왔을 때 머리를 깎았으며, 번영의 시기가 찾아오자 머리를 길렀습니다. 그러나 절제, 겸손, 믿음을 비롯한 여러 덕목을 가르쳤던 것으로 유명한 요셉은 노예에서 해방되자 스스로 머리를 깎았으며, 그러나 감옥에 있는 동안 그는 결코 머리를 깎지 않았던 것이 사실입니다. 이들 하느님의 사람들이 내적으로는 같은 은총과 덕목을 지니고 있었으나 외모는 서로 달랐던 것입니다. 체발의 다양성이 하느님에 대한 순순한 믿음과 이웃에 대하여 진정한 자비를 지니는 사람들에게 아무런 해가 되지 않는다는 사실을 인정하는 바입니다, 특별히 그 이유는 가톨릭 교부들 사이에서 부활절을 지키는 일이나 교리문제처럼 체발의 차이와 관련하여 어떠한 논쟁이 있었다는 사실을 접해본 적이 없기 때문입니다. 그럼에도 불구하고, 교회나 인류종족들 사이에 눈에 띄는 모든 체발들 가운데 본받고 채택되어야 할 가장 적합한 체발은 사도의 머리 위에 있는 방식으로, 그 사도의 고백에 대하여 주님께서 다음과 같이 대답하셨습니다. '너 베드로야, 이 바위 위에 나는 나의 교회를 지으려 하며, 그리고 지옥의 문들이 이를 당해낼 수 없을 것이다. 그리고 하늘나라 왕국의 열쇠들을 너에게 줄 것이다.' 성령의 선물을 구입하려는 사람이 머리에 하는 체발만큼 믿는 모든 사람들에게 더 역겹고 질색인 것도 없다고 나는 생각하는 바인데, 이러한 사람에게 베드로는 다음과 같이 말했습니다. '당신의 돈은 당신과 함께 사라질 것이요, 그 이유는 하느님의 선물을 당신은 돈으로 살 수 있다고 생각하고 있기 때문이요. 당신은 이 문제에 대하여 관심이나 몫을 가지고 있지 않습니다.' 베드로가 그렇게 했다는 이유 때문에 우리는 왕관 모양의 체발을 하지 않습니다. 그러나 주님의 수난을 기리기 위해 베드로가 체발을 했기 때문에 주님의 수난을 통하여 구원을 바라는 우리는 베드로처럼 수난의 표시를 머리 정수리, 다시 말해서 우리 신체의 가장 높은 부분에 지니는 것입니다. 주님이 죽으시어 교회에 생명을 불어넣음으로써 전 교회가 태어날 수 있었듯이, 교회의 구성원 각각은 이마에 성스러운 십자가의 표시를 지니는 것이며, 이 표시는 악마의 공격으로부터 각자를 계속해서 보호해주며 모든 악과 사악한 욕망과 함께 육체를 억눌러야 한다는 사실을 각자에게 일깨워주는 역할을 하는 것입니다. 이와 유사하게, 수도원의 입회를 맹세한 사람이나 성소(聖召)를 받아들인 사람들은 주님을 위하여 보다 엄격하게 스스로를 억제해야 하며, 수난동안 그리스도가 머리에 쓰신 가시왕관 형태로 체발을 하게 되는데, 주님께서는 우리의 죄로 가시관을 쓰셨고 그렇게 우리들로부터 죄들을 짊어지고 가셨습니다. 그들의 외모는 기꺼이 주님을 위해 모욕과 조롱을 감수하겠다는 암시이며 이는 또한 그들이 항상 '당신을 사랑하는 사람들에게 주님께서 약속하신 영원한 삶의 왕관'을 받고자 한다는 표시이며, 이 왕관을 받기 위해서 세속의 불운이나 행운 모두 중요치 않게 이들은 여겨야 하는 것입니다. 마술사 시몬(Simon Magus)[24]이 했다고 전해지는 체발에 대하여 묻고 싶습니다. 믿는 사람 어느 누가 그 모습을 보고 싫어하지 않으며 그의 마

---

24) '마구니'(*magus*)란 마술사라는 뜻으로 신약성서 《사도행전》에 나오는 마술사이다. 그리스도의 복음이 전해지기 직전 사마리아에서 마술로 민중을 매혹시켰으나 복음을 전하러 온 필립보에게 찾아가 세례를 받았다. 요한과 베드로에게 세례를 주는 일과 성령의 능력을 돈으로 사려고 물었다가 거절당했다.

술과 더불어 그의 체발을 거부하지 않겠습니까? 분명 그러할 것입니다. 이마 정면에 왕관과 비슷한 것을 하고 있으나, 목을 들여다보면 진정 보고자 했던 왕관이 간단히 짧게 그려져 있는 것을 알 수 있답니다. 이는 그리스도인들을 위한 것이기보다는 성직 매매자들에게 어울리는 유행에 불과하다는 사실을 알 수 있답니다. 이승에서 그들이 속이는 사람들은 그들이 영원한 최고의 영광을 누릴 자격이 있다고 생각할지 모릅니다. 그러나 다가 올 삶에서 그들에게 어떠한 최고의 희망도 없을 것이며 죄로 인하여 그들은 영원한 벌을 받게 될 뿐입니다. 믿음과 이를 실천하는 데에서 가톨릭의 통합을 지향하는 사람들임에도 불구하고 시몬처럼 체발한 사람이라고 해서 벌을 받아 마땅한 것처럼 제가 말하고 있다고는 생각하지 말아주시기 바랍니다. 이와는 반대로 그들 가운데 많은 사람들이 성스러우며 하느님의 눈에 가치 있어 보인다고 나는 자신 있게 말할 수 있습니다. 이런 사람들 가운데 아다만[25]이 있는데, 그는 성 콜롬바 수도회 소속으로 명성이 널리 알려져 있는 대수도원장이었으며 신부였는데, 그는 전도를 목적으로 자신의 백성들을 떠나 알드프리드 왕에게 왔으며 우리 수도원을 보고 싶어 했습니다. 말과 행동에서 그는 놀라울 정도의 신중함과 겸손 그리고 신앙심을 보여주었습니다. 한번은 서로 대화를 나누는 도중, 나는 여러 가지 가운데 그에게 다음과 같이 물었습니다. '형제여, 끝을 알 수 없는 삶의 왕관을 얻을 것이라고 믿으시는 당신이 왜 머리에 불완전하며 당신의 믿음에 어울리지 않는 왕관 형태의 체발을 하고 계십니까. 그리고 당신이 만일 베드로를 닮고 싶어 하신다면, 왜 베드로가 증오하는 형태의 체발을 모방하는 것입니까? 그리고 영

25) 축일은 9월 23일이다. 성 체올프리드로부터 부활절에 관한 로마력 채택을 도입하였다. 켈트족 관습을 물리치고 로마 전례를 도입하였다. 또한 성 콜롬바의 생애를 기술하였다. 아일랜드에서는 성 에우난(Eunan)이라고 불린다.

원히 축복 속에서 당신이 함께 살기를 바라는 그분의 방식을 온 마음으로 당신이 사랑하고 있다는 것을 왜 보여주지 않으시는 것입니까?' 그는 다음과 같이 대답하였습니다. '형제여, 당신도 잘 알다시피, 내 조국의 관례에 따라 나는 시몬의 체발을 하고 있으나 진심으로 성직매매 죄의 사악함을 증오하고 거부하고 있습니다. 미력하나마 전력을 다하여 나는 베드로의 발자취를 따라가고 싶은 마음입니다.' 이에 대하여 나는 말하였습니다. '그러실 거라고 나는 진정 믿습니다. 그러나 만약 당신이 외모를 통하여 베드로의 잘 알려진 방식을 따르신다면, 그것은 베드로가 상징하는 모든 것을 당신이 내적으로 동의하고 있다고 말해주는 표시일 것입니다. 확신하건대 지혜로우신 당신이 익히 알고 계시리라 여겨지는데, 하느님께 모든 것을 맡기신 당신을 위해서라며 외모가 당신이 온 마음으로 증오하며 피하고 싶은 사람을 가능한 닮지 않도록 하는 것이 훨씬 좋을 듯싶습니다. 반대로 하느님 앞에서 당신을 변호해주길 바라는 그분의 가르침과 행동을 따르고자 하는 당신께서 그분의 외모 역시 모방하는 것이 더 바람직하다고 여겨집니다.' 우리 교회의 의식들을 지켜봄으로써 얼마나 많은 유익한 것을 얻었는지 입증해준 아다만에게 저는 당시 이와 같이 말했답니다. 그후 아일랜드로 돌아온 그는 가르침을 통하여 많은 사람들이 가톨릭 의식에 따라 부활절을 이행할 수 있도록 하였습니다. 그럼에도 불구하고 그는 적법한 책임자로서 자신이 관리하는 아이오나의 수사들을 보다 좋은 방향으로 이끌지는 못하였습니다. 그의 영향력이 충분하였다면, 체발 역시 그가 고치려고 노력했을 것입니다. 현명하신 전하, 왕 중에 왕이시며 주님 중에 주님께서 만들어주신 전하와 전하의 백성들이 모든 방면에서 가톨릭과 사도들의 교회와 일치하는 이러한 의식들을 따를 수 있도록 노력할 것을 권고하는 바입니다. 결국에는 전하께서 이 세속의 왕국을 통치한 후, 사도들의 우두머리인 베드로께서 선택받은 사람들과 더불어 전하에게 하늘나라 왕국의 문을 기꺼이 열어주게 될 것입니다. 그리스도 안에서 나의 사랑하는 아들이여, 영원하신 왕의 은총으로 전하께서 수년 동안 안정 속에서 나라를 통치하며, 우리 모두에게 평화가 있기를 기원하는 바입니다.

서신이 왕과 학식 있는 많은 사람들 앞에서 읽혀지고 그것이 글을 아는 사람들에 의해 자신들의 모국어로 신중하게 번역되자, 왕은 편지 속 가르침과 훈계에 너무 기뻐한 나머지 자신의 신하들 사이에서 일어선 다음 무릎을 꿇고 영국으로부터 그러한 선물을 받게 된 것에 대하여 하느님께 감사를 드렸다. 그는 다음과 같이 말하였다. '이것이 진정한 부활절을 올바르게 기념하는 방법이라는 사실을 나는 그전에도 잘 알고 있었다. 그러나 이제 이 시기를 준수하는 방법을 완전히 이해하게 되었는데, 과거 내가 알고 이해했던 바가 아주 보잘것없는 것처럼 여겨진다. 그래서 여기 내 앞에 앉아 있는 여러분들에게 공개적으로 선포하노니, 나는 영원히 나의 백성들과 함께 내가 올바르게 이해한 부활절의 시기를 준수할 것이며 내 나라에 있는 하느님의 모든 사제와 종들은 전적으로 합당하다고 여겨지는 체발을 하게 될 것이다.' 지체 없이 그곳에서 그는 왕으로서 권위를 가지고 자신이 말한 것을 실천하였는데, 즉시 자신의 영토 모든 곳에 지시를 하달하여 그 지시, 다름 아닌 올바른 부활절에 해당하는 19년 주기(週期)가 픽트족이 사는 모든 영역에서 교본으로 만들어져 학습되고 지켜지도록 하였다. 그리고 잘못된 84년의 주기를 완전히 지워지도록 명령하였다. 모든 수사와 사제들은 성 베드로의 왕관 모양에 따라 체발을 받았다. 그리고 개심한 백성들 모두 사도들 가운데 가장 축복받은 성 베드로의 새로운 교리를 따르게 되었을 뿐더러 그의 보호 아래 놓이게 된 것에 대하여 기뻐하였다.

XX

얼마 지나지 않아 아이오나 섬에 살았던 스코틀랜드 출신의 수사들은 자신들에게 복속되어 있는 수도원들과 더불어 주님의 은총으로 올바른 부활절 관례와 체발을 따르게 되었다. 이는 주후(主後) 716년에 일어난 일로, 그해에 오스레드 왕은 살해되었고 그의 후계자인 킨레드가 노섬브리아 왕국을 통치하게 되었으며, 그 즈음에 매우 영예롭게 사제로 임명된 하느님의 사랑받는 사제 에즈버트가 아이오나 섬에 왔는데, 그는 아일랜드 출신으로서 앞서 이미 언급한 바 있다. 그리고 그곳 사람들은 존경과 기쁨으로 그를 받아들였는데, 그는 가르침을 주는 사람들 가운데 가장 마음씨가 곱고 명랑했으며 자신이 가르친 내용을 믿음으로 손수 실천하는 사람이었다. 이런 이유 때문에 모든 사람들은 그의 말을 기꺼이 들으려 했다. 신심 가득한 그의 가르침과 열정 덕분에 그는 조상들이 지켜온 오랜 관례와 규범을 변화시켰는데, '하느님을 향한 열정은 있으되 지식이 없었다'라는 말은 사도들이 이들의 조상을 두고 하는 말씀인지 모른다. 로마 가톨릭의 관례에 따라 부활절과 같은 주요 의식과 앞서 말했듯이 단절이 없는 둥근 왕관 형태의 체발을 따르고 실천에 옮기도록 그는 그들을 가르쳤다. 신의 놀라운 섭리 덕분에 이것이 가능했으며, 그들은 자신들이 지니고 있던 신에 대한 지식을 질투심 없이 기쁜 마음으로 영국 국가들에게 나누어주려고 했으며, 얼마 지나지 않아 그들은 영국 전역에 걸쳐 어느 누구보다 과거 부족했던 그러한 문제들에서 완벽한 정도의 올바른 삶에 이르게 되었다. 반대로 자신들이 지닌 그리스도의 믿음에 대한 지식을 영국의 부족들과 절대로 공유하려고 하지 않았던 브리튼 사람들은 영국의 부족들이 모든 점에서 올바른 믿음에 따라 가르침을 받고 있을 때조차 과거의 관습을 고수하며 올바른 길로 들어서지 못하였는데, 그들은 성 베드로의 왕관형식의 체발을 따르지 않았으며 하느님의 모든 교회와 일치하는 합당한 그리스도의 부활축제를 기념하지도 않았다. 아이오나에 거주하는 수사들은 에즈버트의 가르침을 통하여 로마 가톨릭 정통의 관습을 받아들였으며, 그 당시 수도원은 주교 아이든을 영국사람들을 가르치기 위해 파견한 후 8년 동안 대수도원장 던차드의 관리 아래 있던 때였다. 하느님의 사람인 에즈버트는 자신이 하느님께 봉헌한 그 섬에서 12년간 머물며 은총으로 교회의 통합과 평화에 새롭게 빛을 밝혔다. 주후(主後) 729년 4월 24일 부활절 날에 그는 주님의 부활을 미사축제와 함께 기념한 후에 주님 곁으로 떠났다. 주님과 성스러운 사제들과 하늘에 사는 사람들과 더불어 그는 그가 통합의 은총으로 이끈 형제들과 함께 시작했던 최고 축제의 즐거움을 끝마치게 되었다. 아니, 그는 끝없이 그 축제를 기념하는 일을 멈추지 않는다는 표현이 더 옳을 것이다. 신의 놀라운 섭리 덕분에 덕망 높은 그분은 부활절 날 이 지상을 떠나 하느님 아버지 곁으로 떠났을 뿐만 아니라 아이오나 섬에서는 과거에는 결코 기념되지 않았던 날에 부활절이 거행되었다. 형제들은 올바른 정통 부활절을 알게 된 것에 대하여 기뻐하였다. 아울러 자신들을 변화시키고 주님께로 떠난 사제의 가호(加護)를 기뻐하였다. 자신의 가르침을 받은 사람들이 과거에는 거부했던 부활절을 받아들여 자신과 함께 이를 준수(遵守)하는 것을 그 자신이 지켜볼 수 있을 때까지 살아있었다는 사실에 사제 또한 기뻐하였다. 그리고 그들의 변화를 확신한 덕망 있는 사제는 '주님의 날을 볼 수 있었던 것에 대하여 기뻐하였고, 그것을 보고 기뻐하였다.'

XXI

주후(主後) 725년 노섬브리아의 왕이며 켄레드의 후계자인 오스릭이 왕위에 오른 지 7년이 되던 해, 캔트의 에즈버트 왕의 아들 위흐트레드가 그해 4월 23일 죽었다. 34년하고 반년 동안 통치한 왕국을 그는 3명의 아들, 에셀버트, 에아드버트, 그리고 에델릭에게 남겼다. 다음 해, 로체스터의 주교 토바이어스가 죽었다. 그는 매우 학식이 깊은 인물로서 고인이 된 대주교 테오도르와 대수도원장 아드리안의 제자였다. 종교 및 세속적 작품들에 대한 지식은 물론 그리스어와 라틴어가 모국어처럼 익숙하게 느껴질 정도로 그는 심도 깊게 이런 언어를 공부하였다고 전해진다. 성 앤드류 교회에 위치한 성 바울 예배당에 그의 시신이 안장되었는데, 성 바울 예배당에 스스로 무덤을 만들어 두었던 것이다. 그의 뒤를 이어 알드울프가 대주교 버트왈드에 의해 주교로 임명되었다. 이후 주후(主後) 729년에 책에서 혜성이라 불리는 2개의 별이 태양 주위에 나타났는데, 보는 사람들에게 많은 놀라움을 안겨주었다. 그 가운데 하나는 태양이 떠오르는 아침에 태양을 앞서 가는가 하면, 또 다른 하나는 태양이 지는 저녁에 태양의 뒤를 따르는 형국(形局)으로, 이들은 마치 일출과 일몰 때에 무시무시한 재난을 예고하는 것처럼 보였다. 두 혜성으로부터 횃불처럼 광선이 지상의 북쪽을 향하여 튀어나왔다. 두 별은 1월에 나타나 2주에 걸쳐 있었다. 머지않아서 무시무시한 역병과 다름없는 사라센족이 잔혹한 살육을 범하며 골의 영토를 황폐화시켰다. 그러나 그 지역에서 그들은 얼마 지나지 않아 자신들이 저지른 배반적 행동에 대한 합당한 벌을 받게 되었다. 같은 해 하느님의 성스러운 사람 에즈버트 역시 이미 언급했듯이 부활절에 주님 곁으로 떠나게 되었다. 부활절이 지나고 5월 9일이 되던 날 11년간 노섬브리아의 왕국을 통치해온 왕 오스릭이 세상을 떠나게 되었다. 그는 체올울프가 자신의 뒤를 이어 왕이 되기를 희망했으며 이를 법으로 명하였다. 체올울프는 오스릭 이전에 노섬브리아를 통치한 켄레드 왕의 동생이었다. 그의 초기 통치기간을 비롯하여 그가 통치하는 동안 너무나 많은 폭력적 혼란과 재난이 나라를 어지럽게 만들었는데, 그것들에 관하여 어떤 이야기를 해야 할 것인지 알거나 그 다양한 일들에 대한 결과를 예측한다는 것은 아직도 불가능한 것처럼 여겨진다.

XXII

주후(主後) 731년 노령(老齡)으로 대주교 버트왈드가 세상을 떠났는데, 그때가 1월 9일이었다. 그는 37년 6개월하고도 14일간 주교직을 맡았었다. 같은 해에 그의 뒤를 이어 태트위니가 대주교가 되었는데, 그는 머시아 출신으로 브래돈이라는 수도원에 사제로 있었다. 윈체스터의 주교인 다니엘, 런던의 주교인 잉그왈드, 리치필드의 주교인 알드윈을 비롯하여 로체스터의 주교인 알돌프 같은 대사제들에 의해 그는 6월 10일 일요일에 캔터베리에서 주교로 임명되었다. 그는 신심이 돈독하며 지혜롭고 성서에 대한 출중한 지식을 지니고 있었다. 현재 캔트 교회의 주교는 태트위니와 알드울프이며, 잉그왈드는 이스트 색슨족의 주교이고, 이스트 앵글족의 주교는 알드버트와 헤아돌락이며 웨스트 색슨족의 주교는 다니엘과 포르트헤레이다. 그리고 알드위니는 머시아의 주교이다. 세번 서쪽에 거주하는 부족들의 주교는 웨알호스토드이며 윌프리드는 흐위카족의 주교이다. 키네버트는 린지의 주교이다. 와이트 섬의 종교 책임은 윈체스터의 주교인 다니엘이 맡고 있다. 사우스 색슨족의 영토에는 수년간 주교가 없었는데, 웨섹스의 주교로부터 목회 도움을 받게 되었다. 그리고 이들 모든 지역과 험버 강 경계에 이르는 여타 남쪽 지역들의 왕들은 머시아의 왕 에델발드의 명령에 복종하였다. 체올울프 왕이 통치한 노섬브리아에는 4명의 주교, 즉 요크 교회의 윌프리드 주교, 린디스판의 에델왈드 주교, 헥섬의 아카 주교, 그리고 위테른이라는 곳에 페흐뎀 주교이다. 위테르는 최근 신도 수의 증가로 주교좌로 편입되어 페델름이 그곳의 최초 주교가 되었다. 이즈음에 픽트족 사람들은 잉글랜드(북쪽의 픽트족과 서쪽의 웨일즈를 제외한 영국 본토) 사람들과 평화롭게 지내며 조약을 맺었을 뿐만 아니라 하느님의 모든 교회와 함께 정통교회의 평화와 진리를 공유하며 기뻐하고 있다. 브리튼에 사는 스코틀랜드 사람들은 자신들의 영토경계에 만족하며 영국사람들에 대하여 어떠한 도발이나 약탈을 범하지 않는다. 브리튼 사람들은 대부분 타고난 증오심으로 영국사람들을 반대하며 부활절을 잘못 기념하며 타락한 관행으로 하느님의 가톨릭교회 규범들을 거부하고 있을지라도, 하느님과 인간의 힘에 의해 이들 브리튼 사람들은 이 두 가지 점에서 자신들이 바라는 바를 지키고 실천할 수도 없다. 그리고 브리튼 사람들은 상당 정도는 독립된 상태이나, 아직도 대부분은 영국의 지배 아래 놓여 있다. 지금의 평화와 고요함 덕분에 귀족과 평민을 포함한 노섬브리아의 많은 사람들은 세속적인 전쟁을 추구하기보다는 자신들은 물론 자식들을 수도원 생활과 하느님을 섬기는 삶에 바치고자 한다. 이것에 대한 결과는 후세가 목격하게 될 것이다. 이것이 영국사람들이 브리튼 섬에 도착한 후 285년이 되는 지금의 모든 브리튼의 상황이다. 주후(主後) 731년인 지금 전 지역은 주님의 영원한 왕국을 기뻐하고, 브리튼은 주님의 믿음에 기뻐하며, 많은 섬들 또한 주님의 성스러움을 기억하며 감사하라.

〔펭귄 판과 옥스퍼드 판에는 다음과 같은 내용이 추가되어 있다〕

기억을 돕기 위해 이미 다루어진 바 있는 사건들을 특정 연대별로 간단히 하나씩 정리하는 것이 좋을 듯싶다.

주전(主前) 6년 가이우스 율리우스 카이사르는 브리튼과 전쟁을 벌인 최초의 로마인이었다. 그는 전쟁에서 승리하였으나 브리튼을 지배하지는 못하였다.

주후(主後) 46년 클로디우스[26]는 브리튼에 온 두 번째 로마인으로, 그는 브리튼 대부분 지역의 항복을 받아냈으며, 오크니 섬들 역시 로마제국에 편입시켰다.

주후(主後) 167년 엘레우테리오[27]는 로마의 주교가 되어 15년간 교회를 훌륭히 다스렸다. 브리튼의 왕 루시우스는 그리스도인이 되기를 원한다는 편지를 주교에게 보냈고 그의 요구는 관철되었다.

주후(主後) 189년 세베루스[28]는 황제가 되어 17년간 통치하였다. 그는 바다에서 바다까지의 성곽을 쌓아 브리튼을 강화하였다.

주후(主後) 381년 막시무스는 브리튼의 황제가 되었다. 그는 골로 건너가 그레시아누스[29]를 살해하였다.

주후(主後) 409년 로마는 고트족의 침입을 받게 되었고, 그후 브리튼에서 로마의 통치는 끝나게 되었다.

주후(主後) 430년 교황 첼레스티노가 파견한 팔라디오가 아일랜드 최초의 주교가 되었다.

주후(主後) 449년 마르키아누스와 발렌티니아누스가 공동으로 7년간 브리튼을 통치하였다. 이들이 지배할 당시 영국사람들이 브리튼 사람들의 초대로 브리튼에 오게 되었다.

---

26) 푸블리우스 클로디우스(B. C. 93?~B. C. 52) : 로마의 정치가. 호민관이 되어 정적 키케로를 추방하고 폼페이우스에 대항하다가 부하 밀로(Milo, T. A.)에게 암살되었다.

27) 제 13대 교황(?~189. 5. 24). 축일은 5월 26일이다.

28) 플라비우스 발레리우스 세베루스(?~307) : 로마제국의 황제(재위 306~307). 서로마의 황제 콘스탄티우스 1세〔(250?~306) : 골(갈리아)과 브리타니아를 정복하였다. 재위기간은 305~306년이다〕가 죽은 후 동로마의 황제 갈레리우스가 그를 황제로 임명하였다. 반란을 일으킨 막센티우스에 의해 살해되었다.

29) 그레시아누스(Gratianus, Flavius Augustus, 재위 375~383). 발렌티아누스 1세의 장남. 기독교 황제.

주후(主後) 538년 2월 16일 오전 6시부터 오전 8시까지 일식이 일어났다.

주후(主後) 540년 6월 20일 일식이 일어났으며, 오전 9시부터 30분 동안 혜성들이 나타났다.

주후(主後) 547년 아이다가 통치하기 시작했는데, 그로부터 노섬브리아 왕가의 기원이 시작되었다. 그는 12년간 통치하였다.

주후(主後) 565년 아일랜드 출신의 사제 콜롬바가 브리튼으로 와서 픽트족에게 하느님의 말씀을 가르쳤으며 아이오나에 수도원을 세웠다.

주후(主後) 596년 교황 그레고리가 어거스틴과 일부 수사들을 브리튼으로 보내어 영국사람들에게 하느님의 말씀을 가르치도록 하였다.

주후(主後) 597년 이들이 브리튼에 도착하였는데, 이때가 영국사람들이 이 섬에 도착한 지 거의 150년이 되던 해였다.

주후(主後) 601년 교황 그레고리는 이미 주교로 임명된 어거스틴[30]을 위해 브리튼으로 영대를 보냈다. 뿐만 아니라 그는 하느님의 말씀을 전할 몇 명의 선교사들을 보냈는데, 그들 가운데 한 사람이 폴리누스[31]였다.

주후(主後) 603년 덱사스탄에서 전쟁이 벌어졌다.

주후(主後) 604년 새버트 통치 아래 있던 이스트 색슨족이 주교 멜리투스의 도움으로 그리스도의 믿음을 받아들였다.

주후(主後) 605년 그레고리 교황 서거.

주후(主後) 616년 캔트의 왕 에셀버트가 죽었다.

주후(主後) 625년 대주교 유스투스에 의해 폴리누스가 노섬브리아

---

30) 가톨릭에서는 '아우구스티누스'라고 불린다.

31) 가톨릭에서는 '바울리노 혹은 바울리누스'라고 불린다.

의 주교로 임명되었다.

주후(主後) 626년 에드윈의 딸, 엔플레드가 성령 강림 대축일 전날 12명의 사람들과 함께 세례를 받았다.

주후(主後) 627년 에드윈 왕과 그의 백성들이 부활절 날 세례를 받았다.

주후(主後) 633년 에드윈 왕이 살해당했으며 폴리너스가 캔트로 돌아왔다.

주후(主後) 640년 캔트의 왕 에아드발드가 죽었다.

주후(主後) 642년 오스왈드 왕이 살해되었다.

주후(主後) 644년 한때 요크의 주교였으며 그후 로체스터의 주교로 있던 폴리누스가 주님과 함께하기 위하여 세상을 떠났다.

주후(主後) 651년 오스위니 왕이 살해당하고 주교 아이든이 죽었다.

주후(主後) 653년 페아다의 통치 아래 있던 이스트 앵글족은 믿음의 신비를 받아들였다.

주후(主後) 655년 펜다는 죽었으며 머시아족은 그리스도인이 되었다.

주후(主後) 664년 일식이 일어났다. 캔트의 에오르켄버트 왕이 죽었고 콜만과 그를 따르는 아일랜드 사제들이 그들 백성들에게 돌아왔다. 역병이 일어났다. 차드와 윌프리드가 노섬브리아의 주교로 임명되었다.

주후(主後) 668년 테오도르가 주교로 임명되었다.

주후(主後) 670년 노섬브리아의 왕 오스위우가 죽었다.

주후(主後) 673년 캔트의 왕 에즈버트가 죽었다. 에즈프리드 왕이 참석한 자리에서 테오도르의 주재로 하트포드에서 종교회의가 열렸다.

주후(主後) 675년 머시아를 17년간 통치한 울프헤레 왕이 죽었으며, 그는 자신의 왕국을 동생인 에델레드에게 넘겨주었다.

주후(主後) 676년 에델레드는 캔트를 황폐화시켰다.

주후(主後) 678년 혜성이 하나 나타났다. 주교 윌프리드가 에즈프리드 왕에 의해 주교좌에서 쫓겨났다. 그 자리에 보사, 에타, 그리고 에아드헤드가 주교로 임명되었다.

주후(主後) 679년 앨프위너가 살해되었다.

주후(主後) 680년 테오도르 주재로 해트필드 평원에서 가톨릭 믿음과 관련하여 종교회의가 열렸다. 로마에서 온 요한이 참석하였다. 그해 여대수도원장 힐드가 위트비에서 죽었다.

주후(主後) 685년 노섬브리아의 왕 에즈프리드가 살해되었다. 같은 해 캔트의 흐로스헤레가 죽었다.

주후(主後) 688년 웨스트 색슨족의 왕 케아드왈라가 브리튼에서 로마로 떠났다.

주후(主後) 699년 대주교 테오도르가 죽었다.

주후(主後) 697년 오스스리드 여왕이 머시아의 귀족들에 의해 살해되었다.

주후(主後) 698년 노섬브리아 왕실 지휘관이 픽트족에 의해 살해되었다.

주후(主後) 704년 31년간 머시아를 통치한 후 에델레드는 수사가 되었고 자신의 왕국을 켄레드에게 양도하였다.

주후(主後) 705년 노섬브리아의 왕 알드프리드가 죽었다.

주후(主後) 709년 머시아의 왕 켄레드가 5년간 통치 후 로마로 떠났다.

주후(主後) 711년 황실 지휘관인 버트프리드가 픽트족에 대항하여 전투를 벌였다.

주후(主後) 716년 노섬브리아의 왕 오스레드가 살해되었으며, 머시아의 왕 체올레드가 죽었다. 하느님의 사람인 에그버트는 아이오나의 수사들이 가톨릭 방식대로 부활절을 기념하도록 이끌었으며 그들의 체발도 바르게 교정시켜주었다.

주후(主後) 725년 혜성이 나타났다. 성 에그버트와 오스릭이 죽었다.

주후(主後) 731년 대주교 버트왈드가 죽었다. 같은 해 태트위니가 캔터베리 교회의 제 9대 대주교로 임명되었는데, 이때가 머시아의 왕 에델발드가 왕이 된 지 15년이 되던 해였다.

영국 교회사와 관련한 이러한 내용들을 위어머스와 재로우에 위치한 축복받은 사도 베드로와 바오르의 수도원에 거주하는 그리스도의 종이며 사제인 나 비드는 집필하였는데, 이는 주님의 도움과 함께 옛날 사람들의 글이나 과거 조상들의 전통 혹은 내 자신의 지식으로부터 얻은 것을 기초로 하였다. 나는 수도원에 소속되어 있는 사적 소유지에서 태어났다. 7살이 되던 해, 가족들의 보살핌 덕분에 나는 덕망 높은 대수도원장이신 베네딕트에게 보내져서 그분으로부터, 그리고 그 후에는 체올프리드로부터 훈육을 받았다. 그리고 그후 내 삶의 대부분의 시간을 수도원에서 보내며 성서를 공부하고 이에 대하여 묵상하는 일에 모든 열정을 쏟았다. 수도원의 규범을 지키며 매일 교회에서 노래를 부르면서 공부하고 가르치며 글을 쓰는 것은 나에게 너무나 기쁘고 달콤한 일이었다. 대수도원장 체올프리드의 지시에 따라 덕망 높은 주교 요한의 도움으로 19세가 되던 해, 나는 부제가 되었고 30세에 사제가 되었다. 사제가 된 이래로 59년이 되던 해까지 나는 자신은 물론 형제들에게 도움을 주기 위해 덕망 높은 사제들이 성서에 관하여 쓴 책에서 발췌한 글들을 편집하여 책을 집필하였는데, 그것에 상응하도록 거기에 의미와 종교적 해석 또한 첨가하였다. 그것은 다음과 같다.

창세기의 시작부터 이삭이 태어나고 이쉬마엘이 축출되는 과정에 이르는 내용과 관련하여 네 권을 집필하였다.

성체를 보관하는 성궤와 성찬식에 사용되는 그릇과 사제복에 대한 책 세 권을 집필하였다.

사울 왕이 죽음에 이르는 내용까지를 포함하는 《사무엘서(書)》[32] 첫 부분에 대하여 네 권을 집필하였다.

교회건물과 그것이 갖는 상징적 의미에 대하여 두 권을 집필하였다.

《열왕기》(列王記)[33]에 관련하여 30개 질문을 책으로 썼다.

솔로몬의 《잠언》에 대하여 세 권을 집필하였다.

《아가》(雅歌)에 대하여 여섯 권을 집필하였다.

《에즈라서》[34]와 《느헤미야서》[35]에 대하여 세 권을 집필하였다.

《하바꾹의 노래》[36]에 대하여 한 권을 집필하였다.

그리스도와 교회에 대한 상징적 해석을 담고 있는 축복받은 사제 《토바이어스의 서(書)》[37]에 관하여 한 권을 집필하였다.

《마가복음서》에 대하여 네 권을 집필하였다.

《루가복음서》에 대하여 여섯 권을 집필하였다.

---

32) 구약성서 역사서에 속하는 책으로 상·하권으로 되어 있다. 구약성서 중에서 가장 오래된 역사문학으로서 그 당시 이스라엘의 여러 사정을 알아보는 데 귀중한 자료가 된다.

33) 솔로몬이 부왕 다윗의 뒤를 이어 유다 왕국의 왕이 되어 빛나는 치적을 쌓고 예루살렘에 성전을 세운 일이 기록되어 있으며, 후에 유다 왕국의 분열과 북왕국의 함락 내용까지 담고 있다.

34) B.C. 6~B.C. 5세기 무렵 이스라엘 민족의 역사와 유대교 형성의 전후 사정을 기록하고 있다.

35) 아담으로부터 느헤미야가 두 번째 예루살렘을 방문한 때까지의 이스라엘 민족사이다.

36) 구약성경의 하나로 예언자 하바꾹의 예언을 적고 있다.

37) 가톨릭 성서의 《토비트서》를 말한다. 《토비아서(書)》라고도 한다. 개신교와 유대교에서는 정경으로 인정하지 않지만 가톨릭에서는 정경으로 인정한다. 이집트에 살던 유대인의 저술로서, 경건한 유대인 토비트와 그 아들 토비아를 주인공으로 하는 가정 이야기인데, 옛 전설 등을 그 소재로 한다.

복음 설교집에 대하여 두 권을 집필하였다.

성 어거스틴의 작품에서 발견한 사도들과 관련한 모든 것을 순서에 따라 옮겨 적었다.

《사도행전》에 대하여 두 권을 집필하였다.

사도들이 보낸 7개의 교회 서신들에 관하여 다양한 책을 집필하였다.

《요한계시록》에 대하여 세 권을 집필하였다.

세상의 여섯 시대에 대하여 한 권을 집필하였다.

이스라엘 어린이들의 '안식처'에 대하여 한 권을 집필하였다.

"그리고 그들은 감옥에 갇힐 것이며, 수일이 지난 후 그들은 방문을 받을 것이다"라는 이사야의 말씀에 대하여 책을 썼다.

올바른 윤년에 관하여 한 권을 집필하였다.

아나톨리우스의 설명에 따라 춘분과 추분에 관하여 한 권을 집필하였다.

성인들의 기록에 대하여 책을 썼다.

증거자? 성 펠릭스의 삶과 수난에 관한 폴리누스의 운문을 산문으로 전환하였다.

그리스어에서 라틴어로 번역되는 과정에서 오류가 있었을 뿐더러 일부 무지한 사람들에 의해 잘못 수정된 순교자 성 아나스타시우스의 삶과 수난에 대한 책을 나는 가능한 올바르게 교정하였다.

수사이며 주교였던 성 커스버트의 삶을 처음에 영웅보격[38] 으로 썼다가 얼마 후 산문체로 옮겨 적었다.

기쁜 마음으로 하느님을 섬기며 내가 살았던 수도원의 대수도원장들, 베네딕트, 체올프리드와 흐웨트버트에 대한 기록과 이야기에 대하여 두 권의 책을 썼다.

---

38) 영시에서 흔히 쓰이는 약강(弱强) 오보격(五步格)을 의미한다.

우리의 섬과 국민의 교회사에 대하여 다섯 권의 책을 썼다.

성스러운 순교자들의 축일과 관련한 순교자열전(殉教者列傳)에는 그들이 어느 날에 어떤 형태의 고난을 겪었으며, 어떤 재판관 아래서 그들이 세상을 이겨냈는가에 대한 모든 내용이 적혀 있는데, 이러한 모든 것을 나는 신중하게 글로 옮겼다.

성가(聖歌)를 다양한 리듬으로 바꿨다.

경구(警句)를 영웅보격으로 바꿨다.

사물의 본성과 시간에 대하여 다양한 책을 집필하였다.

알파벳 순서로 배열된 철자법에 관한 책을 집필하였다.

운율에 관한 책을 집필하였는데, 그 책에는 수사학과 문체에 관한 또 다른 책이 덧붙여 있다. 즉, 덧붙인 책은 성서에 사용되는 말의 형태와 형식에 관한 내용이다.

자, 이제 선한 구세주께 기도드리오니 지혜로운 주님의 말씀을 달콤하게 제가 마실 수 있도록 허락해 주시옵고, 마지막에는 지혜의 샘이신 당신께로 가서 영원히 제가 당신 앞에서 살 수 있도록 은총을 허락해주소서. 그리고 또한 우리 민족의 이 역사서를 접하게 될 모든 독자나 청자들에게 겸허하게 부탁드리니, 제 심신의 부족함을 위하여 전능하신 하느님께 자주 그리고 진심으로 기도를 올려주시고, 개별지역과 보다 유명한 지역들에 대하여 저는 열정적으로 글을 쓰려고 노력했으며, 그 내용들은 기억할 만하거나 그곳에 사는 사람들의 마음에 들 것이라고 저는 믿고 있으며, 여러분들의 믿음의 기도를 통하여 얻을 수 있는 모든 열매들 가운데 제가 얻을 수 있는 보상을 각각의 지역에서 여러분들이 저에게 허락해주시기 바랍니다.

제 5권 끝

부 록

- 비드의 죽음에 관련한 커스버트의 서신
- 에그버트에게 보낸 비드의 서신

▪비드의 죽음에 관련한 커스버트의 서신

부제(副祭) 커스버트가 그리스도의 사랑을 받으시며 동료 설교자인 쿠스윈에게 영원하신 하느님의 이름으로 안부를 전합니다.

당신이 나에게 보내준 선물을 매우 감사하게 받았습니다. 그리고 종교적 내용으로 가득하며 깊은 학식을 담고 있는 당신의 편지를 매우 기쁘게 읽었습니다. 그 편지를 통하여 나는 특별히 내가 배우고자 했던 바를 배울 수 있었으며, 하느님의 선택을 받은 종으로서 우리의 아버지이며 스승인 비드를 위하여 당신이 미사를 올리며 경건하게 기도를 규칙적으로 드린다는 사실을 알게 되었습니다. 내 자신의 글쓰는 재주에 대한 자신감 때문이기보다는 그분에 대한 사랑 때문에 그분께서 이 세상을 떠난 것과 관련하여 간단하게 이야기를 당신께 전해주게 되어 나는 기쁘답니다. 그 이유는 이것이 바로 당신이 편지에서 받아보기를 소망했던 것이라고 생각되기 때문입니다.

그분께서는 병을 앓았는데, 특히 빈번하게 숨을 쉬지 못하였으나 부활절 전 거의 2주 동안은 고통 없이 지내셨습니다. 그 이후 그분은 변함없이 명랑해 하고 즐거워하셨고 밤낮으로 전능하신 주님께 감사를 올렸는데, 오월의 스물여섯 번째 날인 예수 승천일까지 거의 시간마다 그렇게 하셨습니다. 매일 그분께서는 그의 제자들인 우리에게 가르침을 주셨고, 나머지 시간은 할 수 있는 한 시편을 읽으시며 시간을 보내셨습니다. 잠깐 졸릴 때 외에 그분은 매일 저녁시간을 즐겁게 기도하고 하느님께 감사드리면서 보내셨습니다. 잠에서 깨시면 변함없이 그분께서는 즉시 성서의 익숙한 내용을 묵상하셨고, 하느님께 감사드리기 위해 당신의 손을 펼치는 일을 멈추지 않으셨습니다. 분명 나는 이렇게 말할 수 있습니다. 살아계신 하느님께 감사드리는 데 있어 그만큼 부지런한 사람을 나는 보거나 듣지 못했습니다. 분명 그분께 하느님의 축복이 내려졌을 것입니다! '살아계신 하느님의 손에 떨어지는 것은 무서운 일이다'라는 성 바울의 말씀과 성서 속 다른 많은 구절들을 그분께서는 반복하시곤 했으며, 행복한 시간에 우리가 처할 마지막 시간을 생각함으로써 영혼의 나태함에서 깨어날 것을 그분께서는 우리에게 촉구하시곤 했답니다. 영시(英詩)에 익숙하셨기 때문에 그분은 우리 언어를 사용하여 육체로부터 영혼의 무시무시한 일탈에 대하여 말씀하시면서 다음의 내용을 반복하셨습니다.

> 강요된 여행에 직면하게 되면 어느 누구도
> 현명하도록 좋은 부름을 받은 사람보다 더 현명한 사람은 없을 것인데,
> 그곳으로 떠나기 전, 선하고 악한 일로 자신의 영혼이
> 이 세상을 떠난 후 어떻게 심판받을지
> 생각해본다면 말이다.

그분은 또한 당신은 물론 우리 마음의 평화를 위해 송가를 부르곤 하셨는데, 이들 가운데 하나가 다음과 같습니다. '오늘 승리하시어 하늘에 오르시는 영광의 왕이시여, 강력한 주님이시여, 저희에게 쓸쓸함을 남겨주지 마시고, 우리에게 하느님께서 약속하신 성령을 보내주소서, 할렐루야.' '저희에게 쓸쓸함을 남겨주지 마시고'라는 행에 이르게 되면 그분은 말을 멈추시고 우셨습니다. 한 시간이 지난 후 그분은 끝마치지 못한 부분을 다시 반복하셨는데, 이러한 현상이 매일 일어났습니다. 이를 듣고 있던 우리 또한 그분과 슬픔을 함께 하여, 차례로 울거나 그 시를 읊으면서 계속해서 울었습니다.

이 같은 기쁨 속에서 우리는 부활절에서 오순절에 이르는 기간을 보냈습니다. 그리고 그분은 기쁨에 충만하여 당신이 이 같은 병을 앓는 것이 가치 있음을 알게 해준 하느님께 감사를 올렸습니다. 그분은 '하느님께서는 당신께서 받아들이는 모든 아들을 벌하신다'는 내용과 성 암브로스의 다음 얘기를 반복적으로 말씀하시곤 했습니다. '너희들과의 삶이 나를 수치스럽게 만들 정도로 나는 그렇게 살지 않았다. 나는 죽는 것이 두렵지 않은데, 이는 우리가 섬기는 하느님은 좋은 분이기 때문이다.' 이 당시 매일 우리를 가르치고 시편을 읽는 것 외에 그분께서 끝마치고 싶어 하시던 특별히 기억할 만한 가치가 있는 2개의 짧은 작품이 있었습니다. 그 가운데 하나는 성 요한의 복음이 교회에 얼마나 큰 이익을 주는가에 관한 내용으로, 시작부분부터 '그처럼 많은 것 사이에 있는 그것들은 무엇인가'라는 행까지를 우리 모국어로 번역하는 것이며, 다른 하나는 주교 이시도어가 쓴 《자연의 경이로움에 관하여》(*On the Wonders of Nature*)의 일부를 번역하는 일이었습니다. 이 책에 대하여 그분은 말씀하셨습니다. '나는 내 제자들이 사실이 아닌 것을 배우게 할 수 없으며, 내가 죽은 뒤 이 작업을 위해 노력을 허비하게 만들고 싶지 않다.'

예수 승천일 전 화요일이 되자, 그분의 숨소리가 극도로 악화되었고 발에는 약간의 부기(浮氣)가 나타나기 시작하였습니다. 그러나 변함없이 그분은 우리에게 온종일 가르침을 주셨으며, 즐거워하며 구술(口述)하였는데, 내용들 가운데 다음을 몇 차례에 걸쳐 말씀하셨습니다. '부지런히 배워라. 얼마나 오래 너희들과 함께 내가 있을지 모르며, 얼마 지나 나를 만드신 분께서 나를 너희로부터 데려갈지 모르기 때문이니라.' 그러나 그분께서는 당신이 죽을 때를 아주 잘 알고 계시는 듯 보였습니다. 잠을 주무시지도 않은 채 그분은 밤새 하느님께 감사를 올렸으며, 수요일 날이 새자, 우리가 시작한 글쓰기를 지체 없이 끝마치도록 그분은 지시하였습니다. 우리는 9시까지 그 작업을 하였으며, 관습에 따라 9시에 성인들의 유품을 가지고서 행진하기 시작했답니다. 우리들 가운데 그분과 함께 남아 있던 한 사람이 그분께 말했답니다. '스승님께서 구술해주신 그 책의 내용 가운데 한 장(章)이 부족합니다. 그러나 더 이상 스승님께 질문을 드리는 것이 어렵다는 생각이 듭니다.' 그분께서 대답하셨습니다. '어렵지 않다. 책을 들어 수정한 다음 빨리 써라.' 그리고 그는 그렇게 했답니다. 3시에 그분은 나에게 말하였습니다. '내 상자에 후추, 냅킨, 그리고 향과 같은 몇 개의 소중한 물건들이 들어 있다. 빨리 뛰어가서 수도원의 신부들을 불러 모아라. 그들에게 하느님께서 나에게 주신 이런 조그마한 선물들을 주려고 한다.' 매우 떨리는 마음으로 나는 그렇게 하였답니다. 그리고 그들이 오자 그분께서는 그들에게 말하였고 그들 각자에게 당신을 대신하여 미사와 기도를 올릴 것을 간청하였습니다. 이에 그들은 기꺼이 약속하였답니다. 그러나 그들 모두는 슬피 울었는데, 그 이유는 이 세상에서 더는 오래 당신의 얼굴을 그들이 볼 수 없을 것 같다는 생각이 든다고 그분이 말씀하셨기 때문입니다. 그러나 그들은 그분이 말씀하신 다음 한 가지 때문에 기뻐하였습니다. '나의 창조주를 기쁘게 하는 일이라면, 육체로부터 벗어나 내가 존재하지 않을 때 무(無)로부터 나를 만드신 그분에게로 내가 돌아가야 할 시간이 왔다. 나는 오랜 기간을 살았으며, 올바르신 판관께서 내 생애 내내 나를 잘 보살펴주셨다. 내가 떠날 시간이 가까이 와있으며, 나의 영혼은 매우 아름다우신 나의 왕이신 그리스도를 보고 싶어 한다.'

이 말씀 외에 우리에게 큰 도움이 되는 다른 말씀을 그분께서는 하셨으며, 저녁까지 기쁨 속에서 당신 생의 마지막 날을 그렇게 보내셨습니다. 내가 말한 그 소년의 이름은 윌버트였는데, 그는 다시 한번 말하였답니다. '스승님, 여전히 쓰지 않은 한 문장이 남아 있습니다.' 그러자 그분이 말씀하셨답니다. '쓰도록 하여라.' 잠시 후 소년은 말했답니다. '자, 이제 다 썼습니다.' 이에 그분이 답변하셨답니다. '끝마치게 되어 잘되었구나. 네가 진리를 말하였도다.' 네 손으로 나의 머리를 잡아라, 내가 기도하곤 했던 성스러운 장소 맞은편에 앉아 있어 너무나 기쁘구나. 그곳에 앉아 내가 나의 아버지를 부를 수 있겠구나.' 그리고 그분의 방 마루 위에서 '성부와 성자, 그리고 성령께 영광'을 노래하며 그분께서는 마지막 숨을 거두셨습니다. 이곳에서 그분께서 하느님을 섬기는 데 모든 노력을 다하였기 때문에 그분의 영혼이 천사들에 의해 당신이 갈망하던 하늘나라 기쁨 속으로 들려갔다는 사실에 대하여 주저함 없이 우리는 확실히 믿고 있답니다. 성부비드의 죽음을 듣거나 목격한 사람들 모두는 생애 마지막 날들을 그처럼 성스럽고 평화롭게 맞이하는 사람을 결코 본 적이 없다고 말하였답니다. 말씀드렸다시피, 그분의 영혼이 육체에 머무는 동안 그분은 하느님께 영광을 돌리면서 '아버지께 영광'을 비롯하여 다른 노래들을 불렀을 뿐만 아니라 당신의 손을 펼치시어 하느님께 감사드리는 일을 멈추지 않으셨습니다.

그분과 관련하여 보다 많은 이야기들을 들려주고 글로 옮겨 적을 수 있다는 사실을 당신에게 나는 확실하게 말할 수 있습니다. 그러나 무지한 나의 혀가 할 말을 줄이고 맙니다. 그러나 시간이 지나 하느님의 도움으로 그분과 관련하여 내 자신이 보고 들은 바에 대하여 자세하게 모든 것을 기록할 예정입니다.

▪ 에그버트에게 보낸 비드의 서신

그리스도의 종인 비드가 매우 고귀하며 존경해 마지않는 주교 에그버트에게 안부를 전합니다. 며칠 동안 당신 수도원에 공부하기 위해 머물고 있을 때, 그곳으로 당신이 다시 올 기회가 되면 학문과 관련하여 우리의 공통 관심사에 대하여 서로 이야기를 나누고 싶다는 말씀을 하셨던 것을 기억하고 있습니다. 하느님의 뜻에 의해 그렇게 되었더라면 지금 당신에게 이러한 편지를 보낼 필요가 없었을 것입니다. 그렇게 되었더라면 사적인 대화를 통하여 내가 원하는 모든 것이나 내가 필요하다고 생각하는 바를 당신에게 말씀드릴 수 있었기 때문입니다. 당신이 아시다시피 나의 건강상태로 인하여 그렇게 이루어지지 못하였으며 나에 대한 당신의 형제애를 생각하여 나는 개인적으로나 당신에게 말할 수 있는 내용들을 이 편지에 적어 당신에게 보내는 바입니다. 주님의 이름으로 간청하오니 편지의 의도가 교만하다고 느끼지 않기 바라며, 겸손과 애정에서 비롯되는 선물로서 이 편지를 읽어주기 바랍니다.

그리스도 안에서 내가 매우 사랑하는 주교 성하(聖下)께 촉구하오니, 온갖 권위를 만들어주시며 모든 정신적 은사(恩賜)를 베풀어 주신 분께서 당신께 부여해준 매우 신성한 임무를 성스러운 삶과 가르침을 통하여 당신께서 유지하시기를 바랍니다. 이 두 가지 덕목들 가운데 어느 것도 다른 하나 없이 완전하지 않은데, 성스러운 삶을 영위하는 주교께서 가르치는 의무를 소홀해서는 안 될 것이며, 훌륭한 가르침을 주면서 그것을 실천에 옮기지 못하는 사람은 지탄(指彈)을 면치 못할 것입니다. 이 두 가지를 진실하게 행하는 사람은 주님이 오시기를 기쁜 마음으로 기다리는 종으로 다음의 말씀을 듣고자 하는 사람입니다. '잘하였도다. 착하고 믿음이 있는 종이여. 너는 조그만 일들과 관련하여 믿음을 보였기에 나는 너에게 보다 큰 것에 대한 책임을 맡길 것이며, 너는 네 주인의 행복을 함께하게 될 것이다.' 그래서는 아니 될 일이나, 주교의 직책을 맡은 사람이 올바르게 생활함으로써 스스로를 악에서 자유롭게 하지 않거나 자신의 권한 아래 있는 사람들의 잘못을 가르침과 벌로써 고쳐주지 않는다면 언제 오실지 알지는 못하나 주님께서 오시는 시간에 그러한 사람에게 무엇이 닥칠 것인가가 복음서에는 명백하게 드러나 있습니다. 효용이 없는 종들에게 주님께서는 다음과 같이 말씀하셨습니다. '이를 갈며 우는 소리가 들리는 바깥 어둠 속으로 그를 내던지도록 하여라.'

성스러운 사제이신 당신께 충고하오니, 헛된 잡담이나 험담 그리고 절제되지 않은 혀로 인한 악을 피하시기 바랍니다. 이는 주교로서 당신의 위엄에 손상을 입힐 것입니다. 마음과 혀를 종교적 내용을 말하며 성서의 내용을 묵상하는 데 전념해야 할 것이며, 무엇보다 축복받은 사도 바울이 디모데[1]와 디도[2]에게 보낸 서한들을 읽어야 할 것입니다. 뿐만 아니라 매우 성스러운 교황 그레고리가《성직자의 규범서》(*The Book of the Pastoral Rule*)와《복음서에 관한 설교집》(*Homiles on the Gospels*)이라는 책에서 종교적으로 권위있는 위치에

1) 《디모데 전서》: 사도 바울이 쓴, 신약 성경의 한 권. 디모데에게 보낸 첫 번째 편지로 교회 이단과의 투쟁, 신자들의 기도, 남녀 간의 태도, 집사의 사명 따위를 기록하였다.
《디모데 후서》: 사도 바울이 쓴, 신약 성경의 한 권. 디모데에게 보낸 두 번째 편지로 하느님의 은혜와 복음을 위한 인내, 전도자의 직분, 신자들에게 주는 교훈 따위를 기록하였다.

2) 《디도書》: 사도 바울이 쓴, 신약 성경의 한 권. 크레타 섬에서 전도활동을 벌이던 디도에게 보낸 편지라고 전하여지는데, 교회의 조직, 감독법, 신자의 생활지침 따위가 적혀 있다.

있는 사람들의 삶과 악행에 대하여 신중하게 생각하고 있는데, 그 책에 있는 교황의 말씀을 당신은 읽으셔야 할 것입니다. 이런 식으로 당신의 말은 지혜의 소금으로 맛을 내야 하며 보통사람의 말투 이상으로 고양(高揚)되어야 할 것이며, 종교적 관심을 끌 만한 가치를 지녀야 할 것입니다. 제단(祭壇)에서 사용되는 성스러운 그릇을 집안에서 일상적으로 사용함으로써 이를 더럽히는 것이 합당하지 않는 것처럼, 주님의 성사를 제단에서 봉헌하도록 임명된 사람이 성사를 통하여 주님께 봉사한 후 교회를 나간 후 성스러운 일을 위해 사용된 입과 손을 가지고 경박한 말이나 행동을 하여 주님께 해를 입히는 것 또한 올바르지 않는 것입니다.

성스러운 책들을 읽어서와 마찬가지로 그리스도의 믿을 만한 종들과 어울림으로써 당신은 말과 행동에서 순수함을 지킬 수 있을 것입니다. 나의 말이 저속하거나 행동이 올바르지 못할 경우, 믿음 깊은 동료들의 도움으로 나는 신속하게 실수에서 벗어날 수 있답니다. 하느님의 모든 종들에게 이것이 그처럼 유용할진대, 그러한 위치에 있는 성직자들에게 자신의 구원은 물론 자신들에게 맡겨진 교회의 구원을 위해 그것이 얼마나 더 유용하겠습니까? 성서에 다음과 같이 적혀 있습니다. '아무런 연관이 없는 것들은 내버려두고, 매일 나의 일상은 모든 교회를 보살피는 것이다. 내 자신이 약하지 않는데 누가 약하겠는가? 내가 불에 타지 않는데 누가 악의 유혹을 받겠는가?' 이와는 다른 식으로 당신이 행동하기 때문에 내가 이를 말씀드리는 것이 아니라, 일부 주교들 주위에 믿음이 진실하며 자기 절제를 할 줄 아는 사람이 함께 있기보다는 웃고 농담하고 이야기하며, 먹고 마시며, 이완(弛緩)된 삶의 유혹들에 빠져 있으며 매일 하늘에 바치는 제물로서 마음을 채우기보다는 만찬을 통하여 배를 채우는 사람들에 둘러싸여 있다는 애기를 들은 바가 있기 때문입니다. 이런 주교들 가운데 어느 누구라도 만나게 되면, 종교적 권위로써 그런 사람들을 개선시켜주기 바랍니다. 그리고 밤낮으로 그들이 활동하는 도중에 하느님께 가치 있어 보이는 행동과 올바른 가르침을 통하여 사람들에게 교훈을 줄 수 있는 그러한 동료들을 만나야 한다고 그들에게 경고해주기 바라는 바입니다. 이로써 이들 사람들은 주교들의 종교적 임무를 도울 수 있게 될 것입니다. 《사도행전》[3]을 읽어보시기 바랍니다. 축복받은 누가[4]의 이야기에서 당신은 바울과 바나바스가 어떤 동료들과 함께했으며, 가는 곳마다 그들이 어떻게 행동했는지 알 수 있을 것입니다. 도시나 유대교 회당에 들어갈 때마다, 그들은 즉시 하느님의 말씀을 설교하고 이를 모든 곳에 퍼뜨리기 시작했습니다. 매우 소중한 나의 친구여, 당신도 가는 곳마다 그렇게 하기를 바라는 바입니다. 모든 덕망의 왕이신 우리 주 예수 그리스도의 도움으로 하느님의 말씀을 용감하게 설교할 수 있도록 당신은 주님에 의해 선택되었으며 그 높은 직책에 선출된 것입니다. 어디에 도착하든지 즉시 그곳 사람들을 모아 그들에게 도덕적으로 고무적인 말을 설파(說破)하며 당신이 마치 하늘나라 무리의 우두머리인 양 당신과 함께 한 동료들과 더불어 행동으로써 이들에게 본보기를 보인다면, 당신은 이일을 충분히 이룰 것입니다.

당신이 관리하는 교구 내(內) 장소들 사이에 거리가 너무 멀리 떨어져 있으며 1년 동안 당신 혼자서 그 모든 곳을 돌아다니며 모든 조그만 마을과 지역까지 하느님의 말씀을 전파해야 하기 때문에, 당신

3) 《사도행전》(使徒行傳, *The Acts of the Apostles*) : 신약 성경의 한 권. 예수가 죽은 후 사도들이 성령의 인도로 유대에서부터 이방의 땅까지 널리 복음을 전한 행적과 초대 교회의 발달과정을 기록하였다.

4) 누가(Luke) : 《사도행전》의 저자, 그리스의 의사로, 사도 바울의 동역자가 되어 여러 차례에 걸친 전도여행에 그를 따라다녔다.

이 하는 성스러운 작업을 도울 사람들을 당신은 정해야 할 필요가 있을 것입니다. 다시 말해서, 하느님의 말씀을 설교하고 모든 조그만 마을에서 성사를 봉헌할 뿐만 아니라 기회가 되는 대로 성스러운 세례의식을 집전할 신부를 비롯한 선교사를 당신은 임명해야 할 것입니다. 대중들에게 설교하는 데 있어서, 당신의 관리 아래 있는 모든 사람들의 기억 속에서 복음서를 읽음으로써 우리가 배우게 되는 '주의 기도'와 '사도신경'에 나타나 있는 교회의 믿음을 확고히 심어주려고 노력하는 것이 매우 중요하다고 나는 생각합니다. 라틴어를 읽을 줄 아는 사람들은 이를 잘 알 것이라 여겨지나, 배우지 못한 사람들 다시 말해서, 자신의 언어만을 할 줄 아는 사람들은 자신들의 언어로 그것을 말할 수 있도록 배워 신중하게 찬미하며 노래해야 할 것입니다. 이는 평신도들은 물론 라틴어를 잘 아는 성직자와 수사들에 의해 행해져야 할 것입니다. 왜냐하면 이를 통하여 믿음이 어떻게 이루어져 있으며, 믿음을 견고하게 하는 데 있어서 악마의 공격으로부터 자신들을 어떻게 방어해야 하는가를 모든 신자들은 배울 수 있을 것입니다. 따라서 하느님께 다 함께 간구하는 합창단으로서 신자들은 신의 자비로부터 무엇보다 먼저 자신들이 얻어야 할 바가 무엇인지 알게 될 것입니다. 이런 이유로 교육받지 못한 사제들에게 나는 '사도신경'과 '주의 기도'를 영어로 번역하여 자주 제공하였던 것입니다. 성스러운 주교 암브로스가 충고하듯이 믿음에 대하여 이야기할 때 밤낮으로 신자들을 감염시키려 드는 악마의 독에 대한 정신적 해독제로서 '사도신경'의 말씀이 매일 아침 신자들에 의해 찬미하며 노래로 불러져야 하는 것입니다. 빈번한 기도와 무릎 꿇는 습관을 통하여 우리는 '주의 기도'를 매우 자주 찬미하며 노래하도록 배우게 되는 것입니다.

목자로서 당신의 권위로서 그리스도의 양들을 관리하고 보살피면서 내가 제시한 것을 당신이 얻을 수만 있다면 당신 스스로 미래에 목자들 가운데 목자이신 그분과 더불어 준비하게 될 정신적 보상이 얼마나 큰지 말한다는 것은 불가능할 것입니다. 이 나라 주교들 사이에 이처럼 매우 성스러운 일을 보여주는 예가 그리 많지 않기 때문에 당신의 특별한 공로에 대한 보상은 매우 클 것입니다. 사제로서 애정과 관심을 가지고 사도신경을 반복하고 주의 기도를 찬미하고 노래함으로써 당신은 하느님의 백성들에게 이해(理解), 사랑, 희망, 믿음을 불어넣어줄 것이며 그들이 갈구하는 천상의 은사를 그들로 하여금 찾도록 해줄 것입니다. 그러나 반대로 하느님께서 당신에게 위탁하신 임무를 소홀하게 된다면 미래에 당신에게 돌아오는 보상은 자신들의 달란트를 감추는 나쁘고 게으른 종들의 보상과 같을 것입니다. 특히 천상의 은사로 도움을 주지 않은 사람들로부터 당신이 세속적 보답을 요구하고 받을 경우 그러할 것입니다. 말씀을 전하도록 제자들을 보내면서 주님께서 말씀하셨습니다. '가서 하느님의 왕국이 가까이 왔다고 전하라.' 그분께서는 이어 말씀하셨습니다. '무료로 받았듯이 무료로 자유로이 주어라. 금이나 은을 취하려고 하지 마라.' 그분께서는 제자들에게 복음을 무료로 가르치도록 명령하셨으며 그들이 복음을 준 사람들로부터 금과 은은 물론 어떠한 세속적 형태의 보상도 받지 말도록 하셨다는 것을 감안할 때, 당신께 묻건대 이와는 반대로 행동하는 사람들에게 어떠한 위험들이 위협적으로 닥치겠습니까?

자신들의 설교를 듣는 사람들로부터 세속적 보상을 매우 용의주도하게 요구하는 사람들이 얼마나 무거운 죄를 짓는 것인지 생각해보시기 바랍니다. 그들은 동시에 설교와 도덕적 가르침 혹은 질책을 통하여 영원한 구원으로 설교를 듣는 사람들을 이끄는 일에 대하여 아무런 관심도 가지고 있지 않습니다. 친애하는 주교님이여, 이에 대하여 진중하게 생각해보시기 바랍니다. 우리 백성들이 사는 조그만 마을들은 사람이 근접하기 어려운 산이나 깊은 숲속에 위치하고 있으며,

그곳에는 수년 동안 목회를 하며 신의 은총을 보여줄 주교가 한 분도 있지 않았다는 사실을 나는 들어왔으며 실제로 이는 잘 알려진 사실입니다. 그러나 이러한 장소들 가운데 어느 한 곳도 주교에게 마땅히 바쳐야 할 세금을 지불하는 것으로부터 예외는 아닙니다. 세례받은 사람들의 믿음을 견고히 하기 위하여 주교는 그러한 장소에 결코 나타나지 않을 뿐만 아니라 그러한 장소에는 그들에게 믿음의 진리와 선악의 차이를 가르쳐 줄 수 있는 어떠한 선교자도 없습니다. 따라서 주교들은 자유로이 무료로 복음을 전달하지 않으며 신자들의 믿음을 더욱더 견고히 하려고 노력하지도 않습니다. 게다가 이보다 훨씬 더 나쁜 것은 회중들로부터 주님께서 금지한 돈을 받는다는 것입니다. 그들은 주님께서 명하신 말씀의 목회를 소홀히 하는 것입니다. 모든 사람들에 의해 입증되었듯이 하느님이 사랑하시는 사제 사무엘[5]이 이와는 다른 어떠한 행동을 보여주었는지 다음 내용에서 읽을 수 있습니다.

내 젊은 시절부터 이날까지 너희들과 함께 살아왔고, 준비가 되어 있으니 나를 보아라. 주님과 주님의 기름부음을 받은 자들 앞에서 내가 누구의 소나 당나귀를 빼앗은 적이 있는지, 누군가를 거짓으로 비난한 적이 있는지, 누군가를 핍박한 적이 있는지, 혹은 어느 누구로부터 뇌물을 받은 적이 있는지 말하여라. 만일 그렇다면 오늘 나는 그 뇌물을 경멸할 것이고 그것을 너에게 돌려줄 것이다. 그들은 대답하였다. 당신은 우리를 거짓되게 비난한 적도, 우리를 핍박한 적도, 어느 누구로부터 그 어떤 것을 빼앗아 간 적도 없습니다.

그의 정직함과 정의로움 때문에 그는 하느님 백성들의 지도자와 사

5) 구약 성경의 《사무엘서》에 나오는 인물. 고대 이스라엘의 예언자로, 하느님의 허락을 받고 이스라엘 왕국의 건설을 단행하였다.

제들 가운데서도 가장 뛰어난 위치에 들 뿐더러 기도를 통하여 하느님께 말하고 자신의 기도가 하느님께 전달될 수 있을 정도의 충분한 자격을 갖췄던 것입니다. 이를 입증할 만한 내용이 시편에 다음과 같이 적혀 있습니다. '그분의 이름을 부른 사람들 가운데 사무엘, 그리고 사제들 가운데 모세와 아론이 있었는데, 그들은 주님을 불렀고, 주님께서는 그들의 소리를 들으시어, 구름 기둥의 모습으로 그들에게 말씀하셨다.'

세례를 통하여 성령을 얻게 되는 것인데, 세례에 의해 유용한 어떤 것이 신자들에게 부여된다는 사실을 나는 믿고 고백하는 바인데, 거꾸로 세례 주는 일이 미루어짐으로써 이로 인한 혜택이 그들에게 허용되지 않는 것입니다. 착한 사람들에게 이것을 허용하지 않음으로써 그들의 보호자가 되겠다고 약속하였으면서도 정신적 지도자로서 이러한 의무를 소홀하였거나 이행하지 않은 주교들보다 더 큰 해를 당할 사람들이 누가 있겠습니까? 이러한 죄의 근본적 원인은 탐욕입니다. 이와 관련하여 주님을 대신하여 사도께서 말씀하셨습니다. '탐욕은 모든 악의 근원이다. 탐욕스러운 사람은 하느님의 왕국을 얻을 수 없다.' 돈을 사랑한 나머지 주교가 1년에 걸쳐 자신의 관리 아래 있는 회중들을 방문하여 설교하기보다는 보다 큰 회중들을 가지려고 할 때, 그러한 주교는 자신은 물론 종교지도자라는 거짓 이름 아래 자신이 이끄는 사람들에게 위험을 초래할 뿐입니다.

친애하는 주교님께, 우리 백성들에게 가해진 해(害)와 관련하여 몇 가지 것들을 언급하면서 주교님께 기도하는 바이니 당신이 보기에 너무 사악하게 행동하는 사람들의 삶이 올바른 방향으로 갈 수 있도록 열심히 노력해주기 바랍니다. 내가 믿기로는 그러한 정의로운 일을 시작하는 데 있어서 주교님에게는 체올울프 왕이라는 매우 활동적인 협력자가 있습니다. 믿음에 대한 사랑 때문에 그는 종교규범과 관련하여 어떤 일이든지 지속적이며 확고하게 당신을 도우려고 할 것입니다. 무엇보다, 주교님은 그의 매우 소중하며 가까운 친척이기 때문에 왕은 주교님이 시작하는 좋은 일이라면 어떤 것이든 기꺼이 도울 것입니다. 그러니 주교님이 왕에게 현명하게 조언을 드려 주교님의 재임기간에 우리 백성들의 교회가, 지금까지 그래왔던 것보다 더 나은 상태로 발전할 수 있기를 바라는 바입니다. 이를 이루기 위하여 우리 민족에 보다 많은 주교들을 임명하는 것보다 더 좋은 방법은 없을 듯합니다. 이스라엘 백성들의 갈등과 문제를 자신 스스로 해결할 수 없게 되자 입법자는 하느님의 도움을 받아 70명의 원로들을 선출하여 임명하였고, 이들의 도움과 자문을 얻어 왕 자신에게 주어진 무게를 보다 가볍게 할 수 있었었습니다. 한 사람이 혼자서 감당할 수 없는 짐으로 억눌리기보다는 자신에게 할당된 무게만을 보다 쉽게 감당할 수 있도록 교회업무로 인한 엄청난 부담을 많은 사람들이 서로 나누어 가지는 편이 훨씬 더 좋다는 사실을 알지 못할 사람이 누가 있겠습니까? 그리스도 안에서 우리 백성들의 믿음의 미래와 보전(保全)에 관련하여 축복받은 대주교 어거스틴에게 보낸 편지에서 그레고리 교황 성하(聖下)께서는 모든 사람들이 개종한 뒤 12명의 주교가 임명되도록 명령하셨습니다. 이들 가운데 로마 주교좌(主教座)로부터 영대를 하사받은 요크의 주교가 대주교가 되는 것입니다. 성스러운 사제이신 주교님께 원하노니 앞서 언급한 신심이 매우 돈독하시며 하느님의 사랑을 받는 왕의 보호와 지도 아래 그 수만큼의 주교를 보충할 수 있도록 열심히 노력하시기 바랍니다. 결과적으로 충분한 주교들로 인하여 종교와 관련한 모든 문제들을 그리스도의 교회가 보다 완벽하게 관리할 수 있게 될 것입니다. 아시다시피 이전(以前) 왕들의 관심부족과 매우 어리석은 기부(寄附)로 새로운 주교좌가 위치할 수 있는 장소를 찾는 것이 쉽지는 않습니다.

따라서 대표 종교회의를 개최하여 그곳 동의를 구하여 교회와 왕의 칙령으로 수도원들 가운데 한 곳이 주교좌로 결정되는 것이 바람직하다고 봅니다. 대수도원장이나 수사들이 이 같은 칙령을 거부하거나 반대할 경우를 대비하여 그들이 구성원 가운데 한 사람을 주교로 선출하여 수도원은 물론 교구에 소속된 근접지역에 대한 교회 관리권을 행사할 수 있도록 허락해주어야 할 것입니다. 주교로 임명될 만한 인물을 그 수도원에서 찾을 수 없을 경우, 교회법에 따라 그 교구 소속의 누군가가 주교가 되어야 할 것입니다. 하느님의 도움으로 주교님께서 제가 제시한 바를 실천에 옮긴다면 로마 주교좌의 칙령에 따라 요크 교회에 대한 주교좌 교회의 지위를 매우 쉽게 얻을 수 있을 것입니다. 주교직의 권위를 지원해야 할 필요성을 느낄 경우, 보다 많은 땅과 재산으로 수도원을 더 크게 늘려야 할 것인데, 내가 알기로 수도원의 삶과는 전혀 연관이 없으면서 매우 어리석은 방법으로 수도원의 이름만을 갖고 있는 곳들이 수없이 많이 있습니다. 이제 꼭 세워져야 하는 주교좌에 도움을 주기 위해서 종교회의의 권위를 앞세워 이들 가운데 일부가 호화로움에서 순결함으로, 허영에서 진실로, 위(胃)와 식도를 만족시키는 것에서 절제와 진심에서 우러나오는 믿음으로 전환되기를 바라는 바입니다.

그러한 장소들은 일반적으로 표현하자면 '하느님과 사람에게 무용지물'인데, 그 이유는 정규적인 수도원의 삶에 따라 하느님을 섬기지도 않으며 병사들과 도움을 원하는 사람들에게 야만인들로부터 우리 백성들을 방어해주는 전사들과 협력자들에게 세속적 힘 또한 제공하지 않기 때문입니다. 그러한 수도원의 수가 많을 뿐더러 규모 또한 크답니다. 시대의 요구에 따라 그러한 수도원에 주교좌를 세우는 사람은 누구든지 종교법을 위반한 죄목으로가 아니라 덕망 있는 행동을 했다는 것으로 판단될 것입니다. 일부 왕들의 불법적 결정들이 그보다 더 훌륭한 왕들의 올바른 판단으로 고쳐지거나, 사악한 서기(書記)의 거짓말하는 펜이 파괴되고 현명한 사제의 신중한 판결에 의해 무용지물이 될 경우, 이것이 어떻게 잘못되었다고 할 수 있단 말입니까? 이는 다윗과 솔로몬에서 시작하여 그들의 마지막 왕인 시드기야[6]에 이르는 유대 왕들을 기술한 성스러운 역사서의 예를 따르는 것으로, 그 역사서에서 이들 왕들 가운데 일부는 종교적 인물이었던 반면 보다 많은 왕들이 악한 행동을 했던 인물로 나타납니다. 차례로 사악한 통치자는 자신들 전에 통치했던 훌륭한 왕들의 칙령들을 바꾸었는가 하면, 성스러운 예언자와 사제들이 대신한 하느님의 정신의 도움을 받아 훌륭한 왕들은 올바르지 못한 전임자들의 악행을 바로잡았던 것입니다. 이 모든 것이 이사야[7]가 느끼고 말했던 것에 따라 이루어진 것입니다. '폭력에 의해 얻어진 법적 계약의 사슬을 부서뜨려라. 그럼으로써 양측이 나뉘어 자유롭게 자신들의 길을 가서 모든 악한 기록을 지우도록 하라.' 이를 본보기로 삼아, 성하께서 매우 신심이 돈독하신 왕과 더불어 비종교적이며 사악한 행동들을 타파하고 우리 백성들을 다스렸던 과거 통치자들의 기록들을 없애시어, 우리 영토에 하느님과 평신도들에게 도움이 되는 그러한 것을 제공해야 할 것입니다. 이로써 우리 시대에 믿음이 끝나지 않을 것이며, 우리를 보고 계시는 그분에 대한 사랑과 두려움 그리고 군사력의 축소와 함께 야만인들로부터 우리의 국경을 지켜내야 할 사람들이 사라지지 않

---

6) '여호와는 정의(正義)시다'라는 의미로 유다 왕국 마지막 왕의 이름이다. 주전(主前) 597~587까지 남방유다의 마지막 왕이었으며, 주전 587년에 남유다가 멸망하였다.

7) 기원전 8세기 무렵의 유대의 선지자. 메시아가 동정녀에게서 탄생하리라는 것을 예언했고 점차 증가되는 아시리아의 위협하에 구세주의 가르침을 설파했다.

을 것입니다. 수도원이라는 이름을 지니고는 있으나 수도원의 참된 삶에 대한 어떠한 지식도 없는 사람에 의해 관리되며, 이로 인하여 귀족이나 은퇴한 전사들의 자손들이 소유하지 못하는 수도원의 수가 얼마나 많은지 충격적입니다. 결과적으로 배우자를 찾지 못하고 방황하다 결혼 적령기를 넘긴 그들은 절제된 삶을 영위하지 못한 채, 결국 바다를 건너 전쟁을 통하여 자신들이 지켜야 했던 조국을 떠나야 하거나 더욱더 사악해지고 수치심을 느끼지 못하게 되는데, 그 이유는 그들에게 순결하려는 의지가 없기 때문으로, 그들은 하느님께 모든 것을 바친 동정녀를 피하지도 않으며 방종과 간음에 자신들을 내맡기고 있습니다.

다른 사람들, 즉 평신도로서 이들은 수도원의 생활이나 나라를 지키는 일에 대한 애착을 지니지 않고 있으며, 왕들에게 돈을 주어 수도원을 짓는다는 명분 아래 땅을 구입하는 엄중한 죄를 범하고 있습니다. 그 수도원에서 자신들의 육욕적 욕망을 자유롭게 발산한답니다. 왕들은 마치 하느님의 눈에 그들이 정말 자격이 있는 사람처럼 보이도록 하기 위하여 기록된 형태의 왕의 칙령과 면허장을 통하여 세습권리로서 그들에게 땅들을 불하해왔습니다. 심지어 주교나 대수도원장 그리고 권세가 있는 평신도들이 이 같은 기록을 남기는 데 증인자격으로 서명했던 것입니다. 이를 통하여 그들은 종교적 그리고 법적 책무에서 벗어나 자유롭게, 농토는 물론 마을에 대한 부당한 권리를 취할 수 있었습니다. 수사들을 관리하는 평신도로서 그들은 오로지 자신들의 욕망을 채우는 데 헌신할 따름입니다. 실제로 그들은 참된 수사를 모으기보다는 불복종의 죄를 범함으로써 수도원에서 쫓겨나 배회하는 수사들이나 자신들이 다른 수도원에서 유혹해서 끌어온 수사들을 모을 뿐입니다. 그들을 추종하는 수사들은 체발[8]을 받도록 설득되며 그들에게 수도원에서 복종할 것을 맹세하게 되는 것입니다. 자신들이 만든 수도원의 방들을 그들은 이런 종류의 일그러진 사람들과 추한 모습과 전에 들어보지도 못한 모습들로 채우는 것입니다. 이러한 사람들 중에는 아내를 취할 뿐만 아니라 자식을 낳아 기르며 잠자리에서 일어나면 수도원 내에서 행해질 수 있는 필요한 모든 일들을 신중히 해낸답니다. 수치심도 없이 이들은 장소를 구해 그곳에 자신들의 아내를 위해 수도원을 건립하는데, 이러한 수도원에서 또한 여성 평신도임에도 불구하고 어리석게도 그들에게 수녀들을 종교적으로 이끄는 역할을 맡기게 된답니다. 이들을 두고 다음의 평범한 속담을 적용하는 것이 적합할 듯합니다. '말벌은 벌집을 만드나 꿀이 아니라 독을 저장하기 위하여 그것을 사용한다.'

알드프리드 왕이 세상을 떠난 뒤 약 30년 동안 우리의 왕국은 이 같은 잘못으로 제정신이 아니었는데, 앞서 가는 모든 귀족들은 거의 자신들이 관직에 있는 동안 이런 종류의 수도원을 사들였으며 자신들의 아내들 또한 이와 똑같은 악행으로 끌어들였던 것입니다. 이처럼 매우 사악한 관행이 유행처럼 행해지자 왕의 대신(大臣)들은 물론이거니와 시종들 또한 똑같은 일을 행하였고 이처럼 왜곡된 일이 행해지는 상태에서 수많은 사람들이 스스로를 대수도원장이며 동시에 앞서 가는 귀족 혹은 왕의 대신이나 시종으로 불렀던 것입니다. 그들이 평신도로서 비록 수도원의 삶을 경험하지 못하였으나 들은 바가 있어 그것에 관하여 어느 정도 알고 있을지라도, 그들에게 수도원의 삶을 가르치는 데 필요한 훈련과 인품이 부족하답니다. 주교님께서도 아시다시피 그러한 사람들은 자신들 멋대로 체발을 받고 평신도에서 수사가 아니라 대수도원장으로 자신들의 선택에 의해 변하게 된답니다. 그러나 이들에게, 앞서 언급한 능력에 대한 관심은 물론이거니와 지

---

8) 머리카락을 바싹 깎음.

식이 없기 때문에 복음서에 나오는 다음 저주보다 그들에게 더 잘 어울릴 것이 무엇이 있겠습니까? '눈이 먼 사람이 눈먼 사람을 안내한다면 둘 다 모두 구덩이에 빠지게 될 것이다.' 만일 주교들이 이러한 잘못들을 도와주거나 방조하지 않는다면, 그러한 무지(無知)는 분명 어느 시점에서 끝나게 될 것이며 수도원의 정식규범에 의해 그것은 금지되고 교회와 종교회의가 공동으로 그 권위를 내세워 성스러운 교회의 경계 밖으로 축출될 수 있을 것입니다. 주교들이 올바른 칙령으로 부당한 칙령을 반박하려는 노력을 하지 않는 대신, 앞서 언급했다시피, 자신들의 서명을 통하여 그러한 기록들에 스스로 증인이 되기를 원하는 것입니다. 수도원 구입에 필요한 돈에 대한 애착 때문에 주교들이 사악한 기록의 증인이 되는 것입니다.

내 생각에 만일 주교님께서 이러한 일들이 진실이라는 사실을 깨닫지 못하고 있다면, 이것들과 우리 왕국을 비참할 정도로 너무나 미치게 만든 하느님의 말씀을 배반한 사람들과 관련하여 이보다 더 많은 내용을 이 서신을 통하여 주교님께 말할 수 있습니다. 주교님께서 알고 있지 못한 어떤 내용을 알려드리기 위해 내가 아는 바를 글로 쓰는 것이 아니라 누구보다 이러한 잘못을 잘 아는 주교님께 할 수 있는 한 즉시 바로잡을 수 있도록 친구로서 충고하기 위한 것입니다.

이제 주님의 이름으로 간청하오니 주교님께 맡겨진 양떼를 으르렁거리는 포악한 늑대의 공격으로부터 안전하게 보호해주기 바랍니다. 아울러 주교님은 돈을 받고 고용된 사람이 아니라 목자라는 사실을 깨닫기 바랍니다. 주교님은 주님의 목초지에 있는 양들을 보살피며 사도들 가운데 축복받은 황태자[9]처럼 양떼를 위해서, 필요하다면 자신의 목숨까지도 버림으로써 최고의 목자를 향한 주교님의 사랑을 보

9) 베드로.

여줘야 할 것입니다. 바라옵건대 사도들의 황태자와 신자들의 무리를 이끈 다른 지도자들이 최후의 심판 날에 그리스도에게 목자로서 자신들의 위대한 업적을 제시할 때, 주교님이 보살핀 양떼가 염소들과 함께 심판자의 왼쪽 편에 놓여 저주와 함께 영원한 고통을 받게 될 경우를 염두에 두시기 바랍니다. 주교님은 그때 이사야가 말씀하신 그러한 사람들의 수(數) 안에 마땅히 들어가기를 바랍니다. '가장 적은 것이 천(千)이며 가장 작은 것이 매우 강력한 나라이다.' 수도원의 규율을 알지 못하거나 무시하는 대수도원장이나 능력이 없는 여대수도원장이 그리스도의 종들과 시녀들을 책임지는 경우를 대비하여 당신의 교구 안에 있는 각각의 수도원에서 무엇이 올바르며 무엇이 올바르지 않게 행해지는지 신중하게 조사하는 것이 주교님의 의무입니다. 이외에도 훈련받지 않은 반항적 수사들이 자신들에게 종교적 가르침을 주는 사람들의 권위에 도전하지 않도록 하기 위해 그러한 것이 필요합니다. 수도원 소속의 누군가가 세속적 통치자에게 피해를 입혔다고 판명되지 않는 한은 개별 수도원에서 일어난 일은 왕이나 어느 세속적 군주의 조사와 재판에 의해서가 아니라 교회의 조사와 재판에 따라 처리되어야 한다고 주교님은 일반적으로 말할 것인데, 이럴 경우 더욱더 주교님의 그러한 의무가 필요한 것입니다. 갈등이 평화를, 불화가 믿음을, 술에 취함이 절주(節酒)를, 음란과 살인이 절제와 자비의 자리를 차지하는 경우를 대비하여 하느님께 봉헌된 장소에서 악이 자신들의 왕국을 세우지 못하도록 확고히 하는 것 또한 주교님의 의무입니다. 아울러 이는 사제 가운데 일부가 다음과 같은 말을 듣지 않도록 하기 위한 것이기도 합니다. '나는 악한들이 땅에 묻히는 것을 보았는데, 살아있을 때 그들은 성스러운 장소에 서 있으며 착한 일을 한 사람들로서 도시에서 칭찬을 받았다.'

주교님은 세속의 삶에 머물러 있는 사람들에게도 관심을 보여야 할 것이며, 이 서신의 시작부분에서 충고했다시피 구원의 삶에 필요한 충분한 수의 설교사들을 그들에게 제공해야 할 것입니다. 다른 것들 외에 어떤 행동이 하느님을 기쁘게 해드리는 것이며, 그분을 만족시켜드리기 위하여 어떤 죄를 범해서는 안 되는 것인지, 그리고 주님의 자비를 구하기 위해 어떤 기도를 올려야 하며 얼마나 자주 그리고 신중하게 성호[10]를 그어가며 악마들의 지속적 공격으로부터 자신들을 막아낼 필요가 있는지, 매일 주님의 몸과 피를 받는 것, 아시다시피 이러한 관행은 이탈리아, 골, 아프리카, 그리스와 모든 동부 국가들에서 행하는 것인데, 이것이 모든 그리스도인들에게 얼마나 유익한 것인지 그들에게 가르쳐야 할 것입니다. 이런 방법의 종교생활과 하느님에 대한 봉헌은 마치 그것이 이국적 관행처럼 여겨져 오랜 기간 동안 우리 왕국의 평신도들 사이에서 배제되었는데, 이는 가르쳐줄 사람들이 부족했기 때문에 그러했던 것입니다. 그 결과 심지어는 신심이 매우 돈독하다고 보이는 사람들 가운데 일부도 단지 크리스마스, 예수공현대축일(公現大祝日)[11] 그리고 부활절에만 영성체를 받아 모신답니다. 반면 죄가 없는 수많은 어린아이들, 젊은 사람들, 그리고 나이가 든 사람들은 교의(教義)에 따른 어떠한 걱정을 지니지 않은 채 로마와 사도교회에서 행해왔던 것처럼 매일 일요일과 사도들과 순교자들의 축일에 영성체를 받아 모실 수 있답니다. 뿐만 아니라, 누군가 그들에게 절제하도록 설명해주거나 순결의 덕을 따르도록 충고해줄 경우, 결혼한 사람들도 자유롭게 똑같이 할 수 있을 뿐만 아니라 즐거운 마음으로 그렇게 하고 싶어 할 것입니다.

성스러운 주교님께, 간결하게 이러한 내용들을 말씀드리려고 했습

10) "성부와 성자와 성령의 이름으로, 아멘"이라고 외우는 기도.

11) 예수가 동방박사들 앞에 자신이 메시아임을 드러낸 일을 기념하는 축일.

니다. 이는 당신에 대한 애착과 공동의 선(善)으로부터 비롯된 것으로 우리 백성들을 과거의 잘못에서 벗어나 보다 안전하고 바른 길로 들어설 수 있도록 주교님께서 관심을 가져주시길 간절히 바라는 바입니다. 지위나 계층을 막론하고 주교님께서 하시는 훌륭한 일들을 저지하거나 방해하려는 사람들이 있을지라도 하늘에서의 보상을 기억하며 주교님의 성스러우며 유익한 일을 흔들림 없이 끝까지 밀고 나가야 할 것입니다. 내가 주교님께 촉구(促求)한 내용들을 반대하는 일부 사람들이 있다는 사실을 나도 알고 있으며, 특별히 그들은 내가 주교님께 경고해온 그러한 죄들에 빠져 있다고 자신들 스스로가 느끼는 사람들입니다. 그러나 베드로께서 답변하신 다음 내용을 주교님께 상기시켜드리는 것이 적합할 듯합니다. '사람이 아닌 하느님께 복종하는 것이 더 중요하다.' 분명 하느님께서도 다음과 같이 명령하셨습니다. '네가 가진 것을 팔아 베풀어라. 자신이 소유한 모든 것을 버리지 않는 한, 그는 나의 제자가 될 수 없느니라.' 그러나 지금은 자신들 스스로를 하느님의 종이라고 말하는 사람들이 자신들의 재산을 팔기보다는 오히려 자신들의 것도 아닌 것까지도 얻으려고 하는 것이 유행이 되어버렸습니다. 세속의 삶에서 자신이 가진 것을 지키며 보다 성스러운 삶을 영위하고 있다는 명목 아래 자신에게 귀속되지도 않는 부(富)까지도 긁어모으는 사람이 어떻게 하느님을 섬긴다고 할 수 있겠습니까? 이러한 사람들과 같은 행동을 한 아나니아스와 사피라에게 사도께서 내려준 벌은 고행이나 교정(矯正)이 아닌 즉각적인 죽음과 저주였다는 사실은 너무나 잘 알려지지 않았습니까? 그리고 그들은 다른 사람들의 물건을 얻을 수 없게 선택받지 못하였으며, 단지 그들 자신들 것만을 가지게 되었던 것입니다. 사도들의 정신이 부를 받아들이고 이를 축적하는 것과 얼마나 거리가 먼 것인가는 매우 확실한데, 그들은 다음의 가르침에 따라 주님을 섬겼기 때문입니다. '가난한 자는 행복하다. 천국이 너의 것이기 때문이다.' 이와는 반대되는 다음 예를 그들은 결코 배운 적이 없답니다. '부자인 자에게 걱정이 있으니, 위로를 받을 것이다.' 우연한 잘못으로 사도께서 우리에게 경고하고자 거짓으로 다음과 같이 쓰셨다고 생각하십니까? '형제들이여, 잘못을 꾀하지 말라.' 그리고 그분은 계속해서 다음과 같이 말씀하셨습니다. '탐욕이 있는 자, 술에 취한 자, 그리고 강탈하는 자는 하느님의 왕국을 소유할 수 없다.' 그리고 이어 말씀하셨습니다. '이것은 알아두어라, 간음한 자, 방탕하며 탐욕이 있거나 강탈하는 자는 그리스도와 하느님의 왕국에서 어떠한 보상도 받지 못할 것이다. 그러한 사람은 우상의 노예이기 때문이다.' 사도께서 이처럼 탐욕과 강탈을 우상숭배라고 낙인을 지우시는 것을 감안할 때, 심지어 왕의 명령에도 불구하고 탐욕스러운 거래에 필요한 서류에 서명하는 것을 거부하거나, 유해한 서류들과 이들 서류들에 필요한 증인명부를 근절시키려 했던 사람들에게 어떻게 잘못이 있다고 생각할 수 있겠습니까?

성령의 감복을 받아 사도들과 예언자들이 기록해놓은 것들을 신에 대한 두려움 없이 언제 어디서나 무효로 만들려거나 가치 없는 것으로 치부하려는 어리석은 사람들의 만용에 놀라지 않을 수 없으며 맹목적인 그러한 사람들의 비참함에 눈물을 흘리지 않을 수 없답니다. 반대로 그들은 탐욕과 무절제에 대한 본능에서 비롯하여 그들이나 그들과 같은 부류의 사람들에 의해 쓰인 것을 누군가가 없애고 수정하려고 들면, 그것이 성스러운 글이라도 되는 양 그들은 경악을 금치 못하는데, 내가 잘못 알고 있지 않다면, 진정한 하느님을 섬기기를 거부하여 그들 마음속에서 자신들 스스로 만들어 낸 것들을 신처럼 존경하고, 두려워하며, 소중히 여기어 간청을 드리는 이교도들의 방식으로 쓰였을 뿐입니다. 자신들의 보잘것없는 율법을 하느님의 율법보다 더 선호함으로써 죄를 범하였던 바리새파 사람들에게 주님께서 보여주셨던 다음과 같은 반박을 그러한 사람들은 받아 마땅합니다. '너희들은 왜 너희들의 전통을 앞세워 하느님의 명령을 따르지 않느냐?' 자신들의 욕망을 대변하기 위하여 귀족들의 서명을 증거로 내세우면서 기록들을 그들이 제시할 경우, 주님의 다음 말씀을 잊지 마시기 바랍니다. '하늘에 계신 나의 아버지가 심지 않은 모든 식물들은 모두 뽑히게 될 것이다.' 다음을 주님께서 증명하셨으며 말씀하셨습니다. '타락으로 이끄는 길은 넓으며 그 문은 크다. 그리고 그곳으로 들어가는 사람은 많으나, 생명으로 이끄는 길은 좁고 그 문은 작으며 그곳으로 들어가는 사람은 적다.' 친애하는 주교님, 사는 동안 넓은 길과 큰 문을 통하여 들어갈 뿐만 아니라 하늘나라 보복에 대한 두려움을 생각하지 않고 아주 조그마한 일에서조차 육신의 즐거움을 거부하고 이와 싸우지 않는 사람들의 삶과 영원한 구원에 대하여 당신이 믿는 바를 알고 싶습니다. 하느님께 재물을 바치는 그들의 손과 양심이 깨끗하고 죄로부터 벗어나 있을 때, 그들이 누리는 일상적 즐거움과 만용 중에 가난한 사람들에게 자선을 베풀어줌으로써 그들의 죄가 용서될 수 있는 것입니까? 혹은 사는 동안 온당치 못한 사람들이 죽은 후, 다른 사람이 그들을 위해 미사를 올리게 될 경우 그들이 죄로부터 용서받을 수 있는 것입니까? 탐욕의 죄가 그것들에 비하여 작아 보입니까? 탐욕에 대하여 조금 더 설명할까 합니다. 이것이 바로 미래를 예언하는 데 충분한 능력을 지닌 발람이 성인들이 받은 보상을 받지 못하게 한 이유입니다. 카르미의 아들 아칸이 그것을 공유함으로써 타락하고 저주를 받았으며, 그것은 사울에게서 왕의 휘장을 빼앗아 갔으며, 게하지에게서 예언능력을 빼앗아 갔을 뿐만 아니라 그와 그의 후손에게 나병의 영원한 재앙을 가져다주었습니다. 뿐만 아니라 그것으로 인하여 수도원 공동체 안에서 온당치 못한 사람들로 나 역시 앞서 비유했던 아나니아스와 사피라는 육체적 죽음이 라는 벌을 받았습니다. 이보다 더 중대한 일들과 관련하여 말씀드리자면, 그것은 천사들이 하늘나라에서 그리고 우리의 첫 조상들이 영원한 기쁨이 있는 낙원에서 축출(逐出)된 이유이기도 합니다. 알고 싶으시다면 그것은 하계(下界)에 사는 머리가 셋 달린 개와 같은데, 그 개는 이야기들 속에서 케르베로스[12]라는 이름을 가지고 있으며 그 개의 미친 이빨로부터 사도 요한은 다음과 같이 말씀하시며 우리를 안전하게 보호해주십니다. '세상, 즉 세상에 있는 그러한 것들을 사랑하지 말라. 세상을 사랑하는 사람은 누구든지 육체와 눈, 그리고 아버지로부터가 아닌 세상에서 오는 자만적인 삶을 갈망할 것이다.' 이는 탐욕이라는 독을 막아내는 간단한 말씀에 불과합니다. 술취함, 폭음과 폭식, 방종에 대하여 탐욕 못지않게 관심을 기울여 다루게 될 경우, 이 서신의 길이가 극도로 늘어나게 될 것입니다.

친애하는 주교님, 주교님께서 양들을 건강하게 기를 수 있도록 그리스도의 자비가 그리스도 안에서 주교님을 안전하게 지켜주시길 비나이다. 세 번째 15년기(期), 11월 5일에 쓰였습니다.

12) 그리스 신화에 나오는 지하세계를 지키는 머리가 셋 달린 개로 꼬리는 뱀 모양이다.

비드의 생애

《영국민의 교회사》를 집필한 비드사(師)(Venerable Bede, 673~735)는 성직자, 신학자, 역사가, 문법학자로서 초기 영국의 기독교 문화에 지대한 영향을 끼쳤다.

비드는 일곱 살이 되던 해 위어머스(Wearmouth)의 덕망 높은 수도원장인 베네딕트 비스콥(Benedict Biscop)의 문하생으로 기독교에 입문한다. 이후 재로우(Jarrow) 수도원으로 옮겨 수도사의 길을 걷게 된다. 비드는 전 생애를 수도원에서 보내게 되는데, 이러한 일대기는 자신의 기록에서 발견된다. 비드는 성경연구에 몰두하였고, 수도원의 규율을 지키는 한편, 교회에서는 매일 찬송가를 부르는 일을 맡으면서 수도사의 길을 가는 동안 배우고 가르치며 글쓰는 일에 언제나 즐거워하고 기뻐했다고 회고한다. 비드는 열아홉 살 되던 해에 부제(副祭)의 지위를 맡았고, 서른 살에 이르러 성직자가 된다.

비드가 활약한 때는 영국의 북동부인 노섬브리아(Northumbria)에서 꽃피운 영국 고전시대의 르네상스가 결실을 맺어가는 시기와 일치한다. 활발한 기독교 문화의 영향으로 8세기에 이르자 영국에서는 성경교리 및 문법에 해박한 유능한 신학자들이 다량으로 배출된다. 알프레드 대왕의 전기를 남긴 아서(Asher), 비드(Bede), 엘키운(Alcuin) 같은 신학자들은 신학의 범주를 뛰어넘어 인문학의 다양한 영역을 섭렵하며 훌륭한 후배들을 양성한다. 이들 중 상당수는 대륙으로 건너가 샤르마르 대제의 궁궐 등에서 왕의 자문으로 활약하며 대륙의 신학자들을 양성한다. 대륙에서 들어온 기독교 문화가 이제 영국 북부의 노섬브리아를 중심으로 르네상스를 구가하며 한층 진보된 기독교 문화를 대륙으로 역수출하는 상황을 맞이하게 된 것이다. 이러한 노섬브리아의 문예부흥기에 활약한 비드의 업적은 실로 방대하여 백과사전적 저술을 연상케 하고 있다.

그의 글은 당시의 기독교 글문화의 전통에 입각하여 신학, 문학, 자연사, 인문지리, 문법, 역사 및 운율 등에 관한 해박한 지식을 담고 있으며 성직자다운 겸허한 필체를 사용하고 있다.

비드는 자신의 저서 《이성의 시기》(*De Temporum Ratione*)에서 인류역사를 이시도르(Isidore)의 분류에 따라 여섯 시대로 구분하는데, 여섯 번째 시대는 그리스도의 탄생에서 심판의 날까지 계속된다고 보았으며, 731년에 완성된 《영국민의 교회사》는 이 여섯 번째 시대에 브리튼 동부에서 일어난 기독교 신앙을 상세하게 기록한 저술이다. 이 무렵 비드사(師)는 거의 40권에 달하는 방대한 저서를 남기는데, 대부분의 저서는 성경 주석과 같은 교리연구를 다루고 있다. 성경에 주석을 다는 일은 성 어거스틴(St. Augustine, A.D. 354~430)과 같은 유럽의 초기 교부신학자들의 전통을 이어받은 것으로서 비드 당시에도 영국을 포함한 유럽의 해박한 학승(學僧)들의 주된 관심사였다. 비드가 이처럼 성경 주석에 매달린 이유는 다름 아닌 진리로 가득 차

있는 생명의 말씀인 성경해석의 오류를 방지하기 위한 것이었다. 성경에 있는 어휘의 적확한 해석은 그에게 있어 평생을 바쳐 연구하고 가르칠 만한 가치 있는 것이었으니, 그의 이러한 탐구정신과 노력은 자신이 적용한 성경해석의 네 가지 비유적 해석방법에서도 엿보인다. 비드는 초기 교부신학자들의 전통을 본받아 더욱 적확한 성경해석을 위해 나름대로의 네 가지 분류 — 역사적 해석, 상징적 해석, 비유적 해석, 신비적 해석 — 를 설정할 만큼 치밀한 성경 주석가이자 정교한 문헌학자였다. 이러한 비드의 정교한 어휘분석은 후대의 인문학 연구에 지대한 영향을 끼치게 된다.

성경 주석에 관한 저술 외에도 비드는 운율에 관한 전문지식을 습득했고, 습득한 이론을 바탕으로 성가와 경구에 운율을 적용할 정도로 이론과 실제를 겸한 탁월한 운율전문가였다. 비드는 또한 기독교 절기, 성자열전, 성 어거스틴의 저서를 정리하고 편집하는 일, 사물의 본성과 시간에 관한 저서, 문법 특히 철자법에 관한 저서 및 수사학과 문체에 관한 저술에 이르기까지 중세 암흑기 시대의 글문화 수준을 감안하면 실로 백과사전적 저술을 남기게 된 셈이다.

저술을 통한 계몽의식, 후대 학자들의 귀감이 되는 비드의 학문의 폭과 깊이는 중세 암흑기를 뛰어 넘어 세세토록 발하는 문명의 빛으로 남게 된다.

임종시 비드는 자신이 가진 모든 것, 소박한 소품에 지나지 않는 것들을 제자들에게 나누어 주며 '하느님께 영광을'이라는 유언을 남기며 세상을 떠난다.

비드가 죽음에 직면하여 남긴 한 편의 시는 다음과 같다.

우리를 기다리고 있는,
그 숙명의 여행길을 떠나기 전에,
선악 둘 중에 그 어떤 심판이,
그의 영혼에 임할 것인가에 대해,
생각할 필요가 없다고 단언할 사람은 아무도 없을 것이다.

교육자로서의 비드

비드는 사실을 강조하고 사실을 있는 그대로 묘사하는 역사가다운 면모를 보이기도 하지만 때론 자신의 의도에 따라 내용을 각색하고 재해석하는 사상가이자 계몽가다운 교육자의 모습을 보인다. 그래서인지 《영국민의 교회사》(*Ecclesiastical History of English People*)에는 비드의 주관적 생각은 물론 그의 개인적 감정까지도 고스란히 녹아 있다. 오스왈드(Oswald)를 비롯하여 하느님의 뜻을 실천한 사람들에 대하여 비드는 애정 어린 눈길을 보내는가 하면 그렇지 않은 사람에게는 다소 냉랭한 태도를 보이거나 이들을 백안시(白眼視)하는 느낌마저 든다. 일례로 비드는 《영국민의 교회사》에서 하느님을 믿지 않는 이민족과 야만인에 대하여 자신만의 감정적 표현들을 서슴지 않고 사용한다. 심지어 이들에 대한 살육과 복수를 하느님의 뜻으로 비드는 정당화시키며, 살육이나 만행 역시 그것이 하느님의 뜻을 거역한 결과에서 비롯된 것이라며 이를 당연한 것이라고 보고 있다(제 2권 1, 6 & 3권 1).

그런가 하면, 자신의 조국인 노섬브리아와 노섬브리아의 백성에 대해서 비드는 역사가에게는 어울리지 않는 사적 애착을 드러내 보이기도 한다. 색커(Alan Thacker)의 지적대로, 《영국민의 교회사》는 전체적으로 영국민들이 그리스도교로 개종되는 과정을 기록한 역사서이나, 기록의 중심에는 노섬브리아와 노섬브리아의 성왕(聖王)과 성인(聖人)들이 놓여 있다. 에드윈(Edwin)이나 오스왈드, 그리고 캐드먼(Caedmon) 역시 노섬브리아의 인물로서 비드가 이들에게 남다른 애정을 보이는 것이 사실이다. 뿐만 아니라 에그프리스(Egfrith)가 픽트족(*the Picts*)에게 패배를 당한 것을 두고 비드는 이를 재앙이라고까지 말한다. 이외에도, 비드는 노섬브리아가 처음처럼 2개의 국가, 즉 버니치아(Bernicia)와 데이라(Deira)로 분리되는 것에 대하여 개인적 안타까움은 물론 근심까지도 피력한다. 비드는 633년 2개의 국가로 분리되는 상황을 재난에 버금가는 것으로 묘사하며 그 결과는 사악한 왕들 때문이라고 노골적으로 말한다. 노섬브리아의 정치적 상황 외에 비드는 하느님을 섬기는 일을 제대로 수행하지 못하는 노섬브리아의 일부 수도원들을 신랄하게 비판하기도 하는데, 이는 모두 자신의 조국, 노섬브리아에 대한 비드의 개인적 애착에서 비롯된 결과로 볼 수 있다. 특히 오스왈드, 에드윈 그리고 캐드먼의 일화에서 알 수 있듯이, 비드는 노섬브리아를 하느님이 선택한 이스라엘로까지 묘사하고 있다. 이런 점에서 노섬브리아와 관련한 모든 역사적 기록은 단순한 과거 사실에 불과한 것이 아니라 하느님의 역사하신 영원한 기록에 해당한다고 비드는 보고 있다.

비드에게 역사를 기록하는 일은 과거사를 정리한다는 의미를 넘어 독자들에게 도움이 될 수 있도록 과거의 사건과 이야기를 종교적, 신학적으로 재해석한다는 것을 의미한다. 익명의 작가들에 의해 기록된 많은 전기나 종교적 내용들을 비롯하여 수많은 기적 관련 에피소드들이 그의 손을 거치면서 도덕적 그리고 종교적으로 그 의미가 보다 명확해질 수 있었던 것이다. 교회사에 언급되는 많은 다양한 기적들 외에도 구체적 예로서 커스버트 성인(St. Cuthbert)의 전기를 들 수 있다. 비드는 익명의 저자가 쓴 커스버트의 전기를 성인의 신앙적 발전과정에 초점을 두고 결정적 순간마다 기적을 가미함으로써 커스버트의 삶 속에 하느님이 함께하였음을 명확하게 제시하고 있다. 이런 점들을 감안할 때, 비드는 단순히 역사적 사실만을 기록하는 역사가를 넘어 스스로 공부하고 남을 가르치는 교육자라고 할 수 있다.

비드의 《영국민의 교회사》

《영국민의 교회사》는 731년에 비드에 의해 라틴어로 완성되었으며, 초기 영국의 교회, 정치, 사회, 문화, 역사 및 언어 등을 다룬 백과사전적 통합서의 성격을 지닌다. 이 책은 A. D. 43년에 시작된 로마제국 카이사르(Julius Caesar)의 침입으로부터 731년까지의 영국 역사를 다루는데, 저자인 비드는 플리니(Pliny, Gaius Rims Secundus, A. D. 23~79)와 《자연사》(*Historia Naturalis*)의 저자인 길다스(Gildas)와 같은 라틴 저술가의 저서에 영감을 받고 일부 내용을 참조한다. 《영국민의 교회사》는 백과사전식으로 저술한 성인열전이며, 비드는 이 책을 통해 영국민을 교화하는 데 그 목적을 두었다.

이 책은 모세오경(*Pentateuch*)을 연상시키는 다섯 권의 구조로 이루어져 있으며, 제 1권은 로마 통치 아래 브리튼에서의 그리스도교 관련 내용들과 더불어 교황 그레고리(Gregory)의 특명을 받아 앵글로색슨족을 선교하기 위해 브리튼에 오게 되는 어거스틴(Augustine)의 이야기를 담고 있다. 제 2권은 교황 그레고리의 죽음에서 노섬브리아에서의 최초 복음전도에 이르는 내용을 담고 있다. 뿐만 아니라, 캔트(Kent)에서의 교회 관련 이야기 및 선교목적을 위한 웨일즈족(*the Welsh*)과의 만남이 실패로 돌아가는 등의 이야기들이 제 2권에 포함되어 있다. 이외에도 제 2권에는 노섬브리아의 국왕인 에드윈이 자신의 백성들과 더불어 그리스도교의 믿음을 받아들이는 과정은 물론 그리스도교의 강력한 수호자인 에드윈(Edwin)이 펜다(Penda)의 군대에 의해 살해되는 이야기, 그리고 주교 폴리너스(Paulinus)가 캔트로 돌아가 그곳에서 주교직을 얻게 되는 이야기 등을 포함하고 있다.

제 3권에서는 노섬브리아에 불어 닥친 불행이 그리스도교를 노섬브리아에서 굳건하게 수호하게 되는 오스왈드(Oswald)라는 왕의 등장으로 어떻게 상쇄되는가에 대하여 말하고 있다. 오스왈드가 아이오나(Iona)에서 그리스도교로 개종하여 세례를 받음에 따라, 그는 이오나 출신의 아이단(Aidan)을 린디스판(Lindesfarne)의 주교로 임명하게 되는 이야기 또한 제 3권에서 언급되고 있다. 그러나 후에 오스왈드 역시 전쟁에서 죽게 되며, 그를 이어 오스위(Oswy)가 왕위를 계승하게 된다. 제 3권에서 눈여겨볼 만한 대목은 노섬브리아가 당시 2개의 지역, 즉 오늘날 노섬버랜드(Northumberland)와 더럼(Durham)에 해당하는 버니치아와 오늘날 요크셔(Yorkshire) 지역에 해당하는 데이라로 나뉘어져 있었다는 사실이다. 데이라 왕국의 에드윈에 의해 한때 둘로 나뉘어져 있던 노섬브리아가 하나의 왕국으로 통일되었으며, 그 이후에는 버니치아 왕국의 오스왈드와 오스위에 의해 영토가 통일되기도 하였다는 내용을 제 3권에서 비드는 구체적으로 언급하고 있다. 제 3권에서 오스위(Oswy)의 사주로 암살당하게 되는 데이라의 오스위니에 대하여 비드는 남다른 동정을 보이는데, 이 역시 눈에 띄는 독특한 부분이라고 할 수 있다. 그러나 이때 교회는 더욱더 번성하게 된다.

제 4권은 캔터베리 대주교로서 테오도르(Theodore)가 서품 및 그의 방문들로 인하여 비롯된 다양한 결과들을 설명하는 것으로 시작된다. 대주교로서 그가 봉직하는 동안 영국의 교회는 보다 더 성숙, 발전하며 유럽의 교회들과 더욱더 가깝게 결합될 수 있는 기회를 얻게 될 뿐만 아니라 에델드레다(Etheldreda), 힐다(Hilda), 커스버트와 같은 성스러운 인물들을 배출하게 된다. 아울러 마지막 이교도 왕국인 서섹스(Sussex)까지도 윌프레드(Wilfred)에 의해 그리스도교로 개종된다. 제 5권에서 노섬브리아의 성스러움이 에델왈드(Ethelwald)와 주교인 존(John of Hexham)에 의해 이어지고 있음을 비드는 말하고 있다. 아울러 프리지아(Frisia)에서의 중요한 선교활동이 윌리브로드(Willibrord)를 비롯한 여타 성직자들에 의해 시작되며 노섬브리아의 영향이 픽트족은 물론 아이오나에까지 이르게 된다는 사실을 비드는 말하고 있다. 노섬브리아의 영향은 이들로 하여금 로마식의 부활절 계산법을 수용하게 하여 더 이상의 부활절 계산법으로 인한 지역간의 갈등과 불화를 종식시키게 된다. 성스러움, 신비스러운 경험들, 그리고 성지순례 등의 언급을 통하여 비드는 제 5권의 마지막 부분에서 교회가 얼마나 성숙하고 발전되었는가를 말하고 있다. 교회의 발전과 더불어 비드는 미래의 불길한 징조들을 보여주는데, 노섬브리아의 쇠락과 서부유럽에서 사라센의 불길한 위협이 바로 그것에 해당한다. 마지막으로 비드는 자신의 삶과 지금까지 자신이 집필한 업적들을 되돌아보는 것으로 《영국민의 교회사》를 마무리짓는다.

교육과 계도(啓導)의 관점에서 본 비드의 《영국민의 교회사》

비드의 《영국민의 교회사》는 5세기에서 8세기 중반까지의 앵글로 색슨(*Anglo-Saxon*) 왕국의 역사를 내러티브 형식을 빌려 기록한 영국 최초의 역사서에 해당한다. 그러나 객관적 사실이나 사건을 토대로 쓰인 일반 역사서와는 달리 비드의 교회사에는 주관적일 뿐더러 비과학적 내용들이 지나칠 정도로 많이 삽입되어 있다는 인상을 독자들에게 심어준다. 독자들이 받는 이 같은 인상은 비드가 교회사에서 즐겨 사용하는 기적 관련 에피소드들 때문이다. 오늘날 독자들에게 그의 작품에 삽입되어 있는 다양한 종류의 기적들은 《영국민의 교회사》가 역사서인지, 아니면 성인전(*hagiography*)인지 혼란을 가져다주기까지 한다. 심지어 비현실적일 뿐더러 주관적 성격을 지닌 기적들을 작품에 삽입시킴으로써 역사서와 성인전의 경계를 허물어뜨리는 비드의 궁극적 의도가 무엇인지 오늘날 독자들은 또한 의구심마저 품게 된다.

비드의 《영국민의 교회사》와 관련하여 오늘날 독자들이 품을 수 있는 이러한 의문과 혼란은 비드의 작품을 편집한 플러머(Charles Plummer)를 비롯하여 콜그레이브(Bertram Colgrave)에 의해 일찍이 제기된 바 있다. 1968년 《영국민의 교회사》 옥스퍼드판(*Oxford Edition*)을 마이노어스(R. A. B. Mynors)와 함께 편집한 콜그레이브는 서문에서 "중세 최고의 역사가로 여겨지는 사람이 기적 관련 이야기에 그토록 수많은 시간을 쓸 수 있는지" 의문을 제기하지 않을 수 없다고 말한다(xxxv). 또 다른 글에서 그는 다소 과장된 표현일지 몰라도 비드의 교회사에는 거의 각 페이지마다 한두 가지의 기적이 들어가 있다고 말하고 있다. 일반독자들과 마찬가지로 전문학자들 역시 교회사에 삽입되어 있는 기적들이 영국 역사서의 아버지라고 할 수 있는 비드의 명성에 걸맞지 않는다고 보았던 것이다. 역사서에 들어갈 자료를 선별하고 목적에 맞게 조탁(彫琢)하는 데 있어 누구보다 섬세하면서도 정교한 자세를 견지한 비드가 역사가로서 용납될 수 없을 정도의 주관적이며 세련되게 보이지 않는 기적들을 교회사에 삽입한 것에 대하여 학자들은 대체로 부정적 견해를 보였다. 그러나 1980년 후반 들어 비드의 작품 속 기적들에 대하여 보다 긍정적이며 우호적인 관점을 피력하는 논문들이 나오기 시작하였다. 그 대표적 예로서 브라운(G. H. Brown)은 "비드는 자신의 세계와 역사의 일부로서 기적들을 믿었다"고 주장하며 교회사에 삽입되어 있는 기적들과 역사가인 비드가 서로 양립할 수 있음을 보여주었다.

실제로 비드가 사용하는 기적의 내용, 그리고 기적과 관련한 인물이나 문맥을 면밀히 살펴보면, 브라운의 말처럼 기적은 《영국민의 교회사》의 필수요소일 뿐더러 이러한 요소를 사용한 비드의 궁극적 의도를 파악할 수 있다. 비드의 의도를 보여주는 단적인 예로서 제4권에 들어 있는 임마(Imma)와 관련한 기적 이야기를 들 수 있다. 노섬브리아 귀족인 임마라는 사람이 이민족과의 전투에서 포로가 되어 온 몸이 쇠사슬로 결박되어 있었으나, 어느 순간 쇠사슬이 몇 번에 걸쳐 저절로 풀리곤 했는데, 죽은 줄만 알고 있던 사제인 그의 형이 하느님께 미사를 올리는 순간마다 그를 묶고 있던 사슬이 풀리곤 했다는 기적에 가까운 이야기를 비드는 그의 역사서에서 전한다. 비현실적이며 객관적으로 입증될 수 없는 이러한 이야기가 사실만이 다루어져야 하는 역사서에 들어가 있다는 사실 그 자체만으로도 비드의 역사서는 부정적으로 보일 수도 있다. 그러나 임마와 관련한 기적을 언급하면서 비드는 "기억할 만한 이야기를 입 다물고 그냥 넘겨서는 안 되는데, 그것이 이야기된다면 수많은 사람들이 구원되는 데 큰 도움이 될 수 있기 때문이다"라고 말한다. 비드는 역사가에 앞서 앵글로색슨족이라는 이교도들에게 하느님의 구원과 믿음을 가르치는 교육자로서 의무감을 지녔다. 자신이 언급하는 기적이 설령 사실이 아닐지라도, 그것이 이교도들의 마음을 교화시키고 이들을 하느님의 길로 이끌 수만 있다면, 마땅히 기적이 역사서에 언급되어야 한다고 비드는 믿었다. 심지어 비드에게는 순수한 역사서를 쓰려는 의도가 처음부터 없었는지도 모른다. 《영국민의 교회사》의 서문에 언급되어 있듯이, 후세 사람들이 착한 일을 하고 악한 일을 피할 수 있도록 이들을 가르치고 계도하는 것이 자신이 교회사를 쓴 의도라고 비드는 밝히고 있다. 이를 실현하기 위한 가장 적절한 방법으로 교육자로서 비드는 교회의 성인들은 물론 그리스도를 신봉한 지상의 군왕들의 삶과 태도를 일종의 역할 모델로 제시하고 있으며, 여기에 흥미와 효과를 배가시키기 위한 방법으로 기적들을 사용하고 있다.

비드 역시 그리스도의 신앙을 이교도인 앵글로색슨족에게 가르치고 전파하려는 목적에서 그들의 전통과 풍습, 그리고 사고체계를 최대한 이용한 인물이었음에 틀림이 없다. 이교도들의 머릿속에 인상적으로 각인되어 있던 기적이나 그 밖의 놀라운 자연현상들을 그리스도의 믿음과 결합시킴으로써 비드는 자신의 목적을 최대한 달성시킨 유능한 교육자였다고 볼 수 있다. "… 고집 센 마음에서 모든 것을 즉시 지워버리는 것은 분명히 불가능한 일이며, 정상에 오르려고 하는 사람은 단번에 오르기보다는 한 걸음 한 걸음 올라야" 한다는 그레고리의 말을 자신의 교회사에 인용하고 있듯이, 비드의 관심은 앵글로색슨족의 효과적 계도와 교육방법에 있었다고 해도 과언은 아니다. 앵글로색슨족을 계도하는 데 있어서 비드는 이들이 예로부터 지니고 있던 전통이나 사고체계를 부정하지 않고 이를 적극 이용하는 것이 매우 중요하다는 사실을 깨닫고 있었다. 뿐만 아니라, 이교도의 전통에 그리스도 신앙을 접목, 융합시켜나가는 과정이 더딜 뿐더러 고통스럽다는 사실 또한 비드는 잘 알고 있었다. 기적이나 자연현상은 물론이거니와 앵글로색슨족의 오래된 물건까지도 교육에 필요하다면 비드는 여기에 그리스도교의 의미를 부여하여 재해석하였다. 예를 들어, 비드가 교회사에서 언급하는 치유(治癒) 기적을 일으키는 성인의 유품을 비롯하여 불가사의한 힘을 지닌 여타 물건들은 그리스도교 문명 이전부터 앵글로색슨족이 즐겨 가지고 다녔던 물건들에 지나지 않는다. 다만 비드는 이들에게 매우 익숙한 물건에 그리스도교의 의미를 새롭게 부여하고 있을 뿐이다. 기적을 일으키는 물건들 외에 당시 그들 일상의 한 부분이었던 기적이나 경이로운 현상을 하느님의 관점에서 재해석하여 이들을 계도하는 데 비드는 사용하였다. 이런 점에서 볼 때, 비드의 교회사에 포함되어 있는 기적의 요소나 기적 관련 에피소드는 역사서에 어울리지 않는 이질적 요소도 아닐 뿐더러 역사가로서 비드의 단순한 의도에서 비롯된 것도 물론 아니다. 이는 기적에 매우 익숙해져 있었을 뿐더러 기적을 원했던 당시 앵글로색슨족에게 자연스럽게 접근하여 그들 스스로 그리스도교의 믿음에 빠져들 수 있도록 만들기 위한 비드의 치밀하면서도 정교한 교육적 의도에서 비롯되었다고 볼 수 있다.

당시 앵글로색슨족과 마찬가지로 비드 역시 역사를 기록하는 입장에서 기적을 인간이 이해할 수 없는 불가사의한 실체로서가 아니라 매우 자연스러운 일상의 부분으로 받아들였다. 뿐만 아니라 비드는 믿음에서 기적은 필수적 요소라는 확신을 지니고 있었다. 기적의 당위성과 기적에 대한 자신의 확고한 믿음을 비드는 그레고리 성인의 말을 인용하여 다음과 같이 말하고 있다.

> … 기적이란 교회의 시작에서 필요한데, 이는 마치 식물을 심은 후, 식물이 뿌리를 내려 안착할 때까지 우리가 물을 주는 것과 같습니다"(… miracles were necessary at the beginning of the church, just as when we put in a plant, we water it until we see that it has taken root)〔Giles, X, 261〕.

비드는 초기 교회가 대중들에게 뿌리내리는 데 있어 기적은 필수적이라고 보았다. 뿐만 아니라, 비드는 죄를 범한 사람에게는 기적이 나타나지 않으며, 성령으로 가득 찬 사람에게, 특히 겸손한 마음을 가진 사람에게 기적이나 하느님의 징후가 나타난다고 믿었다(Giles, VII, 27).

역사가이며 종교인으로서 기적에 대한 비드의 입장과 태도는 앵글로색슨족이 받아들였던 것 이상으로 확고하였으며, 이는 자연스럽게 그가 교회사를 집필하는 데 반영될 수밖에 없었던 것이다.

먼저 비드는 기적과 단순한 놀라운 이야기(*wonder*)를 구분하였다. 보편적이며 일반적인 인간의 사고를 뛰어 넘는 특이한 점을 두 이야기는 공통적으로 지니고 있으나, 후자에는 전자와는 달리 이야기에 내포되어 있는 종교적 의미나 가르침이 없기 때문에 비드는 후자를 교회사의 자료에서 배제시켰다. 비드는 또한 기적 관련 에피소드를 교회사의 소재를 선별하는 데 있어 '어떻게'(*how*) 라는 문제보다는 '무엇'(*what*) 이라는 사실과 함께 '왜'(*why*) 라는 이유를 무엇보다 중시하였다(Ward, 71). 다시 말해서, 비드는 기적의 내용과 기적이 일어날 수밖에 없는 이유를 밝히고 이를 명확하게 독자들에게 전달하는 데 주력하였다. 결국 기적의 내용이 무엇이며, 그 같은 내용을 지닌 기적이 왜 일어나게 되었는가에 대한 해답으로서 종교적 의미 내지 메시지를 독자에게 전달할 수 있는지 여부가 비드가 기적들을 선택하는 기준이었다.

기적을 선별하는 데 있어 무엇보다 먼저 교육적 가치를 고려한 비드의 태도에서 교육자로서 그의 면모를 읽을 수 있다. 비드는 항상 자신이 가르칠 교육대상을 염두에 두고 기적들을 선별하였다. 하나는 아무런 저항이나 반감 없이 앵글로색슨족에게 접근할 수 있는 방법으로서 비드는 이들에게 매우 익숙한 기적들을 교회사의 소재로 선별하였으며, 또 다른 하나는 인간의 삶 속에서 하느님의 뜻과 의지를 보다 효과적으로 전달하기 위하여 기적들을 신중하고 철저하게 선별하였다.

뿐만 아니라 비드의 교회사에 나오는 다양한 종류의 기적들, 예를 들어, 치유의 기적들, 자연현상의 놀라운 변화를 보여주는 기적들을 비롯하여 물체의 성상이 변화하는 기적들 모두 구약이나 신약성서에서 쉽게 접할 수 있는 것들이다. 단순히 구조적 측면에서 살펴볼 때, 신약이나 구약은 물론이거니와 여타 성인전에서 접할 수 있는 기적들과 비드의 기적들 사이에는 별반 차이가 없어 보인다. 그러나 양측의 기적들을 면밀히 살펴보면, 비드는 자신이 알고 있던 기적들을 다시

한 번 단순히 교회사에서 반복하고 있지 않다는 사실을 알 수 있다. 비드의 치유나 변화의 기적 관련 이야기에는 항상 기적을 경험하는 인간이 나오며, 인간을 통하여 실제로 기적을 일으킨 존재가 다름 아닌 하느님이라는 사실을 비드는 확실히 해준다. 다시 말해서, 비드가 기적들을 선별하는 기준은 인간의 행동 하나하나가 하느님의 뜻과 의지를 실현하기 위한 것이며, 하느님의 은총과 섭리가 없는 인간의 행동이나 자연의 변화는 존재할 수 없다는 사실에 부합하는지에 달려 있다.

특히 교회사에 포함되어 있는 기적 관련 에피소드들 가운데 교육자로서 비드의 면모를 가장 잘 보여주는 대표적 에피소드로서 〈캐드먼의 찬가〉(*Caedmon's Hymn*)와 에드윈(Edwin)의 일화가 아닌가 싶다. 두 에피소드 모두 비드의 교회사에 언급되는 여러 에피소드들 가운데 가장 인상적이며 구체적일 뿐만 아니라 극적 요소들을 공통적으로 포함하고 있다. 첫 번째, 〈캐드먼의 찬가〉는 성직자와 관련한 일화로서 문학적 요소는 물론 비드가 의도하는 기적의 의미와 효과가 매우 잘 드러나 있다. 두 번째, 에드윈(Edwin)이라는 노섬브리아의 국왕과 관련된 일화인데, 여기에도 마찬가지로 매우 극적이며 문학성이 높은 에피소드가 들어가 있다. 그러나 특이하게도 에드윈이 노섬브리아에 그리스도교를 처음으로 받아들인 국왕임에도 불구하고, 그의 일화에는 〈캐드먼의 찬가〉와는 달리 기적과 관련한 요소가 전혀 들어 있지 않다. 이러한 현상은 오히려 비드가 교회사에서 기적을 사용할 때와 사용하지 않을 때를 정확히 구분하고 있을 뿐만 아니라, 기적을 사용하는 그의 의도가 무엇인지 독자들에게 알려주는 역할을 한다.

영문학 최초의 영시라 불리는 〈캐드먼의 찬가〉에서 알 수 있듯이,

하느님의 은총을 받아 그 빛을 세상에 비출 수 있는 도구의 역할을 수행할 수 있는 사람은 캐드먼처럼 순수하고 가난한 사람이다. 여기에 비드는 한 가지 조건을 더하고 있다. 아무리 세속적으로 높은 위치에 있는 수도자일지라도 마음속에 겸손함이 없는 사람에게 기적은 일어나지 않는다는 사실을 비드는 캐드먼 일화의 마지막 부분에서 암시적으로 말하고 있다. 마지막 순간까지 캐드먼에게 하느님의 은총에서 비롯되는 기적은 계속된다. 자신이 죽을 시간을 정확히 예측하는 캐드먼의 능력은 그가 하느님의 은총을 받을 만한 자격을 갖춘 인물임을 다시 한 번 보여주는 예라고 할 수 있다. 특히, 그가 마지막 순간에 받게 되는 성사(종부)를 통하여 하느님의 은총이란 믿음과 겸손함, 그리고 임마(Imma)의 일화에서 볼 수 있듯이, 끊임없는 기도와 성사(聖事) 등에서 비롯된다는 사실을 비드는 분명히 하고 있다. 캐드먼의 일화에서 알 수 있듯이, 비드에게 기적이란 그리스도의 믿음과 신앙을 전파하는 데 있어 필수적인 것이며, 기적은 또한 신심이 돈독하며 겸손한 하느님의 종(從)에게만 나타나는 은사인 셈이다. 뿐만 아니라, 〈캐드먼의 찬가〉에서 기적은 지상에서 일어난 일을 천상의 세계와 연결시키는 고리 역할을 한다. 지상에서의 인간의 행동을 하느님의 관점에서 재해석함으로써 비드는 지상의 세계와 천상의 세계를 하나로 연결짓고 있다.

▪참고문헌

Allan, Verity. "Bede: Educating the Educators of Barbarians." *Quaestio: selected proceedings of the Cambridge Colloquium in Anglo-Saxon, Norse, and Celtic* 3(2002): 28~44.

Brown, G. H. "Old English Verse as a Medium for Christian Theology." *Modes of Interpretation of Old English Poetry, Essays in Honor of Stanley B. Greenfield.* Ed. R. Brown and et al., Toronto, Buffalo, London: U of Toronto P, 1986. 15~28.

Cavill, P. "Signs and Wonders and the Venerable Bede." *Evangelical Quarterly* 60(1988): 31~42.

Colgrave, Bertram & Mynors, R. A. *Bede's Ecclesiastical History of the English People.* Oxford: Clarendon P, 1969.

Colgrave, Bertram. "Bede's Miracle Stories." *Bede: His Life, Times and Writings.* Ed. A. Hamilton Thompson. Oxford: Oxford UP, 1969. 201~229.

Dill, Samuel. *Roman Society in Gaul in the Merovingian Age.* London: Macmillan and Co., 1926.

Giles, Saint. *The Book of Miracles of Saint Giles.* Ed. P. Guillaume. Orleans: Paradigme, 2007.

Loomis, Grant C. "The Miracle Traditions of the Venerable Bede." *Speculum: A Journal of Medieval Studies* 21(1946): 404~418.

Lutterkort, Karl. "Beda Hagiographicus: Meaning and Function of Miracle Stories in the *Vite Cuthberti and the Historia Ecclesiastica.*" *Beda Venerabilis: Historian, Monk and Northumbrian.* Houwen, L. A. J. R., and MacDonald, A. A. Ed. Netherlands: Forsten, Groningen. 1996. 81~106.

Rosenthal, J. T. "Bede's Use of Miracle Stories in the *Historia*

Ecclesiastica." *Traditio* 31(1975) : 328~335.

Rowley, Sharon M. "Reassessing Exegetical Interpretations of Bede's *Historia Ecclesiastica Gentis Anglorum.*" *Literature & Theology: An International Journal of Religion, Theory, and Culture* 17(2003) : 227~243.

Thacker, A. T. "Bede's Ideal of Reform." *Ideal and Reality in Frankish and Anglo-Saxon Society.* Ed. Patrick Wormald. Oxford: Clarendon P, 1983. 130~153.

Ward, Benedicta, S. L. G. "Miracle and History: A Reconsideration of the Miracle Stories Used by Bede." *Famulus Christi: Essays in Commemoration of the Thirteenth Centenary of the Birth of the Venerable Bede.* Bonner, Gerald. Ed. London: Oxford UP, 1976. 70~76.

Wormald, P. "Bede and Benedict Biscop." *Famulus Christi.* Ed. G. Bonner. London.

▪ 현대영어 및 고대영어 발음과 철자 표기

현대영어발음	현대영어철자	고대영어발음	고대영어철자
게르마누스 45, 47	Germanus	게르마누스	Germanus
고트족 39	Goths	고터너	Gotena
골 25	Gaul	갈리아	Gallia
그레고리 50	Gregory	그레고리우스	Gregorius
그레시아누스 322	Gratianus	그라티아누스	Gratianus
글렌 강 103	Glen		
길링 136	Gilling	잉게트린굼	Ingetlingum
나이톤 23	Naiton	네아톤	Neaton
노섬브리아 10	Northumbria	노루산훔부라	Norðanhu(y)mbra
노셀름 10	Nothhelm	노스헬름	Noðhelm
다니엘 11	Daniel	다니엘	Daniel
다미안	Damian	다미아노 176	Damiano
다이오클리시인 31	Diocletian	디오클리티아누스	Dioclitianus
던위치 10	Dunwich		
데우스데디트	Deusdedit	데오스데디트 150	Deusdedit
데이라 77	Deira	데라	Dera
도스톤 73	Dawston	데이사스탄	Degsastan
도체스터 121	Dorchester	도르코트체아스트레	Dorcotceastre
딜스톤 112	Dilston	데니세스 버르나	Denises burna
라스팅햄 12	Lastingham	레스팅	Læsting
런던 10	London	룬덴비리그	Lundenbyrig
레드왈드 94	Raedwald		
레우테리우스 123	Leutherius	레오세리오	Leotherio
렙톤 48	Repton		
렙티스 31	Leptis	레프티	Lepti

현대영어발음	현대영어철자	고대영어발음	고대영어철자
보티건 44	Vortigern	위르트에오른	Wyrtgeorn
볼로냐 72	Boulogne	보나이아	Bonagia
브르타뉴 27	Bretagne (Brittany)		
브리튼 25	Briton (Britain)	브리트	Bryt (Breoton)
비드 9	Bede	베다	Beda
비리누스 120	Birinus	비리노	Birino
사네트 섬 52	Isle of Thanet	테넷	Tenet
사인버트 12	Cyneberht	키네비르흐트	Cynebyrht
새버트 323	Sæberht	세비르흐토	Sæbyrhto
색슨족 9	Saxons	세아흐나	Seaxna
서리 189	Surrey	수드리그나	Suðrigna
성 올번 33	Alban	성 알바누스	Albanus
세버 168	Sebbe	세베	Sebbe
세베루스 31	Severus	세베루스	Seuerus
세아크울프 189	Seaxwulf	세아크울프	Seaxwulf
스위스버트 247	Swithberht	스위드비르흐트	Swiðbyrht
스코트 26	Scots	스케오타	Sceotta
스키타이 28	Scythia	스키디아	Scyððia
시그버트 104	Sigeberht	시에베르흐트	Sigeberht
시네겔스 120	Cynegels	키네겔스	Cynegels
아다만 314	Athaman	아다만	Athaman
아드리아누스 10	Adrianus	아드리아누스	Adrianus
아르모리카 27	Armorica	아르모리카노	Armoricano
아리안 37	Arian	아리안	Arrian
아우구스투스 30	Augustus	아구스토	Agusto
아우렐리우스 31	Aurelius	아우렐리아	Aurelia
아이든 114	Aidan	아이단	Aidan
아이오나 115	Iona	히	Hii
아이티우스 42	Aetius	에티오	Ettio

현대영어발음	현대영어철자	고대영어발음	고대영어철자
오노리우스 39	Honorius	호노리오	Honorio
오스릭 111	Osric	오스리크	Osric
오스왈드 85	Oswald	오스왈드	Oswald
오스위오 85	Oswio	오스위에	Oswie
오스윈 114	Oswine	오스위너	Oswine
오크니 섬 30	Orkneys		
오파 289	Offa	오파	Offa
와이트 섬 11	Isle of Wight	위흐트	Wiht ðæt igland
완트섬 52	Wantsome	완트수모	Wantsumo
요크 32	York	에오포르위크체아스트러	Eoforwicceastre
워든 48	Woden	워든	Woden
위그허드 167	Wigheard	위그에아르드	Wigeard
위어머스 211	Wearmouth	에트 위라무산	Æt Wiramuþan
위트비 160	Whitby	스트레오네스헤알흐	Streoneshealh
위흐트버트 266	Wihtberht	위히트비르흐트	Wihtbyrht
윈체스터 121	Winchester	위타체아스트레	Wintaceastre
윈프리드 189	Winfrid	윈프리드	Winfrið
윌브로드 133	Wilbrord	윌브로르드	Wilbrord
윌프리드 165	Wilfrid	윌프리드	Wilfrið
유스투스 71	Justus	이우스투	Iustu
율리우스 30	Gaius Julius	이우리우스	Gagius Iulius
이너 206	Ine	이너	Ine
이니쉬보핀 184	Inishbofin	이니스보핀드	Inisbofind
이버린 102	Yeaverin	에트에프린	Ætgefrin
이사마 135	Ithamar	이다마르	Ithamar
이스터(부활절) 78	Easter	에아스트러	Eastre
재로우 301	Jarrow		
존 173	John	이오한	Iohan
주트족 47	Jutes	예아츠	Geats

현대영어발음	현대영어철자	고대영어발음	고대영어철자
차드 11	Chad	체아다	Ceadda
체드 11	Cedd	체드	Cedd
체르딕 224	Cerdic		
체스터 37	Chester	리에체아스트레	Ligeceastre
체올울프 9	Ceolwulf	체올울프	Ceolwulf
체올프리드 301	Ceolfrid	체올프리드	Ceolfrið
체울린	Ceawlin	체아윌린 85	Ceawlin
카이사르 39	Julius Caesar		
캔터베리 10	Canterbury	칸투와라 비리그	Cantwara byrig
캔트 52	Kent	캔트	Cent
커스버트 12	Cuthbert	쿠스비르흐트	Cuðbyrht
케아드왈라 107	Ceadwalla	케아드왈라	Ceadwala
콘스탄티우스 322	Constantius	콘스탄티우스	Constantius
콜딩햄 214	Coldingham	콜루드 비리그	Colud byrig
콜롬바 265	Columba		
콜만 163	Colman	콜로만	Coloman (Colmanus)
크위크햄 199	Cwichelm	크위크헬름	Cwichelm
클로디우스 322	Claudius	클라디우스	Cladius
킨레드 317	Cynred	킨레드	Cynred
킨리크 52	Cynric		
테오도르 10	Theodore	세오도루스	Þeodorus
테오도시우스 42	Theodosius	세오도시오	Theodosio
템스 82	Thames	테메스	Temes
토바이어스 264	Tobias	토비움	Tobium
토트기스 192	Torhtgyth	토르흐트기드	Torhtgyð
투르 212	Tours		
튜다 163	Tuda	튜다	Tuda
트렌트 강 105	Trent	트레온탄	Treontan
트위드 강 237	Tweed		

현대영어발음	현대영어철자	고대영어발음	고대영어철자
틸버리 154	Tilbury	툴라부르그	Tulaburg
파리 122	Paris	파리시아체	Parisiace
판 섬 243	Farne		
팔라디우스 42	Palladius	팔라디우스	Palladius
펜다 107	Penda	펜다	Penda
펠라기우스 38	Pelagius	펠라기우스	Pelagius
포츠머스 121	Portsmouth		
폴리누스 71	Paulinus	파울리누스	Paulinus
푸터 176	Putta	푸타	Putta
프랑크족 267	Franks		
프리즈랜드 133	Friesland	프리세닐란드	Fryseniland
피다 151	Peada	페아다	Peadda
피터보로우 189	Peterborough	메데스함스테드	Medeshamsted
픽트족 28	Picts	페오흐트	Peoht (Peht)
하트리풀 160	Hartlepool	헤오로트	Heorot
하트포드 186	Hertford	헤오르트페오르드	Heortfeord
해트필드 107	Hatfield	헤스펠드	Hæþfeld
험버 강 52	Humber	훔부레	Humbre
헤더 198	Hædde	헤데	Hædde
헤레버트 242	Hereberht	헤레비르흐토	Herebyrhto
헤븐필드 113	Havenfield	헤오벤펠드	Heofenfeld
헥섬 113	Hexham	아고스탈드	Agostald
헹기스트 48	Hengist	헨게스트	Hengest
호사 48	Horsa	호르사	Horsa
흘로데레 188	Hlothere	흘로드헤레	Hloðhere
힐데리드 195	Hildelid	힐데리드	Hildelid
힐드 160	Hild	힐더	Hilde

지은이 약력

비드사(師)(Venerable Bede, 673~735)

영국 고대왕조시대의 신학자, 역사가, 성직자, 문법학자로, 어려서 위어머스(Wearmouth)의 수도원장인 베네딕트 비스콥(Benedict Biscop)의 문하생으로 기독교에 입문한다. 이후 재로우(Jarrow) 수도원으로 옮겨 수도사로서 교리연구와 학문에 전념한다. 그의 글은 당시의 인문학 전통에 입각하여 신학, 문학, 자연사, 인문지리, 문법, 역사 등에 관한 해박한 지식을 담고 있으며, 성직자다운 겸허한 필체를 사용하고 있다. 그의 대작인 《영국민의 교회사》는 731년에 완성된다. 이 무렵 비드사(師)는 거의 40권에 달하는 방대한 저서를 남기는데, 대부분의 저서는 성경 주석과 같은 교리연구를 다루고 있으나 자연과학에 관한 저서도 남긴다.

옮긴이 약력

이 동 일

영국 런던 리치먼드 칼리지에서 영문학을 전공하고, 런던대학(University College London)에서 석사학위를, 동 대학원에서 고대서사시 《베오울프》 연구로 박사학위를 취득했다. 현재 한국외국어대 영어대학 영문학과 교수로 재직하고 있으며, 고대 및 중세 영문학에 관한 연구를 하고 있다.
지은 책으로 《고대영시 비평 1》, 《영국문학 산책》, 《영국문학 기행》, 《이동일 교수의 영어이야기》와 옮긴 책으로 《베오울프》, 《캔터베리이야기》, 《가윈 경과 녹색기사》, 《세계민담전집(영국편)》, 《아서왕과 원탁의 기사》, 《천로역정》, 《멜라니》 등이 있다.

이 동 춘

서강대 영어영문학과 및 동 대학원을 마치고, 미국 로체스터대학(University of Rochester)에서 중세 영문학으로 석사 및 박사학위를 취득하였다. 현재 대구대 영어영문학과 교수로 재직하고 있다.
지은 책으로 《초서의 캔터베리이야기에 대한 텍스트 비평》과 옮긴 책으로 《캔터베리이야기》, 《궁정풍 사랑의 기법》 등이 있다.